# 건축 강의

**Lectures on Architecture**
by Eugène-Emmanuel Viollet-le-Duc

Published by Acanet, Korea, 2015

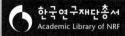 한국연구재단총서
Academic Library of NRF　학술명저번역　581

# 건축 강의

Lectures on Architecture

외젠 비올레르뒤크 지음 | 정유경 옮김

아카넷

# 차례

## 3권

## 도판 목록

## 3권

## 4권

10강

## 19세기의 건축

건축에서 우리처럼 편견과 전통에 얽매여 혼돈에 익숙해진다면 관념과 원리를 모두 잃고 만다는 것을 직시해야 합니다. 우리의 건물들이 보다 많은 세부로 무장하고 다양한 구성 요소들로 화려해질수록 그것을 세우는 데 기여한 예술가들이 위대한 원리들을 망각하고 관념들을 상실하고 있다는 것을 드러낼 뿐입니다.

우리의 건축 사무소들은 유익한 기기들, 서적들, 소묘들을 잔뜩 가지고 있지만 모든 자료를 충분히 가지고 있으면서도 지극히 하찮은 건물의 설계를 요청받았을 때조차 예술가의 지성은 작동하지 않고 새로운 것을 창조하기를 거부합니다. 그의 창의력은 과도한 자료들을 소화시키지 못한 채 약화됩니다. 재능, 연구, 종종 아름다운 시공이 여러 구역에서 눈에 띕니다. 그러나 관념은 보기 어려우며, 원리를 발견하기는 더더욱 어렵습니다. 우리의 공공건물들은 영혼 없는 신체들, 문명을 잃은 유적들, 사용하는 이들조차 이해할 수 없는 언어들의 모습을 하고 있습니다. 그런 터에 대중이 관념도 없고 너무나 자주 근거가 없는 [건축] 작품들, 들어간 비용 말고는 뛰어난 점이 없는 그런 작품들에 대해 냉담하고 무관심하다 한들 그것이 놀랄 일이겠습니까?

19세기는 고유한 건축을 갖지 못한 채 막을 내릴 운명일까요? 그토록 풍요로운 발명의 시대, 힘찬 생명력의 이 시대가 후대에 그저 모방에 불과한 개성 없는 혼종의 건물들, 분류할 수조차 없는 건물들밖에는 전할 것이 없게 되고 말까요? 이런 부진은 우리의 **사회적** 조건들의 불가피한 결과에 속할까요? 무기력한 파벌의 예술 교육이 빚은 결과인가요? 그렇다면 젊든 늙었든 어느 한 파벌이 현재의 요소들 가운데서 그런 힘을 획득할 수 있을까요? 분명 그렇지 않습니다. 그렇다면 어째서 19세기는 고유한 건축을 갖고 있지 않습니까? 우리는 곳곳에 대대적으로 건물을 짓고 있습니다. 우리의 도시에 수백만의 거금이 들어갔습니다만 그 막대한 돈이 우리 뜻대로 참되고 실용적으로 쓰이는 것은 부분적으로만 가능합니다.

지난 세기의 혁명 이후로 우리는 이행적 단계로 들어섰습니다. 우리의 수단과 기기들이 늘어남에 따라 우리는 과거를 탐사하고 조사하며 엄청난 자료들을 집적하고 있습니다. 그렇다면 우리가 그토록 많고 다양한 요소들을 독창적으로 구체화하고 그에 형태를 부여하는 데 부족한 것은 무엇입니까? 우리에게 결여된 것은 단순히 방법론이 아닙니까? 과학의 경우와 마찬가지로 예술에서도 방법론이 결여되면 탐사를 하고 있든 획득한 지식을 적용하려 하든 자원의 확대에 따른 혼돈과 난처함이 야기됩니다. 풍부함이 오히려 장애가 되는 것이죠. 그러나 이행기에는 언제나 한계가 있습니다. 온갖 곳에서 가져온 관념들과 재료들의 혼돈을 뒤지는 데 지친 우리가 이 무질서한 매스에서 특정한 원리들을 구분해 내는 데—확실한 방법론의 도움으로 그 원리들을 전개하고 적용하는 데 착수했을 때 비로소 일별하게 되는 어떤 목적을 지향해야만 합니다. 이것이 우리에게 맡겨진 작업이며, 우리가 타협 없는 일관성으로 헌신해야 하는 작업입니다. 우리는 부패하는 물질에서 뿜어져 나오는 독기와 같이 이행기마다 발생하는 유해한 요소들에 맞서 투쟁해야 하는 것입니다.

예술은 병들었고, 건축은 힘찬 생명의 원리들의 존재에도 불구하고 번영의 한가운데서 죽어 가고 있습니다. 과도함과 [건축을] 쇠약하게 하는 체제로 인해 죽어 가는 것이지요. 우리의 지식 창고가 풍요로워질수록, 그것을 생산적인 것으로 만들 수 있기 위해서는 판단의 강직함과 힘이 더 필요하고, 엄격한 원리들로 되돌아갈 필요성이 더 커집니다. 건축 예술이 고통받고 있는 질병은 케케묵은 것입니다. 하루아침에 악화된 것이 아니죠. 우리는 그 병이 16세기부터 우리 시대에 이르기까지 깊어져 온 것을 알고 있습니다. 고대 로마의—그 특정한 외관이 모방의 대상이 되었던—건축에 대한 매우 피상적인 연구가 이루어진 그 시기 이후로 우리의 건축은 형태를 구축의 요건과 수단에 맞추는 것을 주된 관심사로 삼지 않게 되었습니다. 한번 진리의 길에서 벗어나자 건축은 점점 더 악화 일로를 걸었습니다. 세기가 시작되면서부터 고전 고대의 원리들을 분석하고 발전시키려는 노력은 뒷전인 채로, 다만 그 시기의 형태들만을 재생하고자 한 건축은 쉴 새 없이 몰락으로 치달았습니다. 그러고는 이성만이 제공할 수 있는 빛이 부재한 상태에서 중세와 르네상스와 접속하고자 했지만 여전히 특정한 형태들을 표피적으로 도입했을 뿐 그것을 분석하거나 그 원인들을 되새겨 보지는 않았습니다. 오로지 효과만을 바라보면서 그것은 신-그리스

풍, 신-로마풍, 신-고딕풍이라는 것이 되었습니다. 프랑수아 1세 시대의 변덕, 젠체하는 루이 14세 스타일, 17세기의 퇴폐에서 영감을 찾았죠. 건축은 유행의 노예가 된 나머지—고전적 영역으로 평가받는—아카데미 데 보자르의 품에서, 스타일과 유행, 시기, 구축 방식의 가장 기괴한 모음이 발견되기에 이릅니다. 거기서 우리는 일말의 독창성도 찾아볼 수 없습니다. 독창성이란 진리와 분리되어서는 불가능한 것이기 때문입니다. 독창성은 개인의 정신에 진리가 직접적으로 비추어진 결과입니다. 진리는 단 하나뿐이지만 받아들이는 매체는 행복하게도 인류 자체만큼이나 무한히 다양한 굴절을 가집니다. 그러므로 몇 가지 스타일과 영향을 하나로 모으고 순간의 변덕들을 모두 만족시키려는 최근의 노력들이 어떠한 것이든, 우리 시대의 공공건물들이 우리에게 주는 가장 큰 인상은 단조로움일 뿐입니다.

건축에는 말하자면 진리가 고수해야 할 두 가지 불가결한 양태들이 있습니다. 우리는 프로그램에서 진실해야 하고, 구축 과정에서 진실해야 합니다. 프로그램에 충실하다는 것은 구체적인 경우의 요건을 충실하고 세심하게 충족시킨다는 것을 말합니다. 구축 과정에 충실하려면 질과 속성에 따라 재료를 도입해야 합니다. 순수하게 예술에 관한 문제들인 대칭이라든가 외형은 그런 지배적 원리들에 비하면 부차적인 것들입니다.

인도인들에게 목조 건물을 석재로 재현하여 스투파를 세우는 것은 전혀 문제가 되지 않았습니다. 소아시아의 그리스 인이나 카리아 인, 또는 리키아 인은 목조 사원을 모방한 대리석 기념비들을 만들어 냈고, 이집트 인들도 갈대나 흙벽돌로 된 구조에서 빌려 온 것이 명백한 형태로 거대한 석조 사원들을 지었습니다. 이러한 것들은 역사적 관심사들로 가득하고 흥미로운, 존중받아 마땅한 원시 미술의 전통이지만 그것을 모방하는 것은 터무니없는 일입니다. 아티카의 도리스 인들과 그리스 인들은 이미 이런 배내 옷을 벗어던졌습니다. 우리는 로마 인들이 지은 상당수의 공공건물들에서 형태를 통해 도입된 구축 수단을 절대적으로 표현하고, 그와 같은 표현의 정직한 성실성에서 아름다움이 도출되는 것을 발견합니다. 로마 인들은 지성의 성숙을 보여 줍니다. 그들은 더 이상 어린아이가 아니죠. 그들은 추론합니다. 중세의 우리 선조들은 이 방향으로 로마 인들보다 더 멀리 나아갑니다. 그들은 콘크리트 건축─로마 인들의 성형 벌집 구조(moulded hive)마저도 폐기하고 내구력을 위한 모든 장치가 드러나 보이는 건축을 욕망합니다. 그럴 때 구축의 모든 요소가 형태를 만들어 냅니다. 그들은 주동 저항의 원리를 채택하며, 구조에 평형을 도입합니다. 사실 그들은 공통의 한 가지 목적을 지향하는 모든 개별적 산물이나 대상에 각각의 기능을 부여하기를 좋아하는 현대의 재능을 이미 발휘하고 있습니다. 연속적이고 논리적으로 일관된 인류의 이런 노역은 계승되어야 합니다. 우리가 왜 그것을 버려야 합니까? 19세기의 우리가 왜 (확실히 훨씬 덜 합리적인) 이집트 인들의 방식으로 작업을 진행하는 것입니까? 우리는 왜 다른 문명에 혹은 상대적으로 원시적인 조건에 속한 형태들을 그 형태의 재생에 부적합한 재료들로 재생해야 합니까? 어떤 신권적 기관이 우리로 하여금 그렇게 상식을 모욕하고, 이전 시대의 명백한 진보와 현대 사회 체계의 재능을 거부하도록 명령합니까?

19세기는, 위대한 발견들이 활발하게 이루어지고 도덕적·물질적 진보가 특정한 방향으로 잘 이루어진 역사의 다른 모든 시기와 마찬가지로 일종의 뜨거운 열의로 탐구의 길로 뛰어들어 왔습니다. 19세기에 과학과 철학과 역사 연구에는 분석적 정신이 도입됩니다. 고고학은 단순한 사변적 과학 이상의 것이 되어 실천적 지식으로 그것을 연역해 냅니다─어쩌면 후세에는 보다 더 위대한 교육 체계가 되겠지요. "어린이는 어른의 스승"이라는 격언은 현대 세계에 너무도 잘 적용되는 것이었습니다. 자연 현상과 철학 연구에서 방법론적 접근은 이미 놀라운 결과들을 낳아 왔지만 아직까지 예술과 관련한 고고학적 탐구에 적용되지는 못했습니다. 자료들은 엄청나게 쌓여 왔지만 발견된 것들은 채 소화되지 못한 채 수확 없이 남겨져 있습니다. 이 집적된 자료 더미를 두고도 미숙한 논의들이 이루어져 왔습니다. 원리에 대한 이해가 없었으니까요. 그러므로 과거의 예술에 대한 이런 지식에 엄격한 방법을 적용하는 것이 본질적으로 중요합니다. 그리고 이 문제에 관해서는 데카르트의 네 가지 원리를 따르는 것이 최상이라고 저는 생각합니다. 그는 "내가 이탈하지 말자는 확고하고 지속적인 결심만 견지한다면" 그 네 가지로 충분하다고 여겼습니다. 첫 번째는 "명증적으로 참이라고 인식한 것 외에는 그 어떤 것도 참으로 받아들이지 말 것, 즉 속단과 편견을 신중히 피하고, 조금도 의심의 여지가 없을 정도로 명석 판명하게 내 정신에 나타나는 것 외에는 그 어떤 것에 대해서도 판단을 내리지 말 것.

둘째, 검토할 어려움들을 각각 잘 해결할 수 있도록 가능한 한 작은 부분으로 나눌 것.

셋째, 내 생각들을 순서에 따라 이끌어 나아갈 것, 즉 가장 단순하고 가장 알기 쉬운 대상에서 출발하여 마치 계단을 올라가듯 조금씩 올라가 가장 복잡한 것의 인식에까지 이를 것, 그리고 본래 전후 순서가 없는 것에서도 순서를 상정하여 나아갈 것.

끝으로, 아무것도 빠트리지 않았다는 확신이 들 정도로 완벽한 열거와 전반적인 검사를 어디서나 행할 것."[1]

이만큼 현명하고, 지금의 주제에 적용하기 좋은 수칙도 없습니다. 예술의 연구와 실천에서 이 수칙을 따른다면 우리는 우리 시대에 적합한 건축을 발견할 것이고, 적어도 후대를 위한 길을 마련하게 될 것입니다. 예술은 하루아침에 이루어지는 것이 아니니까요. 사실 참과 거짓을 구별하고 전통에서 원초적 원리들을 연역할 수 있을 만큼 과거의 예술에 대한 연구에 검토의 정신을 부여하려면, 우리는 우선 그 예술들이 연쇄적으로 그 표현들을 변양시켜 온 다양한 영향들로부터 자유로워지도록 만들어야 할 것이고, 불변의 원리들에 최고로 일치하는 표현들을 찾아내야 할 것입니다. 그 후에 진리에 가장 근접한 것으로서 이러한 표현들—혹은 달리 말하면 형식들—을 고려하게 될 것입니다. 우리는 그것들을 유형들로 인식하게 될 것입니다. 우리가 고고학으로부터 그것이 우리에게 제공한 것의 직접적 적용으로 나아가려면 그런 예비적 정리가 필요합니다. 그로 인해 우리는 순수하게 사변적인 연구의 질서와 실천적 결과를 지향하는 연구의 질서를 구별할 수 있게 됩니다.

예를 들어 저는 현존하는 고대 소아시아의 건물 대부분이 목재 구조에서 빌려 온 석재 형태들만을 보여 준다는 점을 확인합니다. 저는 이 기념비적 건물들을 상당히 흥미로운 전통을 보여 주는 것으로 연구할 수 있겠지만 그 결과를 실천적으로 이용할 수는 없습니다. 저는 삼림이 우거진 지역으로부터 목재가 부족한 지역으로 이주하게 된 한 종족의 사람들이 그들의 원래 예술의 전통을 보존한 방식을 압니다. 저는 그 전통을 확인하지만 동시에 그 전통이 건축 예술의 기본 원리들에 모순된다는 것도 인지합니다. 마찬가지로 테베의 건물들을 연구한다면 저는 구축에 사용된 수단과

1) 르네 데카르트, 「방법서설」, 『방법서설·정신지도를 위한 규칙들』, 이현복 옮김, (문예출판사, 2012), pp. 168-169.

형태 사이의 극히 낯선 모순을 발견하게 됩니다. 사람들이 석재로 건물을 짓게 되면서, 엄청난 강도를 지닌 수단을 가지고, 억새와 진흙으로 만든 오두막을 모방하는 것을 봅니다. 이런 과정은 지극히 신기한 것으로, 무엇보다 놀라운 결과물을 낳습니다. 심지어 그 결과물은 매우 아름다울 수도 있겠죠. 그러나 거기서 우리의 것과 같은 문명의 한가운데 적용 가능한 어떤 것을 발견할 수는 없습니다. 우리는 서양 문명의 선도자들이 살았던 지역에 우리 자신이 살고 있음을 깨달을 때 비로소 형태가 원리들과 조화를 이루도록 만드는 방법을 아는 종족들을 만나게 됩니다. 그리스 인들은 최초로 건축 예술에 전통보다 우월한 탐구, 논리, 추론을 도입했습니다. 그리스의 건물들과 인도의 건물들 사이에는 플라톤과 부처 사이만큼이나 거대한 간격이 있습니다. 그러나 부처를 거부하고 플라톤을 존경한다고 해서—사실 단순히 제가 그를 존경한다는 이유로 말이죠—제가 19세기 중반의 현 시점에 플라톤 시대에 지어졌던 것과 같은 건물들을 세우겠다고 하는 것은 아닙니다. 그리스 인들은 형태가 원리의 지배를 받게 하고, 심지어 형태를 원리들에 종속시키면서 우리가 갈 길을 제시해 주었습니다. 아테네의 아크로폴리스 유적이 페리클레스 시대의 아테네 문명을 얼마나 생생하게 표현하고 있는지 관찰하면서 우리가 거기에 매료되면 될수록 우리는 그 유적들의 형태를 모방하려는 생각을 버려야 합니다. 우리의 사회적 조건과 공적이고 사적인 습관들이 본질적으로 소크라테스 시대의 사회적 조건과 습관들과 다르니까요.

그러므로 과거의 예술에 대한 연구에서 우리는 다만 전통의 반영일 뿐인 형태, 즉 고민 없이 도입된 형태와 특정한 사회적 조건의, 어떤 요구의 직접적 표현인 형태 사이의 분명한 차이를 관찰해야 합니다. 그리고 후자의 연구를 통해서만 실용적 장점을 얻을 수 있습니다. 그것은 이런 형태의 모방으로 이루어지는 것이 아니라 원리의 적용에 대해 그것이 제공할 수 있는 사례로 이루어집니다.

그러므로 전 시대의 다양한 예술에 대한 연구에 적용된 데카르트의 첫 번째 원리대로, 한편으로는 목재나 진흙 구조를 석재로 모방할 이유는 없다는 것이 완벽하게 판명합니다. 또한 그러므로 거짓된 원리에서 출발하여 그저 전통에 따르고, 그 결과로 진리를 벗어나는 표현을 하게 되는 예술의 모든 질서를 거부해야 한다는 것도 분명합니다. 다른 한편으로는 특정한 민족들이 어떻게 요구, 관습, 재료를 뜻대로 사용하면서 그들의 건축에 성격을 부여하는 데 성공했는지를 가장 세심하게 고려해 보아야 할 것입니다. 그런 식으로 방향을 잡아 갈 때, 고고학 연구는 문명과 사용된 방법들이 상이한 만큼 다양한 형태들을 보여 준다는 점에서 우리에게 큰 도움이 될 것입니다. 고고학 연구는 우리의 지성을 유연하게 만들고, 우리가 보는 형태가 아니라, 그 형태들을 산출한 원리들을 적용할 수 있게 만들어 주어야 합니다. 그렇게 해서 사실상 그리스의 미술에 대한 연구가 비판과 검토의 정신으로 이루어진다면, 그 연구는 우리로 하여금, 그리스 문명과 우리 현대 문명의 거리만큼 그리스 민족이 도입했던 건축적 형태들로부터 멀리 떨어지게 만들 것입니다.

그러나 두 번째 수칙으로 넘어가서 저는 제가 연속적으로 논평한 사례 가운데 사회적 조건에도 재료의 사용에도 구애받지 않는 어떤 불변의 규칙들이 있는지 검토해 보겠습니다. 그 결과를 보면 비례의 조화는 사실상 특정한 기하학적 공식들에 근거해 수립된 것이며, 이 공식들은 제가 아홉 번째 강의에서 증명했다시피 매우 상이한 예술의 단계들에서 반복적으로 나타난다는 것을 알 수 있을 것입니다. 유사한 요구들, 동일한 파괴적 동인들에 저항해야 할 필요성, 동일한 시각적 효과들을 산출하고자 하는 욕망은 유사한 몰딩과 윤곽선들이 수 세기가 지난 후에도 서로 모르는 민족들 사이에서 받아들여지는 결과를 낳았습니다. 극단까지 탐구해 가면서 분석에 의한 작업을 계속하는 가운데 저는, 인간의 본성이 하나인 이상 인간의 지성이 진리에 의해 인도되기를 망설이지 않는다면 그 모든 산물에 어떤 동일성이 존재한다는 것을 보일 것입니다. 그러한 동일성 때문에 예술의 특정한 형태들이 예술가의 손에 의해 언제나 재생되고, 그렇게 재등장한다는 사실이 그 형태들이 참된 것이라는 이유가 되는 것입니다. 매우 상이한 경로를 택해도 유사한 결과들에 도달하는 것이 진리의 특징이니까요. 저는 또한 이 유사한 결과들이 상이한 조건들에서 연역된 일련의 추론의 결과인 만큼 매우 상이한 외관으로 나타날 수 있다는 것을 입증할 것입니다. 이에 대해 설명하겠습니다.

제가 거대한 규모의 무거운 재료들을 가지고 상대적으로 작은 건물을 지어야 한다고 합시다. 그런 경우 저는 재료들을 작게 조각내는 데 시간을 낭비하지 않는 편이 현명합니다. 따라서 기둥―수직의 지주 또는 원주―들을 세우고 그 위로 도리, 인방, 천장을 올릴 것입니다. 그러나 거대한 재료들은 잘라 내고 운반하고 모양을 잡고 적당한 위치에 놓기 어렵습니다. 그럼에도 저는 그것들을 개구부의 경계나 포르티코에 사용해야 하죠. 그런데 만약에 이 포르티코 뒤쪽으로 벽을―예컨대 감실의 벽을―세워야 한다면 크기가 좀 더 작은 재료들을 구할 것이고, 어렵지 않게 그것들을 잘라서 제 위치에 놓을 것입니다. 주랑의 경계를 큰 돌로 짓는 것은 그렇게 함으로써 안정성의 훌륭한 조건을 보장할 수 있고 추력과 전위(dislocation)를 피할 수 있기 때문입니다. 그러나 벽들은 작은 석재로 짓는 것이 보다 쉽고 빠른 방법이고, 충분히 견고하기도 합니다. 하지만 이 벽에는 문이 나 있고 모서리들이 있으므로, 틀받이에는 큰 돌을 조달하고 벽

모서리에 수직으로 몇 개를 놓음으로써 작은 재료들로 구축된 건물 부분들을 유지하고 강화하도록 합니다. 그렇게 해서 저는 정역학의 단순한 법칙들에 엄격하게 일치하는 건물을 짓게 됩니다. 그것은 프로그램과 재료들의 본성에 의해 부과된 조건들에도 부응합니다.

프로그램을 다른 것으로 바꿔 봅시다. 위의 경우와 반대로, 크지 않은 석재로 거대한 건물을 지어야 할 경우를 가정해 봅시다. 문제는 2, 3m 길이의 인방들을 베이 위로 올리고 이 인방들과 천장들을 6m나 8m 높이로 지지하는 것, 혹은 20m² 또는 30m² 넓이의 홀을 제공하는 것이 아닙니다. 문제는 10m와 15m의 공간들을 교차시키고, 갤러리들을 줄지어 세우고, 일부 공간은 천장을 덮는 것, 요컨대 그리스식 신전이 아닌 대규모 교회를 구축하는 것입니다. 구축의 전체 체계를 변경해야만 하는 것이 분명합니다. 그러나 여전히 일체식 기둥과 인방을 도입해야 하겠지요. 이 일체식 기둥을 가지고 저는 그리스 인들이 그랬던 것처럼 작은 재료들로 지어진 구조에 견고성을 부여할 것입니다. 일체식 다발 기둥의 도움으로 거대한 벽들의 수직면을 유지할 수 있을 것이고, 또한 궁륭의 거대한 압력을 지지하고 침강 효과를 제거할 수 있을 것입니다.

석재 인방과 목조 천장 대신에 저는 궁륭을 구축해야 할 것입니다. 외관이 아니라 결과 면에서 천장에 가장 근접하는 궁륭 체계—말하자면 전체 하중을 특정 지주들이 받치도록 하면서 추력을 최소화할 수 있는 궁륭 체계를 발견하기 위해 노력할 것입니다. 그처럼 그리스 건축가들이 도입했던 추론에 따라 진행하고, [그들과] 동일한 수단을 쓰며, 동일한 원리들로부터 출발하지만, 제가 충족시켜야 할 요구는 매우 다른 것이기 때문에 결과적으로 외관상 [그리스 건축과] 크게 다른 구조를 산출해 내게 될 것입니다. 하지만 그렇다고 해서 제가 그리스 인들이 위치와 목적에 따라 도입했을 몰딩과 장식 체계를 사용하지 못하는 것은 결코 아닙니다. 저는 한 걸음 더 나아가서, 그리스 인들이 신전을 지을 때 그 건물을 말하자면 강화하기 위해 노력했다는 것을 관찰합니다. 즉 그들이 보다 큰 재료들을 바깥쪽에, 작은 재료들을 안쪽에 놓았으며, 심지어 모서리 원주들이 건물 중심을 향해 기울어지게 하고 수평선들은 가운데 부분이 꺼지도록 만듦으로써 모든 압력이 내부로 향하게 했다는 것을 관찰합니다. 거대한 건물을 세우는 데 저도 동일한 원리를 따라야 할 것입니다. 그러나 제가 사용하게 될 재료들은 규모에 비해 매우 약합니다. 피어를 약간 기울이고 꺼지게 하는 것으로는 구조의 바깥으로 향하는 추력을 맞받아 낼 수 없습니다. 저는 부벽, 즉 외부의 강화 체계에 의지해야 합니다.

그러므로 방법론의 정신을 제가 관찰한 건물들의 부분 연구에 적용함으로써 저는 동일한 원리들이 외관상 매우 상이한 결과들을 산출한다는 것을 알게 되었습니다. 주어진 조건들이 상이하기 때문입니다. 또한 이런 다양한 결과들을 낳으면서도 인간의 재능은 유일무이한 것으로서 동일한 방식으로 진행되어 왔고 많은 세부에서 동일한 표현을 채택해 왔다는 것도 알게 되었습니다.

세 번째 수칙은 참된 혹은 상상적인 분류의 필요성을 설명해 줍니다. 그리고 여기서 우리의 저자[데카르트]는 우리 자신 건축의 생산에서 이용해야 할 연구의 본성을 보여 준 듯합니다. 사실 사변적 고고학 연구에는 단 하나의 분류 방법, 즉 연대기적 분류법만이 있지만 이 연구에 어떤 실천적 목적을 부여하고자 한다면 그것만으로는 안 됩니다. 우리가 수집한 사례들은 이 경우에 그 몇 가지 종류에 따라서, 그리고 불변의 원리들의 동일한 적용에 따라서 연합되어야 합니다. 우리는 그러므로 세 종류의 건축들을 발견하게 됩니다. 그것은 목조 건축, 로마 인들이 이해한 바와 같은 콘트리트 건축, 그리스 인들이 완벽하게 구사한바 석재를 결합한 건축입니다. 콘크리트 건축은 궁륭과 그 모든 결과로 이어집니다. 석재를 결합한 건축은 인방―가장 단순한 표현으로 정역학을 발생시켰습니다. 이 두 가지로부터 중세는 두 건축의 영향이 동시적으로 체현된 복합 예술을 산출하는 데 성공했습니다. 그리고 이 복합 예술은―그것이 두 개의 대립적인, 혹은 적어도 서로 매우 낯선 원리들을 화해시키고자 노력했다는 사실로부터―고대의 건축이 알지 못했던 새로운 원리를 발생시켰습니다. 그것은 평형의 원리로서, 이전의 어떤 원리보다 우리 현대의 사회적 조건의 다양한 위기에 잘 적용할 수 있습니다.

네 번째 원리로 말하자면 그것은 단지 최대한 많은 자료를 수집하여 이제까지 일어난 것들에 대해 알고 획득한 경험으로부터 이득을 얻어야 할 필요성을 가르쳐 줍니다. 우리가 이미 해결된 문제들의 해답을 찾고자 시간을 낭비하지 말아야 하고, 언제나 이미 도달한 지점에서 시작해야 한다는 점은 중요하니까요. 그러나 그와 같은 자료의 복수성은 건축가가 자신이 수집해 온 자료들을 방법론적으로 분류하는 데 성공하지 못했다면 위험한 것이 됩니다. 건축 스타일 중에는―이를테면 이집트 건축처럼―외관상의 형태가 구조와 항상 일치하는 것은 아닌 경우가 있습니다. 저는 이 형태들이 조심스럽게 연구되어서는 안 된다고 말하는 것이 아니라, 그것을 연구할 때 그것이 거대한 석재로 만들어진 것보다는 흙벽돌과 목재로 지어 스투코를 덧댄 구조에 보다 적합하다는 것을 관찰해야 한다는 것입니다. 반대로 다른 건축 스타일―예컨대 제정기 로마 건축―은 구조와 외관 사이에 존재하는 완벽한 조화로부터 그 주된 장점을, 형태의 아름다움을 도출합니다. 그러나 이것이 그 건축의 주된 특질이라는 사실은 그 형태를 구조의 다른 질서에 적용하지 말 것을 우리에게 경고해 줍니다.

그렇게 분류된 거대한 사례 모음으로부터 이러저러한 구조에 들어맞는 형태를 알아낼 수 있게 됩니다. 우리는 더 이상 현대 건축 대부분을 이해 불가능하고 역겨운 것으로 만드는 스타일, 방법, 형태의 혼돈에 빠질 위험을 겪지 않아도 됩니다. 과거의 다양한 건축 스타일들을 다소간 성실하게 모방하는 데 싫증난 특정한 유파는 그것들 전부로부터 좋아 보이는 것들을 선별함으로써 새로운 건축을 구성할 수 있을 것이라고 생각합니다. 온갖 것들이 뒤범벅된 스타일이 새로운 스타일일 수는 없습니다. 그런 스타일을 도입해 봐야 얄팍한 솜씨, 지성, 학식을 드러낼 뿐, 결코 어떤 원리나 관념을 체화하는 것이 아닙니다. 이런 종류의 구성은 가장 성공적인 것조차도 고립된 불모의 작품으로 남고, 예술에서 새로운 시대의 원천이 될 수는 없습니다. 단순한 원리들만이 생산적입니다. 또한 원리가 단순할수록 그 산물은 더 아름답고 다양하다고 말할 수 있을 것입니다. 저는 독자들께서 제가 앞의 강의에서 유기적 생물과 척추동물에 관해 말씀드린 것을 참고하셨으면 합니다. 살무사와 같은 파충류의 창조에는 매우 단순한 원리가 확실히 드러납니다! 그러나 구렁이와 인간 사이에는 얼마나 많은 다양성이 발견됩니까! 언제나 논리적으로 연역된 얼마나 많은 결과들이 거의 지각 불가능한 일련의 전이에 의해 이 두 존재 사이의 간격을 점유하고 있습니까!―두 개의 수직 지지대 위에 하나의 석재를 수평으로 놓는 것보다 단순한 것이 있습니까? 그러나 너무나 단순한 이 원리로부터 그리스 인들은 얼마나 많은, 꼬리에 꼬리를 무는 연역을 해냈습니까! 로마 인들이 성형 궁륭―벌집 구조―의 원리를 찾았을 때 혹은 다른 경우 그것을 발견해 냈을 때 그들은 분명 단순한 원리에서 출발했습니다. 그러나 그들이 이 원시적 착상을 해냄으로써 획득하지 못한 조합이 있습니까? 또한 12세기의 프랑스 건축가들이 이 콘크리트 궁륭의 원리에 탄력성과 평형을 추가

했을 때 그들이 성취하지 못한 것이 있습니까? 그들은 한 세기 내에 물질의 조건이 강제한 극단의 한계에 도달하지 않았던가요?

그렇다면 우리는 각각의 원리들로부터 엄격하게 연역된 형태들을 발견하고, 분명하고 개성적인 예술 양태를 남기는 데 성공한 건축 스타일을 세 가지 알고 있습니다―처음 두 가지는 서로 낯선 원리들로부터 성립한 것이고, 세 번째 것은 앞의 두 가지에 새로운 원리를 추가한 것입니다.

또한 이 문제의 철학적 측면을 검토해 본다면 우리는 작은 공화국들로 분열되어 있던 그리스 인들이 그들의 사회적 조건에 가장 잘 들어맞는 건축 스타일을 선택했다는 것을 관찰하게 됩니다. 자신들을 여타 인간 종족들보다 우월하다고 여겼고 배타적으로 일종의 선별 사회를 구성했기 때문에 상대적으로 소수였고, 형태의 정교함과 아름다움에 열광했던 그들은 자연스럽게 건축에서 그것의 품격을 떨어뜨릴 수 있는 모든 것을 거부했습니다. 그들이 볼 때 장엄함은 건물의 크기나 규모에서 만들어지는 것이 아니라 비례의 우수함과 시공의 순수성에서 나오는 것이었습니다. 따라서 모든 그리스 건물은 그 이웃 나라인 아시아의 건물들에 비해서, 하지만 특히 제정 로마의 건물들에 비해서 작습니다.

우리는 또한 사회적 관념에 의해 그리스 인들과 정반대의 것―[다른] 민족들을 그들 자신에게 동화시키고, 그들에게 자신들과 함께할 것을 요청하고, 그들이 로마 인이 되도록 설득 또는 강요하는 일―을 해야만 했던 로마 인들이 그들 나름으로 이러한 코스모폴리탄 정신에 가장 잘 일치하는 건축 스타일을 도입했다는 것을 관찰합니다. 그들은 전 인류를 위해 건물을 세운 것처럼 보입니다. 그리고 그들은 쾰른이나 카르타고에서 아무렇게나 선택되었을 어떤 노동자들이라도 구사할 수 있는 방법으로 그 건물을 지었습니다.

그리스 인들이 로마의 건축에 무엇인가 도입했다면 그것은 우리가 종종 말하는 것처럼 외관이지 원리가 아니었습니다. 프랑스 파리—12세기 유럽 지성의 중심에서 서방의 정신은 무엇을 했습니까? 그것은 제국의 타락한 전통 한가운데 현대적 요소를 도입했습니다. 그것은 기계적 힘들을 감안했고, 재료들을 그 본성에 따라, 오로지 본성에 따라 사용했습니다. 그것은 비활성의 안정성으로 대체되게 될 평형의 법칙—그리스 인들이 알았던 유일한 법칙, 심지어 로마 인들에게조차 유일했던 법칙을 추구했습니다. 그것은 어떻게 재료를 아끼고 인간 노동을 증대시킬지를 연구했습니다. 매스들에서의 통일성과 주도적 특징들로 세부에서의 다양성—즉 규칙성 가운데서의 개별성을 인정했습니다. 마찬가지로 개념의 통일성과 더불어 시공 수단에서의 자유를 허용했습니다. 혁신의 재능에서 이 정신은 모든 전통과 결별하고 재료를 지배하기를 염원했습니다. 그것은 곧 건물을 꾸밀 장식을 들판의 꽃들에서 찾게 되어, 그것들을 세심하게 연구했습니다. 그것은 거대한 종교적 건물을 대중을 시각적으로 교육하는 지식의 백과사전으로 만들었습니다. 관찰하고 실험하면서 그것은, 로저 베이컨이 과학에서 시도했던 것, 진정한 혁명을 건축에서 성취했습니다. 건물을 하나 올릴 때마다 그것은 그 노역의 목적을 향해 오르는 계단이었고, 지속적으로 오른 끝에 그것은 곧 주어진 물질적 요소들이 부여한 한계에 도달했습니다.

이 예술가들이 우리가 가지고 있는 재료와 수단을 가졌다면 무엇을 했을까요? 우리가 그 원리에 대해 검토하지 않은 채 온갖 예술을 가지고 호사가 노릇을 하는 대신에 단순히 그들이 도달했던 지점에서, 그들이 인식했던 원리들로부터 시작하기로 결심한다면 우리가 할 수 없는 것이 있을까요? 우리는 마치 철학에서 13세기 학파가 제대로 검토해 보지도 않고서,

실은 제대로 알지도 못하면서 아리스토텔레스의 권위에 복종했던 것이나 마찬가지로 건축에서 오늘날 우리 자신이 고대의 권위에 복종하고 있다는 사실을 직시해야만 합니다. 그러나 수사 로저 베이컨은 1267년에 대가에게 맹목적으로 부여된 권위에 관하여 어떻게 말했습니까? 그의 이야기를 들어 봅시다.

"아리스토텔레스가 불신앙의 혐의를 받고 학파들에 의해 금지되었던 때로부터 채 반세기도 지나지 않았다. 그런데 오늘날 그는 절대적 권위로 승격했다! 이렇게까지 그가 탁월한 점은 무엇인가? 그는 학식이 있다고 말한다. 실제로 그럴 것이다. 하지만 그라고 해서 모든 것을 알았던 것은 아니다. 그는 자신의 시대에 가능했던 것을 했지만 지혜의 한계까지 도달했던 것은 아니다. … '하지만 우리는 고대인들을 존경해야만 한다'고 학파들은 말한다. 물론이다! 고대인들은 존경받아야 하고 우리는 그들이 길을 마련해 준 데 대해 감사해야 한다. 하지만 우리는 고대인들도 인간이었고, 그들도 여러 번 오류를 저질렀다는 점을 잊어서는 안 된다. 사실 오류를 범한 확률은 고대인일수록 높은 것이다. 왜냐하면 젊은 세대일수록 현실에서는 가장 연장자인 셈이기 때문이다. 최근의 세대들은 과거의 모든 노고를 물려받은 만큼 지성에서 선조들을 능가해야 한다."*

이 말은 중세가 우리에게 가르쳐 준 모든 것을 잊도록 강요하는 우리 시대의 어느 **학파**에 적확하게 적용되지 않습니까? 13세기의 수사였던 저 로저 베이컨은 또한 그의 『제3저작』(*Opus tertium*)**에서 스콜라주의적 통념을 통렬히 비난할 때 당대 예술가들의 가장 훌륭한 경쟁자가 아니었나요?

---

\* *Compendium philosophiae*, cap. 1.
\*\* Douai manuscript.

"나는 그것을 논증과는 구별되는 실험적 과학이라고 부른다. 가장 강력한 논증은 그 결론이 실험에 의해 입증되지 않는 한 아무 것도 아니니까.

실험적 과학은 어떤 우월한 과학의 손으로부터도 진리를 수여받지 않는다. 그녀[실험적 과학]가 주인이고, 다른 과학들은 그녀의 시종들인 것이다.

그녀는 실제로 모든 과학에게 명할 권리를 가진다. 그녀만이 결과들을 증명하고 인가하기 때문이다.

실험적 과학은 그러므로 과학의 여왕이며 모든 사변의 목적이다."

[그는] 계속해서 이렇게 말합니다.[*]

"모든 연구에서는 가능한 최선의 방법이 사용되어야 한다. 지금 이 방법은 어떤 과학의 부분들을 그 필연적 질서 속에 연구하고, 정말로 첫 번째 자리에 위치해야 하는 것에 우선순위를 부여하고, 어려운 것보다 쉬운 것을, 특수한 것보다 일반적인 것을, 복합적인 것보다 단순한 것을 앞세우는 것으로 이루어진다. 우리는 또한 짧은 인생을 고려해 우리의 연구에 가장 유용한 주제들을 선택해야 한다. 끝으로 우리는 의심스럽거나 모호한 것이 조금도 섞이지 않은 모든 가능한 명석함과 명확함으로 과학을 설명해야 한다. 그러나 이 중 어느 것도 실험적 입증을 하지 않고서는 가능하지 않다. 우리는 실로 권위, 추론, 실험적 입증 등 지식을 얻는 다양한 방법을 갖고 있지만 권위는 그 근거가 설명되지 않으면 가치가 없기 때문이다. 그것은 우리를 이해시키지 않고 단지 우리가 믿게 만들 뿐이다. 그것은 정신을 계몽하지 않고서 위압한다. 추론으로 말하자면 우리는 결론을 **실험적이고 실천적으로 입증함**으로써 궤변과 증명을 구별할 수 있다."

이것이 중세의 사람들이 했던 추론입니다. 오늘날 우리는 중세의 그 건

---

[*] Cap. xiii.

물들을 지은 이들에게 때때로 존경을 보내지만 그에 대해 아는 것은 너무 적습니다. 이 구절에서 로저 베이컨은 로마네스크 미술 최후의 전통—**방법, 검토, 실험**에서 발생한 세속 건축 유파의 원리들을 요약합니다. 그의 전체 체계는 이 세 단어로 이뤄져 있습니다.

데카르트가 제시한 수칙들로 되돌아갑시다. "명증적으로 참이라고 인식한 것 외에는 그 어떤 것도 참으로 받아들이지 말 것." 이 수칙이 철학에 적용 가능한 것이라면, 물질의 법칙과 순수한 수학적 법칙에 기초한 건축 예술에는 더더욱 잘 적용할 수 있습니다. 거대한 홀, 매우 길고 넓고 천장이 높은 실내는 일반적인 방에 충분한 것보다 큰 창문들로 조명되어야 하는 것이 **참**입니다. 그 반대는 거짓이죠. 아케이드나 원주들로 지지되는 포르티코는 사람들이 비와 햇볕, 바람을 피하도록 만들어지는 것이 **참**입니다. 이 포르티코의 높이와 폭의 관계는, 그러므로 기후적 요인들로부터 보호받을 수 있도록 마련되어야만 합니다. 그 반대는 거짓입니다. 문은 건물을 드나들 목적으로 만들어져야 하는 것이 **참**이므로, 문의 폭은 건물에 들고 나는 사람의 수의 많고 적음에 따라 이를 수용할 수 있도록 결정되어야 합니다. 그러나 아무리 사람들이 밀집한다고 해도 사람의 키는 언제나 2m 이하이고, 혹은 이들이 창이나 배너나 천개 또는 깃발을 들고 들어간다 할지라도 4, 5m를 넘어가지는 않으므로 문 폭을 5m로 잡고 높이를 10m로 잡는 것은 터무니없는 일이 될 것입니다. 원주는 띠돌림이나 아라베스크와 같은 장식이 아니라 지주인 것이 **참**입니다. 그렇다면 원주가 필요하지 않은데도 파사드를 원주로 장식하는 까닭은 무엇인지 저는 이해할 수 없습니다. 코니스는 벽면으로 물이 흐르지 않도록 마련된 것이 **참입니다**. 그러므로 실내에 돌출 코니스를 장식하는 것은 무의미하다고 말할 수 밖에 없습니다. 계단은 건물의 위층으로 가기 위해 필수적인 것이 **참입**

니다. 또한 이 계단은 쉬는 곳이 아니라 통행을 위한 것이므로, 그것을 통해 도달하게 되는 방에 비해 과도한 중요성을 부여한다면 멋들어진 계단을 만들 수는 있겠지만 터무니없는 일을 하는 셈이 될 것입니다. 떠받치는 물건은 떠받쳐지는 물건에 적절한 비례로 만들어져야 하는 것이 참입니다. 그러므로 1m 두께의 벽이면 충분히 지지될 바닥을 2, 3m 두께의 돌벽이나 피어를 세워 받친다면 이성에 의해 정당화될 수 없는 작업이 되는 것입니다. 그런 작업은 눈도, 오성도 만족시키지 않으며, 그저 값비싼 재료의 낭비일 뿐입니다. 궁륭은 형태가 어떻든 부벽으로 지지되어야 하는 것이 참입니다. 그러나 떠받쳐야 할 추력이 없는데도 돌출한 벽기둥, 부착 기둥, 부벽을 도입하는 것은 거짓입니다. 이런 식으로 계속하자면 끝도 없겠지요. 건축 예술에 대한 지식이 없는 누가 보아도 강력한 이런 단순한 추론 방법을 따라서 고대와 중세, 현대에 도입된 건축 스타일들을 되새겨 본다면 그 스타일들에 진정한 가치를 부여하는 것은 쉬운 일일 것입니다. 우리는 그리스 인들이 (그들의 사회적 조건과 건물이 세워지게 될 기후 등을 고려하여) 단순한 양식(良識)에서 기원한 원시적 원리들을 계속해서 충실하게 따른 것을 보게 될 것입니다. 또한 로마 인들은 종종 그 원리들로부터 일탈했으며, 12, 13세기의 세속 건축가들은 그 원리들을 엄격하게 관찰했고, 우리는 그것들을 거의 저버렸음을 알게 될 것입니다. 그러므로 우리는 다양한 건축 스타일들과 (구조의 요구와 필요에 대한 참된 표현에 기반한) 첫 번째 준칙에 따라 만들어 낸 기념비적 건축들에 관한 연구들을 분류할 수 있습니다. 따라서 폼페이의 규모가 작은 주택들, 도시의 성문, 샘이나 우물은 때로 예술적 관점에서 궁전보다 우월한 가치를 가질 수 있습니다. 그렇게 참된 것과 거짓된 것을 구분할 수 있다면 우리는 원숙한 검토를 거친 후에 우리의 선조들이 도입한 다양한 표현 방식을 인식하는 데 성공하게 될 것입니다. 건축에서 진리는 어떤 작품을 탁월하게 만드는 데 충분하지 않으며, 진리에 아름다운 혹은 최소한 적절한 형태를 부여할―그것을 명료하게 만드는 법을 알고 그것을 적절하게 표현할 필요가 있기 때문입니다. 실로, 우리가 가장 엄격하고 논리적인 추론을 이용한다고 해도 예술에서 우리는 종종 모호하고 불쾌한 것을 지속하며, 사실상 보기 흉한 것을 만들 수 있습니다. 그러나 가장 합리적인 이성에 기반한 개념들이 때로 혐오스러울 뿐인 작품들을 산출하기도 하지만 진정한 아름다움은 이성에 기반한 그 불변의 법칙들에 일치하지 않고서는 결코 획득되지 않았습니다. 절대적으로 아름다운 모든 작품은 언제나 엄격하게 논리적인 하나의 원리에 상응하는 것을 발견하게 될 것입니다.

첫 번째로 우리의 연구를 이런 일차적 원리에 맞추어 진행했으니, 두 번째로 넘어가 봅시다. "검토할 어려움들을 각각 잘 해결할 수 있도록 가능한 한 작은 부분으로 나눌 것"이라고 데카르트는 말합니다. 여기서 우리는 여전히 사변적 연구의 영역에 있습니다. 우리는 극단으로 밀어붙여진 분석에 연루되어 있는 것입니다. 실제로, 고대의 건물들을 검토할 때 우리는 그것들이 완전하고 완성된 복합적 작품들임을 발견하게 됩니다. 그것들을 모든 부분에 이르기까지 이해하기 위해서는 그것들이 만들어진 역순으로 검토하는 수밖에 없습니다. 그것들을 만든 이는 자신의 원시적 개념에서 그 최종적 형태의 시공으로―프로그램과 이용 가능한 수단으로부터 결과로 나아갔습니다. 우리는 최종 결과에서 시작해 순차적으로 설계와 프로그램과 시공 수단을 확인해야 합니다. 우리는 건물을 해부해 보고, 처음으로 우리의 시선을 받게 되는 외적 결과와 그 형태를 결정한 숨겨진 방법과 근거들 사이에 존재하는 대략 완전한 관계들을 입증해야 합니다. 우리 연구의 이 두 번째 부분은 시간이 오래 걸리고 성가시고 고된 일이지만 설계하고 창조하는 것을 배우고자 하는 이에게는 할 수 있는 최고의 훈련이 됩니다. 종합에 도달하기 위해서는 반드시 분석을 거쳐야 합니다. 또한 어떤 문명이 복잡할수록 그 문명에 속하는 개념과 시공을 거쳐 세워진 건물들의 원천, 또한 그 건물들의 영속성을 보장하는 데 기여하는 원천은 눈앞에 잘 드러나지 않습니다. 그리스 신전을 분석하는 데는 단 며칠이면 충분하지만 로마 대욕장의 홀이나, 하물며 우리의 프랑스 대성당을 분석하는 것은 그렇게 간단치 않습니다. 또한 우리의 현대 문명은 매우 복합적이므로, 우리의 연구를 고전 고대의 가장 단순한 작품들에 대한 분석으로 시작하는 것은 바람직하지만 거기서 멈추어서는 안 됩니다. 우리는 확실히 보다 완전한 작품들에 대한 분석으로 나아가야 하며 과거의 건축가들은 세부 장식들이 잔뜩 달리고 난제들로 가득한 점점 늘어 가는 문제들을 어떻게 해결할 수 있었는지 배워야 합니다. 또한 이렇게 표현해도 좋다면 훨씬 더 섬세하고, 특히나 더 복합적인 유기적 조직을 가진 건물을 지을 때는 어떻게 했는지 말이죠.

건축가들을 훈련시켜야 할 연구들을 온전한 상태로조차 전해지지 않는 고전 고대의 특정한 기념비적 건축물들에 혹은 그러한 기념비적 건축물들의 다소간 성공적인 모방물들에 한정할 것을 주장하는 일은 보편적으로 요청되는 것─19세기의 건축을 획득하는 방법이 아닙니다. 새로운 원리들과 방법들을 발전시켜 온 일련의 긴 노력들을 고려하고 모든 인간 노역을 논리적 질서에 따라 연결된 사슬로 생각하는 편이 더 좋습니다.

세 번째 준칙은 원리들의 적용으로 이끕니다. 그 중요성은 우리가 "생각들을 순서에 따라 이끌어 나아갈 것, 즉 가장 단순하고 가장 알기 쉬운 대상에서 출발하여 마치 계단을 올라가듯 조금씩 올라가 가장 복잡한 것의 인식에까지 이를 것, 그리고 본래 전후 순서가 없는 것에서도 순서를 상정하여 나아갈 것"에 있기 때문입니다. 사실 분석에 의해 우리가 복합적인 것에서 단순한 것으로—완전한 작품, 즉 드러난 결과로부터 이 결과를 산출한 수단과 원인들로—나아간다면, 우리가 스스로 설계를 하고자 할 때는 순서대로 진행하는 것이, 그리고 그로부터 이어지게 될 결과들을 조망하는 기본적 고려를 우선시하는 것이 보다 용이할 것입니다. 건축에서 기본적으로 고려해야 할 점—나머지 모든 것을 결정하는 것—은 바로 프로그램과 물질적 시공 수단입니다. 프로그램은 다만 요구들의 진술일 뿐입니다. 시공 수단으로 말하자면 다양합니다. 그것은 제한되거나 확장될 수 있습니다. 시공 수단이 무엇이든 우리는 그것들을 알고 염두에 두어야 합니다. 동일한 프로그램이 지역성, 재료, 재원에 따라 우리 뜻대로 매우 다양한 수단을 사용함으로써 허락될 수 있습니다—서로 다른 장소에 이천 명을 수용하는 대형 회의장을 지어야 한다고 합시다. 그러나 A에는 질적으로 월등한 재료들이 제공됩니다. 상당량의 재료를 마음껏 사용할 수 있고, 내구성 있는 석재—대리석이나 화강암이 있습니다. B에서는 벽돌과 목재만을 구할 수 있으며 재원은 최소한입니다. 우리는 이 두 개의 회의장에 동일한 표면적을 부여해야 할까요? A와 B 모두 이천 명을 수용해야 하므로 명백히 그래야 할 것입니다. 그 둘의 외관을 똑같이 만들어야 할까요? B에서 우리가 쓸 수 있는 수단이 A와 다른 만큼 분명 그렇지는 않습니다. 그렇게 동일한 프로그램을 따르는 한편 우리는 두 개의 매우 상이한 건축 방법을 도입해야 할 것입니다. 벽돌과 널빤지를 스투코와 물감으로 칠해 석재 또는 대리석 구조를 모방한다면 그것은 예술을 매우 오용하는 일이 될 테니까요. 프로그램을 따르고 구조의 평면을 결정하는 것만으로 예술 작품을 만들어 낼 수는 없습니다. 형태가 필요합니다. 구조는 물론 프로그램도 형태에 영향을 행사할 것입니다. 그러나 프로그램을 세밀하게 검토하고 구조에 주목한다면 우리는 매우 다양한 형태를 도입할 수 있습니다. 그렇다면 우리 문명에 가장 적합한 형태는 어떤 것입니까? 아마도 가장 유연한 형태가 되겠지요. 우리의 과도하게 복잡한 삶의 무한히 다양한 세부들에 가장 손쉽게 순응할 수 있는 형태일 것입니다. 우리의 모든 요청에 응답할 형태의 본보기까지는 아니라 해도 적어도 선례를 어디서 찾아야 할까요? 고대 그리스에서? 혹은 어쩌면 고대 로마에서? 후자 쪽이 낫겠지요. 그러나 철을 재료로 쓰면서 어떻게 고대 로마를 출발점으로 삼을 수 있는지 물을 수 있습니다. 차라리 중세의 속인 유파의 작품들을 선택해야 할까요? 중세의 예술가들은 수공업, 기계 공학, 다양한 원거리 수송 시설이 우리에게 베푼 재원들을 예감하고 있지 않았을까요? 예컨대 최근에 지어진 생 주느비에브 도서관과 17세기 초에 소실된 파리의 거대한 살 뒤 팔레(Salle du Palais)는 매우 밀접한 관계를 갖지 않습니까? 현대의 홀에 부여된 고전적 성격은 그 작품의 장점을 더했나요? 이것은 오히려 서로 낯선 요소들을 뒤섞어 두 개의 상반되는 원리들에서 기원한 형태들을 결합함으로써 통일성을 훼손하는 데 일조하지 않았습니까?

데카르트의 세 번째 준칙을 설계에 반영하면서 프로그램이 충족되고 구조가 결정되면 우리는 어떻게 단순한 것에서 복합적인 것으로 나아가야 합니까? 우선 처음부터 사용될 재료의 본성을 알고 있어야 합니다. 둘째로 결과에 필요한 기능과 힘을 이 재료들에 부여해야 하며, 그 기능과 힘을 가장 정확하게 표현하는 형태를 부여해야 합니다. 셋째로 우리는 이 표현에 통일성과 조화의 원리를—다시 말해 척도, 비례 체계, 구조의 목적에 관련된 장식 스타일을 도입해야 하며, 준수되어야 할 요구들의 다양한 성질에 따른 다양성은 물론 명확한 의미 작용을 가져야 합니다.

그렇다면 건물에 사용될 재료에 대해 안다는 것은 무엇을 의미합니까?

석재가 서리를 맞아도 괜찮은지 아닌지를 아는 것일까요? 그것이 특정한 압력을 견딜 것인지 아닌지를? 주철은 휘어지지 않는 반면 연철은 상당한 장력을 견딜 수 있다는 것을 아는 것입니까? 분명 그렇습니다. 하지만 이 것이 전부는 아닙니다. 특정한 조건에 따라 이 재료들의 사용이 야기할 수 있는 결과를 알아야 합니다. 모서리에 놓인 석재 혹은 단주식 석재는 층층이 세워진 석재와 시각적 의미가 매우 다릅니다. 큰 판재로 씌운 포장은 작고 평평한 수평 석재 외장과 다른 효과를 연출합니다. 석재로 겉둘레를 돌린 아치는 홍예석을 쌓아 올린 아치와 외양이 매우 다릅니다. 접합식 인방은 일체식 인방만큼 강해 보이지 않습니다. 중심이 일치하는 몇 개의 테두리들로 만들어진 아키볼트는 한 개의 테두리로 만들어진 것과는 다른 성질을 가지며 상이한 인상을 낳습니다. 그리스와 로마의 것처럼 완벽하게 밀착 접합된 [건식] 조적은, 접합부 사이를 모르타르로 메꾼 조적에 부합하지 않는 형태들에 적당합니다. 회벽에 문이나 창의 틀을 형성하는, 몰딩이 달린 세 개의 석재는 어떠한 필연성에 응답하고, 결과적으로 이해 가능한 건축 형태를 선보이며 좋은 결과를 낳습니다. 그러나 수평의 층들에 들어간 [창이나 문]틀은 이성적으로도 시각적으로도 충격입니다. 마찬가지로, 석재 줄눈 마무리가 다양한 건축 부분에 일치하지 않고 그 수평면들이 돌림띠, 받침돌, 베이스몰딩 등의 바로 위와 아래에 놓이지 않는 경우 그 설계가 산출해야 할 효과를 망가뜨리게 됩니다. 재료에 그 목적에 들어맞는 기능과 힘, 이 기능과 힘을 가장 정확하게 표현하는 형태를 부여하는 것은 설계에서 가장 중요한 점에 속합니다. 재료들을 그 목적에 부합하도록 정확하게 어떻게 사용해야 할지를 알고 있다면 우리는 가장 단순한 구조에도 특수한 스타일을, 탁월함을 부여할 수 있습니다. 벽면을 가로지르는 단순한 석재 띠가 그렇게 해서 예술의 표현이 되는 것입니다. 떠받쳐야 하는 부분과의 관계에 따라 재료의 저항력을 고려해 형태가 잡힌 원주, 기둥은 시각적으로 만족스러울 수밖에 없습니다. 마찬가지로 위에 얹힐 부분과 수행할 기능을 고려해 디자인된 주두는 언제나 아름다운 형태를 가집니다. 그 목적을 꾸밈없이 보여 주는 코벨은 이러한 건축 부분이 필요로 하는 힘을 감추는 불확실한 형태에 비해 언제나 보다 좋은 효과를 낳을 것입니다. 프로그램에 지시된 다양한 요구들—요컨대 척도, 비례 체계, 의미 있는, 충족되어야 할 다양한 요구들의 다양한 본성에 적당한 다양성을 보이는, 이 구조에 조화를 이루는 장식 스타일 등—을 표현할 때 통일성과 조화의 원리를 도입하는 것은 예술가의 지성이 전개되는 건축 설계의 요점입니다. 프로그램의 조건이 충족되고 구축 체계가 결정되었을 때, 우리가 우리의 방법에 건강한 추론 과정을 적용할 수 있게 되어 과하지도 부족하지도 않게 되었을 때, 그리고 여러 종류의 재료들 각각에 기능, 외양 혹은 부르기에 따라 그 속성과 용도에 들어맞는 형태를 부여하게 되었을 때, 우리는 모든 예술 작품을 지배할 통일성과 조화의 원리들을 찾아야 하고 발견해야 합니다. 이것이 우리의 거의 모든 건축가를 16세기 이래로 좌초시켜 온 암초입니다. 그들은 합리적이지 못한 대칭적 형태를 위해 요구들을 희생시키고 재료를 신중하게 사용하지 않거나, 프로그램을 충족시키고 재료는 신중하게 썼지만 건물에 통일성의 외관, 개념의 **단일함**을 부여하는 방법을 몰랐습니다. 그러나 그 시대 이후로 이러한 결점 가운데 첫 번째 것이 확실히 가장 빈번하게 나타났고, 건축가들이 가장 주의를 기울이지 않는 문제였습니다. 17세기 말의 건축은 극찬의 대상이었고, 여전히 근본적으로 지배적인 것으로서 우리에게 이 개탄스러운 체계의 지극히 과장된 표본들을 제공하고 있습니다. 어느 시대, 어느 나라에서도 감히 말하건대 대칭에 대한 광신—당시에 그것은 **오르도낭스**(*ordonnance*)[2]라고 불렸으니까요—이 루이 14세 치세 때 정도에 이른 적은 없었습니다. 그것은 군주의 광기로서 모두를 굴복시켰습니다. 나아가 그는 한 사람을, 이류 건축가이자 예술가를 참칭하는 허영심 많은 어떤 사람을 발견했습니다. 그는 왕의 농담에 일일이 비위를 맞추었고, 거만한 통일성에 대한 왕의 취향에 언제나 아첨했습니다. 자신의 이해에 따라 조언을 했으며, 그렇게 해서 우리 프랑스 건축에 아직 남아 있던 독창성의 마지막 흔적을 질식시켜 버렸습니다.* 이처럼 양식을 버리고 결과적으로 좋은 취미마저 버리게 되는 시

---

\* 생시몽이 남긴 흥미로운 일화를 살펴보는 것이 좋겠습니다. 이 이야기는 루이 14세의 건축 취미의 본성을 보여 줄 것입니다. "… 그[왕]는 건축을 무척 좋아했다. 또한 비율[비례], 대칭에 대한 눈대중이 정확했다. 하지만 그에 비해 안목은 떨어졌다. 왕이 1층 세로 부분에 놓인 십자형 창문틀의 결함을 발견한 것은 그 성이 겨우 땅 위로 모습을 드러냈을 때였다. 루부아는 선천적으로 난폭한 데다 자기 주인의 질책도 못 참을 정도로 제멋대로인 인물이었다. 그는 왕에게 강력하게 따지며 그 창문이 잘된 것이라고 우겼다. 왕은 등을 돌리고 건물 안에서 다른 쪽으로 걸어 들어갔다.

그 다음날 왕은 우연히 르노트르를 만났다. 그는 위대한 건축가였지만 프랑스에 새로운 정원 양식을 도입해서 최고 수준으로 완성시킨 인물로 유명했다. 왕은 그에게 트리아농에 가 보았냐고 물었다. 그는 아니라고 대답했다. 왕은 자신의 마음에 들지 않았던 부분을 설명하고는 그곳에 가 보라고 말했다. 그 다음날 같은 질문과 대답이 오갔다. 그 다음날도 마찬가지였다. 왕은 드디어 르노트르가 감히 노골적으로 왕이 틀렸다고 하거나 루부아를 비난하는 말을 하지 못한다는 것을 알아차렸다. 왕은 화를 내고는 그에게 다음날 자신이 트리아농에 가고 루부아도 그 자리에 있을 테니 그곳으로 오라고 명령했다. 이제는 더 이상 뒤로 물러설 방법이 없었다.

다음날 왕은 트리아농에서 두 사람을 만났다. 그것은 무엇보다 창문틀 문제 때문이었다. 루부아는 자기 주장을 늘어놓고 르노트르는 한마디도 하지 않았다. 마침내 왕은 르노트르에게 선을 맞추어 자로 재고 난 뒤 그 결과를 가지고 말하라고 명령했다. 르노트르는 시키는 대로 일했다. 반면 그런 검사 절차에 분개한 루부아는 큰소리로 투덜거리며 신경질조로 그 창문이 다른 것과 똑같다고 우겼다. 왕은 침묵을 지키며 기다렸지만 몹시 고통스러워했다. 모든 검사가 끝났을 때 왕은 르노트르에게 결과를 물었다. 르노트르는 어물거렸다. 왕은 화

2) 건축에서 ordonnance는 공간의 배열 또는 주범의 배치를 의미하지만 일반적인 의미로는 '법령'이라는 뜻이다. 여기에 빗대 17세기 말 프랑스 건축의 대칭성에 대한 맹목적 집착을 힐난하고 있다. 따라서 이 삽입 문장의 경우 ordonnance의 중의성을 살려 '오르도낭스'로 옮겼다.

발점의 가장 충격적인 사례들은 아르두앙 망사르(방금 이야기한 이류 예술가가 이 사람입니다)에 의해 지어졌습니다—루이 14세 치세에 걸작으로 칭송받던 성이 그것입니다. 프로그램이 좋고, 배치가 쾌적하다는 것은 인정합니다만 이 건축가는 대칭적 건축의 외관을 덧씌우기 위해 프로그램을 얼마나 왜곡했는지요! 그렇게 해서 오른편 익부의 큰 갤러리에는 침실과 벽장밖에 없는데도 바깥에서 볼 때 왼편 익부와 똑같습니다. 뜰을 향해 난 창문들은 부속실을 채광하도록 설계된 것이지만 건물 뒤편의 접견실들을 채광하도록 만들어진 창문들과 똑같아 보입니다. 예배실의 파사드는 욕실 파사드의 반복으로 펜던트로서 배치되어 있고, 최종적으로 그 오랑주리가 하인들을 위한 방들만이 있는 반대편 익부의 반복이라는 점이 불합리성

를 내며 있는 그대로 말하라고 명령했다. 그제야 르노트르는 왕이 옳다고 시인하고는 그도 결함을 발견했었다고 말했다. 왕이 루부아 쪽으로 몸을 돌리는 바람에 그는 말을 끝맺지 못했다. 왕은 철저한 면에서 아무도 자신을 뒤쫓을 수 없다고 루부아에게 말했다. 그러고는 그가 자기만큼 철저하지 못했기 때문에 건물이 비뚤어지게 지어졌으니 완성되자마자 전부 허물어야 할 것이라고 덧붙였다. 이 한마디로 왕은 루부아를 엄하게 질책했던 것이다.

왕의 꾸중을 들은 루부아는 분개했다. 게다가 궁정 신하들과 인부, 하인들이 그 광경을 전부 목격했다는 사실에 화가 난 그는 거처에 도착하자 분통을 터뜨렸다. 자신의 거처에서 그는 생푸앙주, 빌라세르프, 노장 기사, 틸라데 형제, 그리고 몇몇 가까운 충복 등을 만났다. 그들은 그가 처한 상황을 알고는 경악했다. 그들에게 그는 '이제 끝장이야. 창문틀 때문에 나를 그런 식으로 대한 걸 보면 이제 나는 왕에게서 버림받은 게 확실해. 왕의 관심을 건축에서 다른 곳으로 돌리고 나를 필요하게 만들려면 나로서는 오직 전쟁밖에는 다른 방도가 없지. 전쟁으로 … 왕은.' 실제로 몇 달 지나지 않아 그의 말은 실행되었다. 왕과 다른 유력자들의 만류에도 불구하고 그는 전면전을 펼쳤다. 그의 군대가 승리했음에도 불구하고 전쟁은 안으로는 프랑스를 황폐화시켰고 밖으로는 영토를 조금도 확장시키지 못했으며 오히려 치욕스런 사태를 초래했다."

생 시몽이 그렇게 신뢰할 만한 저자가 아니라는 것은 저도 기꺼이 인정합니다. 그가 루이 14세를 좋아하지 않았으며, 애초에 이 창문이 훗날 리즈비크 조약으로 종결되게 될 전쟁의 일차적 원인이 아니라는 것도 말이지요. 하지만 이 일화는 상당히 특징적인 것입니다. (인용 부분은 생시몽, 『루이 14세와 베르사유 궁정』, 이영림 옮김, 2009, 나남, pp. 349-351. 대괄호 부분은 역자가 삽입한 내용임.)

을 완성합니다. 프로그램은 확실히 충족되고 있지만 대칭—당시에 **오르도낭스**의 위엄이라 불리던 것에 얼마나 특별히 양보하고 있습니까. 1층에서 결점들은 보다 더 충격적으로 나타나며, 기념비적 건축 스타일은 모든 주거 배치에 불편을 끼칩니다. 중앙 건물의 큰 홀은 이 층에서 양쪽 익부 사이의 소통을 절대적으로 깨뜨리고 있습니다. 칸막이가 창문들을 가로지르고 벽기둥은 내부 공간이 분할되지 않은 곳에서도 지나갑니다. 저는 이 성을 하나의 예로서 들고 있습니다. 그러나 당시에 왕가의 저택 가운데 상당수는 이보다 나을 것이 없습니다. 어디서나 요구에 따른 배치가 건축적 외관과의 조화를 완전히 벗어나 있는 것을 보게 됩니다. 분명, 탁월한 건축가들로 칭송받은 그리스 인들도 로마 인들도, 중세인들과 마찬가지로 이런 방식으로 작업하지 않았습니다. 고대의 빌라들과 16세기까지의 프랑스 성들이 그 증거입니다. 건축 작업에서 획득되었던 통일성의 측면은 16세기 이래로 프로그램과 건축 방법에 위배되는 방식으로만 보장되었습니다. 혹은 때때로 건축가들 편에서 대칭의 맹목적 독재로부터 벗어나고자 했을 때에도, 그들은 쉽게 형태를 무시하는 쪽으로 빠져 버렸습니다. 그리하여 절대적이고 비합리적인 규칙들이 규칙의 전적인 부재로 바뀌었습니다. 그들이 도입한 원리들이 예술을 이러한 독재로부터 구할 수 없었다면, 새로운 어떤 것을 창조하고자 했을 때에도 마찬가지로 그들은 실수를 범했기 때문입니다. 자신들을 부당하게 지배하는 힘으로부터 스스로를 방어하는 방법을 모르는 사람들은 자신을 다스릴 자격이 없는 것입니다. 그러므로 현대 건축에서 통일성이란 그저 획일성(uniformity)을 의미하며, 후자를 거부하려고 한다면 다만 무질서만이 초래될 뿐입니다. 그럼에도 불구하고—다시 말하지만—고대인들은 중세의 예술가들과 마찬가지로 그들의 작품들을 통일성의 원리에 종속시키면서도 획일성에 빠지지 않았습니다. 각각의 건물은 프로그램과 구축 수단에서 아무리 차이가 없다고 하더라도 자체에 고유한 생김새(physiognomy)를 가집니다. 비록 우리는 그 일반적 특징들과 가장 사소한 세부들을 조사함으로써 그것이 이러저러한 시기에 속하는 것임을 쉽게 인식하지만 말이죠. 고고학 연구가 우리로 하여금 고대 그리스에서 르네상스에 이르기까지 과거의 각각의 건축 스타일에 속하는 논리적 형태들을 알아볼 수 있게 해 주는 결과만 가져다준다고 해도, 그것은 이미 유행이나 순간의 변덕에 따라 서로 무관한 형태들을 조합하는 습관이 있는 우리 시대에는 주목할 만한 공헌을 하는 셈입니다.

"프로그램에 지시된 다양한 요구의 표현에서 이러한 통일성과 조화"란 그러므로 대칭도 획일성도 아닙니다. 더구나 합리적으로 설명할 수도 없는 다양한 스타일과 형태의 소화되지 않은 모음은 더욱 아닙니다. 설령 그것이 솜씨 좋게 구성된 모음이라고 할지라도 말이죠. 그것은 우선 척도에 대한 엄격한 관찰입니다. 그런데 척도란 무엇입니까? 그것은 모든 부분의 통일성에 대한 관계입니다. 그리스 인들은 그들의 척도로서 절대적 통일성이 아니라 상대적 통일성을 도입했습니다―**모듈**이라고 부르는 것이죠. 이것은 그들의 신전들을 연구해 보면 명백해집니다. 사적 주거의 경우에 그리스 인들은 인간의 신장을 기준으로 하는 절대적 척도를 염두에 두었으니까요. 그러나 그것을 상대적인 것으로 여기는 가운데, 척도는 그것이 모듈―즉 구성적 통일성―이라는 사실에 준해 모든 건물에서 부분과 전체의 조화로운 관계를 수립했습니다.* 큰 척도의 그리스 신전은 단순히 작은 척도를 확대경으로 본 것과 같습니다. 규모가 크든 작든 부분과 전체가 동

---

* 이 점에 대해서 저는 *Dictionnaire*의 ÉCHELLE 항목을 인용할 수 있을 것입니다. 이 항목에서 저는 고전적 체계와 중세 체계의 유사성을 비교하는 것에 대해 숙고했습니다.

일한 조화로운 관계들을 선보입니다. **주범**만으로 건물을 구성할 때 완전한 논리적 방법입니다. 그리스 인들보다 훨씬 더 크고 복잡한 프로그램을 충족시켜야 했던 로마 인들은 건물에 절대적 척도, 즉 불변의 통일성을 도입한 것을 보게 됩니다. 단 이 불변의 통일성을 위해 단순히 인간의 신장을 취하는 대신 그들은 **주범의 배치**로 시작합니다. 로마의 대형 건물에는 언제나 척도 역할을 하고 전체의 실제 규모에 대한 관념을 제공하는 작은 주범이 있습니다. 종종—예를 들면 로마의 디오클레티아누스 대욕장 외부의—작은 주범은 건물을 바라보는 사람이 매스의 장엄함을 평가할 수 있게 해 주는 비교점을 제공하는 것만이 유일한 기능입니다. 벽감에는 조상이 들어 있으며, 건물 내벽과 외벽을 잔뜩 차지하고 있는 이것은 단순히 장식만은 아닙니다. 이런 세부의 도입은 건물의 실제 규모를 암시하고자 하는 절대적 척도를 수반합니다.

비잔틴 건축가들은 건물의 크기가 어떻든 원주를 척도로 만들었습니다. 원주는 조금씩 변화는 있지만 인정된 특정한 규모를 보존하고 있으며 그렇게 해서 변함없는 비교점으로 기능하면서 우리가 건축 매스의 용적과 보이드의 중요성을 판단하게 합니다. 프랑스 중세 건축에서 인정된 유일한 척도는 인간입니다. 건물의 모든 지점이 인간의 신장을 참조하고 있으며—다른 곳에서 충분히 증명했습니다[*]—이 원리에서 필연적으로 전체의 통일성이 나타납니다. 비교점이 인간 자신이므로 여기엔 건물의 실제 규모를 눈앞에 제시하는 이점도 있습니다.

인간적 척도의 원리를 도입하는 한편 우리는 기하학적 비례 체계를 사

---

[*] Lassus, *Annales Archéologiques*, vol. ii.; *De l'art et de l'archéologie*와 위에서 언급한 *Dictionnaire*의 항목 참조.

용합니다.* 그리고 고대와 중세의 건축가들이 명백히 그랬던 것처럼 두 가지 건축 요소들을 통합합니다. 그것들은 우리에게 규모의 진실된 표현을 유지하고 모든 부분 사이에 조화로운 관계를 수립할 것을 요구합니다. 그러므로 우리는 여기서 모듈만을 사용하고 불변의 척도는 쓰지 않는 그리스 인들의 체계에 근접해 갑니다. 그렇다면 어째서 우리가 중세 예술가들의 재능에 빚지고 있는 이런 자원들을 스스로 포기해야 합니까?

고전 예술의 전성기에 건축 설계의 중요한 부분을 이루는 장식은 결코 몸체가 완전히 형성된 후에 덧붙여지는 치장 이상의 것이 아니었습니다. 이때 고대인들은 두 가지 방식을 사용했습니다. 하나는 도입된 형태를 거스르지 않고 다만 그 위에 다소 화려한 일종의 의복을 입히는 방식입니다. 이것은 이집트 인들이 사용한 체계로, 그들에게 장식이란 말하자면 (조각상을 제외하고는) 결코 돌출한 윤곽선—부조—을 드러내지 않고, 마치 천으로 씌운 덮개 위에 수를 놓듯 기하학적 형태를 뒤덮는 것으로 충분했습니다. 또 다른 방식은 반대 의미로 건축 형태와 무관했습니다. 그것은 돌출부에 의해 그 형태의 특수한 모양을 수정하면서 덧붙여졌습니다. 그럴 때 그것은 더 이상 형태 위에 입혀진 옷이 아니게 되었습니다. 그것은 꽃, 나뭇잎, 부조 장식, 식물계나 동물계에서 빌려 온 디자인들로 이루어졌습니다. 건축 장식이 옷 입히기와 다름없다고 여겼던 이집트 인들과 아시아 인들의 영향을 많이 받은 그리스 인들은 이러한 사례들로부터 영감을 끌어내기 시작했습니다. 그러나 예술의 문제에서 너무나 정확한 판단을 했던 그들은 곧 이런 종류의 장식은 건축 형태에 아무리 종속되어 있다고 해도 그 형태에 모순되고 그 특성을 망가뜨리는 경향이 있다는 것을 느끼게 되

---

* 뒤의 강의들을 참고.

었습니다. 그러므로 그들은 곧 이런 방법을 버리고 조각된 장식을 형태와 무관하게 거기 덧붙여진 장식물에 지나지 않는 것으로 사용하면서 그것을 전적으로 순수하게 드러나도록 내버려 두었습니다. 그들은 조각 장식을 얼마나 굉장한 냉철함으로 사용했는지요! 우리는 진주 구슬, 달걀, 연꽃잎 문양의 열들이 코니스의 일부를 수평으로 지나가는 것을 관찰합니다. 때로는 금속을 덧씌우거나, 부조가 건축의 엄격한 선들 안에 포함되어 있기도 하죠. 그리고 후대에 그들이―이를테면 코린토스식 주두를―디자인했을 때 그들은 아칸투스나 안젤리카, 회향 등의 줄기를 코벨에 새겼습니다. 이런 접목된 장식 체계는 자연스럽게 유독 과시를 사랑하는 로마 인들의 마음을 끌었습니다. 그리하여 그들은 이 체계를 극한까지 밀어붙여서, 사실상 나뭇잎, 화관, 아라베스크, 상징적 장식들의 화려함 아래 놓인 건축 형태가 감추어질 지경이 되었습니다. 비잔틴 예술가들은 두 체계를 절충했지만 형태를 왜곡하지 않고 그것을 감싸는 장식 쪽으로 명백히 기울어 있었습니다. 그들의 작품에는 아시아적 영향이 깊이 드러나며, 이른바 아랍 건축에서 옷입히기의 원리가 다시 한 번 나타난다는 것은 더더욱 명백합니다. 우리는 12세기 말에 프랑스에서 그것이 버려지는 것을 봅니다. 우리는 당시에 건축 형태들에 못 박힌 듯이 부착되어 있는 조각된 장식을 발견합니다. 그러나 어떤 경우에도 그것이 건축 형태에 모순되는 법은 없습니다. 반대로 그것은 건축의 형태를 부각시키는 데 기여합니다―이러한 결과는 파리 대성당의 내부 기둥들을 검토해 보면 분명하게 드러납니다. 그리스를 포함하는 어떤 건축에서도 형태와 장식이 그처럼 잘 결연되어 있는 경우는 없습니다. 형태를 왜곡하기는커녕 엄청난 도움을 주고 있지요.

　방금 이야기한, 건축 설계에서 두 체계를 화해시키려는 시도―한편으로는 건축 형태를 수놓고 다른 한편으로는 장식을 덧붙이는―는 통일성에 대한 죄입니다. 그것은 두 개의 체계를 모두 망가뜨리고 있습니다.

　"끝으로, 아무것도 빠트리지 않았다는 확신이 들 정도로 완벽한 열거와 전반적인 검사를 어디서나 행할 것"이라고 데카르트는 말합니다. 이 준칙은 연구 일반에 적용할 수 있지만 건축 설계에는 특히 더 그렇습니다. 프로그램, 충족시켜야 할 요구, 주어진 수단에 대한 고려에 '전반적인 검토'가 필요하기 때문입니다. 공공건물이나 사적 주거의 시설을 편리하게 배치할 수 있었다는 것으로 충분한 것이 아닙니다. 이 배치들을 각각 적당한 방향으로 놓는 것이 다가 아닙니다. 부분들 사이에 연결이 있어야 하고, 이런 시설들의 집적에 하나의 지배적인 관념이 있어야 하며, 재료들은 성질에 따라 사려 깊게 사용되어야 합니다. 힘이나 가벼움의 측면에서 과도함이 없어야 하고, 재료들은 우리가 부여하는 형태에 의해 그 기능을 드러내야 합니다. 석재는 석재로, 철재는 철재로, 목재는 목재로서 말이죠. 그리고 이러한 물질들은 그 본성에 적합한 형태들을 취하면서도 서로 간에 조화를 이루어야 합니다. 잡석 쌓기로, 대리석 슬래브를 덧댄 벽돌 쌓기로 건물을 지은 로마 인들에게 이것은 쉬운 일이었습니다. 그러나 서로 다른, 심지어 상반되는 성질을 가진 재료들을 사용하면서 이 다양한 성질들에 걸맞은 외관을 부여해야 하는 우리에게 그것은 대단히 어렵습니다. 이전 시대에 이루어진 것, 특히 중세 건축가들을 '완벽하게 열거'하는 것은, 그러므로 우리가 앞으로 나아가고 선조들의 작업 아래 무너지지 않는 데 매우 유용합니다. 다시 한 번 말하지만 그들은 우리 시대가 갖게 되는 수단들을 예감이라도 한 듯하기 때문입니다. 우리 프랑스의 중세 세속 유파 건축가들의 작업에는 최초의 발전기에 너무도 완전한 응집성이 있었고, 요구, 수단과 건축 형태 사이에 매우 밀접한 연관이 있었습니다. 우리 문명의 복잡한 요구들에 내재한 여러 가지 난제를 해결하기 위한 자원은 너무도 풍부해서 우리가 수행해야 하는 과업을 가능하게 하는 데 보다 적합한 전례를 발견할 수 없습니다. 오늘날 고대 그리스의 혹은 심지어 로마의 훌륭한 건축에서 융통성 없는 논리로 적용된 매우 단순한 몇 가지 원리에서 값진 지침 이상의 것을 찾으려고 하는 것, 그러한 원리들의 표현을 통해 주어진 형태들을 복제하거나 모방하거나 심지어 그로부터 관념들을 얻으려는 시도는 우리의 요구들이 복잡해지고 자원이 확장될수록 우리를 점점 더 확연해지는 모순에 빠져들게 합니다. 17세기에는 로마 건축에 너무나 열중해서 상상할 수 있는 모든 불편을 감수하고라도 로마적인 것을 추구했습니다. 로마 미술이 구속 없이 자유롭게 펼쳐질 수만 있다면 사람들은 진심으로 불편을 자청했습니다. 이러한 열정이 아무리 분별없는 것이고 그 표현이 아무리 시시한 것이라고 해도 그것은 하나의 신념이었고, 그래서 존중할 가치가 있습니다. 그러나 루이 14세 시대의 경우보다 오늘날 예술에 관한 회의주의가 더 깊다는 것, 우리 중 누구도 그리스나 로마 건축에 대한 신념 때문에 최소한의 안락함이나 가장 사소한 편리함이라도 희생시킬 사람이 없다는 것은 논쟁의 여지없는 사실입니다. 그렇다면 그처럼 부단히 복제된, 그것도 조악하게 복제된 고전 형태들이 우리에게 무슨 소용이 있습니까? 우리가 그런 형태들에 무슨 볼 일이 있습니까? 그것들은 우리 예술가들을 당혹하게 합니다. 그것들은 현대의 요구에 따라 재해석되지 않았습니다. 그것들은 비용이 매우 많이 들지만 대중적인 것에는 거의 관심이 없습니다. 우리가 수용해야만 하는 특정한 현대적 배치들 속에 가장 기이한 형상을 깎아 넣습니다. 그것들은 우리의 관습과 건설 방법에 영구히 모순된다는 결점을 가집니다. 그렇다면 어째서 이처럼 고집스럽게 그것들을 유지하고 혹은 차라리 오용하는 것일까요? 우리는 어떤 합리적 설명도 할 수 없는 형태들을 재생하는 데 그처럼 막대한 돈을 쏟아부어서 누구를 기쁘게 하고자 하는 것일까요? 대중일까요? 대중은 그런 것들을 평가하지 않으며 거의 신경도 쓰지 않습니다. [그런 것에 신경 쓰는 사람이] 파리에 한 스무 명쯤 될까요? [그들을 위해서라고 한다면] 소수의 즐거움을 위해 엄청난 비용을 쓰는 셈입니다. 예술에 대한 경의에서 이루어졌다고 한다면? 하지만 어떤 예술입니까? 아무도 이해할 수 없고 더 이상 고유한 규칙에 종속되어 있지 않은 언어의 조건으로 환원되고 왜곡된, 위조된 예술입니다. 예술에 대한 경의 때문에—세계를 위해, 원작이 절단되고 파괴된 영원한 아름다움의 한 유형을 보존하고자—파리 몽마르트르에 극도로 정성을 기울여 파르테논과 완전히 똑같이 대리석으로 된 파르테논의 복제 건물을 세워야 한다고 말한다면 이것은 이해할 수 있습니다. 그것은 박물관의 범주—고대 문헌의 영구화로 분류될 것입니다. 그러나 기차역의 1층에 로마식 아치들 사이로—하나같이 모르타르나 소석고를 사이에 바른, 연석으로 만들어지고 접합식 인방을 수반하는—그리스의 도리스식 원주들을 부착하는 것, 그런 낯선 진행 방식의 대상, 이성, 용도, 의미는 어디에 있는 것입니까? 이것은 예술에 대한 경의보다는 차라리 경멸의 기호가 아닐까요? 우리가 창고 벽에 호메로스 시의 구절들을 새겨 놓은들 누가 기뻐하겠습니까?

우리의 정신을 시종일관하게 유지할—과거의 작품들의 상대적 가치를 평가하고 '아무것도 빠트리지 않았다는 확신이 들 정도로 완벽한 열거와 전반적인 검사를 어디서나 행할' 때 우리는 비로소 건축을 가질 것입니다. 우리가 아마추어들의 환상과는 대조되는 본질적이고 훌륭한 근거들을 가질 때 말이죠. 길게 보면 언제나 양식(良識)이 지배해 왔기 때문입니다.

그러므로 우리 건축의 방법과 관습적 형태들을 면밀히 검토해 봅시다. 심지어 우리에게서 건축을 생산할 수 있는 유일한 수단을 박탈한 사람들까지도 그처럼 시끄럽게 요청하는 우리 시대의 건축을 발견하려면 그것들을 고전 고대의 방법과 형태와 비교해 보고, 우리가 정도에서 벗어났는지 아닌지—모든 것을 다시 시작해야 하는 것은 아닌지—알아봅시다.

그리스 건축에 대해서는 차치하겠습니다—그리스 건물과는 아무런 유사성도 없는 현대의 건물들에 그 일부 형태들이 무차별적으로 채택되고 명확한 목적도 없이 적용되었죠. 17세기 이래로 우리 건물들의 설계에 진지한 영향을 미쳤던 유일한 건축, 특수한 경우에 우리에게 실천적 사례들을 제공한 제정 로마의 건축에 대해 살펴보도록 합시다. 콜로세움이나 대욕장, 왕궁, 극장 등의 로마 건물을 분석할 때 가장 먼저 떠오르는 것은 완전히 실무에 능한 사람들이 설계한, 강력하고 합리적으로 착상된 구조입니다. 이 구조는 그러면 무엇으로 이루어져 있습니까? 완전히 등질적인 콘크리트 몸체를 형성하는 잡석 쌓기로 이루어져 있고, 그 앞으로 혹은—콜로세움처럼—그 아래로 다듬어서 줄눈 마무리한 석재 구조가 놓입니다. 이경우 석재 쌓기는 일종의 포장 역할을 하고 종종 중심 구조, 건물의 진정한 중심부에 지지부를 제공합니다. 그러나 잡석 쌓기, 자갈, 벽돌 혹은 거친 돌들의 조적이 좋은 모르타르에 의해 견고하게 결합되어 있는 반면 접합된 석재들 사이에서는 석회 입자 하나도 발견되지 않습니다. 그러므로 로마 건물은 건축의 두 가지 서로 다른 방법들을 선보입니다. 하나는 흙벽돌 구축물에서 도출된 것으로 튜퍼로 이루어진 매스들에서 이루어진 일련의 발굴을 통해 볼 수 있습니다. 다른 하나는 이 칸살이 몸체를 감싸는 것으로 에트루리아와 그리스의 건식 석조 건물에서 유래했습니다. 로마 인들은 그다지 예술적이지는 않았지만 결코 두 개의 체계를 혼동하지는 않았습니다. 대신 둘을 짝지었고, 통합하면서도 각 체계에 그 적합한 특성을 변함없이 남겨 두었습니다. 콜로세움은, 모르타르가 보이지 않도록 촘촘하게 쌓은 다듬은 석재의 조적을 가지고 잡석 쌓기로 응결된 칸살이들을 지탱하고 둘러싸 덮어 놓은 것일 뿐입니다. 이 지지부들과 석재 포장은 다듬은 석재에 적절한 형태를 취하는 반면 잡석 쌓기는 주형에 적합한 형태들을 취합니다.[3]

이와 같은 혼합 체계가 언제나 받아들여진 것은 아닙니다. 종종, 예컨대 디오클레티아누스 대욕장과 안토니우스 카라칼라 대욕장, 로마의 콘스탄티누스 바실리카의 경우 전체 매스는 잡석 쌓기로 이루어지고 다만 벽돌을 덮었을 뿐입니다―그것은 다양하게 공간을 비웠지만 단일한 덩어리로, 건축가는 그 위에 (구조에 상관없이) 대리석 슬래브, 그림이 그려진 스투코, 모자이크 등을 씌웁니다. 어떤 경우에 견고하게 잘라 낸 재료들이 하나의 구조를 보여 주고 실제로 건물의 중요한 부분을 형성한다면 그것은 화강암과 대리석 원주들과 궁륭의 도약점 아래 굳건히 지어진 대리석 엔타블라처일 것입니다. 그것들은 이 거친 불활성의 잡석 쌓기한 매스들에 견고함, 강도를 부여하는 것처럼 보입니다. 그러나 로마 인들은 큰 궁륭 홀의 잡석으로 지어진 피어에 8m²의 단면을 부여하고 그 앞에 화강암 원주를 세움으로써 피어를 강화하고 받친 반면, 그 피어를 가공된 석재로 만들었을 때도 거기에 동일한 단면을 줄 만큼 어리석지는 않았을 것입니다. 그리고 그들은 그 가공된 석재 피어에 그것을 받쳐 줄 일체식 화강암 원주를 덧대지도 않았을 것인데, 촘촘하게 접합되고 놓인 층들로 이루어져 있으므로 침하를 두려워할 필요가 없었기 때문입니다. 알려진 세계의 재원을 가지고 있던 이 로마 인들은 결코 불필요한 지출을 발생시키지 않았고 호화로운 재료들을 순수하게 낭비하지 않았으며, 그들이 실제 사용한 것들

---

3) 조적의 두 가지 방식과 로마 건축에서 이 둘의 적용에 대해서는 11강에서 상세히 기술된다.

은 칭찬할 만하게 사용했습니다. 그들이 목재 지붕으로 덮인 바실리카를 짓는다면 대리석 받침 위에 화강암으로 된 일체식 원주들을 세우고 이 원주들 위에는 대리석으로 주두와 인방을 올렸을 것입니다. 그러나 그들은 이런 아래쪽의 열주 위에 다듬은 석재로 벽을 짓는 데는 시간도 돈도 낭비하지 않았을 것입니다. 인방 위로 벽돌 보조 아치를 만들면서 그들은 다듬지 않은 석재나 벽돌로 벽을 올리고 그 안팎에 대리석 슬래브나 스투코를 입혔을 것입니다. 대리석도 단단한 석재도 쓸 수 없을 때는 다른 평면도를 채택했을 것입니다. 측랑이 없는 바실리카를 짓거나, 아니면 원주 대신에 대리석이나 잡석으로 사각의 피어를 세워 역시 벽돌로 된 아치를 그 위로 올렸을 것입니다.

로마 건축의 주된 가치가 이와 같이 재료를 신중하게 사용하는 데서 발생한다는 점은 논란의 여지가 없습니다. 그것은 변함없이 힘과 지성을 선보입니다. 또한 로마 유적의 강렬한 특성과 그것이 마음에 남기는 깊은 인상은 시공자의 개념의 장엄함은 물론 합리적 추론에서 기인하는 것입니다.

16세기에 일부 매력적인 환상들이 산출된 것은 부정할 수 없습니다. 루이 14세의 건축은 당당함도 장엄함도 부족하지 않습니다. 그러나 우리는 그 시대의 예술이나 그 표현으로 되돌아감으로써 19세기의 건축을 구성할 수 있는 것이 아닙니다. 예술에서 무엇인가 새로운 것을 생산하려면 우리는 오로지 원리들에 주목하고 과거의 작품들을 엄격한 방법을 통해서만 분류함으로써 그 각각의 상대적 가치를 판단해야만 합니다. 우리는 그러므로 과거의 작품들에 대해 완전하게 알고 배타적 선호나 편견 없이 그것들을 연구해야만 합니다. 우리는 오늘날 예술을 망치고 있는 유파의 편견들을 영원히 배제해야 합니다. 그런 편견은 그 유파가 [따라야 할 이유를] 설명한 적조차 없는 교의에 대한 맹목적 복종을 요구함으로써 지배력을 유지하고자 하는 파벌의 온갖 선입관을 위한 것이니까요. 지식의 진보와 과거에 대한 정당하고 불편부당한 분석에 반대되는 이러한 무기력한 장애를 시간이 흐름에 따라 우리가 극복하지 못할 리 없다는 것을 저는 잘 알고 있습니다. 그러나 지난 세기의 마지막 사반세기에 얼마나 많은 젊은 예술가들이 목적도 실천적 결과도 없는 노력에 귀중한 시간을 잃었는지 우리는 보지 않았습니까! 좀 더 순종적이고 좀 더 운이 좋은 혹은 좀 더 좋은 조건에 있던 소수가 높은 위치를 획득했다 한들 그들이 만들어 낸 것은 무엇입니까? 한낱 회고적인 창백한 모방이나 혼란스러운 모음으로 창의력의 빈곤함을, 화려한 세부 아래 관념의 부재함을 감추고 있을 뿐입니다. 또한 대중에게 공개된 최종적 결과물은 불편한 건물들로, 요구들이 제대로 표현되지도, 심지어 제공조차 되지 않은 상태입니다. 그것은 지성에도 취미에도 호응하지 않습니다. 막대한 경비가 때때로 놀랍기는 하지만 결코 대중에게 인상을 남기는 건물은 아닙니다.

우리 프랑스 인들에게는 특유의 결점이 있습니다. 그러나 우리가 갖는 장점들도 있죠. 우리는 논리적인 정신을 가지고 있고, 실천적이며, 다양성을 열렬히 선호합니다. 우리의 의사-공공 건축은 완전히 비논리적이고 전적으로 비실천적이며 아름다움의 요소 중 하나여야 할 통일성을 강요합니다. 흡사 건축에서 근엄한 미네르바가 권태의 여신으로 바뀐 듯합니다. 또한 진정 고전적이기 위해서 우리는 그러한 창백한 신성성을 위해 희생해야만 할 것 같습니다. 요구들에 부합하지 않게 대칭적인 우리 건물들의 파사드는 동일한 주두를 가진 수백 개의 동일한 원주들과 동일한 아키트레이브를 가진 수백 개의 동일한 창문들, 동일한 아케이드들, 거의 1km에 달하는 동일한 프리즈를 갖고 있습니다.

그 건축가가 이것을 장점으로 여기고 있다는 것은 저도 인정합니다. 게

으른 자는 한 가지 모델의 이런 영원한 반복을 경탄하며 바라본다는 것을 말입니다. 그러나 대중—우리의 거리와 휴양지에 가득한 엄청나게 활동적이고 지적인 대중—이 몇 km나 계속되는 이 단조로운 건축을 지나쳐 가며 지켜워하고, 이런 그들이 보기에 과도한 고전적 완벽성들 속에서 어떤 우발적 사건이 일어났으면 하는 생각에 한숨을 내쉰다는 것을 부정할 수는 없습니다. 나아가 고전기에 그리스 인들, 나아가 심지어 로마 인들이 한 도시 안에서 선보인 건물들의 집합만큼 회화적이고 다양한 것은 없다는 점을 관찰해 보십시오. 중세와 르네상스 시기에 우리의 건축들에서도 다양성—예기치 않은 것—에 대한 취미가 번번이 충족되고 있다는 것도 관찰해 봅시다. 웅장함을 구실로 이런 지루하고 단조로운 체계가 과거의 전통을 대체한 것은 루이 14세 치하에 이르러서부터였습니다. 웅장함이 이 위대한 왕에 의해 수립된 얼마간 까다로운 체제하에서 통용되었다고 해도, 그것은 19세기의 우리 관습과는 아무런 유사성을 갖지 않습니다—게다가 우리의 취미와는 아무런 유사성도 없다는 것이 무엇보다 확실합니다. 우리는 더 이상 커다란 가발을 쓰지 않으며 알랑송 레이스로 바지를 장식하지도 않습니다. 우리는 안락함을 따르는 관습을 가지고 있으며, 우리의 공적이고 사적인 위생 체계는 화려함과 비합리적 허세, 우리의 성과 대저택에서 보듯 이성적 고려 없이 다른 시대로부터 빌려 온 건축 형태들과 조화되지 않습니다.

우리가 우리 시대의 건축을 가지려고 한다면 우선 우리 자신의 사회적 상태의 품이 아닌 다른 곳에서 그 형태와 배치를 찾을 것이 아니라 그 건축이 우리 것이 되도록 해야 합니다. 우리의 건축가들이 과거에 이루어진 것들 가운데 최상의 사례들에 대해 잘 아는 것은, 그들이 이 지식을 좋은 방법과 비판적 정신과 결합하는 한 매우 필요합니다. 그들은 과거의 예술이 그것이 전개된 사회적 조건들을 어떤 식으로 성실하게 반영하고 있는지 알아야 합니다. 이 지식이 종종 우리의 풍습에는 낯선 형태들을 생각 없이 모방하는 결과로 이어지지 말아야 하겠지만 말입니다. 그러나 이러저러한 교의를 유지한다는 구실로, 혹은 단순히 20여 명의 개인들의 휴식을 방해하지 않기 위해서 형태보다는 원리에 주목함으로써 얻을 수 있는 그런 연구들로부터 실천적 결과들을 연역해 내지 못한다면 이것은 비난받아 마땅합니다. 건축가는 박식해야 하기도 하지만 자신의 지식을 이용해야 하며, 그 자신의 힘으로부터 무엇인가를 이끌어 내야 합니다. 그는 보다 고상한 명분에 상응하는 고집으로 거의 두 세기 동안 건축 예술에 관해 널리 알려져 온 평범한 개념들을 무시하는 결단을 해야만 합니다.

우리가 바라는 건축은 시대에 합당한 진보의 관념들을 고려해야 합니다—그러면서 그러한 관념들을 어떠한 변양에도, 그리고 진보의 결과들에조차 적응할 만큼 충분히 유연한 조화로운 체계에 종속시켜야 합니다. 그러므로 그것은 (예컨대 주범에 관한 공식들이라든지 이른바 대칭의 법칙들과 같은) 공식에 대한 연구와 그것의 순수하게 관습적인 적용에만 한정될 수는 없습니다.

대칭은, 평등이 사회의 법칙이 아니듯 건축 예술의 일반 법칙이 아닙니다. 우리는 법 앞에서 만인의 평등을 주장합니다. 그러나 우리가 지성이라든지 소질, 신체의 힘, 부에서 사회체의 모든 구성원의 평등을 인정하지 않는 이상 평등은 법이 아닙니다. 일반적인 지배적 법칙으로 주장된 대칭은 예술의 가치를 떨어뜨리고 그것을 관찰하는 이를 격하하는 일종의 공산주의에 다름 아닙니다.

당신은 거리의 모든 건물, 광장의 모든 건물을 동일한 패턴으로 짓고 건축가에게 파사드의 모든 창문을 그 건물에 들어간 매우 다양한 배치들과 무관하게 모두 똑같이 만들도록 요구했다는 이유로 자신이 예술에 대한 존경을 보이고 있다고 결론짓습니다. 그런 것이 아닙니다. 당신은 예술을 고문하고 있습니다. 당신이 그 고문 기술자가 됩니다. 당신은 예술의 필요, 그것의 취미, 그 개성의 자유로운 표현으로 이루어진 예술의 가장 고귀한 성질을 억압합니다. 자유 없는 예술은 없습니다. 예술은 사유의 표현이니까요. 그러나 당신이 당신의 이웃이 말하는 것을 반복하거나 검게 보이는 것을 희다고 말하도록 강요당하고 있는데 사유의 표현이 무엇이란 말입니까?

시 의회가 자치 규정에 따라 건물의 높이나 가도로부터의 거리를 제한하도록 간섭하는 것은 완전히 합법합니다. 그러나 내부가 상이한 스무 채의 건물들을 지을 때 시 의회가 자신의 권위에 기대어 그 건물들을 짓는 스무 명의 건축가들에게 대칭을 구실로 동일한 코니스-몰딩이나 동일한 창문, 같은 높이의 돌림띠를 강요하는 것은 정당화되기 어렵습니다. 예술에 대한 아무런 실천적 지식도 갖지 않은 그러한 고위 기구가 예술의 방향에 특정한 영향을 미치는 일은, 예술가들 자신이 불변의 이성에 반대되는 교의들을 부르짖음으로써 이 내리막길로 예술을 내몰지 않았다면 이런 통탄스러운 오류의 난국과 거짓 원리들에 결코 연루되지 않았을 것이 확실합니다. 그들은 건축을 모든 목적과 모든 프로그램에 적용 가능한 일종의 방안—이성으로 되돌아가지 않고서 모두가 적용할 수 있는 공통의 공식으로 만들었던 것입니다.

대칭은 법칙을 제정하게 되는 성질들로 간주될 수 없습니다. 그것은 기껏해야, 그것도 특정한 경우에만 시각적 만족을 줄 뿐입니다. 그러나 조화와 균제(equilibration/pondération)[4]는 건축에서 규정되고 적용되어야 하는 법칙들입니다.

앞의 강의에서 우리는 비례의 조화로운 법칙 몇 가지를 설명했습니다. 균제의 법칙에 관해 말하자면 그것은 고전기와 중세의 아름다운 건물들에서 볼 수 있습니다. 그러나 균제는 다양성을 인정한다는 점에서 대칭이 아닙니다. 유사한 사물들은 단순히 그것들이 유사하기 때문에 굳이 균형을 잡을 필요가 없습니다. 엄밀하게 관찰된 프로그램에 평면도의 불규칙한 배치를 부여하는 것은 지극히 평범한 일입니다. 그러나 이러한 불규칙한 평면도가 입면에서 균형 잡힌 전체를 제시하도록—건물이 왜곡돼 있거나 미완성으로 보이지 않도록 만드는 것이 우리 예술가들의 일입니다.

예컨대 1층에 사무실, 2층에 대형 홀이 있고 종루가 딸린 작은 시 청사를 지어야 한다고 가정해 봅시다. 대칭을 고려한다면 종탑을 정면의 중앙에 위치시켜 대형 홀을 둘로 나누어야 하는 것이 명백합니다. 아니면 복잡하고 기만적이며 비용도 많이 드는 건축 수단(건축에서 눈속임의 대가는 종종 매우 비싸니까요)으로 돌아가야 합니다. 저는 참된 방법 쪽을 택하기로 결심합니다. 건물의 한쪽 끝에 탑을 위치시키고(그림 1의 평면도 참조) 아래로 현관(porch)을 둡니다. 계단은 외부 A에 짓고, 사무실들과 시장 집무실은 1층 B에 자리하도록 합니다. 2층에서는 준비실을 마련하기 위한 모든 편의를 현관 위에 배치하고, 넓고 채광이 잘 되는 홀은 건물의 본체에 놓습니다. 지붕 아래 공간에는 서고와 창고를 만듭니다. 그렇게 세워진 입면도 C에서 종탑은 대담하게 다루어집니다. 그것은 강력하고 거대한 모습을

---

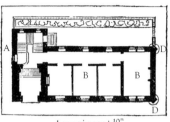

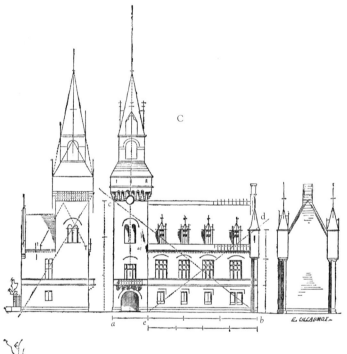

**그림 1** 균제의 원리

하고 있죠. [이 종탑이] 건물의 한쪽 끝을 강화하면서 상당한 높이로 올라가고, 풍부하게 채광된 대형 홀이 이어집니다. 정면에서 이 탑의 반대편 모퉁이가 되는 D를 강화하고 거대한 창들의 보조 아치의 추력에 잘 맞서도록 망루—모서리 피어—, 버팀벽, 수직적 매스를 세웁니다. 이런 식으로 저는 박공을 끝내고 전혀 대칭적이지 않은 파사드의 균형을 맞춥니다. 사실 눈으로 보면 탑이 있는 왼쪽 모서리가 더 두껍고, 더 크고 높은 것으로 지각됩니다. 채광이 된 부분에는 하중이 실리지 않고, 넓은 개구부가 뚫린 이 정면부는 탑의 반대쪽 끝에서 수직으로 작용하는 중량으로 마무리됩니다. 건물은 대칭적이지 않지만 균형 잡혀 있으며, 특히 토대 ab와 높이 ac의 비례가 폭 eb와 높이 bd의 비례에 일치하도록 할 때 그렇습니다.

정방형 구조를 세워야 할 경우를 생각해 봅시다. 그것은 뜰을 둘러싼 네 개의 건물로 이루어져 있습니다. 대지는 평평하지 않아서 모서리 A(그림 2)가 나머지 세 모서리 B들에 비해 훨씬 낮게 형성되어 있습니다. 건물의 어느 지점에 망루나 탑, 추가 층을 둘 필요가 있습니다. 이 탑을 건물 한쪽 면의 가운데 부분에 세워야 할까요? 그렇지 않습니다. 대지가 가장 낮은 지점인 A의 모서리에 세워야 합니다(투시도 참조). 시각적으로, 대지의 형태상 가장 견고한 구조가 요청되는 건물의 모서리에 추가 층이 올라가야 합니다. 건물은 그런 식으로 균형 잡히게 됩니다. 추가 층이 한쪽 면의 가운데 지점에서 올라갔다면 대지가 평평하지 않은 것을 고려할 때 균형을 이루지 못했을 것입니다.

빌라들이 모여 있는 광경을 재현한 고대의 회화들을 봅시다. 건물들 자체를 검토해 본다면 고전 고대의 건축가들이 매스들의 균형을 맞추는 데서 보여 주는 관찰의 섬세함에 놀라게 될 것입니다. 또한 우리의 중세 건물—성, 수도원, 구빈원, 심지어 대저택—가운데 우리에게 이러한 균제의

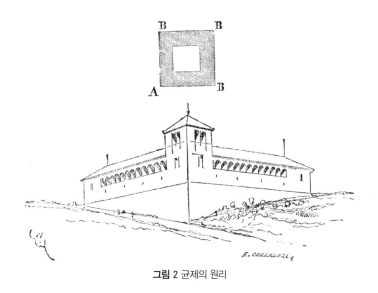

**그림 2** 균제의 원리

원리가 적용된 것을 보여 주지 않는 사례들은 얼마나 됩니까? 이 건물들은 굳건히 세워져 있고 시각적으로 가장 쾌적한 외관을 드러냅니다. 부르주의 자크 쾨르 저택, 파리의 클뤼니 저택을 보십시오. 저 모든 오래된 봉건 영주의 성들과 훨씬 최근에 지어진 성들을 보십시오. 블루아, 셰농소, 에쿠앙, 아제르리도 등을. 이 건물들이 우리를 매료시키는 것은 대칭적 배치 때문입니까? 분명 아닙니다. 오히려 매스들의 균형을 맞추는 기술 때문입니다. 이것이 한 건물의 선들을 유지하는 것보다 어려운 일임을—동일한 창문과 동일한 피어를 백 번씩 반복하는 것보다—매스들의 통일성으로 눈을 피로하게 하는 것보다 성취하기 어려운 일을 저는 인정합니다. 그러나 이것이 예술입니다. 예술이—아름다움의 주요 조건으로서—손쉽게 산출되어야 한다고 주장할 사람은 아무도 없습니다.

건축적 균제의 법칙은 매스들에만 적용되지 않습니다. 우리는 고대인들

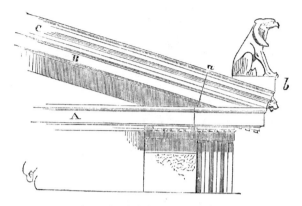

**그림 3** 그리스식 페디먼트의 모서리각 처리

이 그것을 세부 디자인에서 핵심적인 것으로 여겼음을, 중세의 예술가들은 그것을 원숙한 지성으로 적용했음을 관찰하게 됩니다. 두 가지만 예를 들어 봅시다. 예술의 실천적 방법에 관한 탐구에서 이 문제를 다시 다룰 기회가 있을 테니까요. 그리스의 주랑 위에 올려진 페디먼트 모서리를 형성하는 몰딩이 어떻게 놓이는지 우리 모두 알고 있습니다(그림 3). 필렛을 받치고 있는 코니스 물끊기 A는 B에서 팀파논 위로 올라가고, 그 경사는 총화(doucine) 또는 반곡선 몰딩(ogee) C를 경계로 끝납니다. 그것은 지붕의 갓돌을 형성하고 부분적으로 혹은 전체적으로 꺾어져 측벽과 나란히 수평의 물받이를 이룹니다. 우리가 그리스 건축에 아무리 큰 존경심을 가지고 있다고 해도 우리는 이러한 배치의 근본적인 결함에 주목해야 합니다. 직각으로 재단되어 몰딩 아래 놓인 물끊기 B야말로, 페디먼트의 사면을 미끄러지는 것처럼 보이게 만듭니다. 그 미끄러짐을 저지할 수 있는 수평의 조적이 시각적으로 요구되는 엔타블라처의 모서리에 적용된 형태는 빈약해 보이는 효과와 조합의 결함만을 드러낼 뿐입니다. 필요한 힘을 확보하기 위해서는 조적의 줄눈 마무리가 a에서 보듯 외관상의 형태와 모순을 이루어야만 합니다. 그리스 예술가의 섬세한 감각에는 이러한 결점이 거슬렸음에 틀림없습니다. 왜냐하면 그들이 종종 상단 몰딩의 모서리에 작은 조각 b를 남겨 두어 그 위에 장식이나 형상이 올라가게 함으로써 중량감―견고함의 외관―을 부여하고자 했던 것이 분명하기 때문입니다. 이 수평의 선은 기울어진 물끊기의 날카로운 절단면과 몰딩에서 나타나는 미끄러짐이 시각적으로 야기하는 불안한 효과를 부분적으로 배제합니다. 보다 거침없는―무엇보다 참된―조합을 시도한 13세기의 우리 건축가들은 박공의 아랫부분을 마무리해야 할 때 몰딩의 구부러짐과 이 모서리들에 반드시 필요한 무게를 모두 결정적으로 표현한 조합을 추구하고 발견했습니다. 이러한 박공 경사면 중 하나를 그림 4에서 보실 수 있습니다. 이 박공 받침은 그 매스의 균형을 잡으며, 나아가 완벽하게 논리적입니다. 아마도 다른 모서리에는 계단식 망루나 탑이 있을 수 있습니다. 그런 경우 너무나 거침없이 마무리된 이 확실한 마감 역시 시각적으로 안정감을 줄 것입니다. 균제는 사실 대칭이 결여된 부분을 마무리하는 기예입니다. 그리고 건축가가 자신의 작품에 완결된 느낌을 줄 방법이 대칭적 배치밖에 없다면, 그것은 놀라운 정확성으로 직조하여 상응하는 부분의 디자인을 복제하는 직조 기계의 작업이나 별반 다르지 않습니다.

그러므로 공정하게 말해서 대칭의 법칙은 없지만, 혹은 대칭의 법칙이 단지 기계적 노동의 결과를 표현하는 것인 반면, 건축 예술에는 균제의 법칙이 있습니다. 고전 시대와 중세의 건축가들은 그 법칙을 엄격하게 관찰했습니다. 이 균제의 법칙은 비례의 법칙처럼 정역학 법칙의 외적 표현에 불과합니다. 기하학과 산술학은, 그러므로 건축 예술의 근간을 구성합니다. 이 학문들을 바탕으로 우리는 이른바 고전적 형태의 한심한 천박함을 없

**그림 4** 12세기 박공의 아래쪽 마무리

앨 수 있을 것입니다. 그리고 탁월한 기하학자이자 산술에서 엄밀한 우리의 엔지니어들이 너무도 자주 그들의 구축물들을 상식에 반하는 것으로 이끌었던 고전적 형태로 설계를 하는 데 신경을 덜 쓰게 된다면 예술적 가치를 가진 작품들을 만들어 낼 수 있으리라는 것은 의심의 여지가 없습니다. 기하학과 산술학에 기반하고 정역학 법칙들을 잘 관찰한 결과로 성립하는 법칙은 자연스럽게 진정한 표현, 진정성을 낳습니다. 그리고 진정성은 모든 예술 작품에, 가장 야만적인 정신은 물론 최고의 교양을 가진 정신까지도 매료시키는 매력을 부여하는 것입니다. 비록 우리가 건축물들에 만연한 허위로 대중의 취미를 타락시켜 오기는 했지만, 이 대중이 참된 [건축] 작품―그 진정한 모습을 드러내는 작품―을 한번이라도 보게 된다면 그들의 주의와 관심은 깨어나게 될 것입니다. 스스로를 명료하게 표현하는 것이라면 무엇이든, 어쨌든 프랑스에서는 대중을 기쁘게 하고 매료시킵니다. 우리가 사용하는 다양한 재료들은 상이한 속성들을 가집니다. 우리가 이 속성들을 재료에 부여하는 형태들을 통해 표현할 수 있다면, 그로써 다양성의 방대한 장을 열 뿐 아니라 무한한 자원의 이익을 보게 되겠지만, 우리는 마찬가지로 모든 대상에 그 본성에 들어맞는 형태를 부여하려는 이런 지속적인 노력에 의해 대중의 관심을 불러올 수도 있을 것입니다. 더구나 대중의 취미가 잘못된 길로 빠져들 때 그들을 계몽하는 것은 예술가의 임무가 아닙니까? 다른 사람들의 실수를, 특히나 그것이 명백히 드러나 보이는 것임에도 그대로 따르는 것은 일종의 비굴함이 아닐까요? 기만하지 않는다는 것은 취향가가 스스로 마련하는 첫 번째 규칙입니다. 그러한데 취향가가 어떻게 작품에서 허위를 쌓아 올리는 예술가를 신용할 수 있겠습니까? 말은 강력하지만 사물 자체는 가공할 만[큼 강력]합니다. 고대의 전통을 영속화하는 데서 자부심을 느끼는 이른바 고전 건축은 기만입니다. 반면 재료에서나 그것을 사용하는 방법에서나 결코 기만하지 않는 것이야말로 고대 건축의 가장 고귀한 성질 중 하나입니다. 처음부터, 고전 예술에서 도출되었다고 여겨지는 것 자체가 매우 잘못된 이런 형식적 건축이라도 비용이 얼마가 되든 상관없이 지어져야 하는 건물의 경우라면 조금 신중히 접근함으로써 진정한 성격을 보존할 수 있을 것입니다. 그러나 수단이 제한되어 있는 경우에조차 건축가는 자신의 건물에 고전적인 것으로 인식되는 젠체하는 외관을 부여하기 위해 어떠한 허위로 회귀하지 않으면 안 되는 것일까요! 소석고 원주와 코니스, 석재 인방을 가장한 목재 보, 목골과 목공을 가장한 외(椳)와 회반죽 천장, 대리석을 가장한 스투코, 조각을 가장한 석회 장식, 석회를 바른 조적을 가장한 널판 궁륭 등 … 이런 건축에 만연한 원리는 무엇인가를 가장하는 것―형태와 재료에서의 기만입니다. 그러나 그렇게 바닥까지 떨어진 것은 아닌―비록 우리가 종종 여기까지 전락하긴 합니다만―막대한 비용으로 세워진 우리의 위대한 현대 건물 몇 채를 살펴봅시다. 도저히 형태와 조화를 이루지 못하는 조적이 보이지 않습니까? 우리는 각 층의 수평면이 토대, 돌림띠, 엔타블라처의 높이와 일치하지 않으며, 몇 년이 지나면 각 부분의 석재들이 저마다 다른 색조를 띠게 되고 각각의 수평면이 드러나 보이며, 구조의 접합부가 채택된 형태와 조화를 이루지 않는 것을 봅니다. **가장된** 인방들은 그것을 구성하는 석재들의 이음새 부분이 심히 보기 흉하게 드러나며, 아치의 바깥쪽 몰딩은 이음새가 스팬드럴을 침범해 들어가는 아치 석재들과 평행하지 않고, 저부조는 그 바탕에서 조각이 분할된 것을 드러냅니다. 고대 건물에서 뚫린 채로 남겨 두었던, 개구부를 가장한 거대한 창문들은 유리를 끼운 목골로 분할되어 있어 원래 의도되었던 효과를 깨뜨립니다. 계단의 옆판이 창문을 가로지르고 외부에서 단일한 배열로 보이는 각 층들은 중이층에 의해 분할됩니다. 지붕은 흉벽으로 가려집니다. 강철 바닥재는 석회를 발라 목재 천장처럼 보이도록 만들어지고, 거대한 방들은 여러 층에 걸친 창문으로 채광되어 밖에서 보면 높이 10~20m의 내부 공간이 여러 층으로 나뉜 것처럼 보입니다. 목재는 종종 석재나 대리석을 모방하여 채색되고, 석재는 목재처럼 칠해집니다. 내부에는 여러 개의 가짜 문들이 진짜처럼 만들어져 입구가 어느 것인지 몰라 다른 방으로 가려고 가짜 문을 열려고 하게 됩니다.* 그런가 하면 거대한 벽난로 선반 아래에는 작은 벽난로가 있기도 하지요. 이런 기이함에 어떤 이름을 붙일 수 있을까요? 허위 외에 달리 부를 말이 없습니다.

우리가 진지하게 어떤 건축을 창안하고자 한다면 첫 번째로 지켜야 할 조건은 일반 설계에서든 세워질 건물의 가장 작은 세부 설계에서든 기만하지 않는 것입니다. 확실히 오늘날 절대적 진정성에 대한 결단은 매우 새롭고 어쩌면 아주 매력적인 결과를 낳을 것입니다. 그 밖에 우리는 고대의 좋았던 시대에 추구되었던 방법들과 조화를 이루도록 해야 합니다. 우리는 불변의 예술 법칙들을 따른다는 의미에서 진정 고전적이 되어야 합니다. 새로운 재료들을 마음대로 쓸 수 있고, 이전에는 없었던 기계들, 고대의 것들보다 훨씬 더 발전되고 복잡해진 강력한 수단들을 사용하는 가운데 과거의 다양한 문명들 사이에서 영향을 미쳤던 것을 웬만큼 완전하게 익히고, 이 모든 것과 더불어 진정성에 대한 결단을 해야 합니다. 요구들을 절대적으로 따르고, 재료들을 그것이 현재와 미래에 우리에게 시도하도록 허락하는 방식으로 사용하는 경우에는 그 속성들을 고려하고 얼마간의 진정성과 상당한 이성을 이용하며 무엇보다 거짓 교의들을 잊도록 노력해야 하는 것입니다. 이와 더불어 편견을 버림으로써 우리는 비로소 우리 시대 건축의 기초를 놓을 수 있게 됩니다. 우리가 그것을 즉각 발견하지는 못한다고 해도 최소한 우리의 계승자들을 위한 길을 마련하게 될 것입니다.

건축 설계에서 중요한 법칙—예술 자체에 보다 직접적으로 관련되어 있지만 너무 자주 간과되는 법칙—은 **적합성**입니다. 우리가 비례의 일반

---

* 과도하게 사치스럽게 지어진 현대의 건물에서 당연히 서로 다른 층에서 시작하고 끝나는 계단 [양쪽에] 대칭적으로 문들이 장식되는 경우를 보지 않습니까? 그렇게 되면 대칭적으로 만들어진 네 개의 문들 가운데 두 개는 허공으로 열리게 될 것입니다. 이런 건축적 기형을 보면서 어떤 이들은, 누군가를 제거하고자 할 때 그 사람으로 하여금 그 문을 열게 하면 간단히 그 앞의 벼랑으로 떨어지겠다고 말하기도 했습니다.

규칙들을 충분히 고려하지 않고 건물을 세우는 반면, 프로그램을 준수하고 재료를 사용하는 방식에서 우리에게 기만이 습관화된 반면, 우리는 우리가 적절성 또는 적합성이라 부르는 이 법칙을 거의 언제나 간과하고 있다는 점을 인정해야 합니다. 베이스먼트 층을 완전히 없애는 상점들 위로 지어진 건물에 궁전의 외양을 부여하는 것, 그 정면을 목재로 지지된 코린토스식 벽기둥으로 장식하고 그 너머로 [진열창을 통해] 모자며 스타킹을 들여다보도록 만드는 것은 명백히 이러한 법칙에 위배됩니다. 같은 시대에 같은 도시에 고딕식 교회, 르네상스식 건물, 의사 비잔틴 스타일 건물을 나란히 세우는 것은 적절성(즉 예술적 적절성)과 쉽게 화해할 수 없습니다. 교회 건물의 경우 우리는 예배라는 것이 모든 시대에 똑같이 속하는 전통이라는 이유로 전통적 스타일을 보존하거나, 아니면 다른 한편으로 현재 일어나고 있는 변형에 따라 예배의 새로운 요구들에 적절한 새로운 스타일을 도입하는 것을 봅니다. 그러나 동일한 예배 형식이 서로 낯선 건축 형식들에 맞추어져야 한다고 쉽사리 생각할 수는 없습니다. 비잔틴 교회 형식과 르네상스, 네오고딕의 교회 가운데 어느 것이 가장 정통적인 것이 될까요? 하지만 이들 중 하나가 나머지 둘에 비해 보다 정통적인 것으로 여겨져도 되는 이유가 무엇입니까? 시청의 파사드가 교회 파사드를 가장하도록 하는 것, 작은 극장을 큰 극장 옆에 나란히 지어 후자에서 떨어져 나온 파편처럼 보이게 하는 것, 법원에 모스크와 같은 원개를 씌우는 것 등, 이 모든 것이 예술의 문제를 지배하는 적절성의 법칙에 대한 무시 혹은 적어도 무지를 드러내 보입니다. 거대한 궁에서 하나의 부속 건물에 화려함을 표현하기 위해 모든 수단을 퍼붓는다면 중심 부분에 이르러서는 무엇을 하겠습니까? 현관이나 계단에서부터 예술과 재료가 제공하는 자원들을 호화스럽게 적용한다면 이 도입부 이후에는 대중에게 무엇을 보여 주겠습니까?

그리고 적절성의 법칙은 흔히 말하듯 모든 것으로—부분은 물론 전체로 확장됩니다. 아무도 지나다니지 않는 곳에 포르티코를 세운다면, 게다가 치안을 위해 그것을 닫아 둔다면 우리는 여기서 적절성을 관찰할 수 없을 것입니다. 그 아치들 아래로 창문이 난 방들은 매우 음울하게 되는 반면 이 피신처[포르티코]가 대중에게 이익이 되지도 않을 테니까요. 거금을 들여 만든 석조(石彫)로 뒤덮인 파사드 뒤편의 실내를 목조나 청동, 대리석 등을 가장하는 석회 작품들로 장식한다면 위의 법칙을 볼 수 없습니다. 또한 우리의 내부 장식이 외부에서 수행된 스타일과 조화를 이루지 않도록 그[내부] 스타일에 영향을 미치는 경우에도 우리는 적절성을 간과하는 것입니다.

건물을 장식하는 방식에 관해서라면 건축가는 결코 이러한 필연적 점증(gradation)을 놓치지 말아야 합니다. 그는 동원할 수 있는 모든 것을 파사드나 현관에서 써 버려서는 안 됩니다. 가장 큰 풍성함의 조건이 수용되는 곳에서조차 냉정함을 관찰할 수 있어야 합니다. 예술에서 풍부함은 그 자원의 신중한 사용과 대조를 통해서만 얻어지는 것이니까요. 사실 오늘날 대중의 눈앞에 나타났다가 처음 본 순간의 놀라움이 지나가면 이내 지겨워지는 궁전의 실내는 어떻습니까? 거의 하나같이 디자인의 결핍, 잘못된 비례와 단절된 매스들을 감추고 있는 장식과 도금, 회화들의 집적입니다! 그 효과는 거칠게 형성된 사물 위에 칠해진 광택제나 모양이 이상한 형상 위에 놓은 자수와 같은 것입니다. 기형인 몸 위에 옷을 차려 입는다고 해서 귀티가 나는 것이 아닙니다. 건축에서도 마찬가지라는 점을 분명히 아십시오. 조각과 도금을 잔뜩 장식해 어색한 선이나 불유쾌한 비계, 천박한 형태를 감추려고 해도 대중을 즐겁게 할 수 있는 것은 한순간뿐입니다.

기억은 전체에 대한 혼돈된 부분 기억만을—종종 그토록 몰취미하게 베풀어진 화려함에 대한 깊은 혐오의 감정만을 간직할 뿐입니다. 그것은 부드러운 백색 벽의 네모난 방을 원하는 마음으로 이어집니다. 예술에서 화려함의 남용만큼 빨리 싫증나는 것도 없습니다. 특히 그 화려함이 아름다운 형태를—드러나게 내버려 두면서도—장식하지 않는 때는 더 그렇습니다. 그것만큼 절대적 불모에 근접하는 것은 없습니다. 지적으로 결합된 선들, 쉽게 이해되는 형태들, 전체의 강렬한 효과들만이 정신에 깊은 인상을 남기며 개념이 예술 작품의 존엄을 획득하게 합니다. 그리고 이 점에서 고대인들은 우리의 스승입니다. 그러므로 이러한 원리들로부터 출발할 때 당신만이 고전적 예술의 유일한 지지자라고 말하지 마십시오. 또한 루이 14세 시대로부터 장식을 빌려 오면서 여전히 그 기념비에서 흔적을 볼 수 있는 형태의 관점에서 그것을 복제하지 않을 때, 공경할 만한 전통을 논하지 마십시오. 처참한 본체를 뒤덮고 있는 이런 도금된 넝마들에—특징도 없고 흔해 빠진 이런 예술에 질린 대중은 결국 세기 초에 유행했던, 창백하고 차가운 고전 예술의 복제품들로 되돌아갈 것을 요구하게 될 테니까요. 그러나 그것들은 어떤 경우든 자신들의 대담함을 부끄러워하지 않고, 마레나 생제르맹 외곽의 몇몇 오래된 저택에서 빌려 온 웅장함 아래에 개념이 결여되어 있음을 감추지 않았습니다.

이 강의의 요약으로서 건축가를 만들어 내는 데 핵심적인 조건들을 정리하는 것으로 마무리하겠습니다. 그것은 과거 예술에 대한 연구의 방법(이 연구는 언제나 이성의 도가니에 종속된 것이어야 합니다), 그리고 종합—설계—에 이르렀을 때 특정한 법칙들의 준수입니다(그 법칙 중 일부는 순수하게 수학적인 것이고, 다른 일부는 추상적 예술에 속하는 것입니다). 전자는 정역학의 필연적 결과들로서, 특히 구축에 관련됩니다. 후자는 비례, 효과들의 준수, 장식, 요구들로부터 추론된 적절성, 목적, 사용 가능한 수단에 관한 것입니다.

고고학 연구는 각 시대의 예술이 특수한 스타일을 가지고 있음을—다시 말해서 전체의 개념과 세부의 시공에서의 조화와 통일성을 가지고 있음을 입증해 주었습니다. 이 기본 조건에 근거하지 않은 예술은 결코 있은 적도, 있을 수도 없습니다. 우리는 이 알려진 스타일 중 하나를 도입하거나 새로운 스타일을 형성해야 합니다. 기존의 다양한 스타일을 융합해 내려면 고고학자가 나서서 그러한 혼합을 분석하고, 가장 논리적인 방식으로 그것이 어울리지 않고 서로를 침해하는 모순된 요소들로 구성되어 있음을 입증해야 합니다. 그리고 이 문제에 대해 지식의 관점에서 할 말이 많은 만큼 그 금언은 제대로 존중되어야 합니다. 일부 사람들이 예술의 절충주의라고 부르는 것—여러 곳에서 가져온 요소들을 새로운 예술의 구성을 위해 각색하는 것—은 모든 면에서 야만주의입니다. 고전 예술이 몰락하고 나서 12세기의 세속 유파가 발생하기 전까지 시도되었던 것이 이런 작업이었습니다. 11세기에 로마네스크 건축가들이 로마 건축의 평면도와 동방 건축의 세부, 제국의 옛 기념비들에서 가져온 잔해들, 북방 민족들의 목재 골조 등을 취했을 때 종종 부조화한 이 파편들에 그 출처에 따라 꼬리표를 붙이려는 사람은 아무도 없었습니다. 그러나 오늘날 우리는 그런 식으로 작업을 진행하기에는 너무 많은 지식을 가지고 있습니다. 우리 시대에 우리는 그렇게 해서 가장 이질적인 조합들에 조화로운 색채를 부여할 수 있다는 순진함이나 선한 믿음으로 그런 혼합물을 만들어서는 안 됩니다. 사실 무지한 채로도 이런 혼돈된 요소들의 매스에 형태를 부여할 수 있습니다. 과학은 그것들을 분류할 수 있지만, 분류한다는 바로 그 이유로 인해 과학은 그것들을 섞을 수 없습니다. 과학은 곧, 그것들 가운데 두

세 가지 본질적 요소들만이 발견되며, 매우 한정된 수의 관념들만이 이러한 원리들 각각에 관련된다는 것을 알게 됩니다. 그러나 이 원리들을 예술의 단일한 표현 안에서 조화롭게 만들려고 하거나, 그 관념들을 원리들로부터 도출된 것으로 여기지 않는다면 이는 야만주의로의 의도적 일탈이 될 것입니다.

고고학 연구를 반대하는 것은 부당한 일일 것입니다. 우리는 고고학 연구가 현대 미술의 견고한 토대 역할을 하도록 산출된다고 믿습니다. 그러나 동시에 우리는 그것이 수반하는 위험성에 대해 경계해야 합니다. 특히 최근의 고고학이 예술의 지적 측면보다 재료에 영향력을 행사하려는 듯이 보이기 때문에 더 그렇습니다. 과거에 대한 연구에서 이득을 얻으려면 우리는 이런저런 신전의 메토프들이 파랗게 칠해졌는지 빨갛게 칠해졌는지 하는 문제에 너무 골몰해서는 안 됩니다. 청동 여닫이에 은상감을 했는지 아닌지, 푸른색으로 깔린 비바리움 바닥에 황금색 물고기가 그려져 있었는지 아닌지, 이런저런 조상의 눈을 에나멜로 칠했는지, 보석을 박아 넣었는지와 같은 문제들 말이지요—그보다는 이러저러한 장식 스타일을 도입하게 된 이유를 탐구하거나, 우리가 그것이 표현하고 있는 것을 해독해내는 데 성공한 소수의 문명들에 대해 정밀하고 포괄적인 관념들을 획득하는 데 노력해야 할 것입니다. 고전과 중세 연구가 오늘날 몰두하고 있는 무수히 많은 유치한 세부 때문에 너무도 자주 주된 주제를 간과하게 됩니다—그것은 인간 본성, 그 효과와 경향, 그것이 사유, 취미, 재능을 표현하기 위해 도입한 수단 등을 탐구하는 일입니다. 그리스와 로마의 여성들이 사용한 머릿기름 성분을 아는 것은 우리에게 별로 중요한 일이 아닙니다. 그러나 그들의 사회적 위상과 가정에서의 위상, 그들이 여가를 보낸 방식, 그들의 정신적 교육 수준 등을 아는 것은 매우 중요합니다. 총독들

이 목에 몇 줄짜리 진주를 걸었는지, 그들이 끈 달린 부츠를 신었는지, 그
냥 신발이나 샌들을 신었는지를 화가들이 아는 것도 해로울 것은 없겠지
요. 다만 우선 총독이 무엇인지를 알고 있다고 가정할 때 말입니다. 고고
학 연구는 그것이 우리에게 먼저 지배적 원리, 이유, 사실들의 논리적 순
서를 알려 줄 때 도움이 될 것입니다. 세부에 관한 관찰―하찮은 결과―
이 주어질 때 그것은 분명 배제되거나 무시되어서는 안 될 것입니다. 그러
나 그것은 올바른 곳에서 주어져야 하며, 인간 역사에서 그것들이 받아 마
땅한 것 이상의 중요성을 거기에 부여해서는 안 될 것입니다. 한마디로 고
고학이 해야 할 역할은 예술가의 정신을 편협하게 만드는 것이 아니라, 언
제나 지성의 산물들을 지배하는 어떤 위대한 불변의 원리들을 보여 줌으
로써 거꾸로 그들의 정신을 확장시키는 것입니다. 그러나 19세기에 우리
는 나날이 중요성을 더해 가는 진지한 문제를 하나 가지고 있습니다. 그것
은 결국 다른 모든 것보다 우선시되게 될 것입니다. 바로 비용의 문제―
재정적 문제가 그것입니다. 특정한 문명이 번영해 갈수록―부의 크기가
커질수록―사람들은 그들의 수단을 더 신중하게 사용하려는 경향이 있습
니다. 그리고 불필요한 지출은 대중의 반감을 자극하죠. 모두가 재산을 가
지고 있다면 누구나 사물들의 가치를 알고 공공의 재원을 잘못 사용하는
것을 비판하게 됩니다. 그것은 말하자면 모두의 재산이니까요. 요컨대 누
구나가 때때로 흠을 잡는 부분은 너무 많은 비용이 들어갔다는 점이 아니
라 현명하지 못하게 지출되었다는 것, 혹은 공공의 자산이 최상의 방식으
로 지출되지 않았다는 것입니다. 오늘날 우리와 같은 국가에서 건물을 짓
는 것은 예산의 큰 부분을 차지하는 항목입니다. 그러므로 그것이 유용하
고 튼튼하고 아름다워야 하며, 실제 가치보다 많은 비용을 들이지 않는 것
이 중요합니다. 우리가 부유하고, 자신이 어떤 것을 기대할 권리를 가지

는지 알고 있을 때 우리는 자신이 치르는 희생에 대해 완전히 보상받으려고 하는 법이니까요. 건축은 그러한 진정한 경제적 정신을 만족시킬 준비가 되어 있습니까? 그 정신은 활발히 확대될 것이 분명한데 말이지요. 저는 아니라고 생각합니다. 나아가 최근에는 너무나 모순된 어떤 현상이 목격됩니다. 한편으로 공공의 자산을 집행하도록 위탁된 이들은 대부분 예술에 문외한이며, 종종 이른바 건물에 대한 열광이라는 것이 국가의 몰락을 의미하고, 관청의 사무실로는 전부 오십 년 정도 지속될 헛간을 세우는 것이 현명하다는 신념을, 노골적으로 표명하지는 않는다 해도 내심 간직하고 있는 이들입니다. 그들은 목적이 완전히 결정되지도 않은, 그리고 아무도 어디서 가져온 것인지 알지 못하는 건축 형태를 띠는 건물들을 세우는 데 막대한 비용이 들어가는 것을 보면 공포에 사로잡힙니다. 이해하지 못할 일도 아닙니다. 그들의 관점에서 건축은 단순히 공공의 번영에 대한 적일 뿐이니까요―그들에게 건축이란 지갑에 손을 대는 순간 돈을 바닥내는 지출 기계입니다. 다른 한편 저 **유파**에 의해 경도되고 그 특수한 지원을 향유하는(저는 그 유파의 가르침으로라고 하지는 않겠습니다. 실제로 무엇을 가르치지는 않으니까요) 우리의 건축가들은 이런 비난을 반박할 준비가 되어 있지 않습니다. 오히려 그들이 받은 교육의 경향은 그런 비난을 완전히 정당화시켜 줍니다. 그들은 작업의 방향이라든지 재료의 신중한 사용, 해당하는 경우의 요구들에 따른 건축적 형태와 구축 수단의 적용 등에 대해서는 한 글자도 배우지 않습니다. 대신 그들은 시공 불가능한 설계를 생산하도록 훈련됩니다. 그것은 기념비적 성격의 설계로, 현명한 지출을 보장하는 방법은 안중에도 없는 것입니다. 그렇게 파리의 한편에서 국가는 젊은이들을 건축가로 교육시키고 있지만, 다른 편에서 그것이 극심한 의혹을 초래하면서 그 경향에 대한 저항이 생겨나게 됩니다. 국가는 그 건축가들의 무지를 견책하겠지만, 그들은 국가 스스로 유지하고 보호하고 있는 학교에서 [제대로] 배우지 못한 것뿐입니다. 그 학교의 임자는 국가이고, 학교의 방침에 대해서 국가는 적어도 지금까지는 바꾸어야겠다는 생각을 한 적이 없습니다. 그러나 건축이 국가의 관습과 요구와 완벽한 조화를 이루었던, 해당하는 경우의 요구, 재료의 신중한 사용, 시대의 필요성을 따른 시기에 건설이 국가를 몰락으로 이끈 적은 결코 없다는 것을 알아야 합니다. 로마 인들이 지방 도시들에 세운 건물들은 그들을 몰락으로 이끈 것이 아닙니다. 반대로 문명과 질서, 부, 안락의 관념들의 확산에 기여했습니다. 프랑스는 13세기 말에 전적으로 새로운 평면도를 가지고 모든 공공건물과 종교 건물을 재건했을 때 몰락하지 않았습니다. 이는 당시에 그 건물들이 하나의 관념을 재현했기 때문이며, 혹은 그것들이 실제적 필요를 충족시키기 위해 세워졌고 그것을 정확히 충족시켰기 때문입니다. 그 건물들의 화려함의 정도는 그들의 목적[5]에 따라 달라집니다. 궁전을 병원으로 착각하거나 길드 홀을 왕족의 저택으로 착각하는 것은 불가능했지요. 그 건축 형태들은 당대의 필요에 부합했습니다. 한마디로 건축은 당시에 유연한 예술로서 모든 것에 적용 가능하고, 모두에게 이해되었으며, 사회적 조건과 시대, 실천적 적용에 부합하지 않는 관습적 공식이 아니었습니다. 그것은 관습과 마찬가지로 변화했고, 표현에서 자유로웠으며, 오늘날 건축을 억압하고 있는, 무기력함을 조장하는 체제에 아직까지 속박되지 않았었습니다.

---

5) 원전의 destination이 영어본에서 distinction으로 옮겨졌으나 오기이므로 원전을 따라 '목적'으로 옮겼다.

11강

## 건물의 구축―조적

고전 고대에 또한 중세에 한 민족의 사회적 조건과 적성을 가장 명료하게 보여 주는 인간 지성의 산물은 건물을 짓는 방법이었습니다. 현대에 존재하는 관념들의 혼돈, 그리고 오랫동안 지속된 잘못된 가르침만이 사물들의 혼돈된 상태와 오늘날 우리의 건물들이 보여 주는 불일치를 초래할 수 있었습니다. 다름 아닌 이런 전환기로부터 우리 시대와 우리의 사회적 조건에 적합한 건축 방법이 발전될 것은 확실합니다. 이러한 혼돈을 종식시키는 것은 성실하고 편파적이지 않은 모든 사람의 노력일 것입니다.

우리가 과거의 작품들을 과거에 속하는 것으로―우리 자신의 사회적 조건에 적절한 것이 무엇인가에 대한 지식을 얻기 위해 지나야 하는 계단으로 보는 데 동의한다면, 우리가 반성 없는 모방이 아니라 분석에 의해 나아간다면, 과거의 숱한 유산 가운데 적용 가능한 방법들을 찾고, 그것들이 어떤 관점에서 적용 가능한지 알아낼 방법을 알고 있다면, 요컨대 무력해진 교의적 전통들을 버리고 우리 자신의 관찰에 의거한다면 우리는 길을 열 수 있을 것이고 스스로 그 길로 나아갈 수 있을 것입니다.

로마의 지배하에서 거의 로마 인이 되었던—적어도 오늘날 프랑스를 구성하는 영토의 상당 부분이 그러하므로—우리는 로마의 건축 방법을 도입했습니다. 독립을 회복하고, 로마 인들과는 매우 다른 체계의 재능을 가진 다른 민족들에게 침공당한 우리는 수 세기 동안 매우 상이한 건설 방식들 사이에서 불확실한 상태로 흔들렸습니다. 11세기 말과 12세기 초에 우리는 동방을 모델로 삼았고, 일종의 로마-그리스식 르네상스를 산출해 냈습니다. 그것은 가치가 없지 않았지만 다른 모든 예술 부흥의 경우와 마찬가지로 오래 지속되지는 못했습니다. 12세기 말에 우리 자신에게서 기원한, 그리고 매우 빨리 생산적인 싹을 틔우게 되는 활기찬 예술 운동이 나타납니다. 그것은 지금의 우리가 가지고 있는 모든 것이 없던 시대였습니다. 우리처럼 재정적으로 풍족하지도 않았고, 재료가 다양하지도 않았으며, 철과 공장제 수공업이 있었던 것도 아닙니다. 이 놀라운 운동은 현대 사회의 요구들에 대한 참된 깨달음에서 근거했지만 잘못된 방향을 취했습니다. 6세기 정도 너무 이른 시기에 발생한 그 운동은 다루기 힘들거나 부적절한 재료들을 헛되이 조작하느라 소진되어 버렸습니다. 그러자 변덕스러운 기질을 가진 우리[프랑스 민족]는 그것을 실수로 여기기에 이르렀고 [다른 민족으로부터] 빌려 온 예술—다양한 전통의 혼합물—을 통해 우리가 르네상스 건축이라 부르는 것을 산출하고자 했습니다. 그때 주도적인 고려 사항은 형태였습니다. 원리들은 더 이상 안중에 없었고 구조의 체계라는 것도 전혀 없었습니다. 그러고는 17세기에 시작되어 혼돈에 다다르게 된 무미건조한 시기가 나타났습니다.

이것이 요컨대 순전히 구조적 관점에서—즉 재료의 타당한 사용에 준하여 바라본 우리 **건축**의 역사입니다. 그리고 건설 방식과 거기서 초래되는 형태를 규정함에 있어 재료에 대해 고려하지 않는 것은 **건축**이 아닙니다. 이 원칙을 따르지 않고 세워진 고전기 그리스나 로마의 건물은 단 하나도 없습니다.

그렇다면 건축가가 과거 모든 시대에, 그리고 오늘날까지도 원하는 대로 쓸 수 있는 재료는 어떤 것입니까? 흙을 뭉쳐서 찍어 낸 흙벽돌, 처음에는 굽지 않았지만 결국 구워 내게 된 벽돌입니다. 그 밖에 원시적 형태의 흙벽돌 대신에 콘크리트나 모르타르로 쌓은 자갈이 있고, 화강암, 대리석, 현무암, 석회석 등의 석재들, 목재와 금속들이 있습니다. 일견 이 재료들을 사용하는 것은 너무나 쉬워 보입니다. 그러나 우리가 진흙으로 지은 오두막이나 나뭇가지로 엮은 헛간이 아닌 다른 것을 지어야 할 때—이 재료들을 동시에 사용하여 그 각각에 적절한 형태와 위치를 부여하고 그 본성과 내구력을 완전히 이해하면서 그것들이 가장 잘 보존될 수 있는 상태를 유지해야만 한다면—모든 것이 어려워집니다.

사실 일정한 어떤 조건에서 좋은 재료라고 해도 조건이 바뀌면 나쁜 재료가 될 수 있는 법입니다. 이런 종류의 재료는 저런 종류의 재료를 망치게 되며, 어떤 종류의 것은 이러저러한 기능에 들어맞지 않습니다. 목재는 공기가 차단된 채로 [다른 재료로] 감싸여 있게 되면 부패합니다. 석재 안에 철을 집어넣으면 산화하고 부패하여 석재를 깨뜨리게 됩니다. 특정한 석회는 대량의 염분을 발생시켜 그것으로 결합시켰던 석재를 무너뜨리게 됩니다. 경험을 통해 건축가들은 모든 구조에서 일어나는 무수히 많은 현상에 대해 알게 됩니다. 또한 구조가 복잡할수록—즉 그것을 구성하는 재료들이 다양할수록—이러한 현상들은 더 여러 가지가 됩니다. 이집트 인들이 석회암 블록들을 나란히 쌓아 신전을 지을 때는 그 구조에서 나타날 효과들에 대해 별로 관찰할 것이 없었던 반면, 석재와 벽돌, 모르타르, 목재, 연철과 주철, 아연, 슬레이트, 회반죽을 동시에 써서 파리 시에 집을 짓는 건축가는 반드시 상당한 실천적 관찰을 집적해야만 합니다. 이런 엄청나게 다양한 재료들을 가지고, 단일한 재료로 지은 건물들을 모방하고자 하는 욕망이 생겨난다는 것은 이상한 일입니다. 이것은 제가 다룰 필요가 있는 문제인 합리적 반성의 결여를 보여 줍니다. 그리고 아마도 이보다 더 이상한 것은 질 낮은 재료들을 가지고 거대한 재료들을 사용해 만들어진 구축물들을 모방하려는 시도일 것입니다. 예컨대 얇은 층들로 원주를 쌓아 올리고 그 위에 짜맞춘 인방을 얹어 일체식 원주를 모방하는 것, 아니면 작업을 역전시켜서 견고한 석재 블록들로 구축한 건물을 마치 잡석 쌓기에 석재 외장재를 덧댄 것처럼 보이게 만드는 것 등입니다.

이번 강의는 구축의 문제들을 오로지 건식 쌓기와 조적[1]에 관련하여 검토하는 데 한정하겠습니다. 석조에서 건식 쌓기와 조적에 적용할 수 있는 일반 원리는 세 가지뿐입니다. 첫째, 수직적 압력을 야기하는, 재료들의 건

---

1) '건식 쌓기와 조적'이라는 번역은 원전의 'l'appareil et la maçonnerie'를 옮긴 것이다. 영어본의 경우 이를 'worked stone and walling'으로 옮기고, 바로 이어지는 문장에서는 'jointed stone and walling'으로 달리 표현하고 있으며, 뒤에 가서는 appareil를 'jointed masonry'로 옮기기도 하는데, 어느 것이나 의미하는 바는 동일하고 무엇보다 두 가지 방식의 차이를 구분하는 것이 중요하므로 원전에 준하여 번역했음을 미리 이른다. 여기서 maçonnerie는 모르타르나 석회와 같은 접착재를 사용하여 재료들을 쌓는 방식을, appareil는 그러한 매개 없이 순수하게 재료를 짜맞추어 올리는 방식을 의미하고 있다. 저자는 『11~16세기 프랑스 건축 사전』에서 appareil는 '건물의 구축에 사용되는 마름돌들의 조립에 주어진 명칭'이라는 폭넓은 규정과 더불어 시대별로 사례를 들어 기술하고 있는 반면, maçonnerie는 '석재나 벽돌을 모르타르나 석회를 가지고 쌓은 모든 구조'로 간단명료하게 정의하고 있다.

식 쌓기에서 단순한 안정성의 원리, 둘째 콘크리트 매스들을 산출하는, 히포게움(hypogeum)[2]들에서 유래된 응결(agglomeration)의 원리, 셋째 반대 방향으로 작용하는 힘들에 의해 얻어지는 평형(equilibrium/équilibre)의 원리가 그것들입니다. 이집트 인들과 그리스 인들은 거의 첫 번째 원리에 입각한 건식 쌓기만을 도입했습니다. 로마 인들은 두 번째 원리를, 12세기부터 16세기 사이의 서방 국가들은 세 번째 원리를 채택했죠. 가끔 있는 일이지만 이들 원리 가운데 두 가지가 동시에 적용될 경우 그 땜질된 부분은 언제나 드러납니다. 그리고 그 결과로 탄생한 사생아는 예술의 관점에서 볼 때 결코 우리가 모든 건축 작품에서 발견하고 싶어 하는 솔직한 표현을 갖지 않습니다.

사실 모든 건축은 구조로부터 전개되며, 그것이 목표로 하는 첫 번째 조건은 바깥으로 드러난 형태가 구조와 일치하도록 만드는 것입니다. 그러므로 어떤 건축이 방금 제시한 원리들에 충실하면서 동시에 그중 두 가지를 받아들인다면, 그것은 기원의 다양성에 위배될 것이고 통일성이라는 첫 번째 원리를 침해하게 될 것입니다. 구축의 원리 중 두 가지를 받아들이면서 혹은 세 가지를 받아들이면서 형태의 통일성을 추구한다면, 그것은 세 가지 모두는 아닐지라도 적어도 그중 두 가지 원리들에 반하게 될 것입니다. 우리가 무엇인가를 배웠다면 오랫동안 우리가 배워 온 것은 이러한 원리들을 위반하는 기술이라는 점을 인정해야 합니다.

아시아 민족들은 콘크리트 조적 체계와 중첩(superposition)으로 얻은 안정성의 체계를 동시에 도입했습니다. 굽거나 굽지 않은 벽돌들 혹은 심

---

2) 히랍어로 '지하'라는 의미를 가진 히포게움은 말 그대로 고대 이집트나 그리스 등지에서 지하에 마련된 지하 묘소나 사원 등을 가리킨다.

지어 흙을 쌓은 매스들에 그들은 석재 외장재를 덧댐으로써 일관성이 약한 중심부를 흡사 상자로 에워싸듯 했습니다. (예컨대) 인도, 중국, 샴 왕국에서는 모르타르로 접합한 자갈이나 벽돌 조적조에 스투코를 덮었습니다. 멕시코에서도 마찬가지 구조의 원리를 발견하게 되며, 이집트의 피라미드 자체도 모르타르로 결합시킨 거대한 석재 더미들로, 그 위에 일정한 층들이 놓이고, 다시 그 위에 돌출한 모서리들을 덮는 채색 스투코들을 씌운 것입니다. 그러므로 오랜 옛날에 조적 기술은 모르타르를 필수적인 물질로 사용한 것으로 보일 것입니다. 그러나 고대로부터 모든 예술이 유래한 동방에서 가장 단순하고 가장 자연스러워 보이는 원리—즉 중첩을 제쳐 두고 응결의 방법으로 조적을 진행한 이유는 무엇입니까?

　과거에 인도의 북부 고원으로부터 더 낮고 따뜻한 지역까지 퍼져 있던 위대한 아리아의 백인종은 목골 이외의 어떤 구조도 도입하지 않았던 것으로 보입니다. 우리가 이 민족의 흔적을 발견하게 되는 곳에서는 어디서나 목재 구조가 지배적입니다. 인디아 대륙을 차지하고 있던, 그리고 오래전부터 극동과, 서쪽으로는 카스피 해 너머까지 정착해 있었던 것으로 보이는 우랄알타이 족을 침공한 이 백인종들은 곧 피정복 인종들이 도입했던 건설 방식들을 수용하기에 이르렀습니다. 황인종들이 토공에 특별히 능했다는 점, 따라서 조적이 응결에 의해 진행되었다는 것을 관찰해야 합니다. 사실들에 비추어 볼 때 우리는 인류를 구성하는 상이한 인종들이 상이한 적성을 타고났다는 결론을 내릴 수밖에 없습니다. 숲으로 덮인 높은 고원에 집을 짓는 이들은 집과 사원을 짓는 데 적당한 재료로 목재를 택합니다. 거대한 늪지에 정착한 사람들은 진흙과 갈대로 짓습니다. 상이집트에 거주했던, 지금은 센나르로 물러나 정착한 이들과 같은 흑인들은 석회암 언덕의 사면을 파내 거주지를 마련했습니다. 백인들이 황인종들을 처음으로 침공한 이후로, 정복자들이 피정복민들 사이에 뿌리 내린 관습들과 함께 들여온 전통들의 기이한 혼합으로 세워진 건물들이 종종 나타났습니다. 이로부터 가장 오래된 인도 건물들의 특이한 성격이 설명됩니다. 거기서 우리는 스투코를 씌운 잡석 쌓기로 만들어진 혹은 심지어 튜퍼나 바위를 깎아 만든 형태들이 목공에서 유래한 것을 보게 됩니다. 거석을 쌓아 올려 구축한 이집트 건물들이 확실히 진흙과 갈대로 지은 건물들에서 기원한 구조를 재현하고 있는 까닭도 이렇게 설명할 수 있습니다. 이런 기원들에 대한 논의는 더 이상 확대하지 말기로 하고, 고대에 동방에는 조적식 건축의 원리는 존재하지 않았으며 다만 매우 다양한 방법들의 혼합이 있었을 뿐임을 짚고 넘어가겠습니다. 반드시 모든 것의 이유를 탐구하는 우리 서구인들에게 이 건물들은 체계적으로 추구되고 풍성하게 추론되는 어떤 적용 가능한 원리도 갖지 않는 것으로 보입니다. 그리스 인들은 처음으로 이 혼돈을 질서로 환원시켰습니다. 아시리아 인들이나 메디아 인들이 도입한 건설 방법들을 무시하고—소아시아의 특정 국가들에서 실천된 바 석재로 목공을 모방하는 방식을 버리고, 그들은 솔직하게, 그리고 타협 없이 위에서 말한 첫 번째 원리—즉 형태 잡힌 재료들의 중첩을 통해 얻어지는 단순한 안정성의 원리를 도입한 것입니다. 원리들의 혼돈 속에서 매우 단순한 원리를 찾고, 그것을 타협 없이 적용할 용기를 가지는 것은 매우 특별한 재능의 증거로서 인간 역사에서 거의 찾아볼 수 없습니다. 이를 성취하는 데 그리스 인들은 자신들이 얼마나 예외적인 소질을 타고났는지 보여 주었습니다. 그들은 예술의 문제에 추론을 도입하는 방법을 가르치면서 서방에 막대한 기여를 했습니다. 한마디로 건축은 그들의 손에서 예술이 되었던 반면, 동방 전체에 걸쳐서는 제법 솜씨 좋게 실천된 기교에 불과했던 것입니다. 이 사례에 의거해 우리는 추론이 개입되지 않은 예술이란 없다는 점을 반복해서 말할 것입니다. 그리스 인들은 처음으로 이 법칙을 수립하고 적용했습니다. 이것을 보지 못하게 되면 우리는 하강하게 되는 것이며, 그리스 인들이 가르쳐 준 것처럼 예술가가 되는 대신 변덕스러운 주인을 위해 일하는 노예의 조건으로 떨어지게 될 것입니다.

우리는 그리스 인들이 모르타르—접착 재료—의 도움으로 세워진 조적의 원리를 받아들일 수 없었던 배경과 이유를 잘 알 수 있습니다. 진흙 벽돌 시공이나, 잡석 쌓기조차도 노동자들만 있으면 할 수 있습니다. 그리스 인들은 건축에 대해 너무나 고귀한 관념을 가지고 있었기 때문에 그와 같이 거친 수단을 통해 건축의 영광을 펼치고자 하지 않았습니다. 또한 우리는 훨씬 나중에—시리아의 안티오크와 알레포 인근 그리스-로마 지구에서—가장 초라한 건물들이 잘린 석재를 쌓아 지어진 것을 볼 수 있습니다. 이것은 잡석 조적을 배제하고, 로마 인들이 곳곳에서 조직한 일단의 노동자들을 고용하지 않고서 지은 것입니다. 더구나 응결 체계를 따른 구축 수단으로 가짜 외관을 만들어 내는 것은 가능했던 반면, 모르타르를 빼고 잘린 석재를 사용하는 방법만을 사용할 때는 그렇게 하기가 어렵습니다. 정역학 법칙이 이를 허용하지 않는 것이지요. 후자의 경우에 모든 석재는 확실한 기능을 가져야만 합니다. 이를테면 그리스 인들이 포르티코 안쪽으로 감실을 세워야 했을 때, 그들은 일종의 석골을 만들고, 각도자를 이용해 바깥으로 드러나는 두 면만을 평평하게 자른 돌덩어리들을 그 골조에 채워 넣음으로써 석재들을 육면체로 깎아 내는 수고를 가능한 한 줄였습니다. 특정한 석회석과 대리석은 평행 육면체보다는 능면체로 균열됩니다. 이를 이용해 그들은 평평한 돌로 벽을 쌓고자 했다면 배제했어야 할 많은 재료들을 사용할 수 있었습니다.

그림 1을 통해 지금 기술하고 있는 내용을 설명해 보겠습니다. 감실의

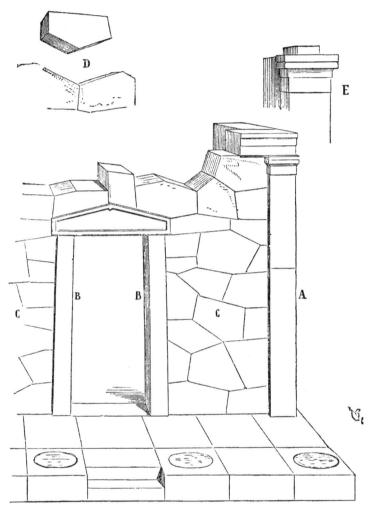

그림 1 초기 그리스 조적

평면이 표시되어 있고, 기초가 놓여 있으며, 모서리 안타 A가 세워져 있습니다. 틀받이 B는 안쪽으로 약간 기울어지도록 하여 인방에 가해지는 압력이 줄어들도록 했으며, 하중이 벽의 중심으로 향하도록 했습니다. 그 사이 공간인 C는 굳이 사각형을 고수하지 않고 선택된 돌덩어리들로 채워졌습니다. 사실 거석 쌓기식(cyclopean)이라고 불리는 이런 건식 쌓기는 한쪽 이상의 모서리가 들어맞는 경우를 보기 어렵습니다. 이 모서리를 각도자로 맞추면서, 세부 D에서 보듯 각도자로 측정된 내각에 들어맞는 돌출각을 가진 돌을 찾았습니다. 이런 불규칙한 조적은 안타와 틀받이에 의해 유지되었습니다. 특히 이런 안타와 틀받이의 건식 쌓기에는 종종 세부 E에서 보듯 위쪽에 놓이는 석재에 파인 장붓구멍에 들어맞는 장부들이 있었습니다. 이런 건축 방법은 이를테면 니니베에 지어진 건물들의 경우에 비하면 진보를 보여 주며, 혹은 아시리아 건물들에는 없던 추론의 과정이 개입하고 있음을 보여 줍니다. 후자에서 볼 수 있는 것은 굽지 않은 벽돌을 조적한 매스들에 설화 석고나 석회 석판을 포장해 일종의 장식 징두리판으로 삼은 건물에 지나지 않습니다. 원시 그리스 건축에서 조적은 하나의 기능을 맡고 있었습니다. 그것은 말하자면 살아 숨쉬며, 요컨대 더 이상 불활성의 매스가 아니었습니다. 그러나 초기의 건물들에서 그리스 인들은 그들의 건축 방법이 어디에서 유래했는지 분명히 보여 줍니다. 그들은 추론의 과정에 의해 원래는 목재로 만들어졌던 건물들을 석조로 지었습니다. 그러나 그 건물들의 장점은 리키아 인들과 소아시아 연안의 거주자들 대부분이 그랬던 것처럼 목공에서 빌려 온 형태들을 석회석 재료로 모방하지 않았다는 것입니다. 채석 방법이 개선되자 그리스 인들은 석조에 이른바 거석식 구축 체계를 더 이상 도입하지 않았습니다. 그들은 층을 쌓아 건물을 지었지만 그들의 재능 덕분에 결코 돌을 모르타르로 붙여서 쌓지는 않았습니다. 그들은 석공이었습니다.[3] 즉 그들은 석재를 짜맞추어 쌓은 것입니다. 응결―재료들의 응결―이라는 관념은 분명 그들에게 혐오스러운 것이었습니다. 매우 후대까지도, 심지어 기원후 4, 5세기까지도 그들은 그런 건설 방식을 받아들일 결심을 하지 못했으며, 이때까지도 접합된 아치보다 인방을 선호하는 것으로 보인다는 데서 이를 알 수 있습니다.

나아가 가장 단순하고 가장 자연스러운 건식 쌓기에 서구 인종들이 마치 본능에라도 이끌린 것처럼 민감하게 반응하는 강력한 매력이 있다는 점은 온전히 인정되어야 합니다. 크기가 큰 재료를 적절히 사용하고, 기능에 따라 형태를 맞추어 외관상 안정감 있는 구조를 이루도록 놓는 일은 그리스 시대 이래로 건축 예술의 핵심적인 부분을 구성하는 것으로 여겨져야 합니다. 그리고 이런 관점에서 이를테면 12세기 건축가들은 오늘날의 우리보다 참된 예술에 근접해 있었습니다. 그 이유에 대해서 곧 살펴보겠습니다.

여기서 독자들에게 어디서나 찾아볼 수 있는 것―예를 들면 그리스 신전의 구조를 제시할 필요는 없을 것입니다. 게다가 그리스 신전의 구조만큼 단순한 것도 없습니다. 그것은 원주에 쓸 만큼 큰 블록들, 일체식이거나 나란히 놓인 두 블록으로 이루어져 원주와 원주 사이에 놓이는 아키트레이브, 그리고 벽에 쓰이는 좀 더 작은 재료들로 이루어집니다. 사각형의 석재들이 안과 밖의 두 면을 형성합니다. 아키트레이브 위로는 포르티코의 폭을 가로지르는 일체식 인방들이, 이 인방들 위로는 슬래브 혹은 길이와 폭이 충분한 석재를 구하기 어려운 경우 목재가 올라갑니다. 프리즈는 일

---

3) 조적공(waller/maçon)과 석공(stone-fitter/appareilleur)으로 옮긴 두 명칭의 차이는 앞서 제시된 원리 가운데 어느 쪽을 도입하고 있느냐에 따라 구분된다. 즉 전자는 응결, 다시 말해 모르타르 등을 사용해 재료들을 붙여 쌓는 방법을 구사하는 직인을 말하며, 후자는 건식 쌓기, 즉 접착제 없이 석재를 짜맞추어 쌓는 그리스식 방법을 채택하는 직인을 뜻하는 것이다.

련의 수직 부재[트리글리프]들과 그 사이사이의 슬래브[메토프]들로 이루어져 있으며, 수직 부재들 위로 코니스가 올라갑니다. 큰 블록들은 필요하지 않은 부분에서 굳이 쓰지 않도록 하고, 수평면과 접합면은 한결같이 건축의 부재들에 일치합니다. 여기서 대단한 기술을 볼 수는 없다 해도 어쨌든 이성과 시각은 형태와 완벽하게 조화를 이룬 구조에 만족하게 됩니다.

이 방법은 응결을 통한 어떤 결합도 인정하지 않습니다. 때때로 청동 혹은 심지어 나무로 만들어진 꺾쇠나 주먹장이 발견됩니다. 안정성은 중첩에 의해 보장되어 있고, 하중이 수직의 지주 위에 수직적으로 작용합니다.

손에 들어오는 것이면 무엇이든 받아들이고 모든 실용적 원리를 인정했던 로마 인들은 그리스의 체계를 무시하지 않았습니다. 다만 그들은 그리스의 체계를 그것과 절대적으로 대립되는 건설 과정과 동시에 도입했습니다. 콘크리트 체계—모르타르를 사용한 응결 체계를 도입한 것입니다. 자갈과 거친 돌들, 벽돌 또는 잡석 쌓기를 석회와 모래로 결합시켜 만든 두꺼운 매스들을 형성하면서 그들은 때때로 이 중핵 부분에 그리스 인들이 사용했던 체계를 따라 모르타르 없이 조밀하게 짜맞춘 외장을 씌웠습니다. 다른 경우에는 콘크리트 벽이나 매스들 앞에 그리스식 원리에 따라 엔타블라처가 딸린 원주들을 세웠습니다. 그러나 로마 인들은 짜맞춘 석재들에는 결코 모르타르를 쓰지 않았습니다. 두 가지 크게 상이한 체계들을 사용하면서도 그들은 양자 모두를 존중했으며, 그 둘을 혼동해 쓰도록 하지 않았던 것으로 보입니다. 이것은 놀라운 사실이며, 그들의 조적조에 전적으로 특별한 측면을 부여하게 됩니다. 그들은 이 두 가지 원리들을 거의 혼동하지 않아서 우리는 심지어 그들이 석재를 짜맞춘 구조에서 가장 순수한 그리스식 방법을 따른 것을 보게 되는 일조차 있습니다. 예컨대 벽면의 수평면들을 틀받이까지 연장하지 않는다든지, 이것들을 일체식으로 만든다든지, 안타와 원주를 단일한 석재로 만든다든지, 매우 두꺼운 아치의 석재들을 접착하지 않고 몇 개의 동심원형 아치들로 만든다든지,* 그 아치석들의 겉둘레를 일치시키는 등의 특징이 나타나는 것입니다. 한마디로 로마의 건식 쌓기식 석조는 완전히 그리스적이며, 그리스식 방법을 따르고 있습니다. 그러나 그것이 동시에 전적으로 다른 방법—콘크리트 구조라는 방법을 수용하는 데 방해가 되는 것은 아닙니다. 우리는 이런 점에서 로마 인들을 모방해야 할 것입니다. 그러나 우리는 주거용 건물과 공공건물 모두에서 이 부분에 실패하고 있습니다.

　실천적 양식을 갖추고 있던 로마 인들은 그들이 도입한 두 가지 건설 체계가 서로 도움이 될 수 있지만 다만 그것은 양자가 뒤섞이지 않는 것을 조건으로 한다는 사실을 분명히 지각했습니다. 그들은 화강암 원주가 함몰도 침하도 할 수 없다는 것을 알았습니다. 또한 잡석 쌓기한 매스에 마주 세워진 그런 지주는 필연적으로 그것이 마주 놓인 쪽의 매스에 강도를 부여한다는 것을 알았습니다. 왜냐하면 그 매스는 모르타르가 건조되는 과정에서 불가피하게 수축하고, 원주는 그 전체 길이를 유지하지만 매스는 약간 내려앉게 되기 때문입니다. 많은 경우에 이것은 시공자에게 유용한 방편입니다. 콜로세움에 건식 쌓기 석공 외장을 씌우면서 로마 인 시공자는 벽돌과 잡석으로 이루어진 이 거대한 실내가 침식하거나 부서지거나 균열이 가지 않는 절대적으로 견고하고 강력한 띠로 그 형태를 유지하게 된다고 느꼈습니다. 그것은 버팀벽을 만드는 것이었습니다. 그리스 인들은 작은 건물들만을 세웠지만 로마 인들은 거대한 건물들을 지었고, 그들의 혼합된 방법은 그들의 요구에 완벽하게 들어맞았습니다. 모든 강력

---

* 퐁뒤가르와 아를르의 원형 극장에서 그러한 예를 찾아볼 수 있습니다.

한 저항은 압력을 중심으로 보내는 경향이 있으므로 건식 쌓기 구조를 언제나 외부에 혹은 내부에서는 아치 아래에 위치시킴으로써 그들은 조적[佛. 잡석이나 벽돌]이 그 본성을 유지하도록 했기 때문입니다. 또한 그것은 훌륭한 구조와 조화를 이루는 동시에 장식이기도 했습니다.

로마 인들의 건축에서 관찰되는 경제성은 더없이 중요합니다. 구축에서의 철저함은 언제나 명백하지만 결코 힘을 낭비하는 법이 없습니다. 모르타르의 탁월함에 의존하면서 (이는 합리적인 선택이었습니다) 그들은 벽과 피어에 필요한 만큼의 두께를 주었고, 불균등하게 침하되는 것을 피하고 모르타르가 일정하게 굳을 수 있도록 다양한 높이로 잡석 쌓기를 할 때 신중하게 수평을 유지했습니다. 로마 인들이 수직으로 작용하는 가벼운 하중만을 지지하면 될 때조차 두꺼운 벽을 세웠다고 여기는 것은 오류입니다. 오히려 그런 경우에는 종종 높이에 비해 벽의 두께가 놀라우리만치 얇은 것을 보게 됩니다.* 로마의 판테온이나 대욕장의 홀처럼 거대한 궁륭을 올린 건물들에서 피어들의 두께는 그것이 떠받치고 있는 하중에 비해 상대적으로 가늡니다. 이 피어들이 일반적으로 대리석이나 화강암의 일체식 지주로 받쳐지며, 건설자들이 사용한 방법으로 인해 그것들이 완벽하게 등질적인 단일한 덩어리로 형성되는 것은 사실입니다. 나아가 외장면을—석재나 벽돌, 아니면 바른층막쌓기 중 어느 것으로 세운 것이든—언제나 포장, 즉 껍질로 여기면서 그들은 이 포장과 잡석 쌓기한 내부의 사춤을 벽돌 층들이나 평평하게 접합된 석재들을 통해 일정한 간격으로 연결하는 데 주의를 기울였습니다.

---

* 예를 들면 목재 지붕을 올린 바실리카들이 그렇습니다. 제정 로마 치하의 갈리아에서 지어진 건물 가운데 베즈느의 탑을 봅시다. 그것은 오툉에 위치한 사각 건물로 강 반대편 도시 외곽에 자리하며, 야누스 신전이라는 이름으로 알려져 있습니다.

그렇듯 로마의 조적은 언제나 완벽하게 견고하고 등질적인 사춤과 그것을 감싸고 있는 일련의 포장으로 이루어져 있었습니다. 피어를 세울 때(그림 2) 건축가들은 벽돌이나 자른 돌들로 외장면을 만들었습니다(A의 충들이 전체 표면을 덮은 충들의 수평을 맞추고 있습니다). 이 외장과 수평석 사이에 그들은 거친 콘크리트를 채웠고, 각각의 수평석 위쪽으로 간격을 두고 가로대 구멍 B를 남겨 두어 비계를 만들 수 있도록 했습니다. 자른 돌이나 벽돌로 된 이 외장들을 석재나 대리석 슬래브로 덮고자 할 때는 돌림띠 C를 조적에 포함시켜 슬래브들이 이 돌림띠들의 수평 돌출부들에 끼워 넣어지도록 했습니다.

이것은 그들이 세운 건물들에 맞추어 완벽하게 조정된 진정한 조적이며, 시공하기에도 쉬웠습니다. 그들이 사용한 모르타르가 훌륭했던 것을

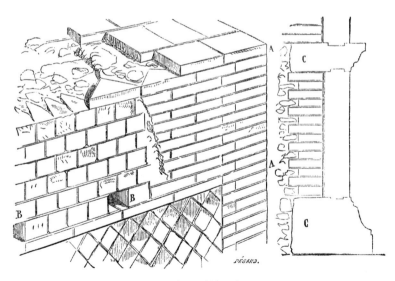

**그림 2** 로마식 조적

잊어서는 안 될 것입니다.

이런 방법들은 누구나 알고 있는 것이므로 더 이상 다룰 필요가 없어 보입니다만, 이것들을 오늘날 적용할 수 있을까요? 우리는 그것들을 이용할 수 있습니까? 저는 그렇다고 생각합니다. 그러나 무비판적으로 모방하는 것이 아니라, 로마 인들이 우리의 재료와 시공 수단을 가졌다면 했을 것처럼 진행함으로써 이용해야 할 것입니다.

잡석 건설[조적]의 원리와 건식 쌓기 방식의 구축 원리를 동시에 도입하면서 로마 인들은—앞서도 지적한 것처럼—이 두 체계를 결코 혼동하지 않은 채로 그 속성들을 따랐고, 언제나 보다 저항력이 적은 구조를 내부에, 보다 견고한 쪽을 외부에 위치시켰습니다. 나아가 훌륭한 로마 건축에서 석재나 대리석 포장은 건축 부재들의 중첩 형태를 취했지, 형태와 건식 쌓기가 일치하지 않는 한낱 껍데기로 머물지 않았습니다. 로마 인들이 형태와 건식 쌓기의 이런 완벽한 상응을 보존하지 못하게 된 것은 훨씬 후대의 일입니다. 또한 우리는 그리스 미술의 영향이 지속된 나라들—이를테면 시리아—에서 건식 쌓기와 형태가 계속해서 상응하고 있는 것을 봅니다. 서방에서도 중세의 상당 기간 동안 같은 사실을 관찰할 수 있습니다. 그러나 건축 예술은 시대의 관습과 조화를 이루지 않는 방법을 법칙으로 수립할 수도 없고, 해서도 안 된다는 것을 잊지 말아야 합니다. 반대로 각 시대에 적합한 건축 체계가 당대의 관습에서 비롯해야 하는 것입니다.

그리스 인들은 작은 공동체들로 나뉘어 있어 우리가 그들의 작품을 보고 경탄하는 시공의 섬세함을 탐닉할 수 있었습니다. 로마 인들은 자신들이 알고 있던 전 세계를 지배했습니다. 그들은 많은 노예들을 거느렸고, 병사들을 사역했으며, 징발에도 거리낌 없이 의존했습니다. 중세는 강제 노동을 시켰고, 특별한 경우에는 저임금으로 노동력을 샀습니다. 반면 그들은 재료를 입수하고 수송할 수단이 불충분했으며, 기구도 변변치 않았습니다. 우리 시대는 사정이 다릅니다. 재료는 어디든 우리가 원하는 곳에서 쉽게 확보할 수 있지만 노동은 비싸고 시간이 귀합니다. 그러므로 그리스 인이나 로마 인, 중세의 건축가들 혹은 루이 14세 시대의 모방자들을 따라 할 생각을 하기보다는 위와 같은 새로운 상황에 따라 건물을 세우려고 노력하는 것이 합리적일 것입니다. 르네상스 시기까지 프랑스 건축에는 완벽하게 합리적인—그리스 건축이나 로마 건축만큼이나 합리적인—진보가 있었습니다. 12세기—예술, 건축과 조각과 회화에서 너무도 눈부신 시기—에 프랑스는 정치적으로 수많은 영주권들로 분할되어 있었습니다. 도로는 별로 없었고, 수송 수단은 변변치 않았습니다. 멀리 떨어진 곳에서 무거운 재료를 구해 싣는 것이 어려웠습니다. 지불은 현물로 했으며, 부역이 관습적으로 이루어졌습니다. 조적은 운반하고 들어 올리기 쉬운—대부분 어깨에 짊어질 수 있는—작은 재료들로 이루어졌으며, 이러한 자원들로 거대한 건물들이 세워졌습니다. 그러나 건축은 건식 쌓기로 이루어진 블록 중 하나보다는 작은 석재들의 구조에 맞추어 이루어졌습니다. 그것은 로마의 잡석 쌓기 구조와 건식 쌓기 석재 구조의 타협이었습니다. 큰 석재를 사용할 수밖에 없는 거대한 돌출부는 지양되었습니다. 한마디로 건축은 기꺼이 수중에 있는 수단에 스스로를 종속시켰던 것입니다. 조금 후대인 12세기 말에 정치적 통일이 실현되었고 대도시들은 독립했으며, 건축 기구들이 풍부해졌습니다. 규모가 큰 재료들이 확보되고, 수송되고, 다듬어져 [건물이] 올라갔습니다. 건축주는 더 이상 자신의 협소한 영역에 한정되어 있고 대단치 않은 노동자들을 부릴 수 있는 주교나 세속 귀족이 아니라, 인구가 많고 부유한 도시들이었습니다. 기계들이 개선되고, 조합들이 형성되었으며, 노동자들은 높은 임금을 화폐로 지불받았습니다. 기술이 개선되었지만 그 비용을 절감하려는 노력이 있었습니다. 재료는 넉넉했고, 잘 선별되었습니다. 그러나 그 비용을 감안하여 쓸모없이 낭비되지 않았습니다. 모든 석재는 채석장에서 거칠게 모양이 잡히고 제자리에 놓이기 전에 다듬어졌습니다. 크기가 큰 재료들은 필요한 경우에만 사용되었습니다. 다른 모든 경우에는 크지 않은 석재들이 늘 사용되었습니다. 14세기에 등장한 거대한 세속 건물들은 단순하게 잘 계획된 것들로 거기서 우리는 때로 과도하게 나아갔던 방법의 정신이 표명된 것을 봅니다. 그것은 통제의 시대였으며, 건설은 그 정신을 반영했습니다. 그것은 통일적이고, 일관되며, 엄격한 감시에 종속되어 있었습니다. 건설 현장은 하나의 정부로서 거기서 모두는 자신에게 지명된 기능을 가지고 있었습니다. 그것은 **규격화된 석재**의 시대였습니다. 석재층들이 통제되었고, 따라서 오랜 시간을 두고 사전에 주문되었습니다. 이 시기의 건축은 이러한 의사-행정적 규칙성의 색조를 띠었으며 엄격하고 단조롭게 되어 갔습니다. 그러나 재료와 그 특수한 속성에 대한 지식이 이때만큼 포괄적으로 갖추어진 적은 없었습니다. 채석장에서 이보다 더 정연하고 체계적으로 작업이 이루어진 적도 없었습니다. 나아가 석재를 엄격하게 경제적으로 사용한 것도 볼 수 있습니다. 15세기는 작업에도 용이하고 큰 덩어리로 캐내기도 보다 쉽다는 이유로 건물을 지을 때 연석을 선호했습니다. 결과적으로 건축적 특징들과 건식 쌓기 사이의 일치가 점차 덜 엄격해지기 시작했지만, 그래도 확실히 전자가 후자에 위배되지는 않았습니다. 르네상스는 구조를 거의 보지 않았으며 사실상 구조를 무시했습니다. 어떤 방식에든 무관심했고, 질에 관한 선별은 더 이상 없었습니다. 조적공과 석공은 더 이상 서로를 이해하고 있지 않았습니다. 조적공은 형태를 부여했으며, 석공은 최선의 판단으로, 자신에게 허용된 재료 안에서 그것을 해석했습니다. 그러나 예외는 있었습니다. 예를 들어 필리베르 들로름은 구조를 중시했죠. 그러나 그는 이 문제에 대한 신도들의 무지를 한탄하기도 했습니다.*

오늘날 우리는, 그런 것이 가능한 일인지는 몰라도 르네상스의 건축가들보다도 훨씬 더 퇴행하였습니다. 그들은 어쨌든 그들로서는 저항하기 어려운 유행의 충동에 휩쓸리고 있었기 때문에, 우리의 단점들은 그들보다 양해받기 어려운 것입니다. 우리는 알면서 그렇게 했습니다. 우리는 고대의 건축가들이 도입한 방법에 대해 완벽하게 알고 있습니다. 우리는 무지해서 죄를 짓는 것이 아닙니다. 우리는 무지막지한 화물차로 건설 현장에 3, 4입방미터에 이르는 거대한 석재들을 들입니다. 우리는 이 엄청난 재료들에서 이점을 취하는 방식으로 작업을 진행합니까? 우리의 건축은 그 재료들의 힘과 조화를 이룰까요? 아닙니다. 우리는 그것들을 깎아 빈약한 벽기둥, 얇은 아키트레이브, 좁은 돌림띠를 만들고, 그리하여 건축에서 그 석재는 너덧 조각으로 이루어진 것처럼 보이게 됩니다. 우리는 심지어 이음새를 파내어 거기에 얇은 띠들을—네, 얇은 띠들을 새기기까지 하며, 더 작은 크기의 재료로 지은 건축을 모방하기에 이르는 것입니다. 우리는 이 거대한 블록들이 조각난 채 철봉 위에 놓여 접합식 인방을 이루는 것을 보았습니다. 우리는 건물이 취하게 될 형태를 감안하지 않고 쌓아 석조 매스들을 세웁니다. 그리고 전체가 그렇게 쌓아 올려졌을 때 많은 석재 절단기가 등장해서 거친 바위를 건축가의 마음에 들 만한 모양으로 다듬어 낼 것입니다. 수평면과 이음새가 조각이나 몰딩 위로 지나갈 것입니다—아무렇

---

* 무수히 많은 사례 중 하나만 들어보면 르네상스 건축가들이 구조에 대해 얼마나 무심했는지 알 수 있습니다. 에쿠앙 성 뜰의 장식 포르티코의 원주들은 각기 끝 부분에 나란히 놓인 두 부분들로 이루어져 있으며, 그리하여 각 원주가 두 개의 반(半)원주로 이루어져 있습니다. 이 것을 보았다면 고전기나 중세의 건축가들은 새파랗게 질렸을 것입니다.

지 않게 말이죠. 몇 년이 되지 않아서 황토색으로 물들인 소석고로 이 실수들을 덮게 될 것입니다. 그렇기 때문에 폭넓은 지식에 의지하고 현대 문명과 산업이 제공하는 많은 강력한 기기들이 있어도 우리는 더 이상 우리의 건물에 특징을, 표현을 부여할 수 없습니다. 우리는 모든 면에서 우리보다 불리한 환경에 있던 선대[건축]에게서 그런 특성과 표현을 존경하고 있습니다. 추론의 능력을 크게 활용했던 우리의 선조들과는 달리, 우리는 계몽된 대중이 이런 종류의 문제에 냉담하기를 바라는 소수의 파당들에게 해방의 시도로 비추어질 우리의 노력들을 들킬까 두려워 그러한 추론에 감히 의존하지 않았습니다.

그러므로 우리는 다음의 두 가지 점이 합의된 것으로 여길 수 있을 것입니다. 우리는 이전에 모르던 재료와 기계류를 마음대로 쓸 수 있습니다. 또한 우리의 요구들은 고전기, 심지어 중세에 비해서도 다양하고—특히 고려해야 할 것은—대량이라는 것입니다. 재료의 양도 많고 운송과 작업 수단이 보다 풍부하므로 우리는 이런 풍요로움과 수단을 염두에 두어야 합니다. 그리고 우리의 요구들이 이전과 다르고 혹은 보다 복합적이므로 우리는 이 새로운 조건들을 따라야 합니다. 이런 근본적인 예술 법칙들에 과거보다는 현재에 보다 요청되는 경제성에 대해 고려하는 이성이 더해진다면 우리는 확실한 바탕 위에서 앞으로 나아갈 수 있을 것입니다. 우리는 군주가 전 주민을 동원해 케옵스의 피라미드 같은 것을 짓게 할 수 있는 시대에 살고 있지 않습니다. 우리는 어떤 물질적 혹은 도덕적 이득이 모두를 위해 보장되지 않는 한 군주의 취미나 변덕을 만족시키는 데 국가의 자원, 즉 공공의 수익을 사용하는 것을 허락할 마음이 없습니다. 또한 일반적 고려에서 세부로 진행해 갈 때 우리는 공공건물에 해당하는 경우의 요구들을 정확히 표현하지 않는 형태를 도입하는 것이 허용되지 않게 되는 시대로 나아가고 있습니다.

저는 이러한 조건들에 대한 엄격한 준수가 예술적 표현에 반하지 않는다고 믿을 뿐 아니라, 이것만이 예술적 표현을 산출할 수 있다고 확신합니다.

이런 원리들을 적용할 수 있으려면 건축가는 오직 완전한 자유를 필요로 할 뿐이며, 그 자신이 자유를 어떻게 획득하는지 모른다면 아무도 그에게 그것을 줄 수 없습니다. 이제까지 이루어져 온 것을 연구하고, 그것을 합리적으로 적용함으로써, 얻어진 것을 새로운 조건에 따라 필수적이 된 방법의 확고한 도입을 위한 출발점으로 만듦으로써 그 연구를 이용하도록 합시다. 과거의 어떠한 건축 형태도 여전히 존재하거나 더 이상 존재하지 않는 필연성의 한 표현으로, 어쩌면 그 사례로 여기고 수용하도록 합시다. 그것을 긴요하고 전통적인 불변의 본보기가 아니라 유익한 연구로 고려하도록 합시다. 그러면 이곳저곳에서 변덕스럽게 빌려 온 형태들의 기이한 모음, 오늘날의 지배적 건축을 구성하는 그런 것들 대신에 건축가는 어떤 예술—그 자신이 주인이 되는, 그리고 우리 문명의 반영이 될 예술을 만들어 낼 것입니다.

여기서 모든 논의는 이런 결론으로 수렴됩니다. 과거의 예술이 문제가 될 때 우리가 따라야 할 것은 **문자**입니까 **정신**입니까? 문자라면 그리스의, 로마의, 르네상스나 중세의 작품들을 구별 없이 모방하도록 합시다. 이 다양한 예술 형태들은 놀라운 산물들을 제공하니까요. 그러나 **정신**이라면 이야기는 완전히 달라집니다. 그때 문제는 더 이상 형태를 도입하는 것이 아니라, 오늘날 존재하는 조건이 그 형태를 도입해야 하는 것인지 아닌지를 확인하는 것입니다. 상황이 다르면, 그것이 특수한 상황을 철저하게 고려한 데서 비롯하였다는 이유만으로 합리적인 것이었던 그 형태는 더 이상 존재할 이유를 갖지 못하게 되고 버려져야 할 것입니다. 우리는 무엇보다 아리스토텔레스와 같이 추론하는 것이 바람직합니다. 그러나 그것은 우리가 아리스토텔레스의 관념을 모두 받아들이는 것과는 다른 문제입니다. 그렇다면 현대의 사상가들이 고대인들이 사용한 추론의 방법과 그들의 관념들을 그토록 현명하게 구별한 것처럼 예술의 영역에서 우리도 그렇게 하지 못할 이유가 무엇입니까? 혹은 그렇게 멀리서부터 비유를 가져오지 않더라도, 우리 모두가 데카르트를 읽지만 그의 모든 이론이 참되고 틀림없는 것이라고 생각할 수 있습니까? 우리는 그의 방법을 사용하면서도 많은 경우에 그의 이론에 대립하고 논쟁하는 관점을 가지고 있지 않습니까? 그렇다면 왜 예술에서 우리가 재료들을 17세기의 방식대로 사용해야 합니까? 그리고 당시에 도입되었던 건축의 특징들이나 형태들이 우리에게 무슨 의미를 가집니까? 그것들은 무엇을 표현합니까? 어떤 현대의 요구나 취미에 우리는 부응합니까? 그리고 이 건축의 특징들이 당대의 사회적 요청에 상응하지 않는다는 것—그것들이 다만 과거 예술에 대한 우둔한 모방일 뿐임이 드러난다면 현대의 이런 간접적 모방을 우리는 어떻게 생각해야 합니까? 모방을 목적으로 하는 것이라면 적어도 그 원점으로 되돌아가야 합니다.

그렇다면 (우리가 실천적인 문제를 고려해야 하는 만큼) 조적의 문제에서 우리의 재료가 제안하는 건축 방식이 무엇이고, 이런 방법이 이끌어 낸 형태는 무엇인지 검토해 봅시다. 오늘날의 채석 기기들과 철도 덕분에 우리는 매우 다양한 석재들을 획득할 수 있습니다.* 문제는 그것들을 각각의 특수한 성질에 따라 어떻게 쓰느냐 하는 것입니다. 가장 흔히 건축에 쓰이는

---

* 유럽의 다른 어떤 나라보다도 프랑스에는 건축에 적당한 재료들이 풍부합니다. 주라기의 석회암층이 국토의 상당 부분을 지나갑니다. 일반적으로 좋은 건축 재료인 이 암석들 외에도 충적 석회암, 백악, 화강암, 용암, 대리석, 편암, 사암 등이 있습니다.

석재는 석회석입니다. 그러나 그 밖에도 사용할 수 있는 재료는—이를테면 화강암, 편암, 사암, 용암 등 무수히 많습니다.

석회석은 가장 단단한 최상의 것이라 해도 질산칼륨에 의해 거의 전부 분해됩니다. 혹은 어쨌든 지면이나 대기 중의 수분을 흡수해 목조나 실내에 그려진 그림을 망가뜨립니다. 그러므로 많은 경우에 로마 인들 사이에 크게 유행했던 방법을 도입하는 것이 유리합니다. 그것은 우리가 이미 언급한 방법으로, 잡석과 벽돌 쌓기로 이루어지거나 잡석 쌓기만으로 지은 건물에 큰 석재를 씌우는 것입니다. 사실 예를 들어 큰 건물을 지으면서 1.5m에서 2m 두께의 벽이나 피어를 견고한 석재 블록으로 지어야 할 까닭은 별로 없습니다. 여기에 적용되는 하중이 이렇게 사치스럽게 재료를 사용할 필요가 있을 정도가 아니기 때문입니다. 케이싱이라는 방법은 치밀한 석회암, 대리석, 용암, 판암 등 상대적으로 값비싼 재료들, 색채가 다양하고 내구력이 매우 높은 재료들을 사용할 수 있게 해 준다는 이점을 가질 것입니다.

원주나 벽기둥을 단순한 장식으로 건물 외부에 놓는 대신에 그 장식을 건물의 강도에 기여하는 것으로 정당화한다면 그것은 이성과 취미를 거스르지 않을 것이고 경비도 최소한 긍정적인 결과를 낳을 것입니다. 우리는 공공건물이나 주거 건물에서 석재가 실내에서 드러나 보이도록 잘 내버려 두지 않습니다. 즉—현관이나 계단 등에서 때때로 볼 수 있는 예외를 제외하고는—회벽을 칠하거나 징두리판을 대거나 그림을 그려 막을 필요가 있다고 생각하죠. 그렇다면 우리가 이 벽들을 그처럼 두껍게 만들어서 석재 블록이 벽 두께에 상응하는 이음돌이 되지도 못하는데 이 실내의 외장을 그런 재료로 만들 이유가 있습니까? 저는 벽 두께가 0.5m가 안되는 집들의 파사드를 견고한 석재로 만들어야 할 필요는 기꺼이 인정합니다. 그러나 벽 두께가 1m 이상이 될 때 그 내부 외장면을 석재로 만드는 것이 무슨 의미가 있습니까? 이 경우에 로마 인들의 방법을 도입하는 것은 어떻습니까? 그것은 약간의 마름돌로 외장을 하고 안쪽은 잡석 쌓기로 만드는 방법으로, 석재 블록에 회벽을 바르거나 그림을 그리거나 징두리판을 치는 것보다 훨씬 적합합니다.

그러므로 선조들이 남긴 방법들을 우리 시대에 적용 가능한 한에서 이용하고, 획득한 경험의 이점을 살림으로써 우리는 그들의 체계에서 오늘날 조적 시공자가 가지고 있는 자원을 고려해 진행하게 됩니다. 그러면서 건식 쌓기 구조와 콘크리트 구조를 용례에 따라 동일한 명칭 아래 결합합니다.

## 기초

그리스 인들은 그들이 건물을 세운 대지의 본성 때문에 제대로 된 기초를 만들 기회가 거의 없었습니다. 그들은 바위 위에 건물을 세우는 것을 선호했으며 그들의 기초는 사실은 단순한 지하층, 즉 모르타르 없이 맞댄 줄눈(closed-jointed)으로 쌓은 석조 매스들입니다. 단단한 바닥에 닿을 때까지 깊이 파 내려가야 하는 특별한 경우 그들은, 종종 철로 조여 고정시킨 층들로 접합재 없이 석재 기초를 놓고, 이 조심스럽게 시공된 기초 위에 징두리돌층들을 올렸습니다. 나아가 일반적으로 작은 그들의 건물은 하중이 가벼웠기 때문에 강도가 큰 기초는 필요하지 않았습니다. 반면에 로마 인들은 수많은 거대한 건물들을 세웠고, 그러한 건물들은 콘크리트 구조인 탓에 어떠한 움직임이나 침하에도 대비되어 있지 않았으므로, 기초를 놓는 데 이후로 도입된 어떤 것보다 큰 강도를 산출해 내는 수단을 도입해야 했습니다. 로마 인들은 깊이가 얼마가 되었든 언제나 단단한 바닥까지 파 내려갔습니다. 여기에 도달하면 넓게 파낸 그곳을 돌과 자갈, 양질의 모르타르로 이루어진 거친 콘크리트로 채웠습니다. 그런 후에 인공적으로 만들어진 이 암반 위에 건물을 세웠습니다. 중세에는 비용에 따라 매우 좋은 기초와 매우 나쁜 기초가 모두 만들어졌습니다. 파리와 아미앵, 랭스의 대성당들에는 최상의 기초가 마련되었습니다. 트루아, 세즈, 샬롱쉬르마른의 대성당들에 쓰인 기초는 최악의 것들이었습니다.

중세의 기초가 잘 만들어졌을 때 그것은 언제나, 정밀하게 다듬어져 제자리에 놓인 석재 외장으로 씌워져 로마식으로 채워 넣은 거친 콘크리트를 덮고 있습니다.

건물의 기초를 놓는 데 두 가지 핵심적인 조건이 준수되어야 합니다. 우리의 건물들은 규모가 크기 때문에 완벽한 안정성이 보장되어야 하고, 사용되는 수단이 경제적 조건에 맞추어져야 합니다. 그러므로 이러한 요구들을 충족시킬 수 있는 방법을 알아내는 것이 중요합니다. 우리의 도시들은 더 이상 고원이나 높은 곳에 세워지지 않습니다. 오히려 강변에 자리잡고, 종종은 습지에 세워지기도 하죠. 이런 경우에는 단단한 바닥을 항상 찾을 수 있는 것은 아니며, 흘러들어 온 흙과 진흙, 최근의 충적 퇴적물, 압축성 대지가 발견됩니다. 그럴 때 건축가의 창의력이 자연으로부터 주어지지 않은 것을 대신해야 하는 것입니다.

모든 처녀지, 즉 천연의 층리를 보이는 대지는 비압축성입니다—다만 몇 가지 예외가 있는데 이제 그것에 대해 이야기하겠습니다. 모래나 점토, 이회토에는 바위나 튜퍼와 마찬가지 혹은 보다 안전한 방식으로 기초를 놓을 수 있습니다. 모래나 점토, 이회토의 퇴적물은 등질적이고 안정적이며 틈이 없기 때문입니다. 반면 바위 안쪽에 예상치 못한 구멍이 있거나 무거운 하중 아래서 균열이 생기고 미끄러져 내리는 경우가 때때로 있습니다. 그러나 처녀지는 종종 매우 깊은 곳에서 발견되므로 위에 덮인 흙을 모두 파내 깨끗하게 만드는 데 막대한 비용이 들어갑니다. 중세와 그 이후 우리 시대에 이르기까지 이런 경우에 이 대지에 가능한 한 깊이 말뚝들을 박습니다. 말뚝 머리에는 떡갈나무로 골조 바닥을 평평하게 놓고, 그 위로 조적의 첫 번째 층을 올렸습니다. 이러한 체계에는 두 가지 단점이 있었습니다. 매우 비용이 많이 들었고, 말뚝들이 모두 가능한 한 완벽하게 똑같이 박히지 않는 한 침하가 일정치 않게 되고 결국 건물이 파괴되기에 이릅니다. 19세기 초부터 우리는 기초의 가장 아래층에 콘크리트,* 즉 수경성 석회와 같은 크기의 자갈로 만들어진 모르타르의 혼합물을 써 왔습니다. 잘 만들어진 콘크리트는 한 덩어리로 된 등질적인 비압축성 매스를 형성하는 이점을 갖습니다. 그것은 시간이 지날수록 단단해지며 결국은 진정한 바위가 되어 도구를 사용해도 흔적을 남길 수 없게 됩니다. 그러므로 부드러운 압축성 대지에 충분히 두꺼운 콘크리트층을 놓는다면 우리는 등질적인 기초를 얻을 수 있습니다. 그것은 쉽게 부서지지 않으며, 일종의 변질되지 않는 바닥을 형성하여 그 위로 벽을 쌓아 올릴 수 있습니다. 물론 콘크리트로 된 바닥층은 그것이 지탱해야 하는 하중에 비례하는 두께를 가져야 할 것입니다. 그러나 그것은 고립된 하중들을 넓은 표면 위로 분산시키는 이점을 가지고, 결과적으로 불균등한 침하의 개연성을 낮춘다는 이점도 가집니다. 대지가 (그것이 최근에 성토된 것이 아니라는 전제하에서) 비

---

* 콘크리트는 로마에서 시작되었습니다. 로마 인들은 기초뿐 아니라 궁륭 천장에도 콘크리트를 썼으며, 마름돌이나 벽돌 외장 뒤편의 벽 전체에도 콘크리트를 썼습니다.

에 젖거나 그 자체의 무게에 의해 저절로 압축되는 과정을 거치지 못할 정도로 나쁜 경우는 없습니다. 결국 대지는 언제나 넓은 지역에 걸쳐 주어진 하중을 지탱하는 데 적절하게 조정된 표면을 제공합니다. 따라서 밀도가 떨어지는 것을 넓이로 보상할 수 있도록 표면 위로 압력을 분산시키기만 하면 되는 것입니다. 이럴 때 건축가의 경험과 사려가 필요합니다.

젖은 땅은 마른 땅보다 훨씬 덜 압축된다는 것을 기억해야 합니다. 그러므로 예컨대 수분을 머금고 있는 진흙 위에 두께 1m의 콘크리트 플랫폼을 놓는다면 이 위로 분리된 피어들과 벽으로 이루어진 20m 높이의 석조 건물을 안전하게 지을 수 있습니다. 아마도 침하와 함몰이 있겠지만 건물을 파괴하지 않은 채 균일하게 일어날 것입니다. 공기 중에서 건조되어 가벼워지고 토탄보다도 견고성이 떨어지는 변질된 특정한 점토는, 대지 아래의 본래 장소에서 수분을 흡수하지 못했을 때 두껍고 유동적인 진흙층 위에 놓인 뗏목과 같은 효과를 가질 콘크리트 플랫폼이 그 하중과 문제의 진흙 사이에 있다면 거대한 하중 아래 압축되지 않을 것입니다. 그러므로 이 부드러운 층들이 시간이 흐르면 말라 버리고 마는지, 아니면 그 습도가 언제나 동일하게 유지되는지 확인해야 합니다. 우리는 사전에 침하가 일어나지 않은 옛 건물들이, 자리 잡은 대지가 마르면서 붕괴되는 것을 보아 왔습니다. 진 땅은 콘크리트 플랫폼의 압력을 받으면 물기가 빠져나갈 위험이 있다는 것을 파악해야 합니다. 이를테면 넓은 하수관 같은 구멍이 건물 주변에 형성되어 있을 때, 혹은 건물 주변의 대지가 잘 유지된 제방 체계나 다른 주변 건물들로 인해 매우 조밀할 경우 그렇습니다. 콘크리트 플랫폼의 압력을 받은 부드러운 대지에서 수분이 빠져나가는 이런 위험을 피하기 위해서는 플랫폼의 모서리 아랫 부분 콘크리트를 보다 두껍게 만들어 그림 3의 절단면에서 보듯 아래쪽 테두리를 만드는 것이 좋습니다. 이 테두리 A

**그림 3** 부드러운 점토 위에 놓인 기초

는 진흙이 하중 아래서 빠져나가지 못하게 막아 줄 것입니다. 이런 경우 반드시 취해야 할 또 다른 예방책은 콘크리트를 놓기 전에 진흙 바닥 위에 좋은 모래나 자갈 층을 몇 cm 두께로 펼쳐 놓는 것입니다. 이 모래층은 부드러운 점토에 견고함을 부여하고, 특히 콘크리트가 완전히 응고되기 전에 흐트러지는 것을 막는 데 유용합니다.

콘크리트 플랫폼을 만드는 것은 일반적인 말뚝 체계만큼 비용이 많이 들지는 않지만 그럼에도 상당한 경비를 필요로 합니다. 비용이 극히 제한되어 있는 경우 종종 성공적이고 유리한 것으로 추천하는 방법은—건물 둘레의 기초 아래가 아니라 그 둘레 바깥, 파낸 부분의 바닥에—수경성 석회로 만든 모르타르로 두께와 높이 0.5m의 조적벽을 세우고, 그 내부 전체를 채우는 것입니다. 그 내부란 건물이 자리해야 할 표면으로 그림 4에서 보듯 잘 눌린 양질의 젖은 모래가 깔리게 됩니다. 이 인공적인 대지 위에 기초벽을 세울 수 있습니다. 침하는 일어나지만 평평하게 이루어집니다. 물론 이 방법은 건물이 과도하게 무겁지 않은 경우에만 사용될 수 있습니다.

기초를 파낼 때 옛 시내나 메워진 도랑의 층을 발견할 수 있고, 훌륭한 토양—예컨대 튜퍼 토양—옆에 상당한 크기의 빈 공간이 있을 수도 있습니다. 그 빈 공간이 너무 넓지 않다면 튜퍼의 측면을 비스듬히 잘라 내고 흙을 볼록한 형태로 매립한 후 공간 A를 (그림 5) 콘크리트로 채워 매립한 흙의 바닥 B에 대해 걱정하지 않아도 되도록 하는 것으로 충분합니다. 그

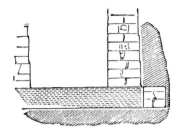

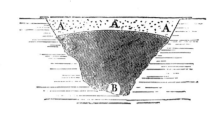

**그림 4** 부드러운 점토 위에 놓인 기초　　　　**그림 5** 부분적으로 매립한 땅 위에 놓인 기초

러면 일종의 콘크리트 아치를 확보하게 되며, 지지해야 하는 하중에 비례하여 두께를 부여하게 됩니다. 저는 지금 절대적인 규칙을 만들자고 제안하는 것이 아니라 건축가가 상황에 따라 그 효율성을 판단해야 할 방법을 지적하고자 하는 것임을 이해하셔야 합니다. 다양한 경우가 있는 만큼 수단도 다양한 법이니까요. 건축가들은 기본적인 지식이 모자라서 이런 종류의 어려움들에 처했을 때 너무 자주 시공자의 의견에 의존하는 경향이 있습니다. 시공자들의 관심은 자연스럽게 경비를 줄이는 데 있지 않고, 타협하기를 두려워하는 그들은 비용이 얼마가 되든 그들이 안전하다고 여기는 수단을 도입하려는 경향이 있습니다. 콘크리트는 기초-벽에서 우리가 그 속성을 적절히 고려하고 주어진 대지의 본성을 관찰한다면 매우 유용합니다. 하중이 크지 않은 건물들이 잡풀들이 뒤섞인 매우 불안정한 토양 위에 세워질 때 이 충적토에 간격을 두고 깔때기 모양의 구멍을 파내고 양질의 모래를 채운 후 0.30~0.40m 두께의 콘크리트층으로 이 전체를 덮어 침하가 조금도 없이 지어진 것을 보았습니다. 그리하여 이탄층을 제외하면 우리가 절대로 안전하지 않다고 보아야 하는, 그래서 전체 하중이 큰 건물들을 지지하기 위해서 말뚝을 박아야 하는 대지는 거의 없는 것이 됩니다.

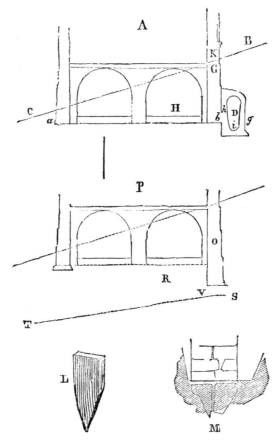

**그림 6** 점토질 경사면 위에 놓인 기초

점토는 흘러내리거나 수분이 빠져 가라앉는 것을 방지하면 탁월한 비압축성의 기초를 제공합니다. 평평하고 등질적인 대지에서 이것은 쉬운 작업입니다. 그러나 점토가 언덕의 사면에 있는 것이라면 [건물의] 하중으로 인해 비스듬한 대지에서 그것이 흘러내리고 가라앉을 위험은 큽니다. 그럴 때 수원이나, 심지어 빗물이 이 점토를 적셔 흘러내리게 하는 것을 막는 데 무엇보다 주의를 기울이지 않으면 안 됩니다. 그러므로 기초에 앞서 배수로를 만들어 건물의 측면을 완벽하게 방수하고, 건물이 세워진 고지로부터 상당히 떨어진 곳으로 물을 흘려 내보내도록 해야 합니다. 예를 들면 A(그림 6)의 건물이 점토로 이루어진 사면 BC 위에 자리 잡고 있다고 합시다. 선분 ab는 기초가 놓이는 수평선입니다. 외부에 벽 G의 전체 길이를 따라 나란히 배수로 D를 만들어야 할 것입니다. 배수로의 측면 g에 구멍을 내고 측면 h는 물이 스며들지 않도록 하면서 그 수로인 i는 기초의 첫 번째 층보다 조금 낮게 위치해야 합니다. 당연히 이 배수로는 경사가 급격해야 하고, 모인 물을 건물에서 멀리 떨어진 곳으로 내보내야 할 것입니다. 이 배수로는 또한 건물의 지하실 H에 습기가 차는 것을 방지해 주는 탁월한 수단이 될 것이며, 결과적으로 베이스먼트 층인 K에 질산칼륨이 발생하는 것을 막아 줄 것입니다. 경제적인 이유로 배수로를 만들 수 없다면 입면도 P에서 보듯 적어도 뒤쪽 벽의 기초를 앞쪽 벽의 기초보다 낮게 만들고 벽 외부를 그 밑부분까지 시멘트로 덮을 필요가 있습니다. 그러면 점토로 된 지면 R 전체가 영구적으로 건조하게 유지될 것이며, 물은 ST를 지나가도록 만들어져 그 위쪽의 점토 매스를 치밀하고 두꺼운 상태로 남겨 두어 낮은 쪽으로 향하는 기초의 하중 아래서 짓눌리지 않고 점토층 V의 아래쪽으로 흘러내리지 않도록 저항력을 제공하기에 충분할 것입니다.

대지가 순수하게 점토로, 즉 아주 미끄럽고 끈끈한 물질로 이루어져 있을 때는 (위에서 기술한 모든 주의 사항을 고려하여) 콘크리트를 붓거나 조적을 시작하기에 앞서 M에서 보듯 편암 조각들이나 평평하고 단단한 돌들 혹은 평평하고 끝이 뾰족한 작은 떡갈나무 조각이라도 0.40~0.50m 길이로 벽 아래쪽에 끼워 놓는 것이 좋습니다. 이런 점토질의 대지에는 항상 기초벽의 아래 부분을 꽤 두껍게 만드는 것이 바람직합니다.

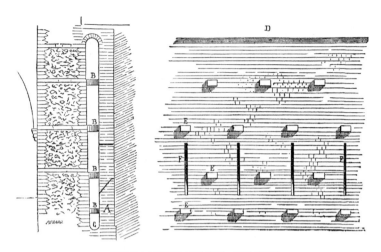

**그림 7-1** 보조벽을 마주 세우는 로마식 방법

　로마 인들은 지하의 방들을 완벽하게 건조하고 건강에 이롭게 만드는
데 수없이 많은 예방책을 동원했습니다. 이러한 결과를 얻기 위해 다양한
방법을 썼죠. 방이 견고한 대지 위에 있을 때는 외부에 보조벽을 쌓았습니
다(A, 그림 7-1). 그것은 건물 벽에서 약간 사이를 띄워 세워지며, 벽돌이나
석재 B로 일정한 간격을 두고 본체의 벽에 연결되었습니다. 보조벽에는 좁
고 긴 홈들을 파 놓고, 바닥 C에는 기울어진 수로를 내어 홈을 통해 스며
든 습기를 바깥으로 흘려보냈습니다. [본체와 보조벽 사이의] 빈틈으로 들어
가 입면을 본다면 보조벽은 도해 D와 같이 생겼습니다. E가 보조벽과 본
체를 연결하는 돌이고, F가 홈입니다. 이 벽돌이나 석재 연결부들은 보조
벽이 흙더미의 압력 때문에 부서지는 것을 방지하기 위한 것들입니다. 로
마 인들은 때로 (그림 7-2) 흙더미 쪽에서 바닥 쪽의 바닥재 K를 포함해 벽
에 모르타르를 잘 입히는 데 만족했습니다. 이 방수 코팅된 표면 위에 맺
혀 흐르는 물방울들은 조적조 부분으로 침투할 수 없었습니다. 지하실

(cellar) 벽을 지을 때 우리는 거의 항상 외부에 코팅하는 것을 등한시합니다. 기초벽은 표면이 매끄럽지 않고 매우 울퉁불퉁하기 때문에 결국은 습기가 예외 없이 투과됩니다. 피해를 발견하면 우리는 방수 시멘트를 안쪽에 바르는 것으로 문제를 해결하려고 합니다. 그러나 이런 수단으로는 벽이 습기로 흠뻑 젖는 것을 조금도 막을 수 없어 결국은 질산칼륨이 뿜어져 나오고 시멘트가 떨어져 나가고 맙니다. 중세의 시공자들은 습기가 지하 벽을 투과하는 것을 막는 탁월한 방법을 도입했습니다. 그들은 이 벽의 외부를 깊은 층들로 지상의 벽만큼 조심스럽게 외장했습니다(그림 8). 인접한 토지에서 내뿜는 수분은 이런 외장면에는 맺힐 곳이 없어 표면을 미끄러져 내릴 뿐 조적조 부분으로 투과해 들어가지 못합니다. 그러나 어떤 종류의 석재들은 흡수성이 너무 높아서 기초 위의 지상으로 드러난 부분에서조차 대지의 습기를 이내 흡수하여 점점 상당한 높이까지 끌어올립니다. 사암이 그런 종류이며, 엔 강과 와즈 강변, 부르고뉴, 상(上)상파뉴의 특정한 암석들이 그렇습니다. 이런 모세 혈관 현상을 막을 수단은 단 한 가지로, 기초의 위쪽 표면과 지면 위의 첫 번째 층 사이에 아스팔트나 편암판, 심지어 타르를 잘 칠한 판지와 같은 불투과성 물질의 층을 끼워

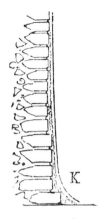

**그림 7-2** 보조벽을 마주 세우는 로마식 방법

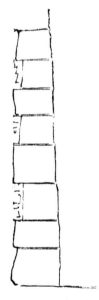

**그림 8** 중세의 기초 벽들

넣는 것입니다. 중세에는 지면 높이에서 건물의 내구력에 너무나 치명적인 이 모세 혈관 효과를 피하기 위해 종종 얇은 점판암을 사용했습니다. 예컨대 사암층들이 기초 위에 바로 놓여 기초벽을 형성하게 되면 상당량의 수분을 흡수하는 것을 보게 될 것이기 때문입니다. 그것은 위에 놓인 첫 번째 연석층들의 붕괴를 초래할 만큼 많은 양의 수분이며, 이들 사암 중 특정한 것들은 상당량의 염분을 포함하고 있기 때문에 그 속도가 더 빠릅니다. 단독으로 서 있는 대형 건물들—예를 들면 대저택—은 지면 바로 위의 벽을 건조하게 유지하기 위해 수분을 빼고, 기초의 바깥쪽 표면에 시멘트를 바르고, 끝으로 방수층을 삽입하는 등 매우 주의 깊게 예방 조치를 해야 합니다.

## 조적 입면

견석과 연석을 함께 쓸 경우, 이 두 종류의 석재가 각기 올바른 위치에 놓이도록 하는 것은 건축가에게 매우 중요합니다.

이것은 좋은 건축의 문제만이 아니라 경제성의 문제이기도 합니다. 물론 지하는 언제나 견석으로 지어져야 합니다. 첫째는 견석이 연석보다 하중을 더 잘 지탱하고 상처가 생겨도 저항력이 더 크기 때문이고, 둘째는 견석이 투과성이 낮고 질산칼륨을 덜 발생시키기 때문입니다. 그러나 1층 위로 가면 연석보다도 기후의 영향에 견디지 못하는 견석 종류들이 있습니다. 혹은 심지어 견석이 그것이 보호해야 할 연석에 파괴적인 영향을 미치는 일도 있죠. 이러한 현상은 우리의 공공건물들 다수에서 볼 수 있습니다. 건물의 돌출부—두드러진 돌림띠와 코니스—에 사용된 베르젤레*는 옥외에서 여러 세기를 버티어 왔습니다. 그러나 그것이 견석 슬래브 아래 놓이게 되면 급속히 부식됩니다. 반면 옥외에서는 빗물에 노출되면 차츰 닳지만 해체되지는 않습니다. 점차 부식하는 것이지 떨어져 나가거나 먼지로 사라지는 것이 아닙니다. 이런 종류의 석재는 다공성이어서 수

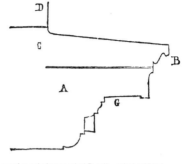

**그림 9** 견석으로 연석을 덮는 것의 위험성

분을 머금는 즉시 마르기 때문입니다. 그런 경우 빗물은 빙결되든 질산칼륨을 방출하든 간에, 결코 석재를 부식시킬 만큼 그 조직 안에 오래 머무르지 않습니다. 그러나 문제의 돌출부 석재가 견석 슬래브, 그것도 조직이 매우 치밀한 종류의 견석 슬래브로 씌워져 있을 경우 후자는 예외 없이 필터 효과를 만들어 내고, 그리하여 습기가 점점 아래쪽의 연석에 침투하게 됩니다. 그러면 그 습기는 마를 수 없기 때문에 염분을 만들어 내거나 빙결에 의해 깨지게 됩니다. 이때 벌어지는 일은 다음과 같은 것입니다(그림 9). A를 견석 슬래브 BC로 덮인 베르젤레 코니스라고 합시다. 삼투에 의해 견석에서 연석으로 옮겨 간 수분은 대기로 증발되지 못합니다. 그것은 층 내부에 염분을 발생시키고 결국은 G의 표면 아래서 결정화됩니다. 부패의 신호는 곧 물끊기 아래서 볼 수 있게 됩니다―처음에는 백화로, 그리고는 벗겨짐으로, 마침내는 두드러진 박락으로 말이죠. 같은 코니스라도 견석을 씌우지 않으면 날씨로 인해 변화하고 빗물에 닳을지언정 분해되지는 않습니다. 그런 경우에 금속은 불투수성이라는 점에서 견석보다 크게

---

＊파리 인근에서 발견되는 연석.

선호될 만합니다. 같은 현상이 벽 위에 놓인 견석의 배수로 아래서도 일어납니다. 이 배수로들은 석재가 좋으면 잘 유지되겠지만 아래 놓인 바깥쪽 석재층들은 곧 부패의 징후를 보일 것입니다. 그러므로 견석을 써서 연석을 보호하고자 할 때는 특별한 주의를 기울여야 합니다. 몰딩 부분은 조적조의 보존에 큰 영향을 미치며, 따라서 그것은 언제나 빗물을 빨리 떨어뜨릴 수 있는 방식으로 만들어져야 합니다. 이런 관점에서 오늘날 통상 사용되는 몰딩들, 고전기의 것을 모방한 것으로 여겨지는 몰딩들은 매우 나쁩니다. 왜냐하면 거의 언제나 빗물이 표면을 향하도록 만들고, 결과적으로 빗물이 빠르게 사라지는 데 방해물을 제공하는 반면 빗물이 튀도록 만들기 때문이죠. 빗물이 [지속적으로] 튀면 이 수평의 방해물 위에 놓인 표면에 상처가 많이 나게 됩니다. (그림 9) 표면 BC에 부딪히는 빗물은 표면 CD를 따라 미세한 물방울들로 튀어 그것이 습기를 머금고 부식되는 원인을 제공합니다. 일반적인 법칙에 의하면 부드러운 다공성의 석재는 습기로부터 완전히 보호되는 곳에 놓이거나, 고립되어 대기 중에서 빠르게 건조되도록 해야 합니다. 연석 위에 견석을 놓는 것은 전자의 부식을 재촉합니다. 그 견석이 특히 습기에 민감한 것일 때는 더욱 그렇습니다. 이를테면 셰랑스, 사암, 그리고 앙스트뤼드석, 망스석, 라비에르석 등의 이름으로 알려진 부르고뉴 석회석들이 그런 경우입니다. 오래전의 것까지 거슬러 올라가지 않아도 생루석 위에 셰랑스 석판을 덮어 만든 코니스를 발견할 수 있습니다. 그것은 이미 부식되었죠.* 고전적이라고 인식되는 몰딩을 정확하게 고수하지 않음으로써 수평의 표면 아래서 나타나는 부식을 피할 수 있다면, 견석 배수로의 보존을 보장하는 것이 무엇보다 중요합니다. 그런 경우에 이 배

---

* 파리 참사원궁에서 두드러지게 나타납니다.

수로를 코벨 위로 보내 그 밑면이
대기 중에 노출되도록 하거나, 그
밑면과 아래 놓인 연석 표면 사이
에 그림 10에서 보듯 일정한 간격
을 두고 통풍이 되는 빈 공간을 만
들도록 조언할 수 있습니다. 중세
의 시공자들은 수로나 외부 통로
들을 종종 건물 중간 높이에 두었
고, 언제나 이 층들이 분리되도록

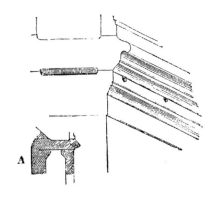

**그림 10** 분리된 석재 배수로

신경 써서 코벨 위나 이중벽 위에 얹었습니다(그림 10, A). 이런 예는 교회
의 상층 갤러리들에서 볼 수 있습니다.

　로마 인들은 언제나 건식 쌓기 구조를 모르타르 없이 맞댄 줄눈으로, 말
하자면 틈새를 채우지 않은 채 유지되도록 하고 외장면을 확실하게 보존
했습니다. 이것은, 그들이 염분을 엄청나게 발생시키는 수경성 석회를 사
용했던 만큼 수평면과 이음새에 모르타르가 있으면 석재 모서리의 부식을
유도했기 때문에 필수적인 방식이었습니다. 이런 부식은 모르타르에 접한
석재 둘레에서 백화로, 그리고는 박락으로 나타나며, 이런 현상이 발생하
는 데는 한 세기밖에 안 걸립니다(그림 11). 모르타르층 A는 유지되고, 석
재 표면은 B에서 보존되지만 C 부분은 깊이 부패됩니다. 이 현상은 많은
중세 건물들에서 관찰할 수 있습니다. 그 건물들의 경우, 주지하듯 각 석
재층 사이에 두꺼운 모르타르 이음새들이 있습니다. 그러나 중세 건물은
거의 언제나 작은 석재층들로 세워집니다. 결과적으로 모르타르가 구축에
중요한 역할을 하죠. 이것은 오늘날의 석조 건물에는 해당하지 않는 경우
입니다. 지금의 석조 건물들은 거대한 석재 블록들로 세워지고, 그렇기 때

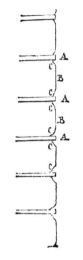

**그림 11** 모르타르 접합으로
인한 석재의 붕괴

문에 로마식 방법으로 구축되어야 합니다. 맞댄 줄눈으로 건식 쌓기를 하는 데 수반되는 어려움이 크게 과장되어 왔다는 것을 지적할 수 있을 것입니다. 일부 저자들이 말하듯 완벽하게 맞추기 위해서 맞닿는 석재 수평면을 갈아 낼 필요는 없습니다. 게다가 고대인들이 이 방법을 수평면에 사용했음을 인정한다면 그들은 어떻게 이런 방식을 이음새들에 적용할 수 있었을까요? 그러나 고대 건물들의 수직 이음새들은 수평면들만큼이나 정확하게 들어맞아 있습니다. 이 수평면들과 이음새들을 직선으로 정확하게 다듬고 석재들을 깎지걸 이쇠로 제자리에 놓는 것으로 충분합니다. 로마의 거대한 석조 체계에서 수평면과 이음새를 주의 깊게 검토해 보면 이가 있는 끌 비슷한 도구로 다듬은 자국을 분명히 구별해 낼 수 있습니다. 그러나 많은 로마 건물들의 경우 외장면은 거칠게 다듬어져 있고, 때로는 간단히 깎아 놓기만 했음에도 수평면과 이음새는 완벽한 정확성으로 다듬어져 있습니다. 이것은 최근 건물에서도 관찰할 수 있습니다. 거대한 로마식 조적의 안정성은 사실 전적으로 수평면과 이음새의 정확한 짜맞춤에서 기인하는 것입니다. 로마 인들은 이 수단만으로 만족하지 않고 석재층들이 미끄러지지 않도록 철이나 청동 등 금속으로 된 꽂임촉이나 주먹장이나 장부로 연결할 필요가 있다고 생각했습니다. 고대 로마의 석재나 대리석 건물들은 모두 석재들 각각의 수평면들 모서리에 금속 꽂임촉을 넣기 위한 홈이 있습니다. 중세에 이 꽂임촉 중 다수가 제거되었습니다. 이 건물들의 벽에 금속을 빼내기 위해 나무망치와 끌을 쓴 흔적으로 무수히 많은 구멍들이 남아 있는 것은 이 때문입니다. 이 꽂임촉들은 통상 그림 12에서 보는 것과 같은 형태로 A 부분이 낮은 층의 위쪽 수평면으로, B 부분이 위층의 아래쪽 수평면으로 들어갑니다(세부 C를 참고). 대리석 조적에서는 종종 청동 꽂임촉이, 석재 조적(튜퍼)의 꽂임촉에는 보통 철이 사용되었습니다. 그러나 그 유용성은 의심스러운 것으로, 그것을 빼낸 후에도 벽들은 마찬가지로 견고하게 유지되고 있습니다.

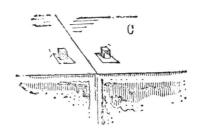

**그림 12** 꽂임촉을 사용한 조적

로마의 건물들은 상당히 견고하게 자리 잡고 있습니다. 그 건물들을 이루고 있는 잡석 쌓기는 충분히 조밀하고 등질적이며, 조적은 고정시키거나 꺾쇠를 쓰지 않아도 될 만큼 충분한 크기의 블록들로 이루어졌습니다. 따라서 꽂임촉을 불필요하게 많이 쓰는 경우는 고대 로마의 휘황찬란한 건물들에서 거의 찾아보기 어려운데, 이는 다른 나라들에서 흔히 보는 것과는 다른 현상입니다. 그러나 로마 인들도 때로는 한 층의 석재들을 납도금된 철이나 청동의 꽂임촉으로 고정시키는 것이 유리하다고 생각했습니다. 이것은 사실 특정한 수경성 구조에 필요했으며, 포르티코 위의 프리즈나 코니스를 유지시켜 주었습니다. 심지어 그런 주먹장이 목재로 만들어진 경우도 있습니다.* 그러나 엄밀한 의미에서의 계재로 말하자면 자취를 찾을 수 없습니다. 중세에, 다시 말해 12세기 말 이후로 납을 씌운 철제 꺾쇠

---

* 생트의 아치 교각 부분에서.

가 한 층의 석재들을 고정시키는 데 빈번히 사용되었습니다. 이 꺾쇠들은 다양한 높이에서 완전한 계재를 형성하도록 형태 잡혀 있었습니다. 이에 대해서는 놀라운 사실을 한 가지 지적할 수 있습니다. 철은 납도금이 되어 있든 아니든 석재하고만 접촉할 경우 녹이 슨다고 해도 거의 슬지 않으며, 결과적으로 부풀지 않고 석재에 균열을 발생시키지 않습니다. 그러나 철이 모르타르와 닿으면, 즉 한 층의 석재들을 고정시키는 이 꺾쇠들 위에 두꺼운 모르타르로 이루어진 수평면이 있다면 꺾쇠는 납을 입혔든 아니든 매우 신속하게 부풀어 석재를 파열시킵니다. 그 수평면이 소석회로 이루어져 있다면 산화는 더 빠르게 진행됩니다.

그러므로 로마 인들이 특별한 경우에 조적을 강화하기 위해 금속을 쓸 경우, 그들이 석재들을 모르타르 없이 쌓았기 때문에 산화 효과를 두려워할 필요가 없었던 것과는 달리, 우리의 중세 건물들과 오늘날 지어지고 있는 건물들에서 조적에 금속을 쓰는 것은 심각한 위험성을 가집니다. 우리는 석재들 사이에 모르타르나 소석회 수평면들을 한결같이 삽입하니까요. 그러나 조적에 철을 사용하는 문제에 대해서는 뒤에서 다시 이야기하겠습니다.

탄성을 구조의 한 가지 조건으로 고려하지 않은 로마 인들은 석재층들을 맞댄 줄눈으로 놓거나 벽돌이나 잘린 석재들의 외장면들 사이를 콘크리트 조적의 매스로 채움으로써 논리적인 방식으로 진행했습니다.

반면 탄성을 구조의 한 조건으로 여긴 중세의 시공자들이 건물의 석재층들 사이사이에 두꺼운 모르타르 수평면들을 삽입한 것 역시 이에 못지않게 논리적인 방식입니다. 사실 이 방법 중 어느 한쪽을 도입하는 것은 자연스럽습니다. 로마 스타일 건축을 모방한다면 로마 인들처럼 짓도록 합시다. 반면 중세의 우리 선조들처럼, 즉 마름돌에 모르타르를 사용하여 건물을 짓는다면 그 방법에 맞출 수 없는 로마식 건축 스타일을 도입하는 것은 삼가도록 합시다. 구조가 어느 정도의 탄성을 가질 것을 요구하지 않는다면 절대적인 불활성의 안정성을 부여하는 로마식 방법에 따라 건물을 지읍시다. 그러나 건물에 어느 정도까지 탄성을 보장해야 한다는 요구를 따라야 하는 상황이라면 로마식 구조의 외관을 모방하려고 (그것도 불완전하게) 애쓰지 맙시다. 한마디로 우리의 건축 방법이 우리가 도입하기로 천명한 건축 형태들과 조화를 이루도록 합시다. 우리의 건축 방법이 만족스럽다면 그 방법과 상충하는 건축 형태들을 복제하려고 애쓰지 맙시다. 우리는 줄곧 조적에 관해 우리의 건축 방법을 지나치게 추켜세우는 견해를 가지고 있습니다. 실상은 우리는 별 볼일 없으면서 비용은 많이 들고 재료의 본성에 대해서는 적절히 고려하지 않는 방식으로 건물을 짓고 있습니다. 우리의 공공건물들에서 갈라지고 깨진 부분들이 보이지 않는다면 그것은 우리가 절대적으로 필요한 것보다 배 이상 재료를 쓰기 때문입니다만, 그러나 이런 사치에 돈이 많이 든다는 것은 명백합니다. 경제성과 재료의 신중한 사용이라는 관점에서 우리의 개인 주택들은 공공건물들에 비해 훨씬 잘 지어져 있습니다. 우리는 종종 주철이나 연철을, 그리고 석재나 벽돌을 주거 건물에 현명하게 사용하는 반면, 그로부터 몇 걸음만 옮기면 이성을 잃고 엄청난 석재 매스들을 쌓아올리고 바닥, 계재, 지붕 외에는 금속을 전혀 쓰지 않은 공공건물들이 있습니다. 그러나 로마 인들이 대규모의 주철을 마음대로 쓸 수 있었다면 그들이 그것을 썼으리라는 점은 의심의 여지가 없습니다. 중세의 건축가들이 그 재료를 가졌다면 기뻐했을 것입니다. 그들은 무거운 매스들이 가는 지지대 위에 세워져야 했을 때 견석을 끝 부분에 놓음으로써 주철을 대신했으니까요. 그렇게 다양하고 새로우면서 잘 시험된 재료들을 갖고, 고대로부터 최근에 이르기까지 모든 건축 스타일에 대한 도해들을 가지고도 우리의 건축가들이 공공건물을 지어야 할 때면 언제나 그런 풍성한 재료들 사이에서 유독 17세기의 구축 체계를 계속해서 도입해야 한다고 생각하는 것은 이상한 일입니다. 17세기란 문학은 스타일이 좋아도, 건물은 형편없이 지어졌던 시기인데 말입니다. 지주에 주철을 사용하지 않는다고 해도 오늘날에는 가장 밀도 높은 대리석에 필적하는 양질의 견석이 있지 않습니까? 어째서 이런 재료들을 그 강도가 허용하는 늘씬한 형태를 부여함으로써 적절히 사용하지 않는 것입니까? 어째서―다시 이 중요한 지점으로 돌아왔습니다만―잡석 채우기로 충분한데 견고한 석재 블록을 놓는 것입니까? 아카데미의 수상자들은 왜 로마나 그리스로의 유학에서 돌아와 프랑스에서 건물을 지을 때 로마인들이 사용한 탁월한 건축 방법을 쓰지 않고 선조들보다 훨씬 솜씨 없는 17세기 건축가들의 판에 박힌 절차를 고수하는 걸까요? 고전 로마 예술을 그렇게 찬미하고 그 유산인 건물들로부터 영감을 받도록 청년 건축가들을 해마다 파견하지만, 그 건물들에 대한 연구는 근거를 제대로 탐구하지도 않은 채 어떤 건축을 모조하는 데 그친다면 무슨 소용입니까? 또한 그 거대하고 아름다운 건물들에 대해 연구할 때 그 본질적인 부분, 즉 구조에 착목하여 그것을 우리 자신의 요구들과 사회적 조건에 적용 가능한 한 적용하려고 하지 않는다면 무슨 소용입니까? 이런 모순을 해명하려는 시도는 오래전부터 있었습니다. 그러나 여전히 석재는 언제나처럼 불합리하게 쌓아 올려지고, 주변의 새로운 재료들은 건축 방법에서 아무런 변화도 가져오지 않습니다. 기계들이 개선되고, 그 덕분에 거대한 돌덩어리들을 높은 곳까지 쉽게 들어 올리게 되었지만 결국은 그것들을 기중기로 들 수 있을 정도의 작은 돌들에 맞는 건축의 구성 부분들로 잘라 낼 작정인 것입니다. 우리는 이 훌륭한 재료들을 잘 이용할 수도 있을 것입니다―고대인들이라면 결단코 그렇게 했겠지요. 하지만 그러기는커녕 우리는 그것들을 무수한 세부 장식과 몰딩들로 덮어 눈에 보이지 않게 만들어 버리곤 합니다. 그런 세부와 몰딩은 대규모 건물들을 목세공한 상자나 스투코를 씌운 잡석 쌓기처럼 보이게 만듭니다. 몰딩이며 모서리 돌출부, 벽기둥, 아키트레이브, 빈약한 아키볼트, 돌림띠, 화려한 조각들의 모음 속에서 우리는 엄청난 높이로 인양되는 것을 보았던 거대한 석재를 찾지만 작은 표면들만을―사방이 잘린 형태들만을 지각하게 될 뿐, 그 거대한 블록들은 사라져 버렸습니다. 그렇다면 어째서 16세기에 그랬던 것처럼 작은 재료들로 건물을 짓지 않는 것일까요?

우리의 보다 가식적인 건축 작품들을 지배하고 있는 듯한 비논리성의 관념을 보다 명확하게 드러내기 위해서 이제 재료의 사용에서 지적 고려를 무시할 경우 어떤 결과를 가져오게 되는지를 보여 주는 한 가지 사실에 주목하도록 합시다. 17세기 초에 우리는 벽돌과 석재의 조합을 상당히 많이 사용했습니다. 그리고 그 방법은 합리적인 것이었습니다. 석재는 건물의 모서리에, 수직 계재로 쓰였습니다. 그것은 가장 큰 하중을 지지해야만 하는 부분들, 창틀과 돌림띠를 위한 것이었습니다. 전자는 창문을 용이하게 고정시키도록 해 주었고, 후자는 벽들을 쌓아 올리고 수평으로 묶어 주었습니다. 그런 경우 벽돌은 단순히 잡석 쌓기의 외부를 씌우는 껍데기일 뿐이었습니다. 우리 기후에서 잡석 쌓기 위에 회반죽을 바르는 것은 지속성이 없다는 것을 알았기 때문이지요. 이런 건축 방식은 매우 좋은 것으로, 분별 있고 경제적이기도 했습니다. 나아가 그것은 사용된 방법을 눈앞에 잘 드러내 보이는 것이기도 했죠. 그런데 어쩌다 보니 바로 최근에 이런 종류의 건축에 대한 취미가 부활하게 되었고, 우리는 그 외관을 모방할 작정으로 견고한 석재로 만들어진 벽기둥에 … 대리석도 … 청동도 아닌 … 벽돌을(!) 씌운 것을 보게 된 것입니다. 이것은 마치 새틴 드레스에 면이나 소모사로 수를 놓은 것과 같은 일입니다. 우리 후손들이 우리보다 합리적으로 건물을 짓는다면 그들은 언젠가 이 벽돌 외장 뒤에 돌덩어리가 있는 것을 보고 깜짝 놀라게 되겠지요. 외장이라는 것은 원래 거친 조적을 감추고 회반죽을 대체하기 위한 것인 만큼 그들은 우리 시대에는 벽돌이 값비싸고 귀한 재료였던 모양이라고 결론 내리게 될 것입니다.

우리는 천연 자원으로서의 석재를 아무리 써도 풍부한 것으로 여겼던 것 같습니다만 수년 만에 채석장이 고갈된 것을 보게 되었습니다. 여러 세기 동안 파리에 재료를 공급했던 몽루주와 바뉴의 평원에는 더 이상 건물을 짓는 데 적합한 석재가 없습니다. 와즈와 엔의 분지에 있는 최상의 채석장 중 일부는 고갈되었습니다. 우리는 이제 부르고뉴의 쥐라와 손 강 상류에서 견석을 찾아야만 합니다. 그리고 이 경우에도 건축가에게 재료를 공급하러 오는 것은 채석장 소유주들입니다. 건축가들이 우리의 부처들을 방문해 각 지역에서 건물에 가장 적합한 석재들에 대한 자료를 수집하는 일은 없습니다. 우리는 왜 파리에서 오베르뉴의 용암석을 쓰는 것이 여러 가지 이득이 있는데도 그렇게 하지 않는 것일까요? 보주의 사암은 잘 선별하면 질적으로 비할 데 없이 훌륭하며, 앙주나 오툉의 편암은 매우 얇은 층으로 썼을 때 모세 혈관 효과를 방지할 수 있고, 보주와 모르방의 화강암으로는 매우 강력하면서도 늘씬한 일체식 기둥을 만들 수 있는데도 말입니다. 우리의 큰 건물들에서 인방을 사용하는 것이 바람직하다고 생각할 때 왜 우리는 언제나 철로 아치를 접합하고 지지하는 방식을 고수하고, 푸아투의 쇼비니 채석장, 부르고뉴의 앙트뤼드 채석장 등에서 제공받을 수 있는 단일 석재들을 사용하지 않는 것일까요? 비용이 문제라고 하면 필요한 곳에서만 석재 블록을 사용하고 목적에 따라 선별함으로써 석재 블록의 매스를 불필요하게 낭비하지 않는 것이 손쉽지 않을까요? 로마 인들은 위대한 건축가들이었습니다. 그러나 그들은 재료를 선택할 때 얼마나 조심스러웠습니까? 그들은 재료들을 성질에 따라 지극히 현명하게 사용했고 결코 낭비하는 법이 없었습니다! 오늘날 프랑스는 매우 다양한 최상의 건축용 석재들을 소유하고 있고 로마 인들보다 훨씬 더 빠르고 손쉬운 운송 수단을 가지고 있음에도 우리가 이 중요한 문제에서 그들보다 열등한 것은 어째서입니까? 그리고 다시 한 번 말하지만 석재 블록들을 말도 안 되게 사치스럽게 사용함으로써 공공건물에서 어마어마한 금액을 낭비하고 있는 터에, 비용을 구실로 삼지는 말기로 합시다. 마치 우리에게는 로마 인들이 가졌던 훌륭한 석회암, 자갈, 영구적인 잡석과 벽돌이 없다는 듯이 말입니다!

사실 우리는 조적의 기술에 관해 다시 시작해야만 합니다. 우리는 지난 3세기 동안 사용된 모든 방법을 잊고, 우리 시대가 제공한 풍부한 자원을 적절히 고려하면서 고대인들과 중세의 건축가들에 의해 얻어진 경험에 근거한 새로운 방법을 개시해야 합니다. 그러나 이런 결과를 얻기 위해서는 특정한 조건들이 충족되어야 합니다. 건축가들에게는 구조를 적어도 외관만큼은 고려하고, 대부분의 도급업자들 사이에서 유행하는 판에 박힌 방법을 따르지 말 것을 요구해야 합니다. 그들이 도입하는 방법들의 훌륭함과 적절함을, 그들의 작품을 시공하는 사람들도 수용하고 평가할 수 있을 만큼 보장하도록 해야 합니다―다행히도 명료하게 설명된 방법은 오늘날 우리의 기능공들에 의해 즉각 받아들여지니까요. 또한 중세의 대가들을 모방할 수 없는 사람들은 그들을 가장 빈번히 폄하했지만 그 대가들이 했던 것처럼 석재의 쌓기를 스스로 그려 보고, 재료들에 대해 숙지하고 그것들 자체를 조사해 볼 것, 포트폴리오보다는 그 자신의 이성을 참고

하며 건축에서 현명한 경제성은 지식과 취미의 증거임을 염두에 둘 것 등을 [건축가에게] 요구해야 하는 것입니다. 절대적인 요구들을 만족시키기 위해 잘 도입되는 수단을 불필요하게 소모하는 것은 확실히 양식이나 올바른 취미를 보여 주는 것이 아닙니다.

　모든 조적조의 표본에서 건식 쌓기의 경우 각기 따로 마련된 조각들이, 콘크리트 구조[佛. 석재와 모르타르를 섞은 구조]의 경우 각각의 부분이 그 기능을 명료하게 나타내야 합니다. 우리는 한 건물을 퍼즐 조각들처럼 분석하여 각 부분의 위치와 기능을 잘못 알 수 없도록 해야 합니다. 고대인들은 그런 작업의 사례들을 제공했습니다. 그리고 우리가 그들의 건물 중 하나의 폐허를 발견했을 때 그것을 틀림없이 복원할 수 있는 것은 이런 원리를 관찰할 수 있는 덕분입니다. 중세의 위대한 건축가들은 이런 건축 방법을 적용하는 데 그리스 인들만큼은 아니라고 해도 적어도 로마 인들보다 엄격했습니다. 그들에게 다듬어진 석재 조각들은 저마다 불가결하고 그 자체로 완전한 부분—일종의 기관(organ)으로서, 분석에 의해 그 정확한 위치와 기능을 전체 속에서 발견할 수 있습니다. 우리는 그와 같이 착상된 조적 작업이 그것을 설계한 사람뿐 아니라 그것을 시공한 사람과 그것을 바라보는 사람에 대해서도 갖는 이익을 상상할 수 있습니다. 석재들이 각기 구별되는 기능을 가질 때, 그것들의 조화를 이끌어 내는 조합은 지적 노동을 증명합니다. 그것은 건물에 지워지지 않는 흔적을 남기고, 뚜렷하고 특징적인 형태를 연출합니다. 노동자는 자신이 그 용도를 이해한 상태로 노동에 참여하고 있음을 의식하며, 경쟁이라는 자극제와 만족감을 가집니다. 완성작을 바라보는 행인은 그것이 포괄적 영감의 결과물로서, 특정한 효과를 산출할 목적을 가지고 있음을 인식합니다. 그 효과란 전체의 통일성으로, 전체와 부분들 사이에 정밀하고 필연적인 상호 관계가 있기 때문에 가능합니다. 통일성이 우연의 산물이라고 주장할 사람은 아무도 없을 것입니다. 통일성은 부분들의 결합의 산물입니다. 모든 유기체는 그 다양한 기관들이 하나의 조화로운 목적을 위해 결합되어 있다는 점에서 통일성을 가집니다. 그리고 건축 설계의 **조화**(ensemble) 역시 같은 것입니다. 그리스 신전의 구조에서 건축의 한 부분을 없앤다면 [신전 자체의] 안정성이 위협받게 됩니다. 중세의 건물에서 돌을 하나 **빼낸다면** 건물의 지속성이 위태로워집니다. 현대에 세워진 건물들에 대해서는 그렇게까지 말할 수 없습니다. 그렇기 때문에 우리가 그리스 인들이나 중세의 시공자들이 도입한 구조의 원리들을 고수해야 한다는 결론을 내려야 할까요? 물론 아니죠. 그러나 우리는 그들이 했던 것처럼 작업을 진행할 수 있으며 그들이 성취한 것의 덕을 볼 수 있습니다.

건축가는 그저 약간의 장사 수단만을 필요로 하고, 그의 예술의 실천은 매우 쉬운 일일 것이 뻔하다고 여기는 특정한 전문가들이 르네상스 시대 이래로 건축가의 영역을 침범하면서 **주범**이며 **비례**, 대칭 등에 관한 권위 있는 발언을 가로채 버렸습니다. 그들은 비트루비우스와 팔라디오의 문구들을 인용하면서 견해들을 수립했고, 나아가 건축적 기념비들을 앨범의 사진 보듯 검토하고는 이에 근거하여 예술의 문제에서 취미의 결정권자를 자처했습니다. 오늘날 우리의 교육 체계의 부적절함 덕분에 이러한 전문가들은 거의 대가의 자리를 차지하고 있습니다. 그들은 자신의 비평적 교의들을 원리와 전통, 실천 수단에 적용했습니다. 그러고는 곧 자신들의 변덕을 진보의 척도로 여기게 되었죠. 어떤 이는 지붕은 눈에 보이지 않게 감추어야 한다고 결정합니다. 다른 사람은 건물을 오로지 바라보기 위한 것으로 여기면서 대칭적 배치를 주장합니다. 세 번째 사람은 중세와 로마 시대에 궁륭 천장의 하중을 받아내기 위해 사용했던 버팀벽이 구축물의 약함을 시인하는 것일 뿐이라고—현대의 독창성으로 이 불활성으로 보이는 매스들을 새로운 체계로 대체해야 한다고 선언합니다. 이런 자족적 전문가들에게 그들 자신이 제안한 수단에 대해 문제를 제기하면 그들은 하나같이 작업하는 조적공이나 몇몇 영국인 정원사의 도움으로 그들이 크고 편리한 성이나 대저택을 지었다고, 그것은 모든 것이 훌륭하게 성사된 환상적인 궁전이라고 답합니다. 6개월쯤 지나면 그들은 우리에게 사람을 보내 바닥재를 강화하고, 금 간 벽을 보강하고, 연통을 재건하고, 기초를 보강하고, 썩은 지붕 목재와 허물어진 지붕을 대체할 건축가를 보내 달라고 요청하죠. 그리고 나면 교훈을 얻게 될까요? 아닙니다. 보름쯤 후에 우리가 실수를 정정해 준 이 전문가—'영향력 있는' 사람—는 자신이 심사하게 된 설계에 대해 무수히 많은 비판을 쏟아 냅니다. 우리가 목재 천장을 그려 넣은 곳에는 궁륭 천장을 만들 것을 주장하고, 버팀벽을 못마땅해 하며, 또 다른 곳은 반드시 뚫거나 막으라는 등 말입니다.

우리는 성실하고 포괄적이며 비평적인 가르침을, 아울러 많은 경우 우리의 직업적 성패를 좌우하는 이런 건축 딜레탕트의 변덕에 맞설 수단을 제공받아 왔습니까? 결코 그렇지 않습니다. 이런 무례한 공격에 맞서 우리가 가진 것은 일반적으로 판에 박힌 대응뿐입니다. 이런 폐해는 지속적으로 증대해 왔지만 이것이 최근에 시작된 것은 아닙니다. 필리베르 들로름이 열정적으로 이 문제에 주목할 것을 요청했었고, 그의 시대 이래로 일부 계몽된 정신들이 건축에 있어 허위의식의 폭정에 반대하는 입장을 표명해 왔습니다. 건축에 깊은 관심을 가지고 당시로서는 매우 드물게 공정한 비판 정신을 가지고 건물을 연구했던 한 저자가 1702년에 남긴 글은 시사하는 바가 있습니다. 프랑스인 회계였던 프레맹(Michel de Fremin)은 『건축에 대한 비판적 회상』(*Mémoires critiques d'architecture*)*에서 파리의 몇몇 교회들의 건축에 대하여 다음과 같은 의견을 피력하고 있습니다. "노트르담 교회와 생트 샤펠이 지어질 때 두 건물이 대상, 주체, 장소와 조화를 이루도록 지어진 것을 보게 될 것이다. 반면 생외스타슈와 생쉴피스에서는 그 건축에 이성도 판단도, 신중함도 행사되지 않은 것을 보게 된다.

노트르담을 설계한 건축가는 우선 전체적인 관념을 착상했고, 다음으로 그 대상을 형성하는 데 요구되는 고려점들을 각각 살펴보면서 그것들에 대해 성찰했다. 당시의 파리는 매우 제한적이고 작았기 때문에 당대의 요구들에 따르면 이 교회는 그다지 넓을 필요가 없었지만, 그는 자신이 품고 있던 희망이 실현된다면 미래에는 보다 큰 교회가 필요하게 될 것이라고 생각했다. 그렇기 때문에 교회를 크게 지어야 했던 것이다. 그 교회는 대성당으로 설계되는 것인 만큼 공간과 배치가 전체적으로 고유한 것이라야 한다고 그는 생각했다. 이런 종류의 교회와 단순한 교구 교회는 서로 다르다. 그는 단순히 장소의 크기에만 관념을 한정할 경우보다 많은 사람들을 수용하기 위해 제공해야 할 만큼의 공간을 충분히 부여할 수 없을 것이라고 생각했다. 그는 거의 쉴 새 없이 찬송가가 울려 퍼지는 교회라면 [외부로부터] 차단되고 음향이 손실되는 것을 방지하는 구축물이 되어야 한다고 생각했다. 그는 미사를 위한 모든 배치는 그것이 잘 보이도록 이루어져야 하며, 원주 등으로 시야를 가리거나 방해하는 것이 아니라 미사를 보는 데 도움이 되도록 할 필요가 있다는 것을 알고 있었다. 그럴 때 건축가는 무엇을 했을까? 미래의 요구들을 고려해 그는 실내 공간을 넓게 마련하고 갤러리들을 통해 수용 인원을 두 배로 늘렸다. 하모니의 효과는 공명이 있

---

\* *Mém. crit. d'archit. contenans l'idée de la vraye et de la fausse architecture*(Paris, 1702), Lettre VI.

을 때보다 완전하고 듣기 좋으므로 이를 위해 그는 측랑의 궁륭 천장 높이를 낮추었고, 궁륭 천장을 낮추는 대신 채광을 보완하고자 거대한 창을 더 크게 만듦으로써 빛이 보다 쉽게 들어오도록 했다. 미사를 완전히 잘 볼 수 있도록 그는 기둥들을 보통 두께로 줄이고 그것을 둥글게 만들어서 각진 모양일 경우처럼 모서리가 시야를 가리지 않게 했다. 이 건축가는 궁륭의 작용과 하중이 바깥쪽으로 향하면서 만들어 내는 작용이 절대 균등하게 이루어지지 않기 때문에 역추력으로 받쳐지는 궁륭의 하중이 결코 지주들 위에 수직으로 작용하지 않는다는 것을 알고, 측랑의 이중 궁륭을 지지하는 것들을 중간 크기로 만들고 큰 궁륭을 지지하는 것들은 좀 더 크게 만들었다. 동시에 양쪽의 지주들 모두에 적절한 크기를 부여한 것이다. 이것은 대상과 주체를 지적으로 고려하는 면모를 보여 주며 장소에 대한 현명한 조정을 보여 준다. 이것은 좋은 건축이라 불릴 수 있을 것이다. 이 사람은 두 개의 탑을 세운다. 그는 자신이 그 탑들에 부여한 형태 덕분에 그 상부 구조는 단지 각도를 잘 맞추어 지지하기만 하면 된다는 것을 알고 있다―그는 그것들을 피어들 위로 올린다. 피어는 교회의 측랑으로 통하는 이중의 출입구를 형성하면서 필수적인 두께만을 가진 것으로 보인다. 그리하여 그는 피어들 사이의 간격을 고려하여 그 크기를 지각하지 않고 대신 시각적으로 유쾌한 비례에 따라 크기를 결정한다. 결국 모든 면에서 지성과 양식이 나타난다." 나름의 근거를 가지고 생외스타슈 교회를 비판하고 그 건축가가 다만 '매우 나쁜 조적공'이었을 뿐이라고 결론지은 후에 프레맹은 생쉴피스로 옮겨 갑니다. "이것은 또 다른 종류의 거짓된 건축이다. 그러나 앞의 것[생외스타슈]과의 연관 속에서 볼 때 이것은 석재들의 집적이나 결합만으로는 건물이 되지 않는다는 것을 입증하고 있다. 우리의 건축가들이 얼마나 스스로를 불신하는지는 놀라울 정도이다. 프티 페르 교회에서 보듯 그들은 작은 좌대를 떠받치는데 채석장을 통째로 털어 쌓아 올리지 않으면 손을 떼자마자 이 작품이 무너질까 봐 덜덜 떠는 것이다. 이런 편견은 너무나 크고 일반적인 것이어서, 어떤 섬세한 작업을 제안하는 순간 우리는 많은 조적공들에게 시달리고 항의를 받게 된다. 그런데 생쉴피스는 다른 종류의 거짓된 구축물을 보여 준다. 우선은 일반적 개념에서, 둘째로는 그 개념을 수행하는 데서 그렇다. 일반적 개념으로 보자면 우리는 그것이 무엇인지 말할 수 없다. 궁륭에 붙어 있는 아키트레이브가 없었다면 이 건물에는 거의 아무런 매력도 없었을 것이다. 낮은 궁륭의 벽기둥들 위에 얹힌 코니스는 그 목적을 정의할 수 없는 부분이다 … 아치를 지지하는 사각의 매스들에 부착된 벽기둥은 쓸모가 없다. 9피에의 사각 지주는 그 모서리가 시야를 방해한다는 점에서 형태도 터무니없지만 너무 많은 지면과 대지를 차지하고 결과적으로 회중들에게 제공되어야 할 공간을 차지한다는 점에서 두께도 말이 안 된다 … 지주에 부착된 벽기둥들을 보면서 나는 꼿꼿이 서 있는 튼튼한 사람 앞에 기둥을 세워 턱을 받치도록 하고 있는 모습을 상상했다. 이 건물의 어리석은 허점들을 모두 다 거론하는 수고는 하지 않겠다. 나는 이 건물에 들어갈 때마다 불쾌하다." 노트르담 교회의 구조를 생쉴피스보다 선호하는 프레맹은 그렇지만 진보를 사랑하는 사람이었고, 그가 남긴 글은 모두 당대에 이미 건설 방법을 지배하고 있던 판에 박힌 과정을 통렬히 비난하고 있습니다. 그러나 우리는 우리의 주제를 좀 더 자세히 들여다보아야 하며, 원리들을 적용하는 데에서는 더욱 그렇습니다. 저는 특정한 경우에 우리가 형태를 불문하고, 또 그대로 드러내든 부착 원주의 외관 아래 숨겨 두든 교대를 쓰지 않으려고 노력해야 한다는 것을 인정합니다. 그러나 홀 위로 석재 궁륭 천장을 올릴 때, 수직의 벽이 바깥으로 밀려나 궁륭 천장이 무너지는 것을 보지 않으려면 그 추력을 지지하는 것이 절대적으로 필요합니다. 내부가 20m인 석재 궁륭을 가장 두꺼운 부분이 1.4m인 벽 위에 깨끗이 올리면서 일부 사람들이 [구조의] 취약함을 드러내는 것으로 여기는 외부 버팀벽을 세우지 않을 수 있는 방법이 무엇일지 생각해 봅시다. 그림 13이 이 홀의 수직 단면이라고 합시다. 우리는 단단한 돌로 기초벽 AB를 세울 것입니다. 그것은 축과 축 사이의 거리가 6m인 베이로 나뉩니다. 지주들 사이의 벽 두께를 0.7m로 줄이는 것이 보다 쉬울 것입니다. 코벨 C 위로는 주철로 만든 까치발 D를 놓을 것이고 이것은 철 스트랩과 쐐기로 외부 E에서 고정되어 있습니다. 까치발들 위에는 수평 석재 F를 놓고, 그 양 끝은 벽 안으로 들어가도록 만들 것입니다. 그러고는 아치 G를 지지하는 기공석들이 정면의 H에 나타납니다. 이 아치들 위로 우리는 갤러리 K를 만들 것입니다. 주철 원주 I를 아치의 스팬드럴 정면 G보다 조금 앞쪽으로 세우고, 이 원주들의 벌어진 주두로부터 피어 L까지 우리는 두 개의 석재 인방 M을 놓습니다. 그중 두 번째 인방은 거대한 횡단 아치 N의 기공석이 됩니다. O에서 보듯 이 인방들 위쪽 벽을 뚫을 수 있을 것입니다. 이 횡단 아치들 사이에 반원통형 아치 P와 환상형 궁륭(annular vault) Q를 넣을 수 있습니다. 홀을 닫는 데는 갤러리 위쪽으로 넓은 개구부가 마련된 0.5~0.7m짜리 벽이면 충분할 것입니다. 철판 서까래틀 R로 지붕을 만들어 그 하중을 주철 원주들의 수직 부재 조금 바깥쪽으로 지지하게 한다면 이 하중은 횡단 아치에 따른 압력을 부분적으로 상쇄시킬 것입니다. 반원통형 아치 P가 벽돌, 환상형 궁륭 Q가 도토(陶土)로 만들어졌다고 하면 거기서 발생하는 압력이 있을 것이고, 이는 전적으로 주철 원주로 가해지게 될 것입니다. 그리고 실제 작업의 불완전함과 우발적인 효과들을 고려하더라도 이 압력은 결코 A를 넘어가지 않을 것입니다. 그렇다면 여기서 우리는 채택된 조합을 통해 안정성의 조건과 공간을

**그림 13** 버팀벽 없이 궁륭을 올린 사례

통합하게 됩니다. 추가적인 비용을 수반하는 불필요한 재료의 낭비와 버팀벽을 피할 수 있게 되기 때문입니다.

제가 지금 건축의 모델을 제공하겠노라고 주장하는 것이 아니라 우리 선조들이 얻은 경험과 우리 시대가 우리에게 제공한 수단의 도움으로 앞서 설명한 원리들로 되돌아감으로써 특수한 요구들을 충족시키기 위한 절차의 한 방법을 제안하는 것뿐임을 이해해 주시기 바랍니다. 예를 들어 우리가 무겁고 견고한 석재로 기초벽을 짓는다면, 인방 M에 한해서만 강한 재료를 선택한다면 건물의 나머지 부분은 연석으로 혹은 속이 차 있거나 비어 있는 벽돌로 만들 수 있을 것입니다. 반원통형 아치 P와 환상형 궁륭 Q는, 전자의 경우 매우 가벼운 목제 홍예 틀을 벽의 두께에 맞추어 마련함으로써, 후자는 횡단 아치들 위로 나아가도록 만들어진 곡선들과 더불어 지을 수 있을 것입니다. 큰 횡단 아치들에만 골조를 넣은 홍예 틀이 요구되며, 홍예 틀의 코벨 양 끝을 올려놓을 수 있는 초엽들을 S에 놓으면 버팀목 하나로 중간에서 그것들을 받치는 데 충분합니다. 도판 19는 이 홀의 베이 내부 투시도와 그 전체 외관에 대한 관념을 제시합니다. 이런 종류의 건축이 회화 장식에 적합하다는 것은 명백합니다. 부분적으로만 그림을 그리고 다듬은 석조를 볼 수 있게 남겨 두든, 완전히 전체적으로 그리게 하든 말이죠. 건축 예술이 당대에 적합한 작품의 생산으로 인도되고 결국 시각적으로 새롭고 구조 면에서 경제적인 것이 되기 위해서는 오직 건축가의 지성을 갈고 닦는 방법밖에 없다는 것을 알 수 있습니다. 이런 결과를 가져오기 위해서는 합리적이고 지성적인—저는 과학적인이라고까지 말할 수 있습니다만—구축이 출발점 역할을 해야 할 것입니다. 또한 고대인들[의 작업]에 자문을 구하는 일은 그들이 만들어 낸 것을 우리가 할 수 없을 것이기 때문이 아니라 그들의 노력을 우리가 이용할 수 있다는 관점에서만 해야 합니다.

**도판 19** 버팀벽 없이 궁륭을 올린 홀의 베이들(철과 조적)

**도판 20** 큰 방들이 있는 건물의 투시 단면(조적)

벽돌공의 기술은 최근에 엄청나게 발전했습니다. 그렇다면 우리의 공공 건물들에 그로부터 얻을 수 있는 수단을 이용하지 않을 이유가 있습니까? 그처럼 많은 이득을 제공하는 재료를 훨씬 경제적으로 사용할 수 있는데 왜 석재를 써야 합니까? [벽돌은] 운송하기도, 들어 올리기에도 용이하고, 가벼우며, 회반죽과 스투코에 완벽하게 접착되고, 건조하고 무한한 지속력을 가지는 재료가 아닙니까.

성과 대저택을 지을 때 우리는 왜 유약 입힌 테라코타를 사용하지 않고, 특히나 우리와 같은 기후에서는 차갑고 생기 없어 보이는 석재 외장을 항상 외부에 고수합니까? 비바람이 들이치지 않는 부분들에 파양스나 심지어 채색된 스투코를 신중하게 사용함으로써 우리는 코팅으로 인해 발생하는 추가 비용을 상쇄하기에 충분할 만큼 석재를 절약하는 효과를 얻을 수 있습니다. 르네상스 시대에 이탈리아, 그리고 프랑스의 건축가들조차도 장식적인 동시에 경제적인 이런 방법을 망설임 없이 사용했습니다. 그들은 석재가 쓸모없이 낭비되는 것을 방지할 만큼 그것을 [재료로서] 존중했습니다. 저는 이런 다양한 수단을 고려하지 않고 종이 위에 파사드를 그려 넣는 것이, 또한 현명한 조적공에게 그가 다루는 재료, 즉 덩어리 석재를 가지고 이 설계를 복제하는 과업을 떠넘기는 것이 더 쉽다는 것을 잘 알고 있습니다. 그러나 과도하고 쓸모없는 지출을 피하면서 다양한 재료들의 사용을 설계하는 것, 그것들을 선별하는 것이야말로 예술가 자신이 해야 할 일이 아닐까요? 건물이 석재 블록으로만 지어지는 경우라 해도 수평면과 이음새를 사려 깊게 배치하면 사용되는 재료와 노동의 양을 상당히 절약할 수 있습니다. 연석 블록, 건물에 가장 많이 쓰이는 이 재료가 채석장에서 다양한 높이를 가진 암석층으로부터 나온다는 것은 모두가 아는 사실입니다. 어떤 것들은 1m이지만 또 다른 것들은 0.4~0.5m 정도이거나 그 이하인 경우도 있습니다. 그렇다면 이제 건축가의 사무실에서 쓰게 될 것은 어떤 층일까요? 사용될 석재층의 높이를 확인하기 전에—외부 형태의—소묘가 한 장 그려집니다. 이 외부 형태가 결정되면—이 그림이 그려지면—건물을 짓는 데 사용해야 할 돌의 종류에 대한 문제가 남습니다. 이 설계는 석재층들에 의해 대략 임의로 수평 분할되어 도입된 건축 형태들에 지나치게 모순되지 않도록 되어 있습니다(이렇게 진행하는 것은 매우 꼼꼼한 건축가들입니다). 그러나 작품이 시공되게 됐을 때 설계에 표시된 층들의 높이에 정확하게 일치하는 석재는 거의 없습니다. 층이 너무 높은 덩어리는 낮추어야 하고, 너무 낮은 것은 버려야 합니다. 이것은 모두 명백히 비용이 들어가는 일입니다. 우리의 본보기인 고대인들이 했던 것처럼, 그리고 그 방법들이 거부당한 중세의 시공자들이 했던 것처럼 작업을 진행하는 것이 훨씬 더 합리적일 것입니다. 즉 도면을 그리기 전에 쓸 수 있는 재료를 확인하는 것이죠. 그렇게 함으로써 모두에게 이익이 될 것이며, 건축은 아무것도 잃지 않을 것입니다. 오히려 그런 과정을 통해 이득을 얻게 됩니다. 재료의 높이와 질이 다양하다 보면 그것이 산출하는 효과도 다양한 것이니까요. 우리는 모서리에 놓아도 무사할 만한—예컨대 부르고뉴의 특정한 암석층에서 얻은 혹은 주라의—석회석을 가지고 있습니다. 그 돌들을 그런 방식으로 쓰지 않을 이유가 있습니까? 한 덩어리로 만들어질 수 있는 건축 부분들을 어째서 엄청난 노동을 들여가며 잘라 낸 [석재]층들로 짓습니까?

그러므로 건축가는 건물을 올리기 전에 채석장에서 얻을 수 있는 돌의 질과 높이를 확인하는 것이 바람직합니다. 그리고 이 문제에서 그가 시공자들이 주는 정보에 의존해서는 안 된다는 점을 분명히 할 필요가 있습니다. 시공자들이란 관습적인 방법—어제 했던 대로 오늘도 하는 방식—을 따르는 경향이 너무 강하니까요. 건축가는 대신 채석장을 직접 찾아가 다양한 암석층에 대한 관념을 스스로 얻어야 합니다. 그렇게 하고 나면 그는 건물을 설계하면서 다양한 형태를 그에게 제공될 돌의 높이에 맞추는 것이 좋습니다. 이것은 기본적인 원리로, 프랑스에 정말로 건축 학교라는 것이 있다면 그곳에서 가르쳐야 하는 내용입니다.

이 마지막 의견을 뒷받침할 사례를 제시하도록 하겠습니다. 하지만 특수한 건축 스타일에 대해서는 언급하지 않는 것을 이해해 주시기 바랍니다. 지금 우리가 다루고 있는 것은 건축의 형태가 아니라 구조적 방법이니까요. 도판 20은 석조로 지어진 궁의 파사드로, 베이스먼트, 궁륭을 올린 1층, 보꾹이 딸린 2층으로 이루어져 있습니다. 우리는 2층에 갤러리나 넓은 발코니를 만들고자 합니다. 베이스먼트는 커다란 견석의 두꺼운 포장으로 짓고, 조적의 보강은 잡석 쌓기로 합니다. 이 베이스먼트의 정면부에는 단주식 지주들을 세우고 뒤편의 건물은 첫 번째 층을 제외하고는 잡석과 벽돌로 올립니다. 이 지주들 위에는 단단한 돌로 된 인방을 올리는데, 코벨들로 벽 쪽의 하중을 경감합니다. 이 인방들 위로 우리는 방 루아얄(banc royal)*로 아치들을 만듭니다. 이런 종류의 석재는 규모가 큰 덩어리들을 제공하므로 매우 높은 기공석을 얻을 수 있다는 이점이 있습니다. 다음으로는 내호와 외호가 일치하고—아무것도 지지하지 않으므로—두께는 보통이지만 수평면의 폭이 상당히 긴 아치들을 만듭니다. 우리는 아치들 사이의 스팬드럴을 조적으로 메꾸지만 파양스 타일을 붙이기 쉽도록 조금 안쪽으로 들여서 채웁니다. 아치 정상까지 올린 벽 위로 단단한 석재로 코니스층을 놓아 발코니를 만듭니다. 2층은 하부 구조의 잡석 쌓기 부분 위로만 올라가게 됩니다. 창문들 사이의 피어들은 첫 번째 층이 견석으

---

* 파리 인근의 연석들.

로 만들어져 발코니에 내린 빗방울이 튀는 데 대응하도록 할 것입니다. 그러고는 베르젤레 또는 방 루아얄로 만든 층이 그 위로 올라갑니다. 이 피어들 위로 우리는 같은 크기의 기공석을 창틀 위에만 놓으며, 아치들 또한 창틀과 홈의 두께만큼만 차지하도록 놓습니다. 나머지는 잡석이나 벽돌 쌓기로 지어집니다. 유약을 바른 테라코타 몰딩이 기공석과, 내호와 외호가 일치하는 아치들을 둘러싸게 될 것이고, 거칠게 쌓은 벽을 덮은 파양스 타일을 받칠 것입니다. 마찬가지로 유약을 칠한 테라코타 층을 올리고 그 위에 석재 코벨이 놓여 납 물받이를 받는 이 코니스를 지지하게 됩니다. 코벨들 사이의 공간은 파양스 타일을 붙인 조적으로 채워집니다. 그러고는 지붕과 지붕창을 받치고 있는 처마벽이 옵니다. 그 석조 구조는 우리의 그림에서 보는 대로입니다. 1층 회랑이 교대를 이루고 있으므로 우리는 이 층에 콘크리트나 속 빈 벽돌로 궁륭을 올릴 수 있을 것입니다. 이 회랑 뒤쪽의 조적조는 비바람을 완전히 피하도록 되어 있으므로 겉면을 채색 스투코로 덮을 수 있습니다. 내부에는 2층의 피어들에만, 즉 징두리판을 댄 부분에만 자른 석재를 쓸 것입니다. 나머지 부분은 전부 거친 조적으로 스투코나 회반죽을 바를 수 있고 석재였다면 결코 잘 보존되지 않을 그림을 그려 넣을 수 있습니다. 건물이 전체적으로 마름돌만으로 구축되는 것을 가정하면 비용이 늘어나고, 앞서 지적했듯이 외부에 채색 장식이라는 수단을 쓸 수 없어질 뿐 아무런 이득이 없습니다. 뿐만 아니라 실내는 건강에 그리 좋지 않고 그림을 장식하는 데도 적당하지 않게 될 것입니다.

우리에게는 특히 조적조 건축에서 귀중한 재료들, 즉 주철과 연철이 있습니다. 고대인들은 꺾쇠와 장부처럼 매우 작은 조각들을 제외하고는 조적에 철을 사용하는 법이 거의 없었습니다. 중세의 위대한 건축가들 역시 철을 사용함으로써 얻게 되는 이득을 어느 정도 예감하고 있었고 그것을 총명하게 이용하기도 했지만 이 재료를 상당한 규모 이상으로 사용하지 않았습니다. 그러나 탄력적 조적을 도입하고 나서 철은 많은 경우에 필수적인 역할을 하게 되었습니다. 오늘날 구축의 가장 효과적인 요소인 철은 더 이상 간과할 수 없는 것으로 현대의 제조업이 값싸게, 이전에는 없었던 커다란 규모로 제공하는 재료인 것입니다. 그러므로 이러한 새로운 재료들을 활용할 수 있도록 어떤 구축 수단을 만들어 낼지를 생각하는 것이 바람직합니다. 그러나 철은 어떤 경우에 유용한 재료인 반면, 조적과 결부될 경우 매우 활발한 붕해제(崩解劑)이기도 하다는 점을 잊어서는 안 됩니다. 산화 과정에서 철은 매우 단단하고 강한 재료를 부풀어 오르게 하고 파열시킬 뿐 아니라, 그 자체가 원래의 속성을 잃게 됩니다. 인성(靭性)이 강하던 것이 잘 부러지게 되고, 금속 상태에서 광석 상태로 변화합니다. 그러므로 철이 한 세기 이내로 그것이 뼈대를 이루고 있는 조적조를 파괴하고 그 모든 유용한 속성을 잃지 않게 하려면, 산화가 표면에서 일어나는 데 그치게 할 수 있는 조건하에서 이 금속을 사용할 필요가 있습니다. 이러한 약점은 개인 주거에서는 크게 문제가 되지 않습니다. 이런 집들의 평균 수명은 상대적으로 짧으니까요. 그러나 수 세기 동안 존속되는 공공건물에서는 심각하게 고려해야 하는 문제입니다. 저는 이미 석회석이나 소석회가 중요한 역할을 하는 조적조 내부에 놓인 연철이나 압연철은 매우 신속하게 완전히 닳아 버리고, 불가항력적으로 팽창하여 가장 단단한 돌도 깨뜨리고 만다는 점을 언급했습니다. 철이 떨어져 있고, 다만 약간 다공성인 석재들에만 닿는다면 표면만 녹슬고 산화될 것입니다. 그렇게 되면 산화는 근소한 범위에서만 퍼집니다. 이런 현상은 낡은 철책에서 볼 수 있습니다. 고정된 끝 부분은 완전히 녹이 슬었지만 공기에 노출된 부분은 원래 모습을 유지하고 있지요. 우리는 조적의 외장면으로부터 1m 떨어진 곳에 붙어 있는 철제 꺾쇠가 완전히 파괴되어 탄산철이 된 것을 보았습니다. 반면, 같은 건물에서 직경 0.15m에 불과한 원주 주신의 쐐기는 그 금속의 성격을 보존해 왔습니다. 결국 철은 조적에 깊이 박혀 있을수록 더 많이 부식되는 것입니다. 꺾쇠를 석재층에 심는 것 외에 고정시킬 다른 수단이 없을 때 여기서 지적한 위험성에 대비할 길은 없었습니다. 그러나 이제 우리는 5, 6m 길이의 철봉들을 묶을 수 있고, 심지어 그것들이 더 이상 조적 부분과 직접 닿지 않도록 관을 파내는 것도 완전히 손쉬운 일이 되었습니다. 수 mm의 간격이면 완전한 산화 효과를 막는 데 충분합니다. 내구성을 중요시하는 모든 건물에서 계재에 사용된 철은 그 양 끝 부분만 견고하게 보호되면 되는 스트랩으로 여겨져야 하며, 걸쇠나 거멀못에 도장을 하는 것은 매우 불충분한 임시방편으로 보아야 합니다. 그것들은 아연이나 구리로 도금을 하고, 고정시키는 부분은 유향 수지를 발라야 합니다. 그러나 거멀못은 언제나 공기에 노출시켜 밖으로 나오게 하는 편이 더 좋습니다. 원한다면 그것들을 장식적 형태로 만들 수 있기 때문에 이런 방법에 반대할 이유는 없습니다. 로마식으로 지어진, 다시 말해 어떤 붕괴도 방지할 수 있을 만큼 두꺼운 벽들을 세우는 구축물들에 수직과 수평의 계재를 도입하는 현재의 계획은 합리적으로 충분히 설명할 수 없습니다. 철을 조적의 뼈대로 사용하는 데서 얻어지는 이득은 그것이 계재들에 의해 평형이 유지되는 매우 가벼운 구조 체계를 가능하게 해 준다는 것입니다. 그 효율성의 증거는 우리의 시가 주택들에서 볼 수 있습니다. 이 집들의 벽은 두께가 0.5m에 불과하지만 20m 높이까지 세워 지붕과 바닥을 지지할 수 있으며, 그러면서도 잘 지어 놓으면 완벽하게 안정적입니다. 우리가 공공건물에서 개인 주택에서만큼의 독창성을 보여서는 안 되는 이유가 무엇입니까? 또한 어째서 강도를 높이는 수단을 늘리고 무엇보다 그 내구성을 보장하는 데 필요한 모든 주의를 기울이면서도 공공건물의 구축에서 현대 산업이 우리에게 제공하는 자원들을 주로, 그리고 유용하게 사용하지 않는 것입니까? 언제까지나 17세기 말에 유행한 이른바 웅장한 스타일에 얽매인 채로는 이성, 경제성, 우리 시대의 물질적 자원들이 요구하는 조건들을 충족시키는 건물을 지을 수 없으며, 파사드의 평면 배열을 따지느라 우리에게 주어진 모든 것을 희생시킬 뿐입니다. 이 배열을 중요하게 여기는 것은 사실상 아카데미 데 보자르뿐으로, 공공 건축의 비용을 대는 대중은 이에 하등 관심이 없으며 그들이 경이로워하며 흥분하는 대상은 나날이 집적되는 거대한 석조 매스들인 것입니다. 그것은 종종 요구로 보나 결과로 보나 별 볼일 없는 결과를 산출할 뿐이지만 말이죠. 건축에서 우리는 늘 두 마리 말, 그것도 한 마리는 앞으로 나아가고 다른 하나는 완고하게 뒤를 돌아보는 두 마리 말을 몰려고 애쓰고 있습니다. 그리고 사적인 과업에서는 끝없이 실용적이고 경제적이며 참된 성격의 체계들을 발견하려고 온갖 노력을 기울이는 반면, 기념비적 예술은 이런 것에는 주의를 기울이지 않고 시대의 요구에도 정신에도 조화를 이루지 못하는 방법들을 유지하려고만 합니다.

연철이 적절히 사용되었을 때 조적조에 매우 유용하다면 주철은 다양한 목적에 쓸 수 있습니다. 주철은 강도가 매우 높은 것으로 잘 알려져 있습니다. 연철에 비해서 부식이 잘 안 되기 때문에 지극히 견고하죠. 그리고 지주들의 경우처럼 공기 중에 노출되었을 때, 그리고 복합적인 이음새와 균열의 원인들을 피한다면 영속적이라고 할 수 있습니다. 그러나 이 재료를 쓸 때 적합한 성격의 형태가 주어져야 한다는 것, 이를테면 석재 지주에 적합한 직경의 원주들을 주철로 모방하는 것은 어리석은 일이라는 점은 분명합니다. 이제까지 우리는 아주 작은 건물들을 예외로 하면 석조에 주철 지주를 쓰는 경우를 보지 못했습니다.* 그럼에도 우리 나라에서 중세의 건축가들이 성공적으로 수행한 안정된 구조를 도입한다는 조건하에서 그런 방식을 통해 위대한 결과를 얻을 수도 있습니다. 사실 철은, 지금 살펴보았다시피 거대한 콘크리트 구조의 원리에 기반하고 있는 기념비적 조적조에서 좀처럼 어떤 목적에도 기여하지 않지만 주철을 견고한 지주에, 연철을 계재에 도입함으로써 안정된 조적조에서 합리적이고 유용한 기능을 발견하게 될 것입니다. 이런 장치들을 이용해 우리는 매우 가는 지주 위로 조적조 궁륭 천장을 올릴 수 있습니다. 거의 이루어진 적 없는 일이죠. 궁륭천장은 종종 철제 틀에 모르타르 반죽으로 형성됩니다. 그러나 이런 조금 야만적으로 혼합된 방법은 비용도 많이 들고 그다지 내구성이 좋아 보이지 않습니다. 철을 조적조와 동시에 사용해야 할 경우 그것은 이 두 재료가 서로 독립적으로 쓰인다는 조건하에서만 가능하기 때문입니다. 나아가 철은 온도에 따라 변형되기 쉽습니다. 날씨가 더우면 늘어나고 추우면 수축하는 것이죠. 반죽 속에 묻어 놓으면 탄성 없는 매스인 반죽 안에서 지속적인 운동을 일으켜 균열을 발생시킵니다. 반대로 자유로운 조건하에서 사용된 철과 더불어 일정한 탄성을 지닌 조적조 궁륭 천장 체계를 도입한다면 붕괴를 두려워할 필요는 없습니다. 겉둘레를 돌린 아치 위에 얹힌—예컨대 중세에 도입되었던 것과 같이—충전재에 구애받지 않는 궁륭은 상당한 움직임에 의해 휘어져도 붕괴되지 않고, 그 힘을 조금도 잃지 않는 이점이 있습니다. 이러한 궁륭 천장 체계는 모든 종류의 조합을 가능하게 해 주며, 극히 넓은 공간을 씌우는 데 사용될 수 있습니다. 그렇다면 어째서 이를 도입하지 않는 것일까요? 지주들로 혹은 사선으로 작용하는

---

* 그러나 작은 규모로 그렇게 설계된, 우리 젊은 건축가들의 건물을 말할 수 있습니다.

추력을 떠받치는 데 철을 사용하는 문제에서 우리에게 부족한 자원이 무엇이란 말입니까?

우리가 파리의 중앙 시장이라든지 몇몇 거대한 기차역과 같이 전적으로 철로 된 건물들만을 세운다는 것을 관찰해 봅시다. 그리고 잘 설계되긴 했지만 결국 창고에 불과한 이런 건물들과 더불어 우리는 석조로 성채를 짓습니다―그러나 조적조와 철을 같은 건물에 동시에 쓰는 혼합된 방법에 관해 말하자면 그것은 지금까지 소심한 방식으로만 시도되어 왔으며, 그 결과물은 만족스럽지 못했다는 점을 고백하지 않을 수 없습니다. 동시에 조적조로만 세워진 건물, 즉 가벼운 석재나 벽돌 쌓기로 만들어진 궁륭 천장, 수증기나 높은 열기로부터 보호하기 위한 충분히 두꺼운 벽 등을 갖춘 건물은 많은 경우에 그 무엇으로도 상쇄할 수 없는 이득을 제공한다는 점을 인정해야 합니다. 그러나 마들렌 성당처럼 궁륭을 얹은 석재 덩어리와 기차역 사이의 중간 단계에 존재하는 건물은 아무것도 없는 것일까요? 우리의 공공건물은 지하 분묘가 아니면 창고일 수밖에 없는 운명인 것일까요? 그리고 우리의 궁전이라는 것은 하찮은 철조와 윗가지, 회반죽으로 지은 카지노, 베르사유나 루브르라는 양극단이 아니면 그 사이에는 아무것도 없는 것입니까? 회합의 규모가 너무 커서 이를 넉넉히 수용할 만큼 넓은 홀이 없는 시대에 우리가 공공건물이나 정말 거대한 규모의 궁에, 사람들이 편안하게 머물고 숨 쉬며 쉽게 드나들 수 있는 단일한 홀을 짓는 데 성공하지 못했다는 것에 다시 한 번 주목해 봅시다. 그리하여 사실상 우리는 아직도 군중을 위한 공간을 발견해야 할 때면 중세의 거대한 건물들로 되돌아가게 된다는 점을 말이죠. 우리의 연회장은 좁고 천장이 낮으며 방해되는 건축 형태들로 거치적댑니다. 낮에는 조명이 나쁘고 인공 조명을 받으면 답답해 보입니다. 부와 충분한 자원을 가지고서도 우리는 가벼운 철로 넓은 공간을 덮고 구조를 다루는 것 외에는 다른 능력이 없는 것처럼 형편없는 결과물만을 얻을 뿐입니다. 조적공은 너무 위축돼서 더 이상 진정한 궁륭 천장으로 20~30m 폭의 공간을 덮는 일을 감행하지 않습니다. 오늘날 조적은 돌을 쌓아 올리는 것 외에 아무것도 할 수 없으며, 그것도 거대한 매스로 쌓지 않으면 벽은 다 쌓이기도 전에 무너져 버릴 것처럼 위태롭기 때문에 지주로 받쳐야 합니다. 진실을 말하자면 우리는 더 이상 건축 예술을 가르치지 않습니다. 단순히 우리의 자원과 요구에 대한 균형 잡힌 지도를 하지 않는 것이 아니라, 완전히 아무것도 가르치지 않는 것입니다. 건축가는 건축의 실제에 대해 조금도 알지 못한 채 건축 현장에 고용되는 처지가 됩니다. 그가 경험을 얻는다면 그 자신이나 그의 고객이 그 대가를 치르게 되며, 모든 건축가는 가치 없는 건축 과정을 계속하도록 강요받습니다. 주거용 건물에서는 영리하고 경험 많은 시공자들이 흔히 실제적 지식의 결여를 메꾸며, 이런 건축물들은 요령, 수완, 두뇌를 조금 가지고 있는 건축가라면 곧 유행하는 방법에 익숙해지게 되므로 모두 매우 비슷합니다. 그러나 공공건물은 경우가 달라서, 여기서는 건축가가 주도권을 잡아야 합니다. 그는 자신이 무엇을 하고자 하는지, 어떻게 그것을 하고자 하는지 완전히 알고 있어야만 합니다. 그는 모든 단계에서 어려움을 만나게 되죠. 이런 책임의 무게를 느끼면 그는 과거에 사용된 방법들로 향하는 경향이 있습니다. 의혹이 있을 때는 지나치리만큼 힘을 과도하게 부여하는 쪽을 선호합니다. 대담함을 보이는 것은 그에게 무모한 행동이 될 것이기 때문에 시도하지 않고, 자신이 예술의 법칙이라 여기는 것 뒤로 숨어서 자신의 미숙함을 감춥니다. 그러나 그것은 종종 판에 박힌 법칙일 뿐입니다. 더욱이 어떤 경우에도 대담함은 자신의 분야에 대해 완전한 지식을 획득한 사람들에게만 허용되는 것이라는 점을 기억해야 합니다. 17세기 이래로 건축가들이 전 시대의 위대한 거장들이 가지고 있던 실제적 지식에 대해 드러내 온 경멸과 고전 고대의 작품 연구에서 그들이 보이는 피상적인 방식은 그들이 운신할 수 있는 영역을 점차 줄여 왔습니다. 확실한 방법도 없이, 중세 건축 예술의 융통성 있고 풍부한 원리들을 자발적으로 무시한 그들은 작업의 진정한 주인이 되기를 멈추었습니다. 그들은 나날이 저하되고 있는 형태들의 복제 이상은 아무것도 하지 않게 되었습니다. 그들이 구축의 진정한 원리들을 참조함으로써 자신의 생명력을 갱신하지 않기 때문입니다. 그리고 이런 식으로 조금만 더 지속되면 건축가들은 한낱 장식 디자이너로 전락하게 될 것입니다.

건축가가 상실한 주도권을 되찾아야 하는 분야는 주로 조적술, 그리고 그것만으로도 풍성한 결과물들을 낳게 될 작업 진행의 실천적 관습입니다. 그는 조적에서 다듬어진 석재를 배열하는 방식에 따라 상당히 비용을 절감할 수도, 불필요한 낭비를 하게 될 수도 있습니다. 조적공을 위해 재료들의 크기를 확정하는 것은 건축가의 영역임에도, 이 일은 관습적으로 시공자들에게 맡겨집니다. 그리고 그들은 재료에서든 노동에서든 비용을 절감하는 데 관심이 없습니다. 이 문제로 고민해 본 시공자는 정말 소수입니다. 일반적으로 프랑스에서, 특히 파리에서 사용되는 측정 작업 방식에 따르면 석재는 실제 사용되는 크기가 아니라 잘라 내기 이전의 블록에 준해서 비용을 지불합니다. 더구나 석재를 잘라 내는 것에 대해서는 별도의 노동으로 비용이 청구됩니다. 그러므로 조적공의 관심사는 잘라 내는 빈도를 늘리는 것입니다. 건축가가 경제적으로 건물을 짓는 데 관심이 있다면 이런 일이 일어나지 않게 하는 것은 그의 일입니다. 그러므로 그는 이음새를 표시하고 조적공에게 재료의 크기를 제시하여야 합니다. 그러나 이런 경우라면 도입된 건축의 형태가 그런 절약에 도움이 되어야 하지 않겠습니까? 이것은 이미 석조 건축의 기술에서 개혁되어야 할 한 가지 요소입니다. 경제성과 작업의 현명한 지도에 관해서는 나중에 다시 이야기할 기회가 있을 것입니다.

모든 건물은 빗물을 빠르고 쉽게 피하는 문제에 직면하지 않을 수 없습니다. 그리고 이것은 일반적으로 매우 불완전한 방식으로 해결되고 있습니다. 장엄한 양식은 이러한 필요성에 주의를 기울이지 않습니다. 그러나 프랑스에는 비가 내리고, 건물들을 그로부터 발생하는 불편으로부터 보존할 가장 단순한 수단을 어떻게 제공할 것인지를 고려하는 것은 어떤 경우에도 가치 있는 일일 것입니다. 대개 규모가 작고 맞배지붕을 얹은 건물을 지은 그리스 인들은 코니스의 물끊기를 씌운 홈통 안으로 빗물을 흘려보내는 식으로 이를 처리했습니다. 건물의 높이가 높지 않았기 때문에 도관을 만들 필요도 없이 빗물은 홈통 입구에서 지면으로 바로 떨어졌습니다. 로마 인들은 매우 거대한 건물을 지었고, 거기에 종종 매우 복잡한 지붕을 씌웠습니다. 여기에 벽을 따라 배수관으로 통하는 파이프들을 수직으로 가설했습니다. 그들의 건축 스타일은 이런 체계를 선호했으며, 특정한 부분들이 매우 두꺼운 콘크리트 조적은 훌륭한 잡석 쌓기로 이루어져 습기를 잘 투과시키지 않았습니다. 그들이 그리스 인들의 건축과 비슷한 건축 방식을 도입했을 때 그들은 석루조를 통해 홈통에서 지면으로 빗물을 떨어뜨렸습니다. 중세의 장인들은 그들 건물의 매우 얇은 벽에 배수관을 가설하기 위해 구멍을 낼 생각은 할 수 없었습니다. 그러므로 그들은 반대되는 체계를 도입했습니다. 즉 열린 도관을 통해 홈통으로부터 지면에 가까운 부분까지 빗물을 흘려보낸 것입니다. 거기서 그들은 석루조를 도입했습니다만, 그것은 더 이상 고대인들이 썼던 것처럼 짧지 않고 돌출하여 떨어지는 빗물을 벽으로부터 가능한 한 멀리 떨어뜨리도록 해 주었습니다.

많은 경우에 그들은 금속(납)으로 만든 도관을 사용하기도 해서 빗물이 건물 아래쪽 부분에 튀지 않도록 했습니다. 그러나 그들은 언제나 흘려보내는 수단을 생각했고, 그들의 건물을 그런 관점에서 구성했습니다. 물을 가두는 것이 아니라 밖으로 내보냈고, 특유의 재능으로 이런 장식적인 형태의 필요를 충족시킬 만한 장치들을 만들었습니다. 고딕 건물에서 빗물을 흘려보내는 것은 구조의 외적 형태를 지배하는 특정한 배치들을 결정합니다. 드문 경우를 제외하고는 물을 흘려보내는 이런 수단들은 분명하고 점검 및 수리를 통해 유지하기 쉬우며, 교체하기도 쉽습니다. 그들은 최단거리를 택하여 건물 표면을 지나가지만 구조 자체의 내구성에 위험이 될 수 없습니다. 오늘날에는 도로 관리 규정에 따라 석루조를 통해 거리로 물을 흘려보내는 것이 금지되어 있습니다. 그것은 지면으로 내려와야 하고, 심지어는 그 아래 배수로까지 가야 합니다. 이런 금지는 확실히 필요하지만 우리의 공공건물들은 빗물을 흘려보내는 것이, 말하자면 남몰래 이루어지지 않도록 어떻게든 해야 하는 것입니다. 나중에 가서 파사드에 돌림띠와 코니스를 가로질러 주철 파이프를 덧붙이는 것은 야만적인 방식이며, 건축가가 사전에 이 문제에 관해 전혀 생각하지 않았다는 사실만 강조할 뿐입니다. 그것을 조적의 두께를 통과하여 내려보내는 것은 매우 위험하고, 언제라도 파손을 일으키게 되지만 이것은 가능한 모든 피해가 다 발생한 후에나 발견됩니다. 사실 이 파이프가 조적조에 완전히 파묻혀 있다면 서리라든지 침하에 의해 파열된다고 해도 우리로서는 알 길이 없습니다. 피해의 원인은 벽이 흠뻑 젖은 후에나 확인되고, 원인을 제거하려고 해도 이미 늦은 것입니다. 건물이 매우 거대해서 벽의 두께 안에 넓은 수갱을 남겨 놓아 쉽게 점검하고 교체할 수 있는 도관을 가설할 수 있다면 모든 어려움은 사라질 것이고, 우리는 파사드에 외부로 노출된 도관을 만들지 않아도 될 것입니다. 하지만 그런 경우는 드물고, 공공건물이라고 해도 공간이 그렇게까지 허용되는 경우는 거의 없습니다. 그러므로 대개 빗물 파이프는 외부에 가설되어야 합니다. 그렇다면 정직하게 이를 위한 자리를 마련하는 것이 어떨까요? 사후에 코니스와 돌림띠와 플린스를 가로질러 가면서 이 파이프를 위한 자리를 마련하고 추가적으로 만들어진 부분이 드러나게 해서 결국 그것을 고려하지 않고 배치된 설계의 모든 선을 망쳐야 할 이유가 있습니까?

건축가가 사전에 고려하지 않은 부분이 어느 정도까지 시공되는가 하는 것은 이를 관찰해 보지 않는 사람들로서는 믿을 수 없을 정도입니다. 예컨대 얼마 전에 세워진 한 공공건물의 경우 물받이가 보꾹을 통과해서 방마다 창문 아래 판자로 덮은 작은 도관이 마련되고 비가 내리면 그곳으로 물이 흐르게 되어 있습니다. 비가 오는 날이면 그곳으로 물이 들이치고, 해빙기에는 벽 사이로 내려온 도관으로 물줄기가 방 안으로 쏟아져 들어옵니다. 그리고 이 모든 것이 특정한 고전적 건축 형태의 선들을 망가뜨리지 않기 위한 방편입니다. 일반적으로, 오로지 과시하기 위해 지은 듯한 이 같은 기념비적 파사드들을 검토해 보면 우리는 이런 쓸모없는 석재의 사치 이면의 엄청난 빈곤을 발견하게 됩니다. 값비싼 벽 너머에 사는 사람들은 곧 그것을 알게 되죠. 여기서는 배수관이 발밑으로 지나가고 저기서는 홈통이 지나갑니다. 이 홈통은 주기적으로 넘쳐 나고, 비가 오는 날에는 물살이 지나가는 소리가 요란합니다. 그 밖에도 창문에는 사다리가 없으면 손이 닿지 않고, 방은 완전히 어둡고, 빛은 바닥 쪽으로 들어옵니다. 복도는 환기가 전혀 되지 않고, 대낮에도 램프로 밝혀야 합니다. 방은 작은데 창문은 거대하고, 총안 때문에 직접 들어오는 빛은 모두 차단됩니다. 넉넉한 공간이 옆에 남는데도 방은 좁고 불충분합니다—그것은 사실상 우리와는 다른 인종의 사람들의 필요를 충족시킨 것으로 보이는 불균형한 배치입니다. 외관을 위해—쓸모없으면서도 값비싼 기념비적 필요를 위해 희생된 것이죠. 정도를 벗어난 예술의 이런 기이한 남용을 지속적으로 염두에 두면서 구축의 참된 원리들을 고수하고 어느 때보다 엄격한 정확성으로 그것들을 실천하고자 노력하는 것이 특히 바람직합니다.

우리 건축가들은 간과하고 있지만 우리의 기념비적 건축에는 비용을 낭비하게 만드는 또 다른 원인이 있습니다. 비계가 바로 그것입니다. 로마 인들이 세운 가장 큰 규모의 건물들을 조금 주의 깊게 살펴보면 고대의 건축가들이 최소한의 비용으로 비계를 만들기 위해 얼마나 신경을 썼는지 알 수 있습니다. 벽돌이나 재단한 돌로 겉을 싼 콘크리트 벽을 쌓든, 마름돌로 짓든 그들은 언제나 벽에 가로대용 구멍을 남겨 두었고, 돌출부로 비계의 목재들을 받치게 했습니다. 이 구멍들은 스투코와 다른 화장 마감재로 외장을 하면서 가려지고, 돌출부는 잘라 내게 됩니다. 이렇게 조적을 위해 사용하고 재료들을 제자리에 놓는 데 필요한 비계는 건축과 동시에 올라가며 건축물에 의해 유지됩니다. 중세에 우리 나라에서 지어진 가장 큰 건물들은 그렇게 세워졌습니다. 예를 들면 파리 대성당의 파사드에는 높이가 얼마가 되었든 매우 가벼운 비계를 받치는 데 쓰인 가로대용 구멍들이 아직 남아 있습니다. 벽토를 바를 때 손쉽게 막을 수 있는 이 구멍들 외에도, 돌출부를 통해 버팀대(strut)와 판을 받칠 수 있습니다. 그렇게 해서 석재가 더 들어간다고 해도 이는 건물과 별개로 바닥에서부터 비계를 올렸을 때 들었을 비용에 비하면 새발의 피입니다. 후자는 영구적인 석조 구조 앞에 세워진 한시적인 목조 구조의 일종이니까요. 아무리 높거나 폭이 넓은 파사드라고 해도 몇 개의 인양 장비와 건물 자체에 고정되어 건물과 함께 올라가는 가벼운 비계라면 세울 수 있습니다. 재료를 나르기 위해 수레가 오르내리는 궤도를 놓게 된다고 해도 그것은 철제 연결근 역트러스와 같은 매우 경제적인 수단으로 인양 장비에 연결된 브리지 위로 손쉽게 만들 수 있습니다. 그러면 목재상들 주머니만 채워 주는 진짜 목조 기념비들을 다시 만들지 않아도 됩니다. 여기서 비계에 관해 이야기한 것은 홍예 틀 만들기에 보다 잘 적용할 수 있습니다. 로마 인들은 거대한 궁륭 천장을 만들 때 버팀대 없는 홍예 틀, 즉 기공석에 남은 돌출부에 의해서만 지지되는 홍예 틀만을 도입했습니다. 이 홍예 틀은 아치 역할만을 했고, 그 소피트(밑면)는 매우 간단히 결합된 판 위에 채워졌습니다.

중세의 궁륭 천장은 마찬가지로 매우 저렴한 수단으로 적은 목재만을 사용해서 만들어졌습니다. 우리는 목조를 다루면서 이러한 방식의 비계와 홍예 틀에 대해 이야기하게 될 것입니다. 그러나 지금은 건축가가 작업의 진정한 지휘자가 됨으로써, 그리고 자신이 동원하는 모든 산업 분야에 대한 실천적 지식을 가짐으로써 비용을 크게 절감하고 지금보다 훨씬 만족스러운 결과를 얻게 된다는 것을 보이는 데 그치도록 하겠습니다. 우리의 공공건물에 들어가는 막대한 비용, 결과물에 비하면 터무니없이 큰 비용은 특히 다음과 같은 점을 입증합니다. 즉 건축가들이 건축 예술의 실천적 측면을 충분히 고려하고 있지 않으며, 그들이 습관적으로 시공자들에게 휘둘린다는 점을 말이지요. 시공자들이란 물론 재료나 노동을 아끼는데는 관심이 없습니다. 그러나 사실, 프랑스에 존재하는 유일한 건축 학교에서 지금까지 가르치지 않아 온 이런 실천적 지식을 건축가들이 어디서 익힐 수 있었겠습니까? 그리고 그들이 건축 예술을 실제로 수행하게 되었을 때 그들이 가진 유일한 재고품인 많은 편견과 매우 부족한 지식, 변덕에 따라 내키는 대로 그린 스케치북을 어떤 비판도 선별도 없이 가지고 온다고 하면 이것은 누구의 탓입니까?

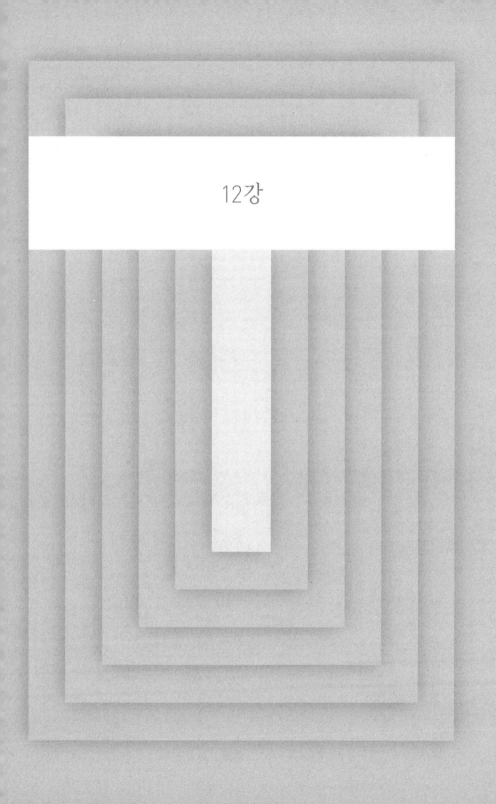

12강

# 건물의 구축
## 조적(계속)

## 구축 방법

유럽의 어느 나라에도 프랑스에서만큼 건축에 쓸 수 있는 재료가 다양하지는 않습니다. 화강암에서 튜퍼에 이르기까지 조적에 쓸 수 있는 거의 모든 천연자원이 발견됩니다. 그러므로 각각의 지질학적 지대가 그 토양이 제공하는 재료에 적합한 건축 방식을 가지고 있고, 따라서 제가끔 특유의 건축 형태를 가지고 있으리라고 가정해 볼 수 있을 것입니다. 그러나 실제로는 그렇지가 않아서—화강암 지대인—리모주에 세워진 건물들이 튜퍼가 지배적인 투르의 건물들과 모든 점에서 유사합니다. 파리의 공공건축위원회(Conseil de Bâtiments Civils)에 집중된 설계들이 지역에서 생산되는 재료들을 어느 정도 합리적으로 사용하도록 하는 어떤 논평도 없이 각 지방 행정구로 보내집니다. 이런 것들은 사람들이 주의를 기울이지 않는 세부적인 사항들입니다. 파리에서는 30년 전에 몽루즈 평야와 와즈 유역에서 나는 석재만이 사용되었습니다. 주라와 부르고뉴에서는 강도가 높은 석회질의 재료들을 큰 덩어리로 얻을 수 있으며, 무난히 그 층이 수평으로 놓이도록 할 수 있습니다. 푸아투산 석회암은 매우 양질의 것으로 절리가 없고 견고하며, 보주에서는 사암을, 와즈에서는 '베르젤레'를 얻을 수 있습니다. 우리는 이 새로운 재료의 유입을 이용해 이 재료들의 특수한 성질들과 우리의 건축 형태가 조화를 이루도록 했습니까? 아닙니다! 우리는 동일한 형태와 동일한 건설 방법을 유지하면서 그저 부르고뉴산 견석을 바뉴의 '로세'로 대체하는 데 만족해 왔습니다. 건축 비용은 증가하고, 그것만이 유일한 결과였습니다. 중첩된 층들 대신에 몇 개의 단일 석재들이 사용되었다고 해도 그것들은 장식, 사치스러운 형태로 여겨졌습니다. 경비 절감을 실현하기 위해서든 새로운 효과나 유용한 결과들을 얻기 위해서든 이 새로운 요소들을 고려하려는 노력은 없었습니다.

그러나 고전기와 중세의 무수히 많은 건물에는 재료의 본성이 건축가에게 장식적인 요소와 실용적 요소를 모두 제공한 예가 남아 있습니다. 유사한 결과를 얻기 위해서는 그것으로 도급업자들이 좋아하는 특정한 방식을 깨는 수밖에 없습니다. 그들은 그런 정해진 방식에 의해 이득을 얻고, 건축 현장에서의 이런 다툼에 대비해 제대로 교육받지 못한 미숙한 건축가들에 맞서 그런 방식을 손쉽게 유지합니다.

기계류의 발전과 시공 기간의 단축 역시 건축 체계를 변형시키고, 비용을 늘리기보다는 줄여 왔습니다. 그러나 상대적으로 지금처럼 건축 비용이 높았던 적은 한번도 없습니다.

재료와 노동의 상대적 가치는 금세기 초 이래로 상당히 달라졌습니다. 이런 변화들을 염두에 두는 것이 현명한 일이겠지요. 채굴 수단이 폭넓고 강력해질수록, 운송 수단이 대형화될수록 우리는 보다 많은 재료들을 사용하기에 더 좋은 상태로 조달할 수 있습니다. 반면 노동 비용은 나날이 상승합니다. 그러므로 경제성은 노동으로부터 시작되어야 하며, 따라서 재료는 가능한 한 공급받은 형태 그대로 사용하면서 조금씩만 변형을 가하도록 하는 것을 권합니다. 2m³의 견석 덩어리를 건설 현장으로 보내는 데는 비용이 입방미터당으로 추가되지 않지만 그것을 샌드소를 이용해 네 덩어리로 자르는 것은 비용을 상당히 올립니다. 도급 가격에는 비용 추가가 나타나지 않는다는 점을 인정한다고 해도, 그럼에도 그것이 실제로 고려되었어야 한다는 것, 지금과 같은 상황에서—건축가가 노동에 대한 지출을 줄이려고 하든 그렇지 않든—재료비에 대한 절약은 없다는 것은 분명합니다. 그런 좋지 못한 방법은 건축가 편에서의 무관심을 야기합니다. 그런 방법들에 반대하는 데서 아무런 이득을 얻지 못한 그들은 굴복하고, 시공자의 온갖 노력에도 불구하고 조적에는 여전히 과도한 비용이 들어갑니다. 실제로 건축가들은 이루어져야 하는 노동의 성격에 따라 가격표를 조정하지 않고, 딱히 건축에 대해 알지도 못하는 사람들이 정해 놓은 것을 받아들이도록 강요당합니다. 그리하여 그들이 개혁의 열망을 조금이나마 가지고 있었다고 하더라도 그것은 그들이 굴복하지 않을 수 없는 관습적 규칙들로 인해 저지되고 맙니다. 한마디로 악순환인 것입니다. 건축가들이 일반적으로 유능하고 솜씨 좋은 시공자라면 그들은 합리적인 가격표를 작성해 상당한 비용 절감을 가져올 것입니다. 비용을 그들이 도입한 방법에 일치시킬 테니까요. 가격표가 다양한 건축 방법에 보다 잘 부합한다면 건축가들은 비용 절감에 영향을 미칠 수 있을 것이지만 현재로서는 논외의 문제입니다. 그러나 우리가 쓰는 재료와도 그것을 이용하는 현재의 방법과도 조화를 이루지 않는 예술 형태들을 지속하는 데 전념하는 건축가들은, 그들이 견적에 영향력을 발휘하게 해 줄 권위와 경험을 얻는 데 실패할 것입니다. 심지어 이 문제에 관한 장인의 의견은 나날이 힘을 잃어가는 것처럼 보입니다. 그리고 이런 식으로 나간다면 건축가는 단순한 디자이너, 외관을 마무리하는 사람으로 전락하여 작업이 진행되는 데 어떠한 직접적인 영향도 행사할 수 없게 될 것입니다. 건축 예술이 이런 타협에 지지 않는다면 다행이겠지만 우리는 자신을 속여서는 안 됩니다. 건축은 설계와 시공이 분리될 때 더 이상 하나의 예술일 수 없습니다.

대중이 이 문제에 관해 무엇보다 기이한 오해에 사로잡혀 있다는 것을 인정해야 합니다. 일반적으로 사람들은 아름답고 튼튼한 건물을 얻으려면 명성 있는 건축가로부터 설계를 받아, 적당히 정한 조적공의 도움으로 그 도안을 수행하기만 하면 된다고 생각합니다. 일부 행정 부처들조차도 이런 과정을 체계화하려고 시도해 왔습니다. 그런 과정의 결과는 예술적인 관점만이 아니라 경제적 관점에서도 통탄할 만한 것입니다.

그러므로 오늘날의 예술가들이 건축가라는 직업이 무의미한 것으로 전락하는 것을 보고 싶지 않다면, 또한 설상가상으로 그들의 예술 자체가 절멸되는 것을 보고 싶지 않다면 그들은 절대적으로 이러한 경향을 저지하는 데 착수해야 합니다. 어떻게 그것을 할 수 있을까요? 그것은 우리의 사회적 조건이 제공하는 모든 자원을 이용할 준비가 되어 있는 솜씨 좋은 시공자가 됨으로써, 그리고 우리의 모든 건설 현장을 지배하고 있는 해로운 작업 방식으로부터 어느 정도 벗어나 이성에 의한 새로운 방식을 택함으로써 가능할 것입니다. 또한 그것은 개성의 독립성을 보존함으로써 가능할 것입니다. 그러한 독립성이 없다면 예술가는 한낱 자신의 주인의 변덕에 비위를 맞추는 것으로 돈을 받는 그럭저럭 재능 있는 종복에 지나지 않을 것입니다.

지난 시대에는 몇 가지 구축 체계가 있었습니다만, 우리 시대만이 철도와 증기 기관, 보다 강력한 수단들을 가지고 있습니다. 그런데도 왜 우리는 특히 조적의 경우 지난 세기에 유행했던 건축 방법을 고수하고 있는 것입니까? 고전 고대와 중세에는 확실히 현재와 같은 물질적 수단들이 없었지만 그들은 개념에서 우리보다 대담하고 창의적입니다. 우리가 우리의 선조들이 이미 도달한 곳을 출발점으로 삼지 못하는 것은 어째서입니까? 어째서 우리는 그들만큼 절묘하지 못하고 그들보다 기발하지 못합니까? 어째서 우리가 가진 강력한 수단들의 도움으로 발전된 방법을 거부합니까? 그런 방법이야말로 새로운 형태를 산출하고 우리의 건축 방식에 상당한 경제적 효과를 가져다줄 수 있을지 모르는데 말입니다. 지금이야말로 고전 고대와 중세, 르네상스, 현대의 건축가들이 택한 방법들의 상대적 가치에 대한 유치한 논쟁을 진보의 훼방꾼들에게 맡기고, 그 모든 창안을 이용하고 우리에게 지시된 다양한 원리를 편견 없이, 그러나 꼼꼼하고 비판적인 검토를 거쳐 활용하기에 적당한 때가 아닙니까? 우리가 랭스 대성당보다 파르테논을 혹은 파르테논보다 랭스 대성당을 우위에 놓아 봤자 우리 시대의 건축을 위임받은 건축가인 우리로서는 이 두 개념에서 우리 시대에 적용 가능한 요소들을 찾아내지 못한다면 다 소용 없는 일입니다. 혹은 배타적 편견에 사로잡혀 이런저런 파벌들의 비위를 맞출 생각으로 이들 건물 중 어느 쪽에서든 도입했던 원리들을 거부한다면 그 또한 쓸데없는 일입니다. 대중은 그러한 파벌에 거의 아무런 관심이 없을뿐더러, 그들의 영향력이라는 것도 사반세기 후면 잊힐 것입니다.

　과거의 건설자들이 도입한 체계들에 대한 연구는 우리 자신이 건물을 짓는 법을 배우는 올바른 수단임에 분명합니다. 그러나 이 연구로부터 무미건조한 모방 이상의 것을 얻어 내야 합니다. 예를 들어 우리는 중세 궁륭 천장의 원리에서 감탄스러운 요소들을 인지합니다. 그것들은 시공에 큰 자유를 허용하고, 탄성이 있으면서 매우 가벼운 구조를 가능하게 해 줍니다. 그렇다면 우리는 주철이나 압연철과 같이 우리의 공장제 수공업 자들이 제공하는 새로운 재료들을 이용할 때 주철이나 철판 아치로 석재 아치를 대체하는 데 만족해야 할까요? 아닙니다. 우리는 그 원리를 도입 할 수 있지만 재료가 변했으므로 원리를 도입하는 가운데 형태도 바꾸어 야 합니다. 앞의 강의에서 주철을 적당하게 사용함으로써 버팀벽들을 다 시 사용하지 않고서도 거대한 홀에 조적조로 궁륭을 올리는 방법을 살펴 보았습니다. 우리는 이 새로운 재료들로 만들 수 있는 체계들을 발전시켜 서, 옛 건축가들이 도입한 탁월한 원리들을 보존하는 가운데 구조의 형태 들을 변형시키도록 해야 합니다. 조적 구조의 조건에 관해 이미 여러 번 언 급한 것을 여기서 되풀이할 필요는 없을 것입니다. 우리는 독자들이 일반 적 원리의 관점에서 단 두 가지 구조 체계만이 있다는 것을 이해하고 계시 리라 믿습니다. 수동적인 불활성 구조와 평형을 이룬 구조가 그 두 가지입 니다. 사용된 재료의 본성에 대한 고려에서나, 점차 더 증대되는 경제성에 대한 요구에서나 우리는 어느 때보다 후자를 채택하게 되어 있습니다. 중 세의 건축가들은 우리가 가야 할 길을 열어 주었습니다. 그것은 누가 뭐라 해도 하나의 진보이며, 우리는 그것을 따라야 합니다.

첫 번째 사례로, 그림 1은 중세에 공공건물에 종종 쓰였던 배치입니다. 이것은 그 나름의 이점을 보여 줍니다. 당시 건물들은 좀처럼 깊이를 이중 으로 해서 세워지지 않았습니다. 각각의 건물 본채에는 (너비로 볼 때) 단 하나의 방만이 있었지만, 복도가 종종 중이층 높이로 마련되어 중심이 되 는 방들을 길게 가로지를 필요 없이 각 부분으로 쉽게 이동할 수 있도록 되어 있었습니다. 이 통로들은 중이층의 형태로 마련되어 빛을 가리지 않 게 하고, 몇 개의 계단을 통해 1층과 2층의 방에 동시에 접근할 수 있도록

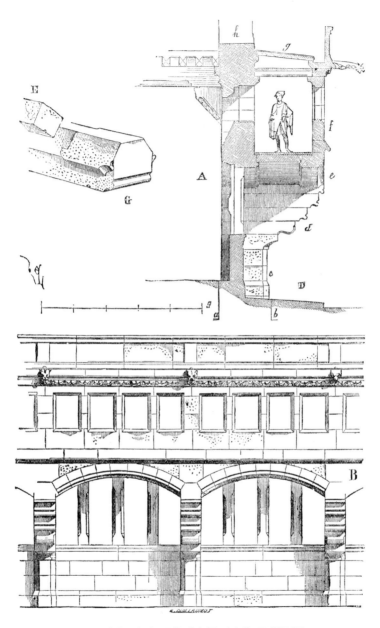

**그림 1** 석재 코벨 위로 돌출 갤러리를 지지하는 중세식 방법

해 줍니다. 그림 1에서 본 것처럼 이 통로들은 코벨 위에 얹은 궁륭들로 지지되고 있습니다(단면 A 참조). 이러한 배치에 의해 기초는 ab의 두께만을 가졌습니다. 버팀벽 c는 코벨 d를 지지하고, 이 코벨 위에 아치 e가 석벽 f를 받치고 있습니다. 외부 입면에서 이 구조는 B와 같은 외관을 드러냅니다. 이 일련의 코벨 위에 놓인 궁륭들은 1층 높이에 비가 들이치지 않는 공간 D를 제공하여 외부로 볼 때는 궁의 뜰에 가장 유용합니다. 이것은 시공이 용이하고, 코벨 d를 이루는 거대한 석재들을 선별하는 데 크게 신경 쓰지 않아도 된다는 이점을 보여 주는 구조임을 부인할 수 없습니다. G의 세부에서 보듯 외부 아치는 기공석 위에 놓여 있습니다. 그리고 이 기공석은 단지 포장된 바닥을 지지하기만 하면 되기 때문에 외부 아치보다 얇은 원통형 궁륭 역시 떠받치고 있습니다. 통로는 장선으로 천장을 올리고 독립된 석재 슬래브 g로[1] 덮어 상층 테라스 역할을 하게 했습니다. 벽 h의 하중은 코벨 층들의 돌출부인 d와 상호 작용하여 균형을 이루었습니다.

오늘날 이와 유사한 배치가 요구되고, 우리가 이 구조의 원리들을 전적으로 고수하려고 한다면, 우리는 그림 1의 설계를 정확하게 복제하는 데 만족해야 할까요? 물론 아닙니다. 주철을 사용하면 비용이 많이 들고 음산해 보이는 견석층들로 이루어진 코벨을 쓰지 않아도 됩니다. 우리는 비용을 줄이는 결과를 얻게 되고, 보다 안전성이 크고, 보다 가벼우며, 1층에서 환기가 더 잘 되는 건물을 지을 수 있습니다. 그림 2(단면 A)에서 볼 수 있는 새롭게 도입된 체계는 버팀벽 c의 돌출을 줄게 해 주고, 결과적으로 기초의 두께도 줄어듭니다. 견석으로 만든 네 개의 코벨층 대신에 우리

---

[1] 영어본에는 이 부분의 'g' 표기가 누락되어 있다. 바로 뒤의 'a' 또한 'd'의 오기이므로 바로잡는다.

는 주철 원주 d를 45도 각도로 설치합니다. 이 원주의 주두에는 굽 B와 같은 꽂임촉이 있어 D′의 세부에서 보듯 석재 기공석을 지지합니다. 이 원주의, 그리고 그 기공석의 돌출부를 지탱하는 이중의 연결근 T는 e에 끼워 넣거나 피어를 관통하여 고정시킵니다. 기공석 L은 코벨 G가 달린 피어 위에 놓입니다. 인방 역할을 하는 두 개의 바 T가 그 균열을 막습니다. 기공석 위로는 그림 1과 같이 진행할 수 있습니다. 그러나 원래 구조에 대해 많은 것을 개선할 수 있을 것입니다. 테라스에서 석루조를 통해 물을 떨어뜨리는 대신, 배수구 H(그림 2)로 빗물을 흘려 H′의 세부에서 보듯 기공석 L의 끝으로 보내게 됩니다. 그렇게 해서 지면에 보다 가까운 높이에서 떨어진 빗물은 벽에 튈 것 같지 않습니다. 갤러리 천장은 이중 T자 쇠로 만들어질 수 있으며, 그 테두리에는 위쪽에 도료를 바른 유광 테라코타 판을 놓을 수 있을 것입니다.

이런 사례는 우리가 어떻게 우리 시대의 자원들을 이용하면서도 중세의 조적에서 도입되었던 원리들을 활용할 수 있는지 충분히 잘 보여 줍니다. 우리가 13, 14세기의 조적조에 적용된 원리들을 편견 없이 주의 깊게 연구한다면 우리는 곧 그 구조가 각기 확실한 기능을 수행하는 독립적인 부분들로 이루어져 있다는 것을 알게 됩니다. 우리는 더 이상 로마의 건축가들처럼 콘크리트와 등질적인 매스들을 다루는 것이 아니라 모든 부분이 그 목적을 가질 뿐 아니라, 이를테면 부벽과 궁륭 아치들과 같이 직접적인 작용, 때로는 직접적인 능동적 작용까지도 갖고 있는 일종의 유기체를 다룹니다. 이미 언급한 것처럼 후자는 영구적인 홍예 틀로서 철로 된 곡선들이 그러하듯 어떤 탄성을 가지고 있습니다. 그러나 중세의 건축가들이 상당한 규모로 주철이나 압연철을 쓸 수 있었다면 그들이 실제로 그때 썼던 석재를 사용하지 않았으리라는 점은 분명합니다. 그것은 너무 복잡한 성격

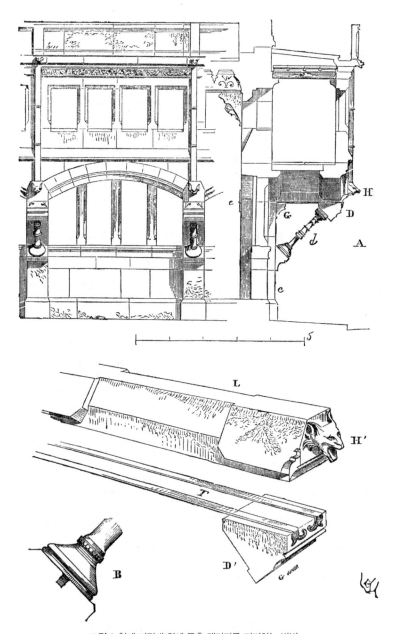

**그림 2** 철제 버팀대 위에 돌출 갤러리를 지지하는 방법

의 접합법과 쓸모없는 작업을 필요로 했을 것입니다. 그들은 대신 금속의 성질과 보다 잘 조화될 수 있는 장치를 찾으려고 했을 것입니다. 그러나 그들이 이미 석조 건물에 적용하고 있던 탄성의 원리들을 분명히 이용했으리라는 것, 그리고 그들 구조의 상이한 부분들을 보다 독립적으로 만들었으리라는 것 또한 분명합니다.

지금까지는 주철이나 압연철은 대형 건물에 부속물로만 쓰여 왔습니다. 파리의 중앙 시장과 같이 금속이 주재료로 사용된 건물이 세워진 경우, 여기서 조적은 예외적으로만 사용되어서 분리벽 정도에만 쓰이는 정도였습니다. 금속과 조적을 동시에 사용하는 것은 현명하게도 결코 시도되지 않았습니다. 그럼에도 많은 경우에 건축가들은 바로 이것을 성취하고자 합니다. 우리는 기차역이나 시장 혹은 다른 거대한 건물들을 언제나 조적조만으로 지을 수는 없습니다. 조적조 건물들은 외관상 매우 육중해 보이고, 비용도 매우 많이 드는 데다 실내 시설을 충분히 보여 주지 않습니다. 추위나 더위를 차단하는 외장의 관점에서 조적조는 다른 어느 것으로도 대체할 수 없는 장점을 가지고 있습니다. 대규모 회합 장소를 목적으로 거대한 건물을 지어야 할 때 해결되어야 하는 문제는 그러므로 다음과 같습니다. 재료의 체적을 줄이고 철을 써서 거치적거리는 지주들을 피하면서 벽과 궁륭 천장을 비롯해 전체 외장을 조적조로 만드는 것, 철을 이용해서, 그러나 그 재료의 질을 참작하여 조적조와 금속이 너무 긴밀하게 연결되지 않도록 하면서 중세 건축가들이 도입한 평형의 체계를 개선하는 것 등입니다. 금속은 석재가 파괴되는 원인이 될 뿐만 아니라 분리되어 있지 않으면 그 자체도 매우 빠르게 부식됩니다. 이런 방향으로 몇 가지 시도가 있기는 했지만 소극적인 것에 지나지 않았습니다. 예컨대 단지 석재 기둥을 주철 원주로 대체하는 식입니다. 그러나 철은 우리 건물에서 보다 중요한 역할을 하게 됩니다. 그것은 분명 매우 강력하고 가는 지주를 제공하지만 또한 새로운 평면도의 가볍고 강력하고 탄성적인 궁륭 천장을 도입할 수 있게 해 줍니다. 그리고 돌출부, 코벨, 사선 지주 등 조적공에게 금지되어 있던 대담한 구조들을 가능하게 해 줍니다. 예를 들어 중세에 도입되었던 궁륭 천장 체계를 유지하면서 그 궁륭 천장의 추력이 그림 3에 재현된 수단에 의해 지탱될 수 있다는 것은 명백하지 않습니까? 강고한 주신이나 주철 원주들을 사선 지주로 사용하는 것은 우리 건축가들이 아직 생각하지 못한 수단입니다. 이 체계는 추론을 통해 풍성한 결실을 낳는데, 왜 그것을 하지 않는지 모르겠습니다. 그것은 그리스나 심지어 로마 건축의 원리들에 얼마간 위배됩니다. 그러나 그토록 요란하게 요청되는 **우리 시대의 건축**을 발명하려면 확실히 과거의 온갖 스타일들을 뒤섞음으로써가 아니라 새로운 구조의 원리에 의존함으로써 그것을 찾아야 합니다. 하나의 건축은 이미 획득한 지식을 이용하거나 적어도 무시하지 않으면서 현대의 요구들을 엄격하고 융통성 없이 준수함으로써만 **창조**됩니다.

여기에 중세적 방법에 따라 지은 조적조 궁륭 천장을 떠받치는 수단이 있습니다. 우리는 이 궁륭 천장이 (가볍다는 것은 논외로 하고) 모든 하중과 추력을 기지의 지점들로, 쉽게 계산할 수 있는 기울기로 향하게 하는 것을 압니다. 합력이 ab 방향을 향하게 된다면, 그 선의 연장선상 위에 놓인 주철 원주 c가 궁륭 천장을 떠받치게 된다는 것은 명백합니다. 두 번째 원주 d를 원주 $c^{2)}$와 같은 각도로 마주 놓아 연결근을 이용해 e가 정점이 되는 등변 삼각형의 형태를 이루게 되면 원주 c가 받은 추력이 f로 보내집니다. 그렇게 해서 우리는 건물의 토대 부분 두께가 고작 1.6m에 불과한 피어와

---

2) 영어본에는 원주 e로 되어 있으나 이는 원전의 c의 오기이다.

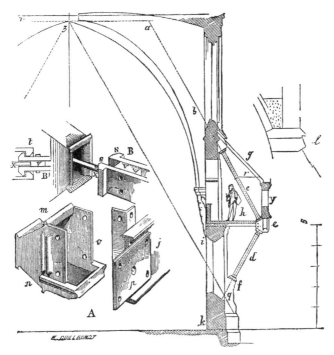

**그림 3** 궁륭 천장의 추력을 받치는 새로운 방법

벽 위에, 쐐기돌이 15m 높이에 위치하고 폭이 13.5m에 달하는 조적조 궁륭 천장을 지지하고 떠받치게 됩니다. 연결근을 사용해 바닥을 지지한 후 연결 쇠굽 e 위에 낮은 조적 벽을 세우고 이 벽 위로 부섭지붕을 얹어 통로 h 또는 작은 상층부 갤러리를 확보하는 것만큼 간단한 일은 없을 것입니다. 이런 종류의 구조들은 반드시 완벽하게 시공되어야 합니다. 벽은 기초를 잘 놓고 세워야 합니다. 벽을 따라 위에서 아래로 내려오는 하중은 건물의 i에서 k까지의 부분에 견고함을 보장하기에 충분해야 합니다. 아치의 기공석은 원주 c의 교대 위로 l에서 보이는 것처럼 만들어져 궁륭 천장을

잘 지탱해야 합니다. 주철로 된 연결 쇠굽 e는 도해 A에서 보는 바와 같이 마련되어야 합니다. 면 m은 원주 c의 받침을 받치도록 되어 있고, 면 n은 원주 d의 주두와 만나게 되어 있습니다. 이중 T자 쇠 혹은 L자 쇠가 부착된 철판의 두 개의 바 가운데 바깥쪽 것은 o에 고정하고, 안쪽 것은 받침 쪽에서 돌출한 홈 안으로 고정됩니다. 바깥쪽 바의 연결판 p에 구멍을 내 연결근의 끝 부분을 고정합니다. 이로써 안정성(작업의 견고성은 그것이 얼마나 단단하게 결합되어 있는가에 달렸으므로)은 B와 B′에서 보듯 두 배로 커지고, 끝 부분에 걸쇠 s를 달아 t에서처럼 물림 장치에 끼우게 됩니다. 볼트 x가 지나가는 철편은 연결근을 그 노칭에 고정시킵니다. 볼트는 판 p를 지나가고 나사 너트로 고정됩니다. 이중 T자 쇠의 바들이나 고정된 L자 쇠가 부착된 철판 위에 우리는 낮은 조적 담장 벽 y를 지을 수 있을 것입니다. 부섭의 추력은 계재 r과 만납니다. 지붕의 밑면 아래 u에서 궁륭 천장 위에 놓이는 연결근은 사다리꼴 aeqz를 완성시키며, 이는 모서리 q에서 견고한 조적 위에 놓이게 됩니다.

이 유기적 조직은 분명 일련의 거대한 석재 버팀벽들로 궁륭 천장의 추력을 되받는 구조만큼 단순하지 않습니다. 그러나 이런 철의 조합은 기초가 딸린 버팀벽에 비해 비용이 덜 들고. 게다가 공간도 덜 차지합니다.

세상의 이치는 언제나 복잡성이 증대되는 쪽으로 움직입니다. 인간의 조직은 양서류의 그것보다 복잡합니다. 우리의 사회적 조건은 페이시스트라토스 시대 그리스의 그것이나 아우구스투스 치세 로마의 그것보다 훨씬 복잡합니다. 우리가 입는 의복은 고대인들의 의복처럼 서너 조각이 아니라 20, 30조각으로 이루어져 있으며, 학식 있는 그리스 인의 과학적 지식은 오늘날 이과 대학 입학 자격을 받은 학생의 머리에 든 것의 1/4도 안됩니다. 그러므로 오늘날 우리가 그리스 인들처럼 건물을 지어야 한다고 말한다면 이는 상당히 유치한 것입니다. 문명의 각 단계에서는 모든 현상이 서로 결합되어 있으며, 건축이 매우 어렵고 위험한 위기에 처해 있다면 그것은 우리가 우리 시대의 지적이고 물질적인 운동을 건축이 따라가도록 충분히 생각하지 않았기 때문입니다. 과거에 도입되었던 건축 형태들을 영속화하거나 수정하려고 노력한다면, 그러는 가운데 우리가 우리의 시대와 지식이 우리에게 제공하는 것을 최고로 가능하고 가장 합리적으로 이용할 수 있는지 생각해 보는 것이 바람직합니다. 과거에 대한 연구는 의무적인 것이고 사실상 불가결한 것이지만 이는 그로부터 형태가 아닌 원리들을 연역해 낸다는 조건하에서만 성립하는 이야기입니다.

　주철 주신으로 화강암이나 대리석 원주를 대체하는 것은 모두 아주 좋습니다만 이것을 혁신으로—새로운 원리의 도입으로 여길 수는 없다는 것을 인정해야만 합니다. 석재나 목재 인방을 철제 장선으로 대체하는 것도 그 나름으로 매우 훌륭합니다. 그래도 방금 든 사례와 마찬가지로 이것도 위대한 지적 노력의 결과는 아닙니다. 그러나 수직의 저항을 사선으로 대체한 것은 완전히 새로운 것은 아닐지라도—중세의 건축가들이 이미 이를 도입했으니까요—매우 큰 중요성을 가질 수 있으며, 새로운 장치로 나아갈 수 있습니다. 그리하여 이제 건축에 철을 도입함으로써 우리는 과거에는 모호한 예감으로만 나타났던 일을 시도할 수 있게 되었습니다. 지난 20년간 우리는 엔지니어들이 건축 재료로 도입된 철을 새로운 방식으로 적용하는 것을 보아 왔습니다. 퐁데자르(Pont des Arts)에서 관형교(tubular bridge)에 이르기까지는 사실상 큰 한 걸음이지만 엔지니어들도 건축가들도 아직까지는 조적조와 철조를 정말 만족스러운 방식으로 결합해 내지 못했습니다. 그런데 조적조 건축 체계가 대체될 수 없는 경우도 많이 있습니다. 겨울에 따뜻하고 여름에 시원하며 온도 변화에 영향을 받지 않는, 피수용인의 건강 관점에서 만족스러운 건물이 철로만 지어지는 것은 거의 불가능합니다. 조적조 벽과 궁륭 천장은 언제나 다른 방법에 의해 획득된 것들보다 우월한 이점들을 보여 줄 것입니다. 그러므로 우리는 대부분의 경우 조적을 계속해서 도입하는 데 만족할 수밖에 없습니다. 그렇다면 그것을 철조와 결합할 수 있을까요? 확실히 가능합니다. 다만 이 두 가지 건축 방법이 각기 그 성격을 보존하고, 서로 훼손하지 않는다는 전제하에서입니다. 특히 주철이나 연철은 늘 고려해야만 할 변화가 일어나기 쉽습니다. 그러므로 운동의 자유가 허용되어야 하고, 조적조에 파묻히지 않아야 하며, 독립적인 기능을 유지해야 합니다.

나아가 주철은 지주로서의 강도 면에서 조적조를 구성하는 다른 어떤 재료들보다 우월한 반면, 그만큼의 안정성을 갖지 못합니다. 이 수직의 지주들은, 그러므로 오직 매우 강력한 스테이로 유지될 수 있습니다. 이것은 작업을 엄청나게 복잡하게 만들고, 하중을 늘리며, 결과적으로 비용도 올리게 됩니다. 견고한 주철 지주들이 상호 지지하도록 고안된 것이라면 그것을 통해 전체 매스에서 부차적인 부분들을 없애야 합니다.

지붕이 덮인 시장 위로—종종 지방 도시에서 볼 수 있는 것과 같이—거대한 회합용 홀을 짓는다고 가정해 봅시다. 공기가 잘 통하고 빛이 들어올 만한 시장 공간을 얻기 위해 주철 원주들을 열 지어 세우고 그 위에 조적조로 홀을 올린다면 이 지주들은 어지간히 숫자가 많아야 할 것이고, 강력한 스테이들로 윗부분을 연결하여 상부 구조가 넘어지지 않도록 해야 할 것입니다. 또한 우리는 길 쪽으로 불편한 원주 열들을 만들게 될 것입니다. 반면 그림 4의 입면도에서 보는 것과 유사한 평면을 도입한다면 abc에 그 절반이 그려진 육각형이 안정된 형태를 마련할 것이 분명하며, 여기에 삼각형 bdc가 추가된다 해도 선분 ce가 끊어지지 않은 상태에서 이 안

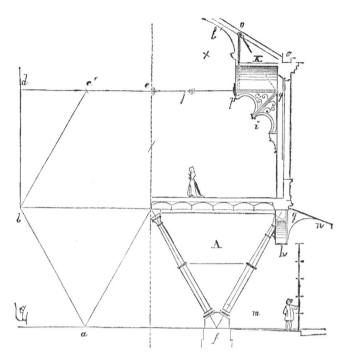

**그림 4** 비스듬히 설치된 철제 원주들 위에 조적 구조를 지지하는 방법

정감은 결코 감소되지 않을 것입니다.

이 기본적인 형태를 바탕으로 우리는 그림 A에서 보는 것과 같이 시장 위로 대형 홀을 올릴 수 있을 것입니다. 단단하게 땅에 고정시켜 베이들의 폭에 따라 결정된 거리를 두고 놓인 석재 블록 f 위로 주철 원주들을 60도 각도로 세웁니다. 이 원주들의 주두는 T자 쇠 장선들을 떠받치는 연철 횡단 거더에 의해 고정됩니다. 장선과 장선에 걸쳐 벽돌로 된 배럴 아치들을 올립니다. 거더의 양 끝 g로부터 늑근이 매달려 주철 굽을 지지하고, 석재 아치의 기공석 h를 받칠 수 있습니다. 이 기공석 위로는 마찬가지로 조적조로 홀 벽을 세우게 됩니다. 주철로 된 브래킷 i는 두 부분으로 이루어져 있으며 타이로드 j에 의해 고정됩니다. 아랫부분에서 받는 추력은 삼각형 opq, osq로 상쇄될 것이고, 거꾸로 수직의 원통형 궁륭 k를 지탱할 것입니다. 그것은 다시 중심의 위쪽 궁륭 천장을 지지하게 됩니다. 한 가지 필수적인 조건은 블록 f들을 별도의 기초가 아니라 견고한 가로벽들에 심는 것입니다. 원주들 fg, ab의 아래쪽 간격이 압력에 의해 줄어들지 않을 수 있어야 하고, 그럼으로써 안쪽 삼각형의 원주들을 세울 수 있도록 하는 것이 중요하기 때문입니다.

계단실이 분명히 필요할 것이고, 준비실과 상층을 난방할 수 있는 수단이 필요하므로 평면도는 그림 5와 같이 될 것입니다. 그리고 이 양 끝의 동들은 수직 방향으로 아래쪽 베이들의 어떤 움직임도 방해하지 않을 것입니다. 거리를 향한 공간들 m(그림 4)은 위쪽 아치 덕분에 비바람을 피할 수 있어 손님들에게도 매우 편리하고 가판을 놓기에도 편리할 것입니다. 나아가 n에 차양(awning)을 고정시킬 때도 방해되는 것이 없습니다.

제가 여기서 건축 스타일의 견본들을 제공하려는 것이 아님을 이해해 주십시오. 지금은 그런 것이 문제가 아닙니다. 저는 단

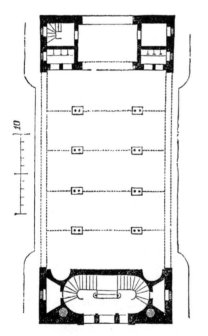

**그림 5** 비스듬히 설치된 철제 원주들 위에 지지된 건물 평면

지 우리의 젊은 동업자들에게 구조의 새로운 요소들을 찾는 과정에 적합한 방법을 제안하고자 할 뿐입니다. 정말 독창적인 평면도에 입각해 세워진 기존의 건물들로부터 선별한 삽화들을 사례로 든다면 기쁠 것입니다. 하지만 그런 사례가 없고, 우리의 노력이 향할 수 있을 대상에 관한 제 생각이 명료하게 이해되었으면 하는 만큼, 매우 유감스럽지만 저 자신의 성찰의 결과를 제시하지 않을 수 없습니다. 우리 시대에 제공된 구축 수단을 합리적으로 도입하는 데서 기원한 형태들은 전적으로 고전적이지 않으며, 귀하게 여겨지는 특정한 전통으로부터 다소 동떨어진 것임을 알고 있습니다. 그러나 우리가 진심으로 현대의 재료, 수단, 요구와 조화를 이루는 새로운 건축의 시대를 열고자 한다면, 그리고 합리적 경제성을 지향하는 경향을 시작하고자 한다면, 그리스나 로마의 전통적 관념들 혹은 형편없는 건물들이 지어졌던 **위대한 세기**의 관념들을 어느 정도 포기할 각오를 해야만 합니다.

기관차를 구축한 사람들은 줄줄이 연결된 역마차들을 모방하려고 생각한 것이 아닙니다. 더구나 우리는 **예술**이 특정한 형태에 고정된 것이 아니라 인간의 사유가 그렇듯 부단히 새로운 옷으로 갈아입을 수 있다는 것을 고려해야 합니다. 마찬가지로 건물은 기하학적 도면으로 선보이기 위해 지어지는 것이 아닙니다. 우리가 조금 전에 제시한 평면과 입면의 결과가 전적으로 개성이 없는 것은 아닐 것입니다. 도판 21은 우리가 이에 대해 판단할 수 있게 해 줍니다. 여기서 조망되는 것은 단지 비바람을 피할 수 있도록 마련된 장소 위에 놓인 홀입니다. 문제는 이 요구를 가장 단순하면서 가장 튼튼하게 제공할 수 있는가 하는 점입니다.

건축이 새로운 형태를 입는 것은 새로운 구축 방법의 엄격한 적용을 통해서만 가능하다는 것을 잘 이해하도록 합시다. 예컨대 주철 원주의 겉에

**도판 21** 상층에 방이 있는 시장 홀 전경(철과 조직)

벽돌을 원통형으로 쌓거나 스투코 입히는 것 혹은 조적조 안에 철제 지주들을 세우는 것은 계산의 결과도 상상력의 결과도 아니며, 단순히 실제 구조를 위장하는 것일 뿐임을 알아야 합니다. 사용된 수단을 어떻게 위장해도 새로운 형태에는 이르지 못합니다. 13세기의 세속 건축가들이 이전에 사용된 어떤 것과도 다른 구조 체계를 발명했을 때 그들은 자신들의 건축에 로마나 로마네스크 건축에 도입되었던 형태를 부여한 것이 아닙니다. 그들은 그 구조에 솔직한 표현을 부여했고, 그럼으로써 특징적인 인상을 가진 새로운 형태를 만들어 내는 데 성공했습니다. 그와 같이 논리적으로 작업을 진행하도록 노력해 봅시다. 우리 시대가 제공한 체계들을 솔직히 도입하고 그것들을 적용하되 생명력을 잃은 전통을 개입시키지 맙시다. 그렇게 함으로써만 우리는 하나의 건축을 탄생시킬 수 있을 것입니다. 철이 우리 건물에서 중요한 역할을 하게 되었다면 그 속성을 연구하고 솔직하게 이용합시다. 모든 시대의 진정한 예술가들이 자신들의 작품에 담아낸 타당한 판단을 통해서 말이지요.

우리가 넓은 공간의 조적조 궁륭 천장을 거의 전적으로 포기해야 했다는 것은 이상합니다. 우리는 건물의 낮은 층에 교차 궁륭이나 둥근 천장을 만들 때 좁은 베이들에, 그리고 인접한 피어들 위에 비용이 매우 많이 드는 건식 쌓기나 벽돌로 교차 궁륭이나 돔을 얹습니다. 그러나 넓은 공간을 덮어야 할 때 우리의 독창성은 일반적으로 철제 골조를 세우는 데 그칩니다. 그것은 곡선과 가새(brace), 중간 늑재와 계재 등으로 이루어져 있으며 나중에 전체를 도토나 속빈 벽돌로 바르게 됩니다. 비용이 많이 드는 것 외에도 이런 종류의 건축은—쉽게 산화하고 온도 변화에 영향을 받는 재료인—철을 콘크리트 조적에 파묻는 결과를 초래합니다. 이것은 최소한의 변화만으로도 균열이 생길 수밖에 없고 금속의 산화를 활성화하는 결과를 낳습니다. 그렇게 바른 벽에 파묻힌 채로는 체결부와 볼트의 상태를 보장할 수 없고, 그러므로 사고를 막을 수 없습니다. 주거용 주택의 경우라면 방금 기술한 것과 같이 바른 바닥은 별문제 없이 괜찮을 것입니다. 대도시의 주거라는 것이 수백 년간 지속되도록 지어지는 것이 아니니까요. 그러나 도시가 존속하는 한 계속 유지되어야 하는 건물들의 경우, 철과 바른 벽을 함께 사용하는 이런 구조는 결국 재난을 가져오게 됩니다. 건축가의 기술은 그가 사용하는 재료와 방법의 탁월함을 확신하는 것뿐 아니라 구조의 다양한 부분을 필요할 때면 언제든 확인하고 점검하고 보수할 수 있도록 만드는 데에도 있습니다. 철조와 목골은 손상되기 쉽고 속성상 잘 변화하는 재료이기 때문에 가능한 한 밖에서 잘 보이도록 설치해야 합니다. 그러나 우리가 보게 되는 건물들의 경우 견고한, 재단된 석재들로 쌓은 벽은 시간의 흐름 속에서 잘 견뎌 내는 반면, 그 안쪽에 감추어진 궁륭 천장과 바닥들은 지속력이 매우 약해서, 필시 이 부분들을 여러 번 재건축하거나 보수하게 될 후손들은 전례가 없을 만큼 사치스러운 그런 재료들을 그토록 부주의하게 시공한 사실을 이해할 수 없을 것입니다. 우리의 건축가들은 흡사 철을 재료로 사용하는 것을 부끄럽게 여기는 것 같습니다. 그들은 회벽이나 바른 벽으로 그것을 가능한 한 감추어 조적조와 같은 외관을 부여합니다. 공정하게 말해서 일부 건축가들은 바닥 아래 철제 거더를 과감하게 드러내고 그것들을 장식하며 중요하게 다룹니다. 하지만 궁륭 천장의 경우 철은 관에 든 시체처럼 숨겨진 뼈대에 지나지 않게 됩니다. 철은 솔직하게 드러나는 수단에 의해서가 아니라 조심스럽게 감추어진 장치에 의해 조적조 궁륭 천장의 바깥으로 나아가는 추력을 제거하는 숨겨진 기구 역할을 합니다. 또한 이 경우 같은 종류의 체계들이 모두 그렇듯 효율성이 결여되고 맙니다.

우리는 우리 나라의 중세 건축가들이 그들의 궁륭 천장의 추력을 지지하는 데 사용한 단순하고 자연스러운 방법들을 잘 알고 있습니다. 그것은 바로 버팀벽, 나아가 부벽으로, 불활성이거나 사선으로 작용하는 외부의 저항을 이용하는 방법입니다. 이탈리아에서 건축가들은 보다 단순한 장치를 사용합니다. 즉 그들은 수평의 철제 연결근을 추력의 선상, 즉 아치들이 시작되는 부분 위로 놓았습니다. 사실 궁륭 천장의 추력은 교대나 계재에 의해서 지탱되어 간격이 벌어지는 것을 막아야 합니다. 우리 프랑스에서 조적조 궁륭 천장 아래 내부의 계재가 드러나는 것을 반대하는 것과는 대조적으로, 이탈리아 건물에서는 그것이 그토록 빈번히 사용되는데도 시각적으로 거슬리지 않는 까닭은 무엇입니까? 저는 이런 모순을 설명하려고 하지는 않겠습니다. 다만 중세와 르네상스의 이탈리아 건물들을 스케치하는 건축가들이 이를 모방하여 건물을 지을 때는 이런 철제 계재의 사용을 자제하며, 결과적으로 알프스 이북의 건축가들이 철제 계재를 싫어한다는 인상을 주게 되었다는 점을 지적하겠습니다. 그렇다면 왜 그들은 알프스 이남의 건물에 대해서는 그것을 반대하지 않습니까? 이탈리아식 궁륭 천장의 도약점을 가로지르는 계재들을 장식적인 형태로 쓸 의도도 없었다는 점을 덧붙이겠습니다. 그것들은 단순한 철제 계재일 뿐입니다. 그러나 이탈리아의 성직자들이, 프랑스의 사제들이 모든 목재 천장에서 연결보를 없앤 것처럼 그들의 교회에서 이 계재들을 잘라 내지 않은 것은 다행입니다. 그런 일이 있었다면 오늘날 여행자들의 경탄을 자아내는 많은 건물이 일찍이 무너졌을 테니까요.

그러나 우리가 버팀벽과 교대라는 값비싼 장치로 되돌아가기를 원하지 않을 때 조적조 궁륭 천장에서 철의 적절한 기능은 계재로 쓰이는 것입니다. 이 원칙이 단호하게 도입된다면 우리는 이탈리아 르네상스 건축가들이 보여 준 것보다는 좀 더 지적인 방식으로 그것이 제공하는 모든 이득을 이용할 수 있을 것입니다. 이탈리아 르네상스의 건축가들은 로마의 구조 체계를 고수하면서 혹은 프랑스 중세의 궁륭 천장 체계를 도입하면서 철제 막대를 이용해 추력을 받치는 데 만족했습니다. 이것은 그저 임시변통일 뿐 새로운 구조 체계는 아닌 것입니다.

## 석재, 벽돌, 철의 동시적 사용

철의 사용은 우리가 과감히 시도하지 못하는 것처럼 보이는 구축의 개가를 올리게 해 줍니다. 우리는 이 재료의 속성에 대해 불완전하게만 확신하고 있는 것처럼 보일 것입니다. 우리가 철을 안정성을 더해 주는 수단으로서만, 즉 조건부로만 사용하기 때문에 비용이 줄기는커녕 종종 증대되는 결과를 낳습니다. 석재 대신 철을 늑재로 쓸 뿐 중세의 방식에 따라 지은 궁륭 천장은 합리적이지도, 좋지도, 경제적이지도 않습니다. 그것은 철을 그 속성을 고려해 현명하게 사용한 것이라 볼 수 없습니다. 그렇게 함으로써 추력을 어느 정도 줄일 수는 있겠지만 철과 석재를 섞어 만든 구조가 제공할 수 있는 이점들은 거의 활용하지 못하고 있습니다. 방금 살펴본 것처럼 철제 골조를 원통형이나 교차식 궁륭 천장의 형태로 세우는 것, 그리고 이 구조를 소석고나 속빈 벽돌 안에 파묻는 것은 참된 구축에 위배됩니다―대립되는 본성을 가진 두 재료를 밀착시키는 것이기 때문입니다. 그것은 양 우리에 늑대를 가둬 두는 것이나 마찬가지 일입니다. 철의 수축과 변화에 대한 대비를 해야 하며, 그 속성의 변화가 전개되는 것을 감안한 조건 아래서만 사용되어야 합니다. 그러므로 우리가 철 위에 조적조 궁륭 천장을 지으려고 한다면, 철은 그 움직임의 자유를 유지하면서 그것이 지지하는 콘크리트 외피를 깨뜨리지 않은 채 늘어날 수 있어야 합니다. 체결부들은 눈에 보이도록, 분명히 볼 수 있도록 해서 어느 부분이 망가지더라도 즉시 수리할 수 있게 해야 합니다. 철과 석재를 함께 사용할 것을 제안하려면 전통적인 로마식 구조는 포기해야 합니다. 우리는 이제 불활성의, 부동의 매스들에 기초한 건물들이 세워지는 것을 볼 수 없으며, 대신 탄성과 평형을 마련합니다. 주동압들의 배분이 수동압들의 집적을 대신해야 합니다. 이런 결과들을 얻기 위해서 프랑스 중세 건물들의 구조에 대한 연구는 큰 도움이 될 수 있습니다. 이 시기의 건축가들은 이미 로마식 구조의 법칙들 대신 평형과 탄성의 법칙들을 도입했으니까요. 그러나 그렇다고 해서 우리가 그들이 도입한 형태들을 모방해야 한다는 뜻은 아닙니다. 그것은 조적만이 사용될 경우 경탄할 만한 형태이지만 철과 석재를 동시에 사용할 때는 무의미합니다. 중세의 건축가들이 우리의 금속 자재를 가지고 있었다면 그들은 분명 논리적이고 섬세한 지성의 힘으로 다른 형태를 도입했을 것입니다. 이를테면 그들은 궁륭 천장의 엄청난 높이를 낮추려고 했을 것입니다. 로마식 궁륭 천장의 높이가 그렇게까지 높아진 것은 미적 고려 때문이라기보다는 도입된 구조의 양태 때문입니다. 그런 높이는 종종 어려움을 수반했으며, 비용도 많이 들었습니다.

철을 힘줄로 사용하면 높이가 낮고 폭은 긴 궁륭 천장을 구축할 수 있습니다. 그림 6에서 이런 결과를 얻는 방법을 볼 수 있습니다.

내부 폭이 14m라고 칩시다. 그것을 4~4.5m의 베이들로 나누고 각 구간마다 철판과 L자 쇠로 만들어진 아치의 늑재 abc를 놓은 다음 a에서 주철 수직 부재에 끼웁니다. 연결판들을 엘보 b에 고정시키고, 주철 버팀대 d로 지탱합니다. 이 버팀대를 강화된 접합부인 g에 단단히 매달린 박스 e

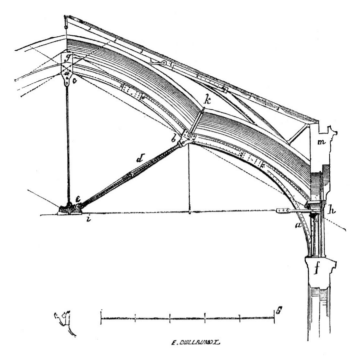

그림 6 철과 조적을 결합하여 궁륭 천장을 올리는 방법

안에 심습니다. 그러고는 주철 수직 부재의 머리 부분인 h를 계재 hi에 의해 유지함으로써 우리는 견고하고 튼튼한 늑재를 얻게 됩니다. 그 사이 공간들은 트러스에 의해 지지되는 환상형 궁륭 천장으로 아치를 이룰 수 있습니다. 주철 지주가 f에서 단순히 벽 위에 놓여 있는 것인 만큼 그것이 팽창할 경우 원통형 아치에 주어진 형태를 통해 파열이 일어날 수 있는 곳은 k뿐입니다. 그러나 k에서, 트러스에서 트러스까지 원통형 아치의 두 부분이 만나는 곳을 향해 철판과 L자 쇠 늑재를 고정시킨다면 철의 팽창에서 야기되는 파열은 이 연결부에서 발생할 것이고, 연결부는 앵글 가새의 이

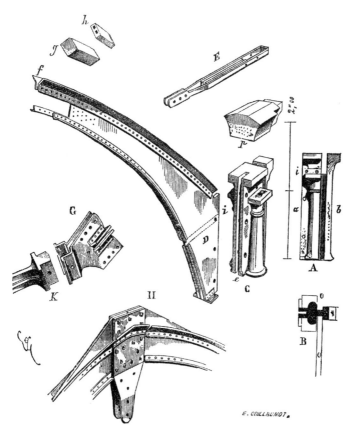

**그림 7** 철제 궁륭 천장 트러스의 세부

중 플랜지에 의해 지지될 것이기 때문에 파열로 인한 해는 입지 않을 것입니다. 주철 지주의 주두 h 위에 우리는 조적조 m으로 아치, 스팬드럴, 코니스를 지을 수 있습니다.

환상형 조적조 궁륭 천장을 지지하는 철제 트러스의 구축을 설명하기 위해서는 그림 7을 통해 몇 가지 세부를 살펴볼 필요가 있습니다. A에는 측면 입면도가 그려져 있고 B는 주철 지주를 ab로 잘라 본 단면입니다. 곡선 철판 D는 수직 부재의 홈 e에 끼워지고 곡선의 외호가 L자 쇠 f로 강화됩니다. 이 L자 쇠는 석재 g를 받치며, g의 수평면 위로 벽돌 h가 환상형 궁륭 천장을 형성하게 됩니다. E에 그려진 것은 i를 지나가는 타이로드의 두 갈래 클립입니다. G는 그림 6에 b로 표기된 부분의 연결판으로, 주철 버팀대 중 하나의 끝 부분 k와 함께 그려져 있습니다. H는 그림 6에서 g로 표기된 연결판들입니다. o에는 창틀이 놓이게 됩니다.

주철 수직 부재 위로 벽-늑재와 유리가 끼워진 창틀을 형성하는 아치들의 기공석 p가 놓이게 될 것입니다. 그림 8의 투시도가 이 구조에 대한 도해를 완성합니다.

이런 철제 트러스들에 건축적으로 장식적인 외관을 부여할 수 있을까요? 저는 가능하다고 생각합니다. 그러나 이것은 거기[철제 트러스]에 조적조에 적합한 형태를 부여한다고 되지는 않습니다. 오늘날 우리가 철 구조에 쓸 수 있는 수단으로 얻을 수 있는 장식적 효과는 비용이 많이 들 수밖에 없습니다. 우리의 공장들이 그것을 생산하는 데 필요한 부재들을 제공하지 않기 때문입니다. 그러나 우리의 공장들이 그것들을 제공하지 못하는 이유는 우리가 여태까지 큰 건물들을 지으면서 부속적이고 숨겨진 기능만을 철에 부여해 왔기 때문입니다. 우리는 이 철이라는 재료에 그 본성에 합당한 형태를 부여함으로써 그것을 최대한 활용할 방법을 진지하게 생각해 본 적이 없으니까요.* 나아가 우리가 철의 도입을 특별하게 다루게

---

* 우리에게 타성은 여전히 강력한 힘을 가진 여신입니다. 우리의 금속 공장들은 그녀를 변함없이 숭배합니다. 자유 무역은 이 숭배를 점진적으로 억제하는 결과만 낳을 수 있어도 훌륭한 역할을 한 셈입니다. 우리는 대규모 공장들이 실린더를 만들어야 한다는 이유로 철 조각들을 눌러 하나의 새로운 부품으로 만들어 내기를 거부한다는 것을 알고 있습니다. 주문량이 100톤에

될수록 우리는 이 재료가 얼마나 장식적이 될 수 있는지, 혹은 차라리 그에 적당한 장식적 형태란 어떠한 것인지를 보여 주려고 노력해야 합니다. 20년 전에 건물에 사용된 철 구조를 보고, 복잡하고, 약하고, 무겁고, 결과적으로 값비싼 당시의 철골을 최근에 지어진 철골과 비교해 보면 놀라운 진보를 보지 않을 수 없습니다. 이러한 진보를 촉진한 것은 명성이 높은 건축가들일까요? 불행히도 아닙니다! 그것은 우리의 엔지니어들이 이루어 낸 성과입니다. 그러나 그들은 건축 교육을 충분히 받은 것은 아니기 때문에 예술적 형태를 고려하지 않고 실용성의 관점에서만 철을 도입해 왔습니다. 그리고 형태의 문제에 관해 그들에게 도움을 주었어야 마땅한 우리 건축가들은 오히려 이 새로운 요소를 도입하는 데 극도로 방해가 되었을 뿐입니다. 혹은 그것을 도입한 경우라 할지라도 그것은 그저 기계적 수단에 지나지 않아서, 되풀이하여 말하지만 우리는 그것을 전통의 후광을 입은 특정한 형태들 아래 감추기에 급급했습니다. 그러므로 건축가들은 충분히 **과학적**이지 않고, 엔지니어들은 충분히 **예술적**이지 않다는 결론이 전해져 온 것도 근거가 없는 이야기는 아닙니다. 그러나 오늘날 우리의 요구들과 새로운 요소들에 비추어 볼 때, 독창적인 예술적 형태를 얻기 위해서, 혹은 보다 정확히 말하자면 우리 시대의 요구에 부합하는 예술적 형태들을 얻기 위해서 건설자는 어느 때보다도 예술가인 동시에 과학자여야 할 필요가 있습니다. 우리가 공정하고 편견 없는 시각을 취한다면 우리는 건축가와 공공 엔지니어의 직업이 예전처럼 서로 혼용되는 경향이 있다는 사실을 직시해야 합니다. 최근의 건축가들이, 엔지니어들이 자신들의 영역

---

달하는데도 말이지요. 이들 제조업자 중 하나가 그 주문을 시행할 마음을 먹는다고 해도, 그는 다른 업자들이 이 주문을 받지 않는다는 것을 알고 있는 이상 엄청난 가격을 요구하게 되고, 결국 새로운 방식으로 철을 생산해도 예산을 절감하는 효과는 얻을 수 없게 됩니다.

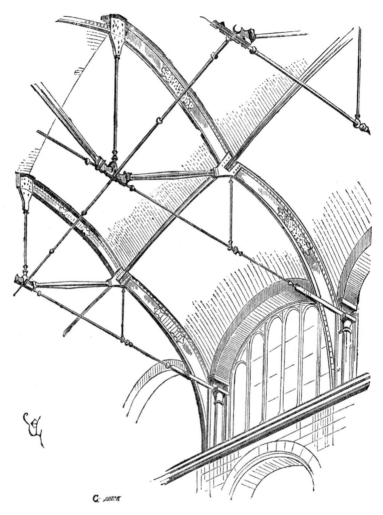

**그림 8** 철과 조적을 결합해 올린 궁륭천장의 투시도

을 잠식한다고 여겨 이에 저항하거나, 후자가 도입한 방법에 반대하는 입장을 취하게 만든 것이 자기 보존 본능이라면, 이 본능은 제대로 기능하지 못한 셈이며, 만일에 그것이 지배적이 된다면 건축가의 영역을 점차 축소시키고 그를 장식 디자이너의 역할에 제한시키는 결과밖에는 가져오지 못할 것입니다. 조금만 생각해 보면 두 직종의 이해가 양자 간의 연합을 통해 최상으로 구현되리라는 것을 알 수 있습니다. 왜냐하면 명칭은 별로 중요한 것이 아니기 때문입니다. 본질적인 것은 사물(the thing/la chose)이고, 여기서 그 사물은 예술입니다. 엔지니어가 예술적 형태에 대한 우리의 지식과 사랑을—그 사랑이 합리적인 것이고 단순한 감정 이상의 것인 한에서—조금 갖게 된다면, 건축가가 과학적 연구를 시작하고 엔지니어의 실용적 방법을 도입한다면—양자가 모두 그들의 능력, 지식, 수단들을 통합하고, 그럼으로써 진정한 우리 시대의 예술을 실현한다면 그 결과는 공공에 이롭고 시대에 영광이 되는 것이 아닐 수 없습니다. 이런 방향으로의 일부의 노력은 성공적이지 못했음을 관찰할 수 있습니다. 파리 시는 이 시의 가장 뛰어난 건축가 중 한 사람이 중앙 시장을 지을 때 한 엔지니어의 관념과 전체 설계를 수행하도록 만들 수 있었다는 점에 대해 크게 자축할 만합니다.[3] 최근에 지어진 많은 건물 가운데 이것이 다른 것들보다 프로그램

---

3) 파리 중앙 시장의 철골 구조를 설계한 건축가는 빅토르 발타르(Victor Baltard, 1805-1874)와 펠릭스 칼레(Felix Callet, 1791-1854)이다. 칼레의 주된 영역은 가로(街路)의 배치 및 파사드에 관한 것에 국한되어 있었고, 전체 안을 주도한 것은 발타르였다. 파리 중앙 시장을 위한 여러 설계안과 그 의미에 대해서는 Siegfried Giedion, *Space, Time and Architectire: the growth of a new tradition*(Cambridge, Massachusetts: 2008), pp. 230-233. 발타르와 파리 중앙 시장의 건축사적 의의에 대한 최근 연구로는 Christopher Curtis Mead, *Making Modern Paris: Victor Baltard's Central Markets and the Urban Practice of Architecture*(Penn State University Press: 2012) 참조.

의 조건을 잘 충족하고 있다면, 그리고 대중과 직업 예술가들 모두가 이를 인정한다면 그런 결과는 지성의 두 갈래를 일치시킨 덕분이 아닐까요? 그러므로 건축가나 엔지니어가 오늘날 분리되어 있는 그 두 요소들을 자신 안에서 통합한다면 그것이 예술에 어떤 위험이나 손해를 초래하겠습니까? 예술에 대하여 우리 시대가 요구하는 것과 모순되는 특정한 절대적 교의를 유지하는 데서 건축가는 무엇을 바랄 수 있습니까? 혹은 엔지니어는 예술에 대한 인문학을 무시하고 공식의 한계 속에 점점 더 자신을 가두는 데서 어떤 이득을 기대할 수 있습니까? 지금으로부터 50년 후에 엔지니어가 스스로를 건축가로 부르거나 건축가가 자신을 엔지니어로 부르게 되든 아니든—두 직종은 불가피하게 하나로 통합되어야 하니까요—저는 이 두 분야 사이에 유지하려고 해 온 경쟁 관계나 구별은 (사물들의 본성상 통합되어야 하는 것인 만큼) 어딘가 유치하게 보일 것이라고 생각할 수밖에 없습니다. 수년 전에, 누구인지는 기억나지 않지만 우리 건축가 중 한 사람이 엔지니어라는 명칭의 어원이 'engineor'(기계 제작자)라는 것을 발견함으로써 자신이 엔지니어들에게 치명적인 한 방을 먹였다고 확신했던 적이 있습니다. 이 평민적 기원에 맞세워 볼 때 우리[건축] 기술의 기원이라고 해서 그다지 더 품위 있는 것도 아니라는 점을 말할 수 있을 것입니다.

그러나 이런 두려움과 경쟁 관계는 대중들에게 별 흥밋거리가 못 될 테니 잠시 내버려 두고 우리의 과업을 완성하도록 합시다. 이 과업이란 엔지니어들이 도입한 방법들의 일부를 필요하다면 빌리고, 그것들을 건축적 구축의 기술과 화해시키려고 노력하며, 현대의 기기들이 고대의 조적 전통과 연합될 수 있는 방법을 계속해서 생각하는 일입니다. 19세기의 우리 건축가들에게서—이 점은 되도록 거듭해서 되풀이할 필요가 있습니다만—독창성은 지금까지 사용된 적 없는 기기를 과거에 창안된 형태들과 더불어,

단 그러한 기기에 어긋나지 않도록 도입함으로써만 얻을 수 있습니다. 지금까지 우리 시대는 이런 측면을 만족시키기 어렵지 않았습니다. 형태를 바꾸지 않고 새로운 재료들로 [옛 재료들을] 대체하는 작업이 독창성이라는 이름으로 칭송받는 것을 우리는 보아 왔으니까요. 이런 시도들이 별다른 결과를 남기지 못하고 있기는 하지만 우리가 그것을 비난할 일은 아닙니다. 그 시도들은 전체적으로 대중과 건축가들의 관심사를 이 새로운 재료들에 대한 고려로 돌려놓은 경향이 있고, 건축가들 가운데 인습에 지나치게 얽매이지 않는 사람들로 하여금 공통적인[인습화된] 방식 바깥에서 무엇인가를 찾고자 하도록 만들었기 때문입니다. 그러나 이런 탐색은 지금까지 꽤 피상적인 것이었습니다. 한편으로는 구축의 본질적 원리들에 충분히 주목하지 않았고, 다른 한편으로는 신성화되고 교조적으로 지정된 형태들과 결별할 만한 용기가 부족했습니다. 진보에 관해 많은 이야기가 있어 왔습니다만 사실상 그것은 우리가 숭배하는 데 익숙해 있는 모든 것을 전복시키는 일로 계속 여겨져 왔습니다. 고전 건축가들은 계속해서 의사-로마 건축을 만들어 내면서 그것을 철로 채워 왔습니다. 그것으로 자신들은 **고딕** 건축가들이 예술을 퇴행시키려는 열망에 사로잡혀 있다고 비난할 권리를 충분히 가질 만큼 과감하고 진보적이라고 생각합니다. 반면 고딕 건축가들은 그들의 적대자들이 자신들보다 훨씬 더 퇴행적이라고 생각했습니다—고딕이 로마 미술에서 유래한 만큼 이 주장은 참으로 받아들여질 수 있습니다.

하지만 후자(이른바 고딕 건축가들)가 자신들의 개념에서 **진보**를 선언했다고 해도, 앞서 말씀드린 것처럼 그 일반적 결과란 중세의 석재 피어들과 아치들을 철조 지주들이나 아치-늑재로 대체한 것에 지나지 않습니다. 그러나 이것은 철제 바들로 이루어진 의사-로마식 엔타블라처의 아키트레이브를 유지하는 것만큼이나 진보적이라고 할 수 없습니다. 분별 있는 민족이었던 로마 인들이 우리가 확보할 수 있는 것과 같은 대규모의 철을 가지고 있었다면, 그들은 그리스 인들로부터 유래한 형태들과는 다른 독창적인 형태들을 도입했을 것입니다. 로마 인들은 이 수단들의 이점을 모른 척하기에는 너무나 실용적이었습니다. 유사하게, 자신들의 개념을 그들이 가진 재료에 따라 명료하게 조정했던 중세의 거장들 역시 이 새로운 재료들에 자신들의 건축에 적합한 형태를 지체 없이 부여했을 것입니다. 우리들 19세기 건축가들이 처한 상황은 이와 다릅니다. 앞선 시대로부터 두세 가지 서로 다른 예술 스타일들을 물려받았지만 그 파생물들에 대해서는 고려하지 않았습니다. 우리에게는 그 스타일들을 무시할 힘이 없습니다. 그것들은 우리 눈앞에 있습니다. 그리고 건축 예술의 그러한 형태 중 하나를 없애고, 심지어 그것이 아예 존재하지도 않는다고 선언하려고 노력하는 것은 우리 시대의 기이하고 터무니없기까지 한 공상입니다. 이런 진행 방식은 로리케 신부가 루이 18세를 루이 17세의 후계자로 만들려고 했던 것으로 추정되는 방식과 불행하게도 닮았습니다. 로마와 그리스의 건축을 중세 건축보다 선호하는 것은 완벽하게 합리적인 것 같습니다. 그러나 진보의 논리적 질서를 따라 나아간다면 우리는 후대 건축가들이 이루어 낸, 개선에의 노력의 결과를 받아들여야만 합니다. 진보란 특정한 시기들에 발생한 신선한 요소들로 이루어진, 더 나아지려는 노력들을 쌓아 올리는 일에 다름 아닙니다. 확실히 주목해야 할 만한 방법을 가진 자연도 다른 방식으로는 진행하지 않습니다. 자연은 그 과거의 어느 부분도 잊거나 억누르지 않고, 더하고 개선합니다. 폴립으로부터 인간에 이르기까지 자연은 중단 없이 나아갑니다. 조직화된 존재들의 전체 목(目) 하나를 숨기고, 하등 포유류는 주목할 만한 가치가 없다는 구실로 원숭이와 조류를 연결하는 박물학자에 대해 무슨 말을 하겠습니까? 혹은 더 심각한 상처를 입혀도 죽지 않는다는 이유로 파충류가 고양이보다 완벽하다고 주장하는 사람이 있습니까?

고딕식 신랑의 부벽 아치에서 돌 한 개라도 빼내면 그 전체가 무너지는 반면 로마의 콘크리트 구조에서는 지주를 하나 제거해도 건물에 아무런 위험이 없다고 해서, 구조에서 고딕 건물이 로마 건물보다 진일보한 것이 아니라는 이야기는 아닙니다. 차라리, 고딕 건물에서는 구조가 보다 완벽하기 때문에 각각의 부분이 필수적인—필요 불가결한 것이라고 추론할 수 있는 것입니다. 유기체 가운데 가장 완벽한 존재로 여겨지는 인간은 대부분의 포유류에 비해 부상에 훨씬 취약합니다. 가재처럼 팔다리가 잘려나가도 다시 자라거나 하지 않습니다. 유기체가 가진 극도의 민감성과 섬세함은, 그러므로 창조의 과정에서 진보의 조건에 속합니다. 그리고 구축(building/construction)이라고 하는, 인간에 의해 이루어지는 2차적 창조에서도 마찬가지입니다. 인간이 불활성의 물질을 지배하는 데 더 큰 독창성을 선보일수록, 그가 그 재료를 자신의 필요에 맞추는 능력이 뛰어날수록, 이 창조의 기관들(이렇게 불러도 좋다면)은 더 본질적이고 섬세하고, 결과적으로 연약할 수밖에 없습니다. 그럴 때 계산, 균제의 원리, 평형의 원리, 역작용과 상쇄하는 힘의 새로운 원리가 그 자체로 안정적인 불활성 매스의 자리를 대신합니다.

그리스 건물과 로마식 콘크리트 구조의 수동적 안정성 대신에 중세의 거장들은 평형을 택했습니다. 그것은 더욱 넓고 다양하고 제한 없는 결과들을 제공하는 보다 섬세한 법칙입니다. 그 건축가들은 그리스와 로마의 구조 체계 위에서 전진했습니다. 우리의 재료들을 가지고, 건물에 대규모로 금속을 도입함으로써, 우리는 중세의 건축가들보다 앞으로 나아갈 수 있습니다. 그러나 이것은 과거에 그들이 했던 것을 무시함으로써, 혹은 그들을 한 발 한 발 따라감으로써가 아니라 그들이 도달했던 곳에서 시작해 진보의 사다리 위쪽으로 더 올라감으로써 이루어집니다. 여기서 밝힌 원리들을 배타적 교의라고 부를 사람들은 그 비난을 그들 스스로 되돌려 받게 될 것이라고 저는 확신합니다. 그들은 진정한 진보의 전진을 지연시킬 수 없고, 이것은 궁극적으로 인정될 것이기 때문입니다.

그러므로 우리의 노력을 계속해 봅시다. 그것이 아무리 불완전하다고 해도 오늘날 건축 예술에 어떤 장이 열렸는지 보여 줄 것이고, 건축은 우리 시대가 제공한 정말 새롭고 합리적인 수단에 솔직하게 적용할 때 비로소 독창적 형식을 갖게 된다는 것을 보여 줄 것입니다

그리스 건축이 본질적으로 아름답기 때문에 모든 요구에 적합하다고 계속해서 주장하는 사람들이 있습니다. 이런 주장의 잘못된 점을 보여 주는 데는 그런 이들에게 그리스 인들의 구조 체계로, 그들[그리스 인들]은 지은 적 없는 궁륭 천장을 지어 볼 것을 요청하는 것으로 충분합니다. 많은 아마추어들, 심지어 일부 예술가들조차 그리스 건축의 본질은 몇 개의 장식이나 몰딩을 사용하는 데 있다고 여기는 것이 사실입니다. 그리스 문화에 대한 이런 맹목적 지지자들은 5층짜리 주택의 파사드를 아티카의 틀받이 몰딩이나 코니스를 모방해 만들면서 자신들이 페리클레스 시대의 예술을 따르고 있다고 진지하게 생각합니다. 이런 유치함들에 대해 더 상세하게 말하지 않더라도 우리는 그리스 인들이 그들의 건물에 궁륭을 올릴 필요가 있다고 여기지 않았으며, 이런 관점에서 그들을 모방하는 것은 차라리 뒷걸음질치는 일임을 인정하지 않을 수 없습니다. 로마 인들은 콘크리트 궁륭 천장을 짓고, 중세 건축가들은 나름의 이점을 갖는 탄성 체계 위에서 상당히 많은 궁륭 천장을 올렸습니다. 이것들은 모두 사실이므로 후회도 존경도 이보다 우선할 수 없습니다. 그러나 로마의 궁륭 천장은 중세

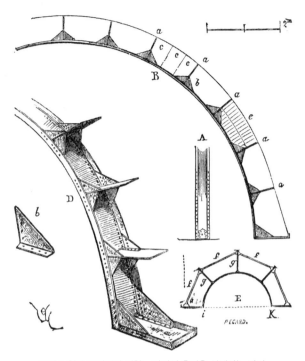

**그림 9** 철과 조적조의 결합―아치의 추력을 상쇄하는 방법

의 궁륭 천장과 마찬가지로 교대를 필요로 했습니다. 우리는 궁륭 천장의
추력이 철로 어떻게 지지될 수 있는지 설명했습니다. 궁륭식 건물에서 철
의 적용 방식을 보다 신중하게 분석하고, 철 구조와 조적조를 결합함으로
써 연결근의 도움 없이도 아치의 추력을 지탱할 수는 없는지를 고려하는
것이 우리가 관심을 갖는 문제입니다.

그림 9가 너비 10m의 아치라고 합시다. A는 폭이 0.4m인 철판 띠로,
반원형으로 만들어져 있고, 그 위로 역시 철판으로 만들어진, 길이 0.7m의
고정된 평판 a가 브래킷 b로 고정되어 있는 것을 그림 B에서 볼 수 있습니

다. 곡선 띠에 고정된 두 개의 L자 쇠는 플랜지를 고정하고 구조를 강화합니다. 이 평판들 사이에 석재로 c 혹은 벽돌로 e와 같이 홍예석을 놓는다면 아치는 일그러질 수 없습니다. 투시도 D는 이 철조의 체계를 도해하고 있습니다. 예컨대 E가 철판 아치라고 하고, 단단한 가새 f로 고정된 평판 g가 그 위에 고정되어 있다고 합시다. 두 점 i, k가 벌어지는 것은 불가능할 것입니다. 왜냐하면 두 점을 벌리려는 어떤 작용도 가새들을 서로 보다 밀접하게 밀어내는 결과만을 낳게 되기 때문입니다. 그러면 부분적으로 철과 석재가 함께 쓰인 아치 B도 동일한 법칙에 종속됩니다. [아치를] 벌어지게 하려는 어떠한 작용도 홍예석들을 더 강력하게 밀착시키는 결과를 낳을 것이고, 철제 띠가 연속적인 면을 제공하므로 이음새는 내호에서 벌어질 수 없습니다. 그러므로 아치가 벌어질 리 없는 이 이음새들은 일그러질 수가 없는 것입니다.

비틀림은 아치의 모든 부분이 상당한 압력 아래 곡선에서 직선으로 펼쳐짐으로써 내호를 원형이 아닌 다각형의 띠로 만들 경우에만 발생합니다. 그러나 각 돌출판 사이의 곡선은 거의 드러나 보이지 않고, 나아가 L자 쇠와 브래킷으로 강화되어 있다는 것을 관찰하게 됩니다. 그러므로 원의 각 부분의 팽창이 일어나려면 일반적인 궁륭 천장에 의해 가해지는 것보다 훨씬 더 큰 압력이 가해져야 합니다.

이런 구조의 실험적 모델은 얇은 띠철(hoop iron)이나 심지어 함석으로도 비용을 적게 들여 만들 수 있고, 돌출판들 사이에 작은 나무 조각들을 끼워 넣음으로써 그 힘을 쉽게 입증할 수 있습니다.* 그렇게 구축된 아치

---

* 내호의 폭이 1.00m, 단면이 0.05m에 0.07m인 아치의 경우 직각 지주 없이 함석으로 만들어 열두 개의 돌출판들을 납땜으로만 붙이고 소석고로 홍예석을 했을 때 종석에 10kg의 무게를 가해도 무너지지 않고 지탱할 수 있습니다.

는 석재나 벽돌 아치보다 비용이 많이 들지만 그 재료들의 양을 절약한다는 것(폭이 그 정도 되는 아치는 두께가 0.4m밖에 안되는 홍예석으로 받칠 수 있으므로) 외에도 실제 절감의 효과가 나타나는 것은 교대에서입니다.

이 체계를 도입함으로써 우리는 횡단 아치의 늑재가, 로마 인들의 궁륭 천장이 그렇듯 단면이 매우 작은 피어 위로 벽돌이나 잡석조로 이루어진 교차식 궁륭 천장을 떠받치도록 만들 수 있습니다. 그렇다면 이것이야말로 구축의 경제학과 대지상의 건축 면적의 경제학 면에서의 진보라고 할 수 있을 것입니다. 오늘날 우리의 도시들에서 재료는 비싸고 공간은 제한되어 있으므로, 건축가들은 두 가지 모두에 대해 경제적인 방식을 택하는 데 최선을 다해야 합니다.

철이 도입되는 그와 같은 조건들이 그 지속성에 유리하게 작용할 것은 분명합니다. 철제 평판들은 석재나 벽돌 홍예석들 사이에 묻혀 있지만 그 기능은 단순히 수동적인 것이고, 홍예석에 의해 가해지는 단순한 압력에만 의존하고 있기 때문입니다. 내호의 띠, L자 쇠와 그 브래킷은 이 체계의 주요한 힘을 구성하는 것으로 최소한 그 표면은 공기 중에 노출되어 있습니다. 게다가 석재나 벽돌 홍예석들은 궁륭 천장 아래 덮인 채로 있어서 철의 지속성에 영향을 미칠 만큼 충분한 습기나 염분을 배출할 수 없습니다. 그러나 여기서 우리는 다만 철을 고대의 구조 체계에 맞추었을 뿐입니다. 이 아치들은 로마나 중세의 아치들처럼 앞서 지적한 단점들을 가지고 있습니다. 즉 매우 높고 상당히 무겁다는 것입니다. 로마의 교차식 궁륭 천장은 돈이 많이 드는 홍예 틀을 필요로 합니다. 매우 넓은 공간—예컨대 [직경] 20m 정도 되는—위로 궁륭 천장을 올리되, 아무런 추력도 가하지 않고, 많은 양의 홍예 틀도 필요로 하지 않으며, 엄청나게 높이 올라가지 않고, 지면에서 높은 곳에 채광이 잘 되는 개구부를 허용하고, 그림

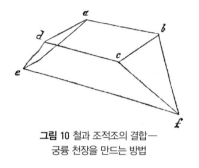

**그림 10** 철과 조적조의 결합—
궁륭 천장을 만드는 방법

6, 7, 8에서 보는 것보다 기념비적인(architectural / monumental) 외관을 보여 주도록 하면서 철은 지주와 계재에만, 즉 경제적으로만 도입하고자 한다면, 우리는 로마나 중세의 장인들이 도입한 것과는 다른 장치들에 의존해야 할 것입니다.

그림 10의 abcd가 네 개의 버팀대 ae, de, bf, cf와 계재 ef를 수반하는 골조라고 합시다. 이런 부분들로 이루어진 골조가 abcd 지점에서 하중을 받는다면 어떤 일그러짐도 있을 수 없다는 것은 분명합니다. 우리가 발전시키려고 하는 궁륭 천장 체계는 이 그림으로 도해된 원리에 의존한 것입니다.

그림 11이 내부 폭 20m이고 일련의 베이들로 구성된 홀의 평면도의 일부라고 합시다. abcd에 그림 10에 일치하도록 설계된 골조를 설치한다면 선분 ae, de, bf, cf는 지지하는 버팀대들의 수평 돌출부, 골조의 네 점인 a, b, c, d를 연결하는 선들과 계재의 선분 ef를 제공할 것입니다. 선분 ah, ad, di, bg, bc, ck, ab, dc에 상응하는 아치들을 돌린다면 우리는 연속되는 아치들 위로 둥근 돔 A를, 사각의 공간 B 위로 사각형 돔을, 사다리꼴 hadi, gbck 위로 원통형 궁륭들을 올릴 수 있게 됩니다. 전체 체계를 창문이 뚫려 있고 버팀벽도 없는 두께 1.8m의 벽으로 지지할 수 있게 되는 것입니다.

그림 12의 단면은 A의 op와 B의 os를 잘라 본 것으로 이 체계를 설명해 줍니다. 그러나 이것은 도판 22-1의 내부 투시도로 보다 잘 설명할 수 있을 것입니다. 지지하는 버팀대 혹은 기울어진 원주 a(그림 12)는 주철로 만

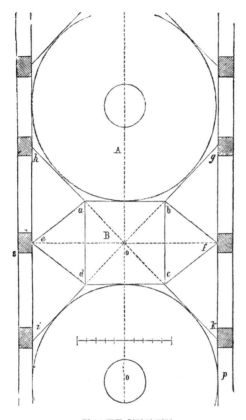

**그림 11** 궁륭 천장의 평면

들어져 b에서 받침에 놓입니다. 역시 주철인 받침은 타이로드 c로 연결되어 있습니다. 이 버팀대들의 밑둥은 회전 타원체이며 각 받침에 패어 있는 구멍에 끼워집니다. 버팀대의 윗부분에는 장부가 있어 회전 타원체 e에 끼워져 있고, 그 위에 얹혀 있는 짧은 주신은 다시 주철 주두 g에 장부로 끼워져 있습니다. 이 주두들은 각기 세 개의 아치의 기공석들을 떠받치고 있습니다. 짧은 주신들은 계재 d로 연결되어 있고, 그것은 위쪽에 있는 아치

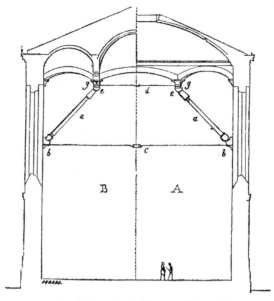

**그림 12** 철과 조적조의 결합—궁륭 천장의 단면

들과 더불어 사각 돔과 원개의 일부를 지지하는 틀의 측면들을 형성합니다. 결국 타이로드를 수반하는 이 네 개의 아치들은 어떤 추력도 가할 수 없습니다. 다만 아치들인 ah, di, bg, ck(그림 11의 평면도)만이 측벽에 추력을 가할 수 있습니다. 그러나 이 아치들 위로 우리가 돔을 둘러싼 철제 띠를 놓는다면 이미 상당히 사선으로 작용하고 있는 추력을 반대로 지탱하게 될 것입니다.

도판 22-1의 투시도는 측벽들에 궁륭 천장 체계의 시작 선까지 올라가는 큰 창문들이 뚫릴 수 있음을 보여 줍니다. 타이로드 c(단면 참조)가 부러지지 않는 한 이 궁륭 천장 때문에 벽이 무너질 수는 없습니다. 그러나 이런 타이로드에 가해지는 인력은 구조가 완성되고 그 위치를 유지하는 순

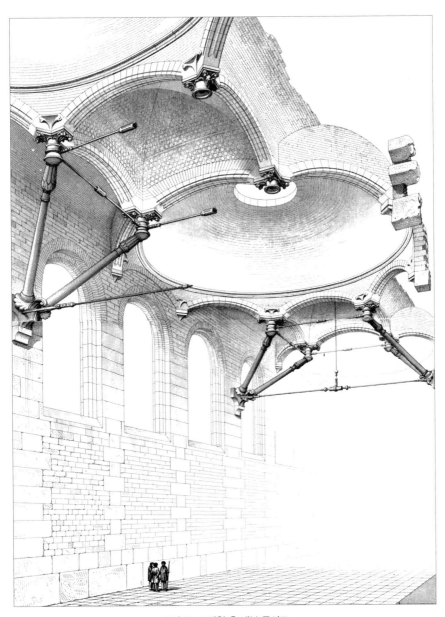

**도판 22-1** 대형 홀 내부 투시도

간 그리 크지 않은 것이 됩니다. 건물이 튼튼하게 지어지고 궁륭 천장이 제대로 만들어지면 궁륭 천장에 의해 산출되는 추력의 최초의 효과는 매우 작으며, 약간의 장애물로 그 전개를 충분히 막을 수 있습니다. 아치와 그 기공석이 석재이고 궁륭 천장이 속빈 벽돌이라고 하면 각각의 버팀대들은 기껏해야 15톤 정도의 무게를 받치게 됩니다. 버팀대가 사선으로 만들어져 있으므로 하중의 상당 부분은 나뉜 채 벽을 타고 수직으로 내려가며, 아래쪽의 큰 철제 가새에 가해지는 인력은 대단치 않은 작용으로 줄어들게 됩니다. 그 작용력을 확인할 수 있겠습니다만 벽 자체의 하중과 그 직접적 저항을 받침 위로 보내도록 하면서 가새에 5, 6톤에 해당하는 실질적 작용을 산출하게 될 것입니다—이 정도면 우려할 만한 인력은 아닙니다. 이런 종류의 구조는 매우 경제적입니다. 버팀대에도 받침에도 주두에도 단 한 가지 패턴만 있으면 되니까요.

비스듬한 원주들을 고정시키는 데 쓰일 비계 위에서 (모두 같은) 홍예 틀들이 쉽게 가설될 것이고, 궁륭 천장은 그것이 특수한 방식으로 만들어졌다면 홍예 틀 없이, 혹은 적어도 흙막이판 없이 돌려질 수 있을 것입니다. 이 점에 대해 지금 설명하겠습니다

철과 조적을 사용한 이 구축 방법은 우리가 보기에 그런 작업을 특징짓는 조건들을 충족시킵니다. 철제 골조는 가시적이고, 독립적이며, 자유롭게 이완·수축되므로 산화를 통해서든 온도 변화 때문에든 조적조 부분의 균열을 야기할 수 없습니다. 조적조는 부분적으로 콘크리트로 이루어져 있지만, 전체를 떠받치는 작은 아치들 덕분에 어느 수준의 탄성을 유지합니다. 궁륭 천장 체계가 실내의 폭에 비해 상당한 높이를 차지할 뿐이므로 상대적으로 높은 곳에 거대한 창문들을 낼 수 있습니다. 그것은 최소한의 재료를 요구하며, 얇은 벽만이 (지주들을 제외하면) 부분적으로 잡석조로 지

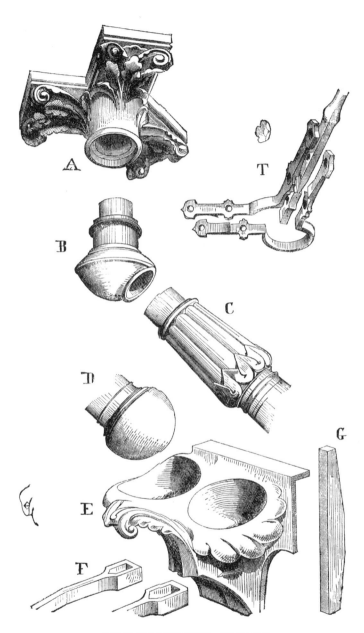

**그림 13** 철과 조적조의 결합―철공의 세부

어질 수 있습니다. 철조에서 망가지거나 부서지기 쉬운 볼트의 사용은 배제되며, 타이로드를 가새나 칼라(collar)에 고정시킬 때만 볼트가 쓰입니다. 그림 13의 A에는 주철 원주 중 하나가, B에는 그 짧은 주신과 회전 타원체 받침이 그려져 있습니다. T에 상부 타이로드의 칼라가, C에는 버팀대의 머리 부분이, D에는 같은 버팀대의 밑둥, E에 받침, F에 타이로드의 가지, G에 쐐기가 묘사되어 있습니다. 이 조임쇠들은 자유롭게 움직이고, 파열이나 탈구를 일으킬 수 없으며, 접합하는 데서 문제가 일어나지도, 현장에서의 마감도 필요하지 않다는 것을 확인할 수 있습니다.

이런 종류의 구축에서 모든 것은 미리 준비되어야 하는 것이 분명합니다. 작업의 다양한 부분이 공장에서 혹은 특수한 공방에서 마련되어 이미 접합된 상태로 건설 현장으로 옮겨질 수 있으며, 그리하여 더 이상 어려움 없이 제자리에 놓일 수 있습니다.


## 비용의 절감


오늘날 건물을 짓는 데 고려해야 할 심각한 어려움은 작업 공간의 마련입니다. 인구가 밀집한 우리의 도시에서는 공간이 너무 귀해져서 가능한 한 이런 작업을 위한 면적을 줄이는 데 필요한 수단을 찾을 필요가 있어 보입니다. 조적의 경우에는 특히 건축 현장에 재단되지 않은 석재 블록을 가져오는 관습은 석공이 건물에 필요한 모든 조각을 찾아야만 하기 때문에, 작업 진행에 따라 석재 양은 줄어들고 그에 반해 엄청난 양의 [재단하고 남은] 석재를 순전히 버리려고 쌓아 놓는 불편함이 수반됩니다. 석재는 하중에 따라 가격이 매겨지고 운송비도 하중에 따라 매겨지므로 각각의 석재 블록에서 1/4이나 1/5 분량을 제자리에 놓기 전에 잘라 내는 것은 너무 많은 불필요한 부분에까지 비용을 낭비할 뿐 아니라 그 운송비까지도 드는 일임이 분명합니다. 이것은 누구의 이득도 아니며, 시공자가 감당하지 않으면 안 됩니다. 작업장에서 시공자에게 들어가는 이런 불필요한 경비는 수반되는 세금과 운송비의 일부에까지 미칩니다. 이렇듯 석재에 들어가는 비용은 그 실제 가치 외에 버려지는 부분과 버려지는 부분의 운송까지도 포함하게 되는 것입니다.

특히 대형 건물의 경우에, 건축가가 시공자에게 도면을 줄 때 석재의 크기와 모양을 완전히 구체적으로 지정한다면, 시공자는 석재의 상당 부분을 채석장에서 자른 상태로 주문할 수 있고, 따라서 그만큼의 작업 공간을 빌리고 차지할 필요가 없어질 것입니다. 시공자 자신에게도 비용의 절감이 될 것이고, 비례하여 정부와 개인에게 발생하는 비용도 줄어들 것입니다.

이를테면 궁륭 천장과 같은 가벼운 조적 작업에서 다듬지 않은 재료들을 지면에 쌓아 놓을 필요를 배제하는 특정한 방법이 도입된다면―이 가벼운 구조의 부분들이 공장에서 이미 조립된 상태로 온다면―궁륭 천장을 올리는 노동력과 시간에서는 더 큰 절감 효과가 발생하게 될 것입니다. 건축 예술의 개선은 시간, 공간, 노동의 절약으로 나타나야 합니다. 이를테면 전체 중 일부만 구조에 사용될 재료를 통째로 끌어올리는 데 쓰이는 비용 같은 것을 줄여야 합니다. 예컨대 물의 상당량이 지상이나 작업장에서 사용될 수 있는데 군이 그 물을 20m 높이까지 끌어올릴 필요가 있습니까? 석고와 시멘트를 지상에서 반죽통에 넣어 갠 다음 조적공 보조를 시켜 건물 꼭대기까지 옮겨 가게 하는 것만큼 노동력을 낭비하는 일이 어디에 있겠습니까? 얼마나 많은 시간과 노동력의 손실입니까! 서투름, 사고, 부주의 등으로 손상이 일어날 상황이 얼마나 많습니까!

그렇다면 특히 궁륭 천장에서 오늘날 필수적인 것으로 여겨지는 일부 노동과 예비 작업을 어떻게 해서 피할 수 있는지, 그래서 결과적으로 비용을 줄이게 되는지 살펴봅시다. 내부에 사용할 때 탁월한 재료인 소석고 외에 우리는 시멘트와 콘크리트를 찍어 내거나 뭉쳐서 사용합니다. 이를 가지고 궁륭 천장의 상당 부분이 사전에 최상의 조건 속에서 작업장에서 필요한 형태로, 모든 편의를 통제하면서 준비될 수 있습니다. 따라서 이것은 저렴한 비용으로 쉽게 들어 올려 간단히 제자리에 놓을 수 있습니다. 현재의 궁륭 천장 건축 방법은 목재 홍예 틀 체계를 필요로 하며, 그 틀 위에 궁륭의 볼록한 형태를 재현하는 목재 바닥을 대게 됩니다. 이런 예비용 목조는 차후에는 결국 없애 버릴 부분으로, 상당한 비용을 수반합니다. 로마 인들은 이와 동일한 방법을 도입했습니다. 그러한 목조 형태 위로 그들은 벽돌 아치를 올렸으며, 그 내부 공간을 조밀하게 다져 넣은 콘크리트로 채워 폭이 넓은 궁륭 천장을 만들었습니다. 중세의 위대한 시공자들은 횡단과 사선 방향의 궁륭 천장-늑재를 위해 목재 홍예 틀을 고정시켰고, 그 위에 가동 바닥재(moveable curves)들을 이용해 소피트를 지었습니다.* 이 후자의 방법은 로마식 평면도에 궁륭 천장을 올리는 데 필요한 목재의 양을 줄인다는 점에서 진일보한 것이었습니다. 그러나 우리가 이 방법을 고수해야 하는 것은 아닙니다. 우리는 다만 거기서 이득이 되는 점들을 유지하면서 가능하면 보다 나은 방법을 찾아야 합니다. 도판 22는 실내를 덮는 데 사용된 몇 가지 궁륭 천장 형태들을 동시에 보여 줍니다. 주철 버팀대를 고정시키는 역할을 하게 되는 비계 위에 우리는 (모두 동일한 방식으로 만들어진) 홍예 틀들을 놓아 석조 아치들을 받치게 해야 합니다. 그러나 원개

---

* 이 방법에 대한 설명은 *Dictionnaire* CONSTRUCTION 항목 참조.

에 대해서는, 이런 형태의 궁륭 천장에 매우 많은 시간과 비용을 들여 통상 설치하는 복잡하고 무거운 목조를 쓰지 않을 수 있습니다.

동방의 건축가들은 타원형 원개를 만드는 매우 단순한 방법을 가지고 있습니다. 그들은 목재 봉의 한 끝을 타원형의 중심에 고정시킴으로써 그것이 모든 방향의 반경으로 움직일 수 있게 하고, 이것을 잣대로 회벽에 벽돌들을 차례로 쌓아 오목한 모양이 되도록 했습니다. 각각의 벽돌 아치 혹은 차라리 구의 각 수평 절단면은 이지러지지 않은 고리 형태를 이루고, 직공들은 그렇게 해서 궁륭을 마무리할 수 있었습니다. 그러나 이런 방식은 직경이 크지 않은 원개에만 적용될 수 있고, 시공이 느린 것은 당연합니다. 이 방법은 그럼에도 특정한 경우에 사용하기 좋으며, 이를테면 이 움직이는 봉을 그 봉의 숫자만큼 홈이 파인 철재나 목재 축의 밑둥에 붙인다든지 하는 방식으로 개선한다면 유용하게 쓰일 수 있을 것입니다. 그러나 그림 12의 단면에 그려진 것 같은, 아래쪽 테두리 직경이 20m이고, 반지름이 15m인 돔에 위에서 기술한 것과 같은 방식은 사용될 수 없습니다. 그렇지만 조적의 새로운 체계를 이용하면 홍예 틀 때문에 발생하는 비용은 크게 줄일 수 있습니다.

테두리 직경 20m에 테두리 원주가 60m인 돔을 상정해 봅시다. 우리는 이 원주를 60등분하여 그렇게 분할된 돔의 한 조각의 단면을 견본으로 삼고, 이 조각을 그림 14의 투시도에서와 같이 몇 개의 패널로 자릅니다. 특히 우리가 복수의 이런 돔들을 덮어야 할 때는 작업장에서 소석고나 프레스 콘크리트로 성형해 이 패널을 필요한 만큼 만들어 내는 것이 가장 쉬운 방법입니다. 그림에 따르면 필요한 것은 다만 일곱 가지 패턴의 패널들입니다. 아래쪽 구역에 60개가 필요하다고 하면 다른 구역에도 각각 비슷한 숫자가 필요할 것입니다.

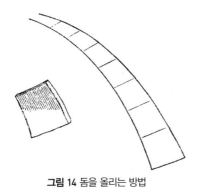

**그림 14 돔을 올리는 방법**

이 패널은 겨울이라 할지라도 미리 준비하고 충분히 건조시켜 홍예석 같은 곳에 올릴 수 있고 소석고나 시멘트로 고정시키게 됩니다. 각각의 구역이 설치되면 이지러지지 않는 동심원의 고리를 형성하며, 그 다음 구역이 즉각 올라갈 수 있습니다. 패널들이 우물 반자로 만들어져 내부 장식을 형성할 수 있다는 사실은 덧붙여 말할 필요도 없을 것입니다.

성형 패널들을 이용해 덮은 돔의 홍예 틀은 각 패널이 견고한 표면을 제공하는 만큼 따로 널깔기(planking)할 필요가 없을 것입니다. 그러므로 올라가는 접합부들 아래에 30개의 홍예 틀이나 60개의 반(半)홍예 틀이 놓이기만 하면 됩니다. 이 홍예 틀들을 고정시키는 데는 철이 매우 유리합니다. 이 재료는 그 가치를 유지하므로 사후에 다른 목적에 사용될 수 있고 작업이 완료되었을 때는 교환될 수 있기 때문입니다. 그러므로 우리가 그림 15의 A에 T자 쇠나 심지어 주철로 만들어진 원을, B에 L자 쇠로 또 다른 원을 고정시킨다면, 또 추가적인 예방책으로 이 아래쪽 원을 고리 D에 접합된 15개의 타이로드 C로 고정시킨다면, 위쪽 원의 플랜지와 아래쪽 원의 플랜지 사이에 60개의 목재 블레이드 E를 곡선형 목재들과 클립들로 충분히 고정시킬 수 있을 것입니다. 이 곡선 부재와 클립들은 그 날들을 강화하고 패널들을 고정시키는 역할을 할 것입니다. 후자의 올라가는 접합부들은 각 홍예 틀 위에 있게 됩니다. 아래쪽 원 대신에 철판으로 된 60면체를, 세부 G에서와 같이 모서리 하나 걸러 하나마다 리벳판으로 접합하여 놓는다면 타이로드를 쓰지 않아도 됩니다.

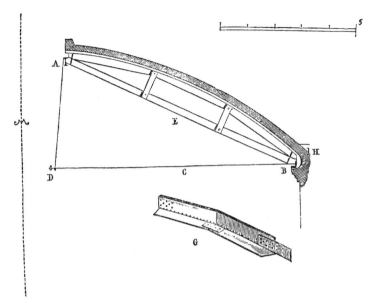

**그림 15** 궁륭으로 이루어진 돔의 홍예 틀을 구성하는 방법

 

각각의 패널은 평균 5.5cm³밖에 안될 것이고, 그러므로 프레스 콘크리트로 100kg 정도, 소석고로 건조시켜도 80kg에 지나지 않습니다. [패널이] 전부 420개라고 하면 테두리 폭 20m, 수직 높이 4.6m의 돔의 무게는 프레스 콘크리트일 경우 4만 2000kg, 소석고일 경우 3만 3600kg에 불과합니다. 이 돔의 여덟 개의 지주들은 그러므로 각각 5250kg이나 4200kg 정도만 떠받치면 되는 것입니다.

어떠한 추력 작용이라도 H(그림 15)의 철제 고리에 의해 배제됩니다. 그러나 이런 수단들은 새로운 구조 체계를 이루는 것은 아닙니다. 이것은 다만 석재 지주 대신에 철재 지주를 쓴 것뿐이고, 경제적 방편을 이용해 궁륭 천장의 일반적 형태를 일반적이지 않은 용도로 시공하는 방법일 뿐입니다. 철은 그런 궁륭 천장들의 구조적 조합에 들어가지 않습니다. 그러나 그 규모는 우리가 최근에 짓는 가장 큰 궁륭식 건물들에서 통상적으로 취하는 정도를 넘어서지 않습니다. 그럼에도 불구하고 과거의 어떤 건물이 제공했던 것보다 큰 공간의 필요성은 나날이 분명해지고 있습니다. 우리 도시의 홀들 어느 곳도 때때로 그곳에 모이게 될 군중들을 수용하기에 충분할 만큼 넓지 않습니다. 예를 들면 파리에서는 인기 있는 연주회에 적합한 장소들이 입장하고자 하는 사람들의 반도 수용하지 못하는 일이 벌어져 왔습니다. 산업관(Palais de l'Industrie)과 기차역들은 유리로 만든 헛간에 지나지 않습니다. 그것들은 막혀 있고 안락한, 난방이 잘되는 건물이 아닙니다. 이 건물들의 실내는 때때로 필요한 반향이 없습니다. 모든 면에 외풍이 있고, 냉각면이 상당합니다. 그러므로 되풀이해 말하자면, 조적조 건물들은 철과 유리로만 지어진 건물들이 제공할 수 없는 이점들을 가지고 있습니다. 조적조로 된 로마 건물들을 검토해 보면 우리는 그중 가장 큰 건물들이라고 해도 실내 공간들을 아주 큰 규모로 만들지 않는다는 것을 알 수 있습니다.

예컨대 로마의 안토니우스 카라칼라 대욕장의 대형 원형 홀은 직경이 25m에 지나지 않습니다. 콘스탄티노플의 아야소피아 성당의 대형 원개는 직경 31m, 로마의 산피에트로 대성당의 원개는 그보다 10m가 더 클 뿐입니다. 이런 결과를 얻어 내기 위해 사용되는 재료의 양은 지금으로 쳐도 엄청난 것으로, 이를 생각하면 여기서 발생하는 막대한 비용을 고려할 때 우리가 이를 시도하지 않는 것은 놀랄 일이 아닙니다.

건물에 철을 사용함으로써 결정적으로 적은 비용으로 이런 규모를 넘어서도록 만들어 줄 수 없다면 사실상 우리는 우리의 선조들보다 열등한 것입니다. 사실 중세의 거장들은 르네상스의 거장들과 마찬가지로 상당히 섬세하고 능동적이며 창의적인 지성의 소유자들이었습니다. 창의적 지성이라는 말을 쓰는 것은 그것이 이 옛 건축가들이 우리에게 물려준 작품들의 지배적인 성격이기 때문입니다. 그것은 우리의 중세 건물들의 구조에서 나타나지만, 재료들이 부적합한 것들이 되어 가면서 더 이상 나타나지 않게 됩니다. 그것은 르네상스의 시도들에서 나타납니다. 후대의 건축가들에게 영향을 준 고전적 형태를 피상적으로 모방하는 것과는 별개로, 그들은 이런 모방을 그들 건물의 구축과 그들이 사용한 방법에서까지 고수하지는 않았기 때문입니다. 당시의 건물들을 언급하는 대신 우리는 이런 사실에 대한 증거를 알브레히트 뒤러, 세를리오, 필리베르 들로름 등 당시의 몇몇 거장들의 저작에서 찾아볼 수 있습니다. 그들의 저작 곳곳에서 우리는 어떤 독창적인 관념 혹은 새로운 각색을 발견합니다. 그리고 그들의 선조들의 경우와 같이, 그들의 독창성의 한계는 오로지 그들이 사용한 재료의 부적절성에 의한 것입니다. 오늘날 우리는 그러한 한계에 도달해 보았거나 도달하려고 애써 본 적이라도 있습니까? 저는 없다고 생각합니다. 우리의 엔지니어들은 그들의 위대한 교각을 건설할 때 새로운 길을 단호하게 걸어갔습니다. 그러나 우리 건축가들은 여태까지 새로운 수단들을 옛 형태들에 소심하게 맞추는 것 이상의 모험을 감행하지 않았습니다. 그들은 애써 계산하고, 발명하고, 고안하는 일을 그러한 계산과 발명과 고안이 자신들이 채택한 공식에 반한다는 이유로 하지 않고, 자신들의 발밑에서 허물어져 내리고 있는 과거 위에 존재하는 편을 선호합니다. 그리고 그 과거는 최종적 붕괴에 그들을 함께 끌어들일 것입니다. 모든 것이 놀라운 속도로 변화하고 있는 사회적 조건 속에서 그들은 마치 성스러운 교의의 사제라도 되는 양 고독하며, 그들의 작업에서 진보의 반대편에 섭니다. 반면 가장 유능한 이들조차 그 대부분이 새로운 발견으로 이끌어 줄 수 있을 과거의 기념비적 건축물들에 대한 많은 부분을 탐구에서 배제합니다.

그러나 이른바 체계에 대한 이런 고려는 결국 우리에게서 거의 두 세기 동안 지속되어 온 편견의 덩어리에 다름 아닙니다. 자신들의 필요에도 소망에도 어울리지 않는 건물들이 세워지는 것을 늘 불평하는 대중, 독창성을 요구하고, 자신들이 그 목적을 이해할 수 없는 건물들이 세워짐으로써 독창성은 붕괴되었다고 주장하는 그 대중이 때로는 거짓된 고전적 취향을 자랑하는 것입니다.

그러나 지금은 우리 건축가들이 미래를 생각해야 할 때입니다. 우리는 지금부터 작업을 통해 우리의 조상들처럼 창안해야 하며, 우리가 과거에 획득한 것은 다만 이용해야 할 일련의 진보들로서 고려하면서 앞으로 더 나아가기 위해 그것을 분석해야 합니다. 또한 지금은 경제성이라는 가장 중요한 문제에 대해 생각해야 할 때입니다. 그렇지 않으면 자신들의 요구가 완전히 충족되지도 않는데 계속 비용을 지불하는 데 지쳐 버린 대중이 미학에는 무관심하지만 시대정신[경제성]과 조화를 이루면서 건축할 수 있는 사람을 기용하는 것을 곧 목격하게 될 것입니다.

중견인 우리들이 새로운 건축의 창조자가 되는 것은 바랄 수 없겠지만 그럼에도 우리의 능력껏 그 바탕을 마련해야 합니다. 또한―어떤 것은 배제하고 어떤 것만 취하는 것이 아니라―모든 고대적 방법에 관한 지식과 그것이 우리에게 줄 수 있는 도움을 가지고서 우리가 가지고 있는 재료에 조화를 이루도록 새롭게 적응시키고자 해야 합니다. 진보란 언제나 기지의 것에서 미지의 것으로, 방법의 연쇄적 변형을 통해 이루어집니다. 그러한 진보는 단속적으로 일어나는 것이 아니라 일련의 이행을 통해 일어납니다. 그러므로 의식적으로 이러한 이행을 준비하도록 노력합시다. 그리고 과거에 대한 시야를 잃기보다는 과거 위에 건설함으로써 그 위로 부상하도록 합시다.

이 강의에서 주어진 사례들은 오직 이런 관점에서만 고려되어야 합니다. 저는 새로운 건축 스타일을 도입하게 될 완전히 새로운 구축 체계를 저 스스로 창조했다고 생각할 만큼, 또는 그렇게 여겨지고 싶어 할 만큼 허영에 사로잡힌 사람은 아닙니다. 저는 제게 주어진 몫을 합니다. 저는 다만 우리 시대가 제공한 수단들을 도입할 방법들에 주목하고자 할 뿐입니다. 모든 건축가가 나름대로 같은 일을 한다면 고전 미술과 중세 미술을, 특히 그 유적들을 분석함으로써 적절히 존중하는 한편 우리는 우리 시대의 건축이 창조되는 것을 목격하게 될 것입니다. 대중들은 그 출현을 요청하지만 우리가 과거의 미술을, 그것이 산출되었던 상황과 그것을 발원시킨 요소들을 고려하지 않은 채 과거의 예술을 계속해서 재생산한다면 우리의 시대는 고유한 건축을 우리에게 제공하지 못할 것입니다.

이 강의에 주어진 일련의 사례들은 그것이 나타나게 된 방법이 이러한 노력의 과정에서 도입된 것임을 시사합니다. 우리는 친근한 장치들로부터 시작해 그것들을 점차 변형시키거나, 아니면 새로운 요소들을 거기에 적용했습니다. 이제 새로운 재료를 좀 더 완전히 사용하고, 그로부터 새로운 조건 아래에서 구축의 특정한 일반적 형태들을 연역해 내도록 노력할 것입니다.

최소한의 솔리드로 가능한 한 가장 넓은 보이드를 마련하는 것은 확실히, 모든 건축 스타일에서 공공 건축을 필요로 할 때 풀어야 할 문제였음이 분명합니다. 군중은 그리스 신전에 들어가지 않았습니다. 그리고 이미 언급한 것처럼 그리스의 작은 공화국 시민들은 지붕이 없는 구역에서만 모였습니다. 로마 인들이 처음으로 많은 사람들이 지붕 아래 모일 수 있는 건물을 지었다면 중세의 건축가들은 유사한 문제를 다루는 데 가능한 한 조적조의 양을 줄이려고 애썼습니다. 그러나 그들이 가지고 있던 재료들은 어떤 한계 이상 그것을 허용하지 않았습니다. 이 커다란 건물들에 궁륭을 올려야 했기 때문입니다. 그들은 크기가 큰 연철이나 주철 자재를 사용할 수 없었기 때문에 우리의 거대한 대성당처럼 넓은 건물들을 만들 수 있게 해 주는 것은 조적조라는 장치―추력과 역추력의 평형 체계―뿐이었습니다. 그러나 우리는 그들에게 없었던 수단들을 가지고 있습니다. 본성을 적절히 고려하여 사용한다면, 철은 지금까지 시도되지 않았던 구축 방식을 가능하게 해 줍니다. 다시 한 번 말하지만 문제가 되는 것은 시장이나 기차역을 세우는 것이 아니라, 조적조로 충분히 채광되도록 공간들을 덮고, 우리의 기후에 걸맞은 건강하고 견고한 배치를 선보이는 것입니다.

평면들로 이루어진 다면체와 같은 고체들은 궁륭 천장이 문제가 되는 곳에서 철과 조적조를 섞은 구조에 적용 가능한 기본 형태들을 제시하는 듯합니다. 금속의 본성과 그것으로 만들어 낼 수 있는 형태는, 리벳으로 고정된 철판을 사용하든, 볼트로 고정시킨 주철이나 연철 사다리꼴을 사용하든 철조 아치들을 구축하는 데 유리하지 않습니다.

그런 식으로 철골은 가격이 비싸졌고, 단 매우 강해서 휘어지거나 부러지지 않도록 만들어진다는 점에서만 그것이 사용된 목적에 부합합니다. 그러나 우리가 판철을 특히 인장에 저항하는 데 적당한 재료로 여긴다면, 조적조가 철판과 결합되어 철조의 변형을 막을 수 있도록 된다면, 철을 직선형 부재들을 쉽게 연결하고 사용할 수 있는 재료로 여긴다면, 이 분리된 조각들로 일종의 독립적인 그물망을 만들어 이 거더의 그물망 위에 궁륭 천장을 분리된 부분들로 올려놓는다면, 우리는 그렇게 해서 재료의 본성에 부합하는 철골 체계와 일련의, 별개의 궁륭들로 넓은 공간을 덮는 방법을 마련할 수 있게 됩니다. 그림 16이 반구 안쪽에 내접하는 다면체라고 합시다. 그것은 8각형, 6각형, 4각형의 면들로 이루어져 있습니다. 우리가

철골을 이 형태의 선들에 맞추어 설
치한다면 완전히 강력한 그물망을 얻
게 될 것이 분명하고, 이 그물망의 여
러 부분을 궁륭 천장의 부분들로 덮을
수 있게 됩니다. 이 단순한 원리에서
출발하여, 우리가 예컨대 최상층 관
람석들을 포함해 약 3000명을 수용할
수 있는 대형 콘서트홀에 궁륭을 올린

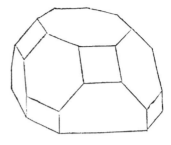

**그림 16** 철과 조적—
넓은 공간에 궁륭 천장 만들기

다고 합시다. 그림 17의 평면도 A는 이런 요구들을 충족시킵니다. a는 걸
어서 오는 사람들을 위한 현관이며, b는 마차로 오는 사람들을 위한 현관,
c의 계단은 최상층 관람석으로 통합니다. 홀은 돌출부 e를 제외하고 두 방
향 모두 폭이 46m이며, 면적은 2,000㎡가 넘습니다. fffffffff에는 그림 16에
서 보았던 다각형들이 놓이게 되고, B에는 gh를 가로지르는 입면이 제시
되어 있습니다.

다면체 철골은 여덟 개의 주철 원주 위에 놓일 것이고, 이 원주들은 하
중을 사선의 버팀대 I로 보냅니다. 이 버팀대들은 상층 관람석 k도 떠받칩
니다. 네 개의 돌출부 벽들은 전체 체계의 추력을 지지하게 됩니다—그러
나 그 추력들은 매우 가볍게 작용하도록 줄어 있습니다. 이 돌출부들에는
(op를 가로지른 입면 C에서 보듯) 플레이트 거더들인 s 위로 궁륭을 올리게
되고, 그렇게 해서 박공으로는 추력이 전혀 가해지지 않도록 합니다. 골조
의 모든 직선 부분은 모두 같은 길이라는—다면체와 궁륭 천장의 다른 부
분들 모두 8.6m 정도라는 점을 말할 필요가 있습니다. 우리는 대장 작업
에 대해 좀 더 특별히 다루게 될 때 이 부재들의 형태와 그 장식을 고려할
것입니다.

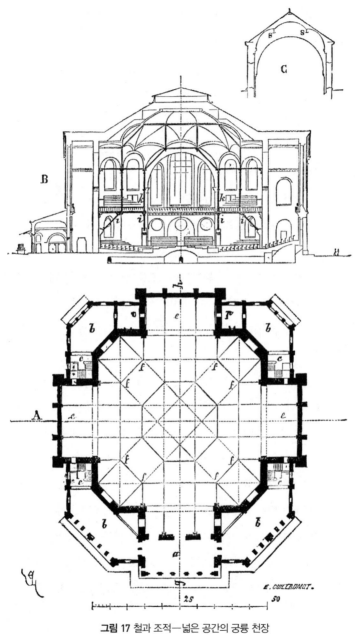

**그림 17** 철과 조적—넓은 공간의 궁륭 천장

E. GUILLAUMOI.

**그림 18** 철과 조적—넓은 공간의 궁륭 천장

이 구조의 외관은 그림 18에서 볼 수 있습니다. 철제 그물망이 제공한 힘 덕분에 궁륭 천장의 부분들은 가벼운 재료로 만들어질 수 있으며, 두께도 얇아질 수 있습니다. 우리는 궁륭 천장의 이 부분들이 철조 그물망의 공간 안에서 테라코타나 연석으로 만들 수 있는 늑재로 분할되어 있으며, 그 사이의 공간들은 도토나 속빈 벽돌로 평평하게, 또는 앞서 기술한 것과 같이 성형된 재료들을 부분부분 붙여서 쉽게 채울 수 있음을 봅니다. 이 궁륭들의 홍예 틀은 골조 자체에 고정될 수 있고, 그것은 궁륭들 아래 독립적으로, 눈에 띄게 드러나 있습니다. 또한 그것은 분할된 늑재들이 인접해 있는 지점들에서만 궁륭들을 떠받칩니다. 궁륭이 얹힌 가장 큰 공간은 중앙의 8각형 공간으로 직경 21m이지만 그 무게는 정상부의 원형 개구부 덕분에 줄어듭니다. 6각형 공간들은 각과 각 사이가 16m에 불과하며, 그 비스듬한 위치로 인해 궁륭들의 하중이 주철 원주들로 향하게 됩니다. 이런 구축 체계의 시공을 완전히 묘사하려면 이 지면으로는 충분히 다룰 수 없는 많은 세부가 필요합니다.* 나아가 저는 이 사례를 가지고 철조와 조적조를 동시에 도입하는 합리적인 조정법의 한 가지를 제시하고자 할 뿐입니다. 단순한 임시변통이나 위장된 구축 수단 이외에 건축이 갇혀 있는 판에 박힌 방식을 우리가 벗어나기 위해서 취해야 할 노력의 방향을 시사하려는 것뿐입니다.

예컨대 천연 수정을 살펴보면 우리는 철과 조적이 혼합된 궁륭 천장에 가장 적합한 구성을 발견하게 될 것입니다. 결정화로 산출된 육면체들 대부분은 상당한 공간을 덮을 만한 대형 거더 철을 사용할 수 있게 해 줄 뿐

---

* 우리는 무거운 연철 작업에 대해 별도로 다루면서 이들 세부 중 일부에 대해, 특히 이음새에 대해 다룰 기회가 있을 것입니다.

아니라 매우 보기 좋은 형태들도 가능하게 해 줍니다. 새로운 재료를 사용하는 문제에서 우리는 어떠한 것도 소홀히 해서는 안 됩니다. 우리는 모든 곳에서 도움을 얻어야 하지만 특히 자연의 창조 원리들을 추구해야 합니다. 우리도 우리 자신의 것을 창조하기 위해서는 이 원리들에 정통해 있지 않으면 안 됩니다.

우리가 이런 규모의 건물을 세워야 하고, 로마의 건축가들이나, 심지어 중세 건축가들이 도입했던 구조적 방법을 이용해 이 거대한 공간의 천장을 씌워야 한다면, 우리는 콘스탄티노플의 아야소피아 성당 돔보다 [직경이] 15m 더 큰 조적조 궁륭 천장을 지탱하기 위해서 보이드에 상응하는 솔리드에 필요한 면적을 쉽게 계산할 수 있을 것입니다. 그 면적은 우리의 평면도에 주어진 것보다 최소한 세 배는 될 거라고 말해도 과장은 아닙니다. 펜던티브 위에 이런 규모로 타원형 조적조 궁륭을 세우는 것조차도 할 수 있을까요? 이런 시도가 이루어진 적은 없습니다. 이런 반론이 나오겠지요. "하지만 여기서 제시된 체계의 안정성에 대해 어떤 증거를 제시할 수 있습니까? 이것은 한낱 가정에 지나지 않습니다. 그 독창성을 인정한다고 하더라도 당신은 우리에게 그 실행 가능성에 대한 실험적 결과는 하나도 제공하지 않고 있습니다." 이 체계의 탁월함을 입증하기 위해 이만큼 거대한 홀을 짓는 것은 제 능력 밖이므로, 저는 그저 계속해서 추론해 나갈 수밖에 없습니다.

우선 중앙 궁륭—펜던티브 위에 놓이는 원개의 조적조 돔을 대체하는 궁륭—이 조적조 지주로부터 5, 6m 떨어져 있다는 것에 주목합시다. 이 중앙 궁륭의 철골은 모두 똑같이 생긴 부분들로 이루어져 있으며, 비슷하게 결합되어 있고, 하나같이 그 부분들이 만나는 곳에서 동일한 각도의 피라미드 형태를 이룹니다. 결국 체결부가 없다면 이 부분들이 서로를 버티는 힘 때문에 피라미드의 정상부가 무너져 버리게 되었을 것입니다. 이 직선 부분들은 궁륭의 소피트를 지지하는 조적조 아치들 위에서 견고하게 유지되며 변형되지 않습니다. 그물망의 코 하나하나가 이웃한 궁륭과 서로 독립적인 궁륭 위에 놓여 있기 때문에 이 직선 부분들의 팽창은 억제되지 않습니다. 더구나 중앙 다면체 위에 놓인 궁륭들의 총 하중은 37만 5000kg을 넘지 않습니다. (중앙 다면체만의) 이 궁륭들로부터 전개된 표면적은 기껏해야 1500m²이고, 이 궁륭들의 표면 면적을 늑재를 포함하여 250kg으로 계산하면 실제 무게보다 많으면 많았지 적지는 않을 것입니다. 여기에 4만 3200kg 정도 되는 철의 하중을 더하면 중앙 다면체, 철, 석재의 총 하중은 41만 8200kg이 됩니다. 그러므로 여덟 개의 원주는 각각 5만 2275kg의 하중을 지지하고, 여기에 측면 궁륭 천장에서 실리는 무게도 더해야 하므로 각 원주에 가해지는 하중은 최대 6만 kg입니다. 그 압력을 떠받칠 수 있는 원주를 주조하는 것은 쉬운 일입니다. 그러나 이 원주들은 45도 각도로 기울어진 버팀대 위에 놓이고, 그 버팀대의 길이는 6m에 불과한 것입니다. 그러므로 건축가가 무엇보다 고려해야 하는 것은 사선의 지주들입니다. 그 추력은 상당 부분 돌출부의 벽들과 이 벽들의 내부 정상 부분에 실리는 하중에 의해 상쇄됩니다. 따라서 해야 할 일은 주두 부분에서 기울어진 원주들을 고정시키고 있는 가새들의 강도를 확보하는 것뿐입니다. 이 가새들은 상층부 관객석 난간 높이의 두 배 혹은 네 배가 될 수 있기 때문에 상당히 튼튼해야 할 것입니다. 중앙의 궁륭 천장은 그것과 강력하게 받쳐진 조적조 사이에 놓인 수평의 보강재에 의해 견고하게 유지되며, 어느 방향으로도 형태가 무너지지 않습니다. 철골은 모든 부분에서 독립적으로 유지되며, 조적조에 흡사 활시위처럼 자리 잡습니다. 이음새들은 안전하게 느슨한 채로 유지되어 팽창을 막지 않는데, 이는 골조의 전체 체계가 지주가 없는 부분에서는 언제나 피라미드의 정점을 형성하는 조각들의 조합으로 이루어져 있기 때문입니다. 그처럼 넓은 구조에 일정한 움직임을 허용하므로 어떤 해도 없을 것입니다. 서로 독립적인 궁륭들은 고딕식 교차 궁륭 천장의 표면과 마찬가지로 균열이나 붕괴를 일으키지 않으면서 움직임을 부여할 수 있도록 구성됩니다. 경제성이 가장 시급한 고려 사항이라면 다듬은 석재를 테두리에만 한정해 쓸 수 있을 것입니다. 나머지 부분과 특히 네 개의 수랑의 거대한 스팬드럴들은 잡석 쌓기로, 보조 아치는 석재나 벽돌로 지을 수 있습니다.

홀에 필요한 다듬은 석재의 양은 부대 건물을 제외하면
3844m³가 될 것이며,
m³당 120프랑[4]으로 쳤을 때의 총합        461,280프랑
벽돌의 양은 1500m로, 미터당 70프랑이면 총합은    105,000
잡석 쌓기의 양은 개구부를 제하고 2만 8000m이며,
12프랑씩이면 총        336,000
궁륭들의 석재 아치들은 1030m이며,
홍예 틀을 포함해 50프랑으로 잡으면 총      51,500
궁륭 천장 소피트의 전체 표면적은 상층 관객석의
그것을 포함해 8420m²이고, 12프랑으로 잡으면
홍예 틀을 포함한 표면적의 총 비용은      101,040

---

4) 영역본은 길이 단위를 피트로, 화폐 단위를 파운드로 환산하여 쓰고 있다. 그러나 본 역서에서는 한국 독자들의 편의상 길이 단위를 일괄 원전의 미터 단위로 옮겼고, 따라서 화폐 단위도 원전대로 프랑을 쓰기로 한다.

| | |
|---|---|
| 비계의 비용은 | 80,000 |
| 철조의 하중은 11만 kg이고, 1프랑에 10kg이라고 하면 | 121,000 |
| 지붕 철골의 하중은 7만 5000kg, 1프랑에 10kg으로 하면 | 82,500 |
| 지붕 외부는 5200m이고, 납 물받이를 포함해 12프랑으로 치면 | 62,400 |
| 창문의 철조는 3만 5000kg, 1프랑에 10으로 하면 | 38,500 |
| 유리에 드는 비용은 | 35,000 |
| 도료와 벽토 바르기는 | 45,000 |
| 상층 객석을 포함하여 바닥에 | 50,700 |
| 섬세한 철물 작업, 철물, 목공 세공, 그림을 포함하는 부수적인 작업에 | 75,000 |
| 여기에 별관, 입구, 계단 등에 드는 비용을 더하면 | 240,000 |
| 기초, 지하실, 난방의 비용이 | 250,000 |

| | |
|---|---|
| 총합 | 2,034,920프랑 |
| 예비비, 수수료, 임금, 10퍼센트 | 203,492 |

| | |
|---|---|
| 총 비용은 | 2,238,412프랑 |

이렇게 보면 전체 표면적이 약 4770m²이므로 비용은 m²당 500프랑이 안됩니다. 우리가 비용을 1/3 정도 낮게 잡았다고 하고 전체 경비를 300만 프랑으로 산정하더라도 그렇게 거대하고 기념비적 성격을 갖는 구조에 통상 들어가는 것에 비하면 상당히 저렴한 가격입니다.

홀의 조적과 그 부속들을 전부 화장석재로 한다고 가정해도 m²당 1000 프랑에 미치지 않을 것입니다. 이제 우리의 대형 공공건물들이 경제성과 시공의 신속성이라는 관점에서 철과 석재를 공공건물에 동시에 사용하는 데서 얻는 이점이 무엇인지 상기할 필요가 없습니다. 특히 이 건물들이 많은 사람들을 수용하기 위한 것이고, 그들에게 궁륭 천장을 덮은 충분히 자유로운 공간을 제공함으로써 기후의 변화에 구애받지 않도록 하기 위한 것일 경우에는 그렇습니다.

건축 예술에서 오늘날 가장 긴급하게 고려되어야 할 요소는 경제성입니다. 엔지니어뿐 아니라 건축가들도 염치없이 견적을 초과했다는 비난을 받습니다. 그러나 견적이 의도된 예산에 맞추어진 것이고, 비용이 초과되면 곤란하고 계속해서 골칫거리가 된다는 것은 분명합니다. 이 문제는 가장 어려운 문제의 하나이며, 조심스럽게 검토할 필요가 있습니다.[5]

우리의 공공사업 감독들은 작업의 성격에 따라 가격 목록들을 결정하고, 이 가격을 위해 시공 도급업자들로부터 입찰을 받는 데 만족합니다. 그러나 재료의 부피나 하중, 노동 등이 견적을 넘어서면 그 차액은 도급업

---

[5] 이 단락의 이어지는 부분이 영역본에는 생략되어 있다. 그 내용은 다음과 같다. "사유 건물들 대다수는 이런 불편을 최고가 계약을 통해 해소했습니다. 우리는 최고가 계약이 그런 방식에 부수되는 위험성이 배제된 총액 계약이라는 것을 알고 있습니다. 왜냐하면 도급 계약은 통상 사전에 수립된 총액에서 경비를 제한하는 것이니까요. 그러나 이런 경우에 도급업자는 자신들의 이익을 증대시키기 위해 사전에 결정된 예산까지 가지 않고 확정된 가격 이하로 작업을 하도록 하는 데 관심이 있습니다. 건축가의 지시와 감시가 아무리 활발하고 현명해도 그는 두 개의 암초 사이에 자신이 위치하고 있는 것을 끊임없이 발견하게 됩니다. 즉 도급업자를 파산시키느냐, 아니면 사전에 확정되고 지불된 비용에 상응하는 값어치를 못하는 건축물을 만드느냐 하는 것이죠. 이런 종류의 계약은 건축가는 물론 감독관도 마음에 들어 하지 않는 부도덕한 것입니다. 최고가 계약은 작업이 이루어지도록 확인하고 수립된 최고가에 도달하지는 못한다 하더라도 그 실제 가치에 근거하여 지불할 뿐이라는 점에서 성격이 같다고 할 수 없습니다. 도급업자들은 예산 안에서 확정된 비용을 넘어서지는 못한다고 해도 적어도 정해진 만큼은 얻어 내는 것에 관심이 있습니다. 그러나 이런 방법은 공공사업의 결정권자인 감독에 의해 통제되는 방식에서 여전히 허용되지 않습니다." (*Entretiens* vol. 2, p. 98.)

자 때문이며, 사실상 그 초과분에 대한 책임은 누구의 것도 아닙니다. 엔지니어나 건축가를 비난할 수는 있겠지만—그들은 예견을 못했다거나 경험이 없다고 비난받을 수 있습니다—작업은 사실상 당국만이 이득을 보는 어떤 가치를 재현하고 있으므로 그 이상의 시정이 이루어지지는 않습니다. 건축가나 엔지니어가 예산을 넘어서는 초과분을 지불하도록 한다면 그는, 자신이 돈을 낸 만큼 이제 막 완공된 건물의 일부가 자신의 것이라고 주장하게 될 것입니다. 건축가가 지출분에 비례해 수수료를 받는다면 그는 예산이 말도 안 되게 초과되었을 경우 그 과잉분만큼 수수료를 다시 되돌려 주는 것이 합당할 것입니다. 그가 자신의 임금이 늘어날 것을 예상하고 예산 초과를 초래했을 가능성이 있으니까요. 그러나 파리와 일부 지방의 엔지니어와 건축가들의 경우에서 보듯, 이 대리인들은 확정된 봉급을 받으며, 민법에 의해 결정된 것 이상의 책임을 질 수 없습니다.

봉급을 받는 대리인으로서 그들은 다만 이사회의 고용인일 뿐이며, 책임은 이사회에 있습니다. 그들은 작업을 지시하고 거래 명세표를 제공하도록 명령받은 관리인입니다. 감독들은 물론 당국이 산정한 액수를 초과했을 경우 대리인들에게 불평은 하겠지만, 지불을 할 수밖에 없습니다.

이런 상황에서 이사회는 고용인들이나 관리인들이 규율이나 경제성 면에서 자신들의 관점을 따르지 않는다고 해도, 혹은 도급업자의 사치스러운 성향을 따를 만큼 약했다고 해도 스스로를 탓할 수 있을 뿐입니다.

어떤 사람들은 건축가의 위상을 낮춤으로써—그가 보다 직접적으로 이사회에 의존하게 만듦으로써—그를 한낱 직원으로 만들려고 생각했습니다. 그렇게 되면 감독은 그 비용을 보다 자유롭게 통제하고, 그들에게 좀 더 많은 액수가 돌아가도록 해 줄 것이라고 말이죠.

경험에 의하면 이것은 착각입니다. 건축가의 위상이 낮아질수록 감독이 예산을 통제할 수 있는 힘도 작아집니다. 중간 대리인의 위상을 낮추면 책임이 줄어들고, 따라서 낭비에 대한 대비책도 작아집니다. 이런 폐해에 대한 불평이 까닭 없이 나오는 것이 아닌 만큼 이를 완전히 해결하기 위해서는 그 원인을 알아보아야 합니다. 나쁜 체계의 단점을 안고 일하는 건축가를 비난하고, 많은 경우에 근본적인 원인이 그의 탓이 아닌 문제들에 대해 그의 책임을 묻는 것은 쉽습니다. 미리 산정된 예산이 실제 필요한 비용으로 충분하지 못한 경우는 많습니다. 평면도가 작성되었을 때 예산이 너무 높다고 하여 건축가를 불러 이를 줄이도록 합니다. 그러면 그는 딜레마에 빠지게 됩니다. 좋은 구조를 위한 요건에 부합하지 못할 만큼 비용을 낮추어 작업하거나, 아니면 예산을 [실제보다] 낮게 산정하지 않으면 안 되게 되는 것이죠. 그렇게 하지 않으면 아마도 오랫동안 기대해 왔던 의뢰를 잃을 수 있는 위기를 맞게 됩니다. 정해진 예산 안에서 모든 요구를 수행할 능력이 있다고 주장할 다른 건축가들은 얼마든지 많으니까요. 사람들은 그런 유혹적인 단언을 기꺼이 믿습니다. 결국에 가서 예산은 재료를 수정하지 않는 이상 초과되기에 이르지만, 건축가는 개인적으로 이에 대한 책임이 없습니다. 결국 정직하게 예산을 제출했다가 자신에게 맡겨졌던 하찮은 역할을 박탈당하는 꼼꼼한 건축가는 자신의 정직함 때문에 고통받게 되고, 이득을 보는 사람은 아무도 없는 것입니다. 그렇게 영웅적으로 행동할 결심을 하는 사람 자체가 별로 없습니다. 그리고 그렇게 꼼꼼한 건축가가 있다고 해도, 그가 양심적인 데 대해 고마워하는 사람도 거의 없는 것이 사실입니다. 어쨌든 경쟁 건축가에 의해 건물이 세워지고, 들어갈 비용은 다 들어가게 됩니다. 이 덜 꼼꼼한 동료의 확언에도 불구하고, 절조 있는 사람이 감독을 맡는다면 비용은 그 이상이 됩니다. 건물이 세워지고, 거기서 생겨난 실망은 미래에 지침이 될 만한 경고의 역할도 못합니다. 적어도 이것이 지금까지의 현실입니다. 우리는 이를테면 경쟁이 붙은 건축가들이 건물을 세우는 데 들어갈 것으로 제시한 액수를 보았습니다. 설계를 검토하는 데 그 설계가 건축가들이 제시한 예산에 부합하는지에 대해서는 관심이 기울여지지 않습니다. [누군가에게] 상을 주고, 건물이 세워졌을 때 비용은 사전에 제시되었던 것의 두 배 혹은 세 배가 되어 있습니다. 불평하는 사람들도 있겠지요. 하지만 그 문제에서 가장 크게 손해를 본 사람은 누구입니까? [제시된] 지침에 맞추기 위해서 매력적인 형태들을 생략했던 양심적인 건축가가 아니었을까요? 그보다 덜 양심적인, 더 영악한, 실현 가능성이 적은 안을 제시한 경쟁자는 그런 매력적인 형태들을 설계에 포함시켜 더 높은 점수를 얻었을 테니까요.[6]

그러나 이것은 이 문제의 한 측면에 불과합니다. 우리의 현대 공공건물이 비할 데 없이, 종종 사치스럽도록 비용이 많이 들고, 정당한 이유도 없이 재료를 낭비하는 경향은 점차 커져 가는 해악입니다. 경쟁자들에게 지고 싶지 않은 탓에, 건축을 위탁받은 건축가는 작업에 보다 많은 비용을 들이고 가장 값비싼 재료를 좀 더 풍성하게 쓰려는 경향을 보이기 때문입

---

6) 아래 두 단락은 영역본에 누락되어 있다. "한 건축가가 자신에게 맡겨진 프로젝트를 가지고 행정 감독관 앞에 나섭니다. 비용이 200만 프랑으로 늘어나 있죠. 감독관은 이 비용을 150만의 예산에 맞추어야 한다며 격렬하게 반대합니다. 예산은 최대 가격에 맞추지 않으면 안 된다는 것입니다. 하지만 그렇다고 프로젝트를 축소해야 할까요? 그렇기는커녕 어떤 편의들은 불충분한 상태입니다. 건축가에게 어떤 권한이 있다면 그는 총액이 이미 너무 제한되어 있다는 점을 충분한 이유를 들어 입증할 것입니다. 그러나 그는 이미 150만 프랑 이하의 견적을 제출해 버렸습니다. 너무 늦었다고 우리는 생각합니다.

이 끔찍한 "너무 늦었다고 우리는 생각한다"는 것은 다수의 동료 건축가들에게 매우 무거운 문제입니다. 그들이 모두 이 난제를 이렇게 지속하는 데 만족하지 않는다면, 그들이 저항한다면, 우리는 사람들이 원하는 모든 것을, 이후의 사태로 인해 곤란을 겪지 않고도 만들어 줄 다른 건축가를 찾아내게 되지 않을까요? 견적서가 진실을 말하지 않는다면 그것은 건축가의 잘못이 아니겠습니까." (*Entretiens* vol. 2, pp. 100-101)

니다. 시공자들은 이런 경향을 기꺼이 부추깁니다. 주로 금전적인 이유이지만 자부심 때문이기도 하죠. 그런 상황 아래서 유혹에 저항할 충분한 해결책과 양식을 가진 건축가들이 많을까요? 자신의 견적의 한계를 유지하기 위해서 건물이라면 원주와 벽기둥, 조각으로 장식된 파사드 이외에 보지 않는 대중 앞에 수수하고 평범하게 나타나고 싶어 하는 사람이 있을까요? 또 건물이 완성되면 비용을 감당해야 하는 대중은 돈이 어디에 들었는지 묻지 않을까요? 비용이 건물의 실용적 가치에 상응하는지, 100만 프랑쯤 덜 들였어도 그것이 마찬가지로 유용하거나, 심지어 아름답지는 않았을지 하는 것 등을 말입니다. 사실상 그런 생각에 저항할 수 있는 건축가는 매우 적습니다. 더구나 그들이 그렇게 한다고 해서 누가 고마워하겠습니까? 우리는 종종 그들의 작품이 평범하고 지루하다고 비판받는 것을 들어 오지 않았습니까?

자신을 위해 도시의 저택이나 시골집을 짓는 부유한 개인은 자신이 선택하는 건축가에게서 원하는 것을 얻을 수 있습니다. 그는 어떤 변덕이든 부릴 수 있고, 망상에 사로잡혀 장식이나 건축 형태를 열 번이라도 바꿔치울 수 있습니다. 반대로 아내나 친구 혹은 조언을 아끼지 않는 '취향가들', 자신들의 영향이 건물에 새겨진 흔적을 보는 데 만족하는 사람들의 그런 괴짜 같은 제안을 받아들일 수도 있습니다. 자기 주머니의 돈을 지불하는 개인은 정원사나 장식 미술가에게 자신의 건물을 설계하도록 할 자유가 있습니다. 건축가가 고용주의 온갖 부조리한 변덕에 조력하기를 거절할 만큼 자신의 직업에 진지한 사람일 경우에는 말이죠.

그러나 국가나 지방의 세금으로 비용을 지불하는 공공건물의 경우는 문제가 다릅니다. 이 경우 행정관, 심지어 건축가도 이 기금을 적절히 쓰는 데 책임이 있습니다. 그리고 저는 이때 행정관의 책임이 건축가의 책임을 전적으로 대신할 수 있다고 생각하지 않습니다. 건축가도 자신이 쓰는 기금의 출처가 어디인지 모르지 않기 때문입니다. 건축가로서의 그의 야심은 시민으로서의 그의 의무를 따르지 않으면 안 됩니다. 그러므로 그는 불필요한 지출에 동참하기를 거부하고 변덕에 지나지 않는 것에 맞서야 합니다. 그의 의무는 자신이 옳다고 생각하는 것을 위해 논쟁하고 그것을 받아들이도록 설득하는 것, 한마디로 자신의 독립성을 유지하는 것입니다. 저는 공공사업의 행정관들이 그러한 정신의 독립을 거슬리는 것으로 여기고 차라리 좀 더 고분고분한 사람을 고용하려는 경향이 있다는 것을 알고 있습니다. 그렇게 해서 주도권을 온전히 유지하려고 하는 것입니다. 나아가 개인적으로 공공사업을 지휘하려는 야심을 가진 사람들, 건축가를 순종적인 현장 감독으로 여기고 자신이 나서서 "내가 이 건물을 세웠다. 예술가는 아마도 내 지시를 정확히 수행하지 않은 것 같다. 나는 이를 바꾸었다. 내가 그것을 했다"고 말하고 싶어 하는 사람들이 많이 있습니다. 높은 자리에 앉는 사람들 가운에 이 '건축가연'하는 특이한 환상에 저항하는 사람은 별로 없습니다.

루이 14세 역시 당대에 다른 온갖 영예를 가득 짊어지고서도 꽤나 이 환상에 사로잡혀 있었습니다. 그렇다고 하면 공공사업의 행정관이 이로부터 벗어나는 것을 기대할 수 있을까요? 좀 유치한 허영심을 이런 식으로 허용하는 일은 거기에 건축가의 나약함이 더해지면 한마디로 예술에 치명적이고 재정에도 해롭습니다.

자신의 의무를 적절하게 고려함으로써, 아카데미의 훈련으로 인해 자신의 내면에서 그토록 충실히 억압되어 온 정신의 독립성을 얼마간 회복함으로써, 많은 편견과 낡은 관념들을 없애고 진지하게 자신의 예술의 실천에 헌신함으로써, 자신의 개념들을 합리적인 형태로 표현하는 것을 배워 필요할 때 자신의 관점을 제대로 보여 줄 수 있도록 함으로써 건축가는 그가 점차 잃어 가고 있는 위상을 다시 찾고 자신의 예술이 타당한 지위를 회복하게 할 수 있는 가장 확실한 방법을 도입하게 될 것입니다.

그러므로 공공사업의 비용을 보다 합리적인 수준으로 제한하기 위해서는 유능한 이사회가 능력이나 성격, 모든 면에서 신뢰할 수 있는 건축가를 고용하는 것이 바람직할 것입니다. 그런 인물을 찾으면 그들은 설계와 견적, 작업의 수행 방식에 끼어들지 않게 될 것입니다. 또한 그러면 건축을 위임받은 건축가는 하릴없는 구경꾼들에게 '인상'을 남기는 데 신경 쓰기보다는 대상에 적합한 가장 단순하고 가장 경제적인 수단을 통해, 그리고 어쩌면 그들의 작업에 재료와 그 타당한 사용에 관한 보다 완전한 지식을 적용함으로써 해당 요구들을 충족시키는 데 신경 쓰게 될 것입니다. 저는 겉치레뿐인 과시에 익숙해져 온 대중의 취향이 얼마간 수정될 필요가 있다는 데 동의합니다. 하지만 우리가 스스로 제 몫을 하지 않으면 이미 무의미한 사치와 과도한 풍요로움에 지친 대중은 결국 잡석과 스투코로 사방에 평평한 벽을 세울 것을 주장할 것입니다. 그것으로 눈이 쉴 수 있고 돈을 낭비할 일도 없는 것입니다. 그렇게 되면 위대한 국가의 가시적인 장엄함에 필수적인 역할을 하는 건축가는 싸구려 시공자들과 섬세하지 못한 도급업자들, 무엇이든 기꺼이 받아들이는 중계인들에게 밀려날 것이고 건축 예술은 그저 과거의 기억으로만 남게 될 것입니다.

13강

# 건물의 구축

## 건설 현장의 편성

최근 몇 년간 건축 시공을 편리하게 해 주는 것들이 많이 생겨났습니다. 하지만 건축 작업에 관해서는 여전히 숙제가 많이 남아 있습니다. 토목 공학은 작업의 편성에 큰 영향을 미치는 실용적인 기기들의 도입을 촉진해 왔습니다. 최근에 크게 늘어난 철도와 제방, 대규모 공공건물의 공사가 이 작업의 관리자들로 하여금 굴착과 재료를 수송하고 끌어올려 제자리에 고정시키는 데 경제적이고 효율적인 방법들을 찾도록 했습니다. 석회석, 시멘트 벽돌, 타일, 철 등 기본적인 재료들을 도급업자에게 제공하는 공장주들은 그들대로 생산을 확장하고 단순화해서 증대된 요구를 지체 없이 충족시키고, 재료들을 충분히 사용할 수 있도록 만들어야만 했습니다. 토목 공사에 도입된 새로운 기계들은 차츰 건축가가 감독하는 건축 현장에 진

227

출하고 있습니다. 그러나―철도, 다리, 대규모 공공사업 등―토목 공사가 통상 이루어지는 넓은 구역에서 사용할 수 있는 기기들이 언제나 건축가가 지휘하는 작업장에, 혹은 그들이 감독하는 작업의 성격에 들어맞는 것은 아니라는 점을 분명히 해야 합니다. 후자의 현장들은 공간이 좁거나 건물에서 너무 멀리 떨어져 있습니다. 사실 시공자들은 종종 건물이 들어설 공간 외에 여분의 공간을 갖지 못하는 경우가 있습니다. 이런 경우 사용할 수 있는 유일한 기계는 자재를 들어 올리기 위한 것과, 지면과 비계 위에 놓인 작은 선로 정도입니다.

굴착과 흙 쌓기에 증기 기관을 사용하는 것은 소도시의 건축가들에게는 더 어려운 일입니다. 스물에 열아홉 확률로 이 구덩이가 도로 경계선까지 접근해 가고, 결국은 발판과 삽질, 수레 등―거리를 혼잡하게 하는 하역 수단과 운송 수단들에 의지하게 됩니다. 그러나 전체적으로 원시적인 이런 수단은 개선될 수 있는 것이 분명합니다. 예를 들어 굴착해 낸 흙을 끌어 올려 수레에 쏟아 놓는 데 순환 체인과 들통을 사용하면 어떨까요? 또는 이 운반 수단―낡은 수레―을 개선하고 화차들로 대체하여 철로 굴착에 쓰이는 트럭들처럼 모든 방향으로 움직일 수 있는 상자들을 매달면 어떻겠습니까? 이 운송 수단은 수레를 쓰는 것보다 덜 위험할 것입니다. 커다란 바퀴가 달린 화차는 끌기에 덜 무겁고, 말도 힘이 덜 들 것입니다. 흙을 하역하는 작업에서 오늘날 때때로 일어나는 것처럼 수레와 말이 경사면 아래로 떨어지는 일은 없을 것입니다.

이 모든 문제는 도급업자들의 손에 맡겨져 있으며, 건축가 자신이 여기에 대해 고민하는 일은 드뭅니다. 계약은 좀처럼 '전반적'이지 않고 오히려 작업의 성격에 따라 구분되어 있기 때문에 각 도급업자는 단순히 자신이 맡은 분야의 구체적인 한계 안에서만 행동하고, 작업의 공통된 이해에 도움이 되는 수단을 도입하는 것에 관심이 없습니다. 그 결과 몇 가지 작업을 일치시켜야 하는 건축물의 구축에서 각 분야의 작업에 따라 재료를 들어 올리거나 제자리에 고정시키는 데 독자적인 수단을 도입합니다. 결국 시간과 노력이 낭비되는 것입니다. 도급업자 중에도 특히 조적공은 가장 강력한 기계와 가장 다양한 고정 수단을 필요로 합니다. 그런데 그는 종종 이를테면 계약에 의해 철공이나 목수가 조적공을 위해 마련된 기계를 가지고 철이나 목재 조각들을 들어 올리는 것을 허용할 수밖에 없는 상황에 처합니다. 혹은 이제 해체해야 하는 비계를 조각가가 석조를 장식하는 작업을 마칠 때까지 계속 내버려 두어야 하는 일도 있죠. 그러나 이런 것들은 사소한 부분에 불과합니다.

증기식, 수압식, 가스식 화물 리프트는 이미 예전에 쓰이던 승강기에 비하면 상당히 발전했습니다. 무거운 재료를 정해진 위치까지 들어 올리는 수단으로서 승강기는 더 이상 이전에 사용되던 도구보다 경제적이거나 확실하거나 효율적인 것으로 여겨지지 않습니다. 그러나 석재를 원하는 위치에 놓기 위해서는 고정된 승강 장치를 가동보가 달린 이동식 기중기로 대체해야 할 듯합니다. 매우 거대한 건설 현장에서는 때로 비계의 꼭대기에 전차 선로와 화차가 사용되어 전차대(turntable)를 이용해 석재들을 어느 지점으로든 옮길 수 있습니다. 그러나 이런 것들은 상당히 대규모의 작업장에서만 사용되는 기기들로, 일반 건축에는 도입되지 않았습니다.

기계 장치와 제조업이 필요한 모든 것을 제공하는 오늘날, 소도시의 건물들은 어떠한 불편도 야기하지 않고, 교통을 방해하거나 이웃에 피해를 주지 않으면서 현대의 기계 장치들이 보장하는 정확성을 가지고 건설되어야 할 것처럼 여겨집니다. 우리가 이런 기계류를 통해 대중이 공공사업이 아닌 건축의 경우에 기대할 권리를 가진 모든 이점을 얻어내기까지는 아직

갈 길이 멀다는 것이 분명합니다.

프랑스의 많은 지역에서 건축가들은 채석장에서 이미 다듬은 석재를 받는 데 익숙합니다. 이런 계획에서 얻는 특정한 이익들은 주목할 만한 가치가 있습니다. 필요한 양, 즉 필요한 무게만큼의 석재만 운반되어야 합니다. 그렇게 함으로써 다듬지 않은 석재들을 적재해 둘 공간이 필요하지 않게 됩니다. 또한 다듬는 과정에서 균열이나 부드러운 층리 등 재료의 결함이 드러나기 때문에 이런 불량 재료를 보내지 않게 해 줍니다. 채석장에 주문한 모든 부분이 설계에서 지정된 위치에 정확하게 들어맞아야 하기 때문에 건축가 입장에서는 줄눈 마무리에 대한 신중한 검토와 견본 작성이 필요합니다. 우리는 시공의 물리적 수단이 건축에 영향을 미친다는 사실을 간과할 수 없습니다. 그렇기 때문에 너무나 많은 건축가들이 설계에 대한 제약으로서 그런 계획에 반대하는 것입니다.

채석장에서 석재를 다듬게 하는 관례가 확립된 지역에서 건물들은 종종 건축의 멋진 형태들과는 별개로 고유의 매력을 가진 솔직하고 단순한 구조를 선보입니다. 견본이 주어져야 할 때 건축 현장에서 멀리 떨어진 곳에서 석재를 다듬도록 한다면 부분들을 가능한 한 단순하게 만들어 말로 설명할 필요와 노동력을 낭비할 필요, 특히 '어림잡을' 필요를 발생시킬 어려움들을 피하게 되는 것이 당연합니다. 그리스 인들은 채석장에서 석재들을 다듬어 거의 완벽하게 들어맞게 했으며 나중에는 약간의 정리만 하면 되었습니다. 로마 인들도 같은 방식으로 작업했다는 것을 로마의 고대 채석장에서 볼 수 있습니다. 중세에도 이 탁월한 방법은 지속적으로 도입되었으며, 모든 석재는 놓이기 전에 완벽하게 다듬어졌습니다. 건축가들이 프랑스의 특정 지역들, 특히 파리에서 이런 방법을 더 이상 지속하지 않게 된 것은 16세기의 일입니다. 이때 이후로 석재는 채석장에서 다듬지 않은 채로 보내졌고, 조적공은 석재 블록들을 놓고 이곳저곳에 마땅한 것을 선택해야 했습니다. 결국 다듬기 작업이 완성되지는 않았어도 이미 상당히 진행된 후에야 결함이 발견된 조각들 때문에 상당한 재료와 노동의 낭비가 초래되었습니다. 또 그렇기 때문에 이 석재 블록들을 적재하고, 이동하고, 다듬기 위해 넓은 마당이 필요하게 되었고, 결과적으로 건축가는 줄눈 마무리 체계에 대해서는 거의 신경을 쓰지 않게 되었습니다. 그가 주로 관심을 가진 것은 건축의 특수한 스타일로서, 그것은 사용된 재료의 본성과 늘 조화를 이루는 것도 아니었습니다. 그는 너무 자주 부분들의 도면을 조적공에게 맡겼습니다.

이것은 중요한 문제로, 적절히 판단하기 위해서는 좀 더 면밀히 살펴볼 필요가 있습니다. 30년 전에 파리에서는 몽루즈와 아르케이의 견석, 석재층의 두께가 기껏해야 0.60m밖에 안되는 일명 '바뉴', 두께가 0.25m밖에 안되는 리아스석, 이를테면 '물랭'과 같은 0.30m 두께의 얇은 석재 외에 다른 재료는 거의 사용되지 않았습니다. 지난 세기에조차도 솜씨 좋은 사람들이 세운 건물들에서 이런 정도 두께의 석재들이 여전히 고려되었습니다. 건축 형태들과 그 수평적 선들은 그 석재층의 높이를 고려하여 설계되었습니다. 중세에 이 원리는 앞서 살펴본 사례들에서처럼 꼼꼼하게 고려되었습니다. 그러나 지난 20년간 고대의 채석장들은 고갈되었고, 거리가 먼 지역에서 견석들을 들여올 필요가 생겼습니다. 때마침 철로가 완성되어 이를 용이하게 해 주었기 때문에 현재 우리는 부르고뉴와 주라의 견석, 유빌, 쇼비니, 론 강과 손 강 유역의 석재들을 얻게 되었습니다. 오늘날 이런 내구력 있는 석회석들 대부분은 석재층의 두께가 1m 이상입니다. 쇼비니 산과 같은 것들은 예를 들어 아예 층이 없고 어떤 식으로든 사용할 수 있습니다. 지금까지 여기에 사용된 것들보다 훨씬 훌륭한 그런 재료들은 아주 얇은 석재층에서 나온 석재들로 만들었던 특정한 건축 형태들에 변화를 가져왔어야 할 것으로 보입니다. 그러나 드물게 예외적인 경우들을 제외하면 그렇지 못했습니다. 우리의 건축가들은 지난 두 세기 동안 장인들이 적용했던 규모를 계속해서 고수해 왔습니다. 우리의 건축 현장에는 두꺼운 석재 덩어리들이 얇은 층들로 잘려 있는 것을 볼 수 있습니다. 단순히 전통적인 설계에 일치시키기 위해서 헛된 노동이 막대한 비용을 대가로 낭비된 것입니다. 그와 더불어 훌륭한 재료들도 값없이 쓰이고 있습니다. 아니면 (설상가상으로) 커다란 석재를 가지고 작은 덩어리들로 이루어진 조적조를 모방하여 한 개의 석재 층을 두세 개 층으로 보이게 만들기도 합니다. 건축가라면 그처럼 멋진 재료들을 가진 것을 기뻐하고, 그 재료의 우월한 특성을 잘 드러내 보이는 방식으로 설계를 하는 것이 당연할 것이라고들 여깁니다. 하지만 그런 일은 없습니다. 그는 크기가 작은 재료들을 가지고 만든 건축 스타일을 고수하느라 새로운 멋진 재료를 감춥니다. 예외적으로 단단하고 견고한 석재를 수입하는 프랑스의 위대한 도시 중 하나—리옹—에서는 일체식으로 만든 틀받이에 여러 층이 새겨져 있고, 역시 단 하나의 석재로 만든 인방에 홍예석들을 새겨 놓은 것을 볼 수 있습니다. 멋진 한 장의 직물을 가지고 있으면서 바느질해서 이어 붙이는 즐거움을 위해 그것들을 조각조각 잘라 내고 넓은 천에서 잘라 낸 그것들을 다시 기워 붙여 한 벌의 외투로 보여 주는 것만큼 터무니없는 일도 없을 것입니다. 그럼에도 불구하고 특정한 건축가들의 유파가 추론과 같은 것 일체에 대해 드러낸 혐오, 혹은 차라리 이성이 영감을 억누를지 모른다는 어리석은 공포를 통해 우리가 겪어 온 것은 이러한 부조리들입니다. 어떤 예술에서도 이성이 영감에 반하는 일은 없습니다. 반대로 이성은 영감에 불가피한 조절자이며, 대부분의 경우 변덕을 걸러 내는 것뿐입니다. 진정한 영감이 모습을 드러내기 위해서는 지성의 모든 능력이 발현될 필요가 있으며, 이성의 빛을 두려워하는 것이 아니라 이성을 성곽처럼 자신의 주변에 둘러야만 하는 것입니다.

예상처럼 화차와 재료를 들어 올리는 기계들이 좀 더 발전한다면, 좀 더 기꺼이 빈번하게 사용된다면 이 재료들은 석재일 경우 우리의 작업장에 좀 더 큰 덩어리로 운송될 것이고, 철이라면 좀 더 무겁고 큰 조각들이 옮겨져 올 것입니다. 그러나 지금만 해도 우리의 건축은 오늘날의 수단들과 더 이상 조화를 이루지 않습니다. 이런 강력한 자원들을 드러내기는커녕 위장하려고 애씁니다. 그렇다면 이 자원들이 좀 더 대단해졌을 때는 어떤 사태가 벌어질까요? 우리 시대에 주어진 기기들을 신중하게 사용하는 데에 예술의 혁신을 가능하게 하는 한 가지 요소가 있지 않을까요? 이 기기들이 좀 더 효율적인 것이 된다면 건축가들은 조달할 수 있는 재료들의 질과 크기가 증진되는 이득을 얻는 것이 아닙니까? 최근에 이런 방향에서 이루어진 유일한 시도는 파사드에 몇 개의 일체식 원주들, 더구나 장식에 불과한 원주들을 세우는 데 그쳤습니다. 그것들은 '부착된' 상태여서 건물의 안정성에 필요한 것도 아닙니다. 예외적인 크기나 질을 가진 이런 재료들이 솔직하게 이용되지 못하는 까닭은 무엇입니까? 미적 관점에서 단순히 장식으로서가 아니라 실제로 효과적으로 건물을 지지하는 필수적 수단으로서 그것들이 사용되어서는 안 되는 정당한 이유를 들 수 있습니까?

사실을 말하자면 건축의 실제와 현대의 기계 장치 사이에 완전한 부조화가 있는 것입니다. 건축가들에게 제공된 새로운 수단은 그들에게 당혹스러움의 원천이지 새로운 원리들로부터 연역된 창안과 적응의 기회가 아닙니다. 새로운 수단의 악명을 감히 무시하지 못한 채 그것을 어떻게 이용해야 할지 잘 모르는 건축가들은 그저 그런 수단을 추가하는 방식으로만 도입합니다. 그것이 그 악명에 대한 일종의 양보인 것이죠. 우리 현대 건축가들은 하루아침에 엄청난 재산을 얻게 된 벼락부자와 같아서 부유함에 익숙한 사람만이 갖는 재량을 가지고 지출을 조절할 줄을 모릅니다. 우리는 새로운 재료와 기계들을 도입하는 데 모든 것이 건축가의 영역에서 이루어져야 한다는 사실을 못 본 척하면 안 됩니다. 토목 기사의 커다란 작업장들에서만 이런 방향에서 무엇인가가 성취되어 왔습니다. 그러나 재료의 조정에서 다양성이 거의 없고 특수한 요구들을 만족시키는 데 한계가 있는 이런 종류의 작업을 건축가의 선례로 삼을 수는 없습니다. 설령 그가 이런 작업들의 있는 그대로의 가치 혹은 그것이 가져야만 하는 가치를 인정한다고 해도, 그가 언제나 사용된 수단이 이끄는 형태를 정직하고 단호하게 도입하는 것은 아닙니다. 토목 공사에서조차도 나쁜 전통은 시공자들의 창안을 방해합니다.

앞의 강의에서 저는 철조와 조적조를 혼합하여 건축하는 문제들을 약간 다루었습니다. 연구자들에게 새로운 방법 혹은 옛 방법을 새롭게 적용할 요소들을 제공하는 것, 걸어갈 수 있는 길을 제시하는 것만이 목적이었습니다. 이 강의의 독자들에게 이런 원리들에 부합하도록 세워진 현대의 건축적 구조들의 사례를 조금 제시하는 편이 좀 더 이로울 것은 분명합니다. 그러나 불행하게도 그런 구조는 존재하지 않으며, 그렇기 때문에 저는 특히 예술적 활용에 유리했던 다양한 시기들에 획득된 실용적 방법이 도입된다면 어떨지를 가정해 보는 수밖에 없습니다.

먼저 현대 건축의 특수한 성격인 대규모성(extentiveness)에 주목하시기 바랍니다. 과거의 어떠한 문명도 그처럼 거대한 공간을 [건축물로] 덮을 필요는 없었습니다. 고대에 지어진 가장 큰 건물들도 우리의 요구들이 필요로 하는 것에 비하면 작습니다. 물론 지금 저는 가능한 규모에 대해서만 이야기하고 있습니다. 예컨대 여기서 멤피스의 피라미드나 여러 칸으로 분할된 아시리아의 궁전들, 심지어 일부만 천장이 덮여 있는 울타리에 불과한 로마의 원형 극장 등을 거대한 건물로 여길 수는 없습니다. 현대 문명은 점차 민주주의를 지향하고 있고, 노예 제도나 농노 제도, 나아가 특권화된 신분제를 허용하지 않으므로 모두를 위한 건물을 세웁니다. 중세는 대성당 건축을 통해 그러한 사례를 마련했고, 그들이 마련한 프로그램은 경이롭게 수행되었습니다. 19세기에 아메리카는 물론 유럽에서도, 우리를 에워싼 전통이라는 그물망 속에서조차 대중, 전체 대중을 위해 만들어지지 않은 모든 것은 한시적인 것으로 보아야 합니다. 오늘날 대중이 사업이나 유흥을 위해 빈번히 찾는 장소들은 아무리 해도 충분히 넓지 않습니다. 현대 건축의 이런 공리는 지속적으로 설명되고 있습니다. 대중이 모이는 건물의 경우 지붕이 있는 공간은 아무리 해도 협소하고, 출구는 항상 좁으며, 소통의 편의들은 충분히 많지 않습니다. 그들의 목적이 취미든, 필요든, 사업이든, 유흥이든 상관없이 말입니다. 이것은 새로운 요구로서, 철도와 엄청나게 증대된 소통과 교류의 수단이 생겨나기 전에는 결코 나타난 적 없는 것입니다. 이따금 파리와 우리의 다른 거대한 도시들에 수립된 엄청난 도로망을 두고도 비난하는 불평꾼들에게 귀를 기울이며 우리는 소도시들이 20년 전 상태 그대로 남겨져 있었다면 사태가 어땠을 것인지 자문합니다. 우리는 생활하고, 이동하고, 사고팔 수 있었을까요? 현실에서 우리의 위대한 소도시들의 열정적인 활동은 이동을 위한 새로운 편의와 그들이 필요로 하는 작업들에 의해 발생한 것이라는 반박이 있습니다. 그것이 문제입니다. 저는 가도를 내는 것만으로 군중과 이동 수단들이 즉각 거리를 메우기에 충분하다고 생각하지 않습니다. 루이 14세는 베르사유를 기점으로 엄청난 도로망을 형성했지만 그것만으로 이 궁은 결코 활기찬 장소가 되지 못했습니다. 군중이 그들을 위해 마련된 길을 메우는 것을 보면 그 길들이 필요했던 것이라고 말할 수 있습니다. 파리나 마르세유, 리옹에 열린 거대한 신작로가 어느 하나 텅 비어 있습니까?

또 한 가지 사실을 지적할 필요가 있습니다. 첫 번째 철도가 가설되었을 때 두 번째 노선이 건축되면 그 즉시 첫 번째 노선의 큰 간선들이 수익에 치명적인 손실을 입으리라고 주장하는 사람들이 얼마나 많았습니까! 그러나 예외적인 경우를 제외하면 그 결과는 정반대였습니다. 노선이 증설될수록 이용자가 늘어나고 화물 수송의 양도 증대되었습니다. 마치 다양한 종류의 도로가 늘어나는 데 정비례해서 인구가 증가하는 것처럼 보였습니다. 우리의 도시들에서도 마찬가지 결과를 관찰하게 됩니다. 이런저런 새로운 직통로가 다른 직통로를 손상시킬 것이라느니, 이런저런 대로가 다른 대로를 버려지게 할 것이라는 소리들을 자주 합니다. 반대로 직통로와 대로의 수가 늘어나는 데 비례해서 새로운 것과 기존의 것을 막론하고 이용자가 늘어납니다. 사태의 진실은 이런 것입니다. 오늘날 사람들은 과거에 한 주 동안 처리했던 일을 하루 안에 해내며, 하루가 걸렸던 일은 한 시간이면 끝내게 되었습니다. 그 결과는 정치 경제학에서 산정하듯 부의 증대로 나타납니다. 저는 이것이 좋은지 나쁜지 하는 문제를 거론하지는 않겠습니다. 다만 사실을 기록하고 그것이 건축에 영향을 미칠 것이 분명함을, 실제 미치고 있다는 점을 지적할 뿐입니다. 저는 지속적으로 완성을 향해 가는 그러한 사회적 변화가 실제로 일어나는 와중에 지난 두 세기 동안 건축을 지배하던 시기심 많은 특정한 신들에게 희생 제물이 바쳐진 것을 알고 있다고 말하지 않을 수 없습니다. 비뇰라와 팔라디오가 그리스식 주범의 최고 결정권자로 거론되고, 우리의 작은 지방 중심지보다 작은 지역 내에 퍼져 있었을 뿐인 그리스식 주범에서 예술의 공식들을 인정하는 반면,

무비판적으로 도입된 몇 가지 사소한 변화들이 대담한 혁신으로 여겨지는 것을 보면 저는 실소를 금할 수 없습니다. 실제로 우리는 코린토스식 원주가 하나가 되어야 하는지, 두 개씩 짝지어져야 하는지, 완전한 엔타블라처가 원주 위에 놓여야 하는지 아닌지, 인방이 아치보다 선호되어야 하는지, 아니면 아치가 인방보다 선호되어야 하는지 등의 문제들이 중요한 것으로 토론되는 것을 듣게 됩니다. 대리석 장식이 미술에서 혁명을 산출할 운명인지 아닌지, 그러한 어떤 혁명이 대리석과 도금을 옥외에 놓는 것을 피하게 될 것인지 어떤지를! 정말 중요한 고민은 우리가 우리의 이성을 행사하는 수고를 한다는 점일 것입니다. 그러나 우리의 찬란한 새 직통로들, [이동] 거리를 줄이고 우리 도시의 혼잡한 중심가들에 빛과 공기를 들이는 그 길들은 우리의 도시인들의 물질적 조건을 의심의 여지없이 개선시킵니다. 그것들이 시민들을 만들어 냅니까? 예술가들에게 그처럼 유리한 지위가 주어진 적은 과거에 한번도 없었습니다. 건물을 세우는 데 그처럼 자유롭게 자금이 지원된 적도, 단기간 내에 최고로 큰 사업을 집행할 자유로운 기회가 주어진 적도 없습니다. 이것이 예술을 창조할까요? 거리를—아무리 넓은 거리라도—만드는 것만으로 거기 시민들을 창조할 수 없는 것처럼 건축 교수들에게 마음대로 할 수 있는 장소와 돈이 주어진다고 해서 건축가가 만들어지는 것은 아닙니다. 그렇다면 건축가들이 다음 세기에 점성술사나 연금술사, 갑옷 입은 병사처럼 사라진 종이나 역사적으로 사라진 직업들과 더불어 분류되기를 원하지 않는다면 지금이야말로 그들이 각오를 굳혀야 할 적기입니다. 그들의 존엄을 지탱해 온 빈약한 신비가 서민들의 시선 앞에 노출되기 시작했으니까요. 그리고 대중이 어느 날 그것을 간파하고 자신들을 위해 지어지고 있는 것에 대해 합리적인 설명을 요구하게 되면 이런 파멸적인 변덕, 석재의 잔치에 대한 보복적 반응이 나타나게 될 것입니다. 우리가 우리 시대에 적합한 예술을 찾는 것은 스타일들을 뒤섞고 아무런 이유나 원리 없이 다양한 시대의 건축 형태들을 결합함으로써 이루어지는 일이 아닙니다. 우리는 이성과 평범한 양식을 우리가 첫 번째로 고려하는 모든 개념에 도입함으로써 그것을 찾을 수 있습니다. 재료들을 그 각각의 속성에 따라 이용하고, 산업적 수단들을 솔직하고 친밀하게 사용하며, 이것들이 주도권을 잡기를 기다리는 대신 스스로 그 생산을 유도해야 합니다.

지금까지도 건축에서 새로움은 피라미드를 뒤집거나 원주를 거꾸로 세워 짓는 것과 같은 장치들로 이루어져야 한다고 생각하는 사람들이 있습니다. 우리의 동업자들 다수는 그런 관념들의 우둔함을 쉽사리 드러내면서 이 '가능한 최선의 세계' 안에서 '모든 것이 최선이다'라고 결론짓는 경향이 있습니다. 그리고 결론을 내리는 데 있어 이런 부류의 개혁가들에게 귀를 기울이는 것만큼 위험스러운 일은 없습니다. 어떤 이들은 특정한 예술 스타일들에 대한 연구를 트집 잡으면서 정작 자신은 설계에서 아우구스투스 시대와 루이 14세 시대의 건축 형태들을 혼합하고, 그러면서도 다른 시대에 대한 연구는 배타성에 이르고 예술의 퇴행을 유발한다는 등의 비난을 합니다. 이런 진부한 고발들을 여기서 더 거론하지는 않겠습니다. 다만 그런 것들은 계속해서 다양한 형태로 나타나면서도 신념이나 논리적 일관성은 거의 없습니다. 오늘날 건축에서 진정한 새로움이라는 것은 이성의 자취, 오래전에 잃어버린 그 흔적을 쫓는 일이 될 것입니다. 그리고 합리적 방법에 따라 진행되었던 고대 예술에 대한 연구는, 우리가 다른 어떤 것 이전에 자연이 우리에게 베풀어 준 이성의 몫을 이용하는 습관을 새롭게 다시 시작하는 유일한 수단입니다.

건축에서 낙천적인 본성을 가진 긍정론자들은—그런 사람들이 있습니다―그토록 많은 다양한 요소의 낯선 집적, 방법들의 혼합과 원리들의 부재로부터 19세기에 적합한 예술이 점진적으로 떠오르기를 오랫동안 희망해 왔습니다. 그들은 말합니다. "16세기에 일어난 일을 보라! 비판적 안목이나 과학적 방법 없이 이루어진 고전 미술에 대한 연구가 고딕 미술의 말기에 도입되지 않았나. 철학적 전회의 동시대인들에게는 혼란과 무정부 상태만이 보였지만 그것을 거리를 두고 바라보는 우리에게 16세기 프랑스 건축은 하나의 완성된 예술의 모든 자격을 보여 준다. 그것은 고유한 성격을 가진 이탈리아의 16세기 건축과 구분된다. 각 지역은 그 특수한 형태들조차 갖는다. 발전이 자유롭게 이루어지도록 하자. 그리고 우리는 오늘날에도 유사한 과정이 진행되고 있음을 알게 될 것이다. 우리는 그 진화의 가운데 있기 때문에 그것을 분명하게 평가하지 못한다. 하지만 우리가 **혼란**이라 부르는 것이 단지 **이행**임이 우리의 손주들에게는 드러날 것이다. 그리고 이러한 이행은 예술에서 시대에 적합한 결과를 산출할 것이다. 그것은 고유한 성격을 가질 것이며, 아마도 후대에 존경을 받게 될 것이다." 30년 전까지 사람들은 이런 시각을 향유했습니다. 그러나 이행적 상태는 여전히 이행적인 것일 뿐으로 남아 있으며, 혼란은 더 커지기만 했고, 우리의 도시들은 조화롭게 배치되기는커녕 공통의 원리로부터 나날이 일탈하는 스타일로 지어진 공공건물들로 채워지고 있습니다. 한술 더 떠서 우리의 건축가들은 저마다 자기모순을 지향하는 것처럼 보인다고까지 말할 수 있을 것입니다. 어떤 때는 로마네스크 형태를 도입하고, 다른 때는 르네상스를 따르며, 또 다른 때는 맹목적으로 루이 14세 시대를 따르기도 합니다. 그러다가 급기야 비잔틴 스타일을 도입하는 경우도 생기죠. 16세기의 건축은 이런 식으로 전개된 것이 아닙니다. 그리고 우리는 문명의 어느 시기도 예술에서 새로운 시기의 탄생을 그런 식으로 시작하지 않았다는 것을 확신해도 됩니다. 16세기의 건축가들은 그들의 절차에 전적으로 진정성 있고 일관되게 임했습니다. 그들은 이전 시대에 도입된 건축 방법을 보존했습니다. 그것은 좋고 실용적이며 합리적인 방법이었죠. 반면 당대의 취미에 부합하기 위해서 그들은 자신들의 건축물들에 새로운 옷을 입혔습니다.

옳든 그르든 그들은 새로운 옷이 자신들이 온전히 남겨 둔 오래 된 신체를 개조할 수 있다고 판단했습니다. 그런 관념이 착각이었을 수는 있지만 어쨌든 그것은 하나의 관념이었고, 그들은 그것을 일관되게 염두에 두었던 것입니다.

오늘날 우리는 어떤 관념을 두고 좋고 나쁨을 주장할 수 없습니다. 하나의 프로그램이 건축가 앞에 놓이면 그는 그것을 로마네스크나 고딕 혹은 르네상스나 로마 건축에 맞출 수 있을지 어떨지 알지 못하니까요. 당국이 이들 스타일 가운데 하나를 지시하지 않는 이상—그들은 실제로 좀처럼 그런 일은 하지 않는다는 것을 감안해야 합니다만—건축가는 선택할 자유가 있습니다. 그리고 그의 선택은 단순한 변덕, 즉 다른 건축가의 성공에 따른 것이며, 이전에 이루어진 것과 다른 것을 만들고자 하는 소망 혹은 그와 마찬가지로 하찮은 생각에서 비롯한 것입니다. 이런 회의적인 입장에서는 새롭거나 생명력 있는, 생산적인 것이 생겨날 수 없습니다. 그저 우리가 날마다 보는 결과물들, 나날이 조각이나 재료를 과시하는 데 집중해서 선보여지는 건물들을 만들어 낼 뿐입니다. 관념이 결여된 곳에서는 그런 과시의 사치스러움만을 계속 늘려 가는 이외에 다른 것이 없으니까요. 그런 건물들에서 우리는 명료하게 파악할 수 있는 프로그램 따위를 볼 수 없습니다. 건전한 이성이 개입하는 적은 거의 없고, 재료가 신중하게 사용되는 경우는 더 드뭅니다. 대중은 비계를 채 치우기도 전에 이런 건축적 사치에 이미 질리고 마는 것입니다.

건물이 완성되고 나면 당초에 그것이 지어진 목적들이 실현되어 있지 않기 때문에, 건축의 효과와 배치들을 바꾸기 위해 일련의 수술이 시작됩니다. 한쪽에서는 중이층의 바닥이 나란히 뚫린 창들을 가로질러 지나가게 됩니다. 다른 쪽에서는 금속 차양이 열주를 통과해 지나가게 되고, 또 다른 한편에서는 원래 평면도에는 들어갈 자리가 없던 발코니들이 창문 앞에 놓이게 됩니다―사전에는 생각하지 않았던 요소들인 것입니다! 쓸모없는 창문들은 메꾸어야 하지만 창틀은 아마도 변형을 감추기 위해 남겨두게 될 것입니다. 철판으로 된 스토브 연통이 지붕을 통과해 지나가거나 굴뚝 꼭대기의 통풍관이 석재 굴뚝 위에 덧붙여지게 됩니다. 가스공 역시 가스관을 설치하기 위해 벽을 뚫고 벽기둥을 잘라 낼 것입니다. 한편 다른 파이프 체계들은 여러 방향으로 건물을 휘감아 건축적 선의 효과를 망가뜨리고 조명을 목적으로 코니스의 윤곽선을 바꾸어 놓게 되겠지요. 내부에 가해지는 변형은 훨씬 더 클 것입니다. 설계에서 볼 수 없었던 계단, 나중에는 난방을 위한 연통들이 창문 앞으로 지나가게 됩니다. 도관들이 벽을 가로지릅니다. 목적에 비해 지나치게 넓은 방들은 분할되고, 반침과 통로는 간접 채광이나 천창을 통한 채광만이 가능합니다. 공간이 넓어야 할 홀들은 줄어드는 반면, 그 주변으로 무의미하고 쓸모없는, 어두침침한 데다 정오 무렵이면 찌는 듯이 더운 공간들이 자리합니다. 한편으로는 통풍이 안 되고, 다른 편은 심각하게 외풍이 들이칩니다. 회전문은 바깥문들 안쪽에 자리 잡게 될 것이고, 여닫는 소리가 실내에 있는 사람들을 계속 거슬리게 할 것입니다. 그 밖에도 통찰력이 결여된 사례들은 얼마든지 더 있습니다. 우리는 건물에서 건축의 스타일들을 어떻게 결합할 것인가라든지 행인들의 시선을 잡아끌 만한 파사드를 어떻게 세울 것인가 하는 등의 문제들 이전에 우리 문명의 복잡화된 요구들을 고려해야 하는 것이 아닐까요? 행인들이란 어차피 파사드의 용도나 의미를 이해하지 못하는 데다가 이 건축적 변덕에 막대한 비용이 낭비되었다고 하면 기분만 상할 뿐 머지않아 건물에 별로 신경도 쓰지 않게 될 텐데 말입니다.

조금만 성찰해 보면 그토록 바라 마지않는 시대의 건축을 발견하는 가장 효과적인 수단은 해당하는 요건을 엄격하게 고수하는 것임을 알 수 있지 않을까요? 이 요건이란 많은 경우에 새로운 것인 만큼 그것을 꼼꼼히 관찰하다 보면 우리는 새로운 개념에 도달하지 않겠습니까? 그렇게 시사된 이러한 일차적 고려에 더하여 그에 못지않게 중요한 것은 이전에는 사용되지 않았던 재료의 본성에서 초래된, 그리고 우리가 그 고유한 속성에 들어맞는 새로운 형태를 도입할 것을 요구하는 특징입니다. 이러한 조건들로부터 논리적인 귀결들을, 이성을 만족시키면서 우리의 관습과 조화를 이루고, 한 국가의 풍습과 건물이 극단적으로 이상하게 대조되지 않는 그런 귀결들을 도출할 수 있지 않을까요? 우리의 공공건물 대부분의 외관과 배치에서 프랑스의 주민들이 그들에게 취미, 요구, 습관 면에서 상충하는 예술의 한 형태를 강제하려고 시도하는 정복자의 압제에 지배당하고 있다는 결론은 내릴 수는 없을까요? 이와 같이 국민에게―신정 체제하에서의 종교적인 언어와 얼마간 닮은―어떤 예술을 강제하는 것은 매우 특이한 현상이 아닌가요? 교회 재판소와 의회가 라틴 어를 말하는 관례를 고집하면서 이 언어로 관념들을 표현하고 카이사르의 제국에는 존재하지 않았던 사물들을 지시하도록 만들려고 시도했던 것을 어느 정도 생각나게 하지 않습니까? 철도 감독이 가주권, 우선주, 차량, 선로 개설, 역, 터널, 자갈, 호, 둑길, 침목, 궤도, 기관차, 화차, 선로 변경 장치, 건널목 등을 라틴 어로 말한다고 생각해 보십시오! 얼마나 뜻 모를 용어들이 남발되겠습니까?

그런데 방금 이야기한 사례가 터무니없어 보인다면 건축에서 습관적으로 그런 일들이 계속되고 있는 것은 어째서입니까? 게다가 고대의 미술 형식들을 그것들이 창안되었을 때는 존재하지 않았던 요구들과 기기들을 표현하도록 강요함으로써 괴롭히는 까닭은 무엇일까요?

저는 경험상 이성에 의거하여 그 결정을 따르는 것을 가장 중시하는 사람들이 만나게 되는 어려움들을 알고 있습니다. 그런 이들은, 자신의 이익을 위해 건축이라는 직업과 공공 서비스 사이의 모든 소통을 지속적으로 감시하고 경계하는 강력한 파벌들의 모호하고 막연하면서도 고압적인 요구들에 굴복하지 않습니다. 저는 그런 체제가 조장하는 나약함을 이해할 수 있으며, 진심으로 그들을 동정합니다. 그러나 이것이 건축가에게 생사를 가름하는 문제라는 사실에 대해서는 오해가 없도록 합시다. 이런, 창백한 회의주의, 잘 규정된 관점들의 부재, 원리에 대한 완전한 무시, 불합리한 교의들에 대한 비겁한 아첨, 우리로 하여금 생계를 꾸려 나가고 적을 만들지 않으면서, 편견을 검토하기보다는 그 뒤에 몸을 숨길 수 있게 해주는 대세를 따르도록 하는 정신적 타성은 어느새 조금이라도 재능이 있는 건축가는 한낱 디자이너로, 그나마 없다면 일개 사무원으로 전락시키고 있습니다. 건축가들 사이에서는 공학 쪽 전공에서 자신들이 자꾸만 뒤로 밀려나는 경향에 대한 불평이 오래전부터 있어 왔습니다. 사실 건축가 중에서 용감한 정신이 나오지 않는다면, 희생을 치르더라도 판에 박힌 구태의 반복에서 벗어나, 마치 박쥐가 태양을 두려워하듯 이성과 검토가 개입하는 것을 두려워하는 비굴한 잡종의 예술과 결별할 결심을 할 만큼 단호한 사람들이 나타나지 않는다면 실제로 건축은 밀려날 것입니다. 건축가들을 이미 진행 중인 몰락으로부터 구해 줄 수 있는 것은 졸업장이 아닙니다. 그들의 졸업장은 일의 진행을 점점 더 종속적이고 모멸적인 것으로 만들 수밖에 없는 지위를 보장해 줄 뿐입니다. 그들을 구제해 줄 수 있는 유일한 길은 전적으로 명료하고 잘 규정된 원리들을 솔직하고 자연스러우며 활발하게 적용하고, 단호한 정신에 의해 지지되는 그러한 원리들에 대한 확신을 갖는 것입니다. 건축가가 되기 위해서는, 내과 의사나 법정 변호사가 그러하듯 무엇보다 먼저 인간이 되어야 하기 때문입니다. 이것은 잊힌 듯합니다.


## 건축 기술의 현재 상태


하지만 진정성의 시대가 동터 오기 시작하는 징후들이 있습니다. 과학에서는 확실히 실험적 방법이 가설을 대체했습니다. 철학은 점차 더 생리학, 즉 자연의 질서에 대한 엄격한 관찰을 근거로 삼는 경향을 보입니다. 순수 형이상학은 노망이 들었고, 지성이 맹신에 압도당하지 않는 종교 체계조차도 철학 체계, 인간 사유의 연쇄적 단계들과 역사의 주된 현상들만큼이나 비판과 이성의 키질로 걸러지게 되었습니다.

지금이야말로 자유롭게 지적 작업에 대한 선입관 없이 선택하고, 논쟁의 여지없는 것으로서 강제된 교의들에 중요성을 둘지, 아니면 오로지 이성만을 사용해 자신들의 길을 보여 줄지를 결정하는 데 전념을 다하는 사람들에게—이들 사이에 건축가들을 끼워 넣는다는 것은 어쩌면 주제넘은 일일지 모르겠습니다만—절호의 시기입니다. 문학과 과학, 철학과 소통해 온 충동 바깥에 머무는 것은 우리 자신의 신속한 붕괴를 비는 것이나 마찬가지입니다. 논의의 여지가 없는 교의들에 근거할 것을 주장하는 아카데미의 규칙과 변증론, 행정적 법령은 예술과 과학—건축은 예술이자 과학이니까요—의 파멸을 단 하루도 지연시킬 수 없을 것입니다.[1] 최소한 일관성을 갖도록 합시다. 문학과 과학의 영역에서 그 권리가 주장되는 사유의 자유와 이성의 권위가 예술의 영역에서는 추방되어야 합니까? 자유주의적 성향을 천명한 대부분의 작가들은 역사에 대한 심오하고 비판적인 연구와 사회 현상에 대한 관찰을 그들의 신념의 토대로 삼고 있습니다. 우리 사이에 정평이 있는 저자들이 인간의 운명에 관한 그들의 견해를 유지하는 데 그와 같은 양심적인 연구에 의존하는 것에는 타당한 이유가 있습니다. 사실 역사 연구란 그것이 단순한 사실들의 나열에 머무른다면—그것이 우리의 현대 문명을 위해 그 판단을 이끌고 그 행동을 지시하는 정당한 추론을 이끌어 내게 해 줄 수 있는 습득된 경험 일체를 수집하고자 노력하지 않는다면 헛된 편찬일 뿐입니다. 더 이상의 논의는 사실상 불필요합니다. 우리 시대의 정치 지도자들은 통치의 기술을 배웠고 과거에 대한, 현재로부터 그리 멀지 않은 과거에 대한 연구를 통해 명성과 지배력을 획득해 왔습니다.

그러나 어떤 건축가가 동일한 방법을 따랐다면, 즉 그가 어떤 불변의 원리들을 수립하고 발전시키는 데 적당한 요소들을 찾아 과거를 연구했다면, 이 요소들로부터 우리 시대에 적당한 실용적 기기들과 자연스러운 결론들을 연역해 내는 일에 착수했다면, 사람들은 그에 대해 이렇게 말할 것입니다. "그는 골동 연구자야. 그는 우리를 13세기의 카롤링거식 주거에서 살게 할 거야."

---

1) 이 부분에서 불어본의 다음 구절이 누락되어 있다. "모든 것은 서로 연관되어 있습니다 … 아마도 우리는 곧 이를 알아차리게 될 것입니다. 그리고 우리는 이미 이를테면 신학자들이 종교적인 문제에 대해 추론하듯 문학에서 편견 없는 독립적인 정신들이 우리가 다루는 예술의 문제들에 대해 추론하는 것이 통용되는 것을 사람들이 인정한다는 데 동요하고 있는 것인지도 모릅니다." (*Entretiens* vol. 2, p. 117)

문명사를 깊이 연구하고 과거로부터 얻은 지식을 현재의 어려움들을 푸는 데 이용하지 않는 것을—어쩌면 당연히—이상하다고 생각하는 이 저자들 대부분이 보기에 '실용적인 인간'—시대의 대표자—으로 여겨져야 할 건축가는 엄청난 지식을 쌓을 필요는 없어도 그 자신의 텅 빈 머릿속에서 새로운 형태들을, 새로운 요소들을 적용하도록 해 줄 수 있는 경험을, 그의 예술의 실천이 요구할 수 있는 모든 추론과 해결책들을 발견할 수는 있어야 합니다. 예술이 거쳐 온 변화의 긴 연쇄와 진보의 단계들을 하나씩 하나씩 연구하고 하나의 고리를 더하려고 하는 사람들은 단지 지나간 시대의 유산들을 수습할 뿐인 고고학자에 지나지 않습니다. 그리고 (우연히 관찰할 수 있었습니다만) 이 '고고학자'라는—추켜세우는 명칭이라는 것은 인정합니다—이름은 특정한 부류의 건축가들에게 주어지는데, 이는 오로지 그들이 자신의 예술을 새롭게 적용하는 것을 막기 위해서입니다. 페리클레스 시대에서 콘스탄티누스 시대 사이의 시기만을 연구하는 건축가들은 특별히 이런 고고학자 부류에서 제외됩니다. 결국 그들에게 우리 시대의 건축 과업을 맡기는 것이 안전하다고 여겨집니다. 건축가는 과거에 대한 그의 연구가 로마 제국의 멸망으로 끝나지 않을 경우 퇴행적 예술을 만든다는 비난을 받습니다.

　　제가 가끔 하는 질문입니다만 다시 한 번 하겠습니다. "그리스와 로마 예술에 한해서만 연구한 건축가가 우리 시대의 개성적인 건물들을 세우고 미래의 건축을 위한 길을 준비할 자격을 인정받는다는 것이 가능합니까? 그리고 어떤 건축가가 이 시기의 미술뿐 아니라 보다 우리에게 가까운 시기[중세]의 미술에 대해서 연구했다고 해서 그가 우리를 과거로 되돌리려고 한다는 질시 어린 의심을 받아야 하는 이유가 무엇입니까?" 이 질문은 『아내들의 학교』[2)]에 등장하는 후작의 말 이외에 다른 어떤 식으로도 대답을 얼은 적이 없습니다.

운 좋게도 오늘날 이런 측은할 정도의 모순을 냉정한 방관자로서 관조하면서, 저 자신의 위치에 대해 그들이 가진 영향력을 생각할 때 사실상 그 막강한 파벌에 대한 의무를 지고 있는 저로서는 이렇게 말할 수 있을 것입니다.

"Deus nobis haec otia fecit,"
[신께서 우리에게 이런 평화를 주셨다]

확실히 저는 이런 편견들과의 전투에 참가하는 데 개인적으로 관심이 없습니다. 편견이라는 것이 다 그렇듯 그것은 어리석고 야만적이기까지 한 측면이 있으니까요. 진실에 대한 연구와 추구가 보장하는 독립성보다 중요한 것은 없다고 저는 생각합니다. 저를 움직이는 유일한 동기는 여하한 모든 종류의 억압에 대한 반발입니다. 그들을 도와주었어야 하는 이들의 빈약함과 결함 때문에 낙담하는 부류의 사람들이 있습니다. 반대로 약간의 용기를 우유부단함에 주입하고, 교묘하게 지속되는 오류들과 싸우며, 무관심한 대중과 학구적인 청년들의 눈앞에서 일부러 모호하게 만들어진 질문들을 조명하는 데 시간을 쓸 수 있다는 것을 행복하게 여기는 이들도 있습니다. 이러한 노력은 겉으로 보이는 결과가 아무리 미미하다고 해도 보답받게 되어 있습니다.

관념들의 역사에 대해 빈약한 판단과 피상적 앎을 갖고 있는 경우가 아니라면 어떤 의견을 둘러싸고 있는 침묵과 공허함이 실제로 그 중요성을

---

2) *La Critique de l'École des femmes*, 1662년에 초연된 몰리에르의 희극.

부각시키는 여백임을 우리가 지각하는 것을 막을 수는 없습니다.

더구나 우리가 목격한 사치 이후에 건축에서 해 볼 수 있는 시도가 무엇이 남았습니까? 그런 일탈은 필연적으로 반동을 자극합니다. 할 수 있는 일이 아무리 작아도 이런 반동에 약간의 확정된 원리들을 제공하려고 노력하는 것이 모든 사람, 진지하게 이 문제에 관심을 가진 모든 사람의 의무가 아닐까요? 그런 원리야말로 이성과 과거에 이루어진 시도에 대한 성실한 연구에 의해 결정된 작업의 근간이자 현재의 자원과 요구들의 근간입니다.

우리는 시공의 기술에 무지한 사람들이 어째서, 예컨대 철과 같은 특정한 재료들로는 거대한 기념비적 공공 건축물을 지을 수 없다고 고집하는지 이해할 수 있습니다. 이것은 지금까지 철이 그 속성에 맞게 공공건물에 사용되지 않았기 때문입니다. 지금까지 한번도 발견되지 않은 것은 결국 발견할 수 없는 것이라고 주장할 수도 있을 것입니다. 그러나 직업적인 전문가가 이런 관점을 어떻게 기꺼이 인정할 수 있는지는 이해하기 어렵습니다. 혹은 그들이 그것을 받아들인다고 해도 그들은 지나간 시대의 미술이 대리석이나 석재와 같은 다른 재료들에 부여했던 형태를 철에 적용할 것입니다. 철을 건축 형태에 맞출 수 없다면 공공건물에 사용하지 말아야 한다는 것이 더 합리적인 견해인 듯합니다. 반면 철을 사용하는 것이 필수적이라면 그것이 가진 성질에 부합하고 그 용도를 드러내는 형태가 주어져야 할 것입니다. 이것은 단순히 예술의 문제일 뿐 아니라 경제성의 문제이기도 합니다. 주철의 강도를 고려해 그것을 지주에 사용하고서 그것을 벽돌과 스투코 또는 대리석 등으로 덮는다면 그것은 하나로 족할 지주에 두 개에 들어갈 비용을 쓰는 일이 됩니다. 조적조를 덧씌워 철조 궁륭 천장을 감추는 것은 구조를 속이는 것이며, 재료를 필요한 양의 곱절로 쓰는 것입니다. 이 재료들에 적합한 형태를 부여하고 건축 형태들을 조화롭게 배치하려는 노력을 좀 더 자연스럽게 할 수는 없을까요? 아직은 그렇게 되지 못했다는 점을 인정하지만 이를 달성하는 것이 불가능한 것일까요? 우리는 그것을 위해 노력하지 말아야 할까요? 사용된 재료의 본성에 부합하는 형태는 하루아침에, 혹은 아무리 천재라도 단 한 사람의 예술가가 발견할 수 있는 것이 아니었을지 모릅니다. 그러나 그것이 시작되는 것은 바람직합니다. 건축에서 진정한 합리적 형태는 일련의 노력과 시도들이 체계적으로 이루어진 후에야 비로소 모습을 드러내기 때문입니다. 그리스 인들은 독창적이었지만 그들이 도리스식 주범을 창안하는 데는 수년이 걸렸습니다. 그러나 그것을 완성해 가는 사이에 그들은 멈춰 서서 놀지 않았습니다. 그들은 미적 표현의 다양성을 위해 여기저기를 찾아 헤매지 않았습니다. 하나의 원리를 도입한 그들은 한순간도 그로부터 눈을 떼지 않습니다. 아울러 진(眞)과 선(善)을 결코 분리시키지 않고 미(美)가 합리적 이성, 진정성, 실용성과 별도로 발현될 수 있다고는 결코 생각하지 않는 것입니다.

건축가가 아름다운 형태를 얻기 위해 특정한 재료들의 사용을 제한한다는 것은 이상한 추정이 아닐까요? 우리의 생각으로는 미는 보다 큰 제국에 대한 소유권을 주장합니다. 그것은 우리가 가진 특수한 재료에 따른, 우리가 충족시켜야 하는 물리적이거나 도덕적인 요구들의 참되고 선택된 표현입니다.

미가 거짓으로부터 초래될 수 있다고 가정하는 것은 예술에서의 이단으로, 그리스 인들이었다면 이를 거부했을 것입니다. 그러나 우리가 종종 말하듯, 그리고 아마 앞으로도 되풀이하게 되겠지만, 우리의 '기념비적' 건축은 영원한 거짓입니다. 보통 우리 건물들의 모든 가시적 형태는 장식만을 목적으로 한 불필요한 것들입니다―모든 필수적인 수단은 종종 그에 모순되는 외관 아래 조심스럽게 감추어집니다. 사실, 그럴 가치가 있는지는 모르겠지만 우리의 공공건물들은 저마다 두 개의 서로 다른 작업으로 이루어져 있음을 분석하여 보여 줄 수 있을 것입니다. 하나는 구조라고 하는 진정한 작업이고, 다른 하나는 눈앞에 드러나는 외관입니다. 둘은 서로 매우 다르며, 이를 비교해 보여 준다면 대중은 크게 놀랄 것입니다.

견고한 조적조로 만들어진 것처럼 보이는 저 기둥들은 실은 안쪽에 주철 원주를 감추고 바깥으로 벽돌을 쌓아 스투코로 외피를 씌운 것입니다. 석조를 모방한 구조를 가진 궁륭 천장은 철골에 석회 반죽을 바른 것입니다. 당당한 일련의 원주들은 실제로 아무것도 떠받치고 있지 않으며, 실제 지주는 그 뒤편에 세워져 있습니다. 밖에서 보면 사각형으로 뚫린 개구부들은 내부에서는 일련의 아치들로 나타납니다. 다른 지붕을 관통하면서 지붕을 모방하고 있는 박공들 뒤편으로는 홈통이 지나갑니다. 우리는 거대한 철제 거더들이 건축 과정에서 올라간 것을 보았지만 작업이 완료되고 나면 그 흔적을 찾을 수 없습니다. 건물의 뼈대를 형성하는 필수적인 구축 수단은 기생하는 장식 아래 조심스럽게 감추어져 있습니다. 그 핵심적인 부분들을 아무도 보지 못할 것이기 때문에 그것들이 필요한 것보다 별로 강하지 않은지 어떤지 판단할 수 없게 될 것입니다. 또한 그 은폐된 수단들이 신중하고 경제적으로 마련되었는지 아닌지 알 수 없을 것입니다. 문제의 수단이 드러나 보이지 않으므로 건축가는 그것들을 적절히 도입하는 데 관심이 없습니다. 건축가 자신이 거리낌 없이 사치를 하는지, 낭비를 두려워하는지에 따라 그것을 많거나 적게 쓰게 될 것입니다.

그러나 이들 건축적 거짓—달리 무엇이라 부를 수 있을까요?—중 다수가 경제성을 동기로 시작된 것은 확실합니다. 지금 유행하고 있는 교육 체계로 인해 원리들을 벗어나지 않도록 잘 통제되는 우리의 건축가들은 어느 경우에나 위엄을 드러내려고 애를 쓰는데, 이것은 그들이 사용할 수 있는 흔한 재료와 어울리지 않는 경우에도 마찬가지입니다. 그들은 감히 사용된 재료를 솔직하게 드러내지 못합니다. 왜냐하면 그들은 재료와 어울리지 않는 형태들을 도입하는 것을 필수 조건으로 하고 있기 때문입니다. 그리고 무관심함 때문에, 혹은 차라리 이른바 고전적 교의의 막강한 수호자들과 갈등을 빚게 되는 것을 두려워하기 때문에 그들은 재료에 적합한 형태들을 찾아 나서기를 거부합니다.

어떤 혁신도 관용하지 않고, 몰개성에 대해 전적으로 관대한 관리 위원회로부터 평면도를 '통과'받기 위해서 건축가가 확립된 관례에 무조건적으로 복종하는 것을 저는 얼마나 자주 보았는지요! 문제는 **사느냐 죽느냐** 하는 것입니다. 그러나 이 아레오파고스 회의가 평가를 위해 제출된 작품들에 나타나는 대담함의 기미나 새로운 아이디어 일체를 억누르는 것이 박해를 즐기는 능동적 반대 때문이라고 생각해서는 안 됩니다 … 절대로! 아카데미의 전통은 다른 수단을 제공합니다. 범속함을 벗어나려고 하는 드문 계획들은 등장하는 순간 찬사들에 압도되고 맙니다. 그러나 이런 찬사들 사이에 교묘하게 삽입된 '**그러나**'[라는 단서]가 뒤따르고, 그것은 혁신의 시도를 분쇄합니다. 그리고 이 '**그러나**'는 아무런 책임도 떠맡지 않으려고 하는 관리 주체와 공모하여 그 계획에서 독창적인 것은 무엇이든 파괴하는 데 충분합니다. 이런 것을 경험해 본 사람들은—대체 건축가 치고 이런 경험을 해 보지 않은 사람이 있겠습니까?—그와 같이 골치 아픈 '그러나'들로부터 안전한, 신중하고 무해한 범용함을 보존하는 것이 이득임을 깨닫게 됩니다. 이를 통해 그들이 범속함에 충분히 질렸을 때쯤, 이번에는 그들이 나서서 해방되고자 애쓰는 그들의 형제 건축가들을 교활하게 방해할 수 있기 때문입니다.

이것은 우리의 선조들이 우리에게 안긴 불편을 우리의 후손들에게 떠넘기는 일입니다. **아름다운 프랑스에서 아카데미 데 보자르**가 고안해 내고 유지시켜 온 조절 장치는 세대에서 세대로 전해집니다. 이것은 우리가 [고유한] 건축을 갖지 못하는 이유를, 그리고 우리의 사회적 조건과 완전히 모순되고, 따라서 미래의 세대들에게 해결할 수 없는 문제들을 안기게 될 공공건물들의 건축에 우리의 정부 예산의 상당한 액수가 할당되는 이유를 설명해 줍니다.


## 현대적 기기들의 사용


그러나 지금도—우리는 거대한 악의 존재가 우리로 하여금 아무리 사소한 것이라도 보다 유리한 측면들을 잊어버리게 만들도록 허용해서는 안 됩니다—우리는 승리한 범용성의 과잉에 대한 반작용의 첫 번째 징후들을 식별할 수 있습니다. 특정한 개성의 독립성을 보존하고 원리들을 고수할 결심이 되어 있는 건축가들 일부는 스스로를 구축가(constructor)로 단련합니다. 즉 그들은 사용된 재료에 그 본성이 이끄는 형태를 부여하려고 노력합니다. 이러한 건축가들은 우리의 거점들에서 가장 중요한 작업들을 통제하고 있지 못한 것이 사실입니다. 그러나 젊은, 탐구적인 정신들의 핵이 그럼에도 불구하고 그들 주변에 형성되어 왔습니다. 그들이 손쉬운 성공의 유혹적인 영향력에 저항한다면 미래의 운명을 통제할 수 있을 것입니다. 그러면 흩어져 있지만 꽤 많은 독립 연구자들의 이런 유파에 대해 조금 설명하겠습니다. 현대의 공업 기술이 우리에게 제공한 수단을 이용하고 요구들의 프로그램을 엄격하게 수행하고 사용된 재료의 본성에 적합한 형태를 찾는 일들이 어떻게 진행될 수 있을지 생각해 봅시다.[*]

우리가 3급 소도시에 시청을 지어야 한다고 가정해 봅시다. 우선 누가 보아도 적합하고 일정한 배치의 다양성을 선보이는 평면도를 결정합니다. 시청에는 열린 공간, 사무실, 대형 회의실, 접근에 용이한 통로와 별실 등이 필요하며 모두 환기와 채광이 잘 되어야 할 것입니다. 1층에는 로비가 있어야 할 것입니다. 그것은 넓은 현관으로 여러 사무실과 위원회 회의실 등으로 연결되고, 상대적으로 폭이 넓고 쉽게 올라갈 수 있는 계단으로 열리며, 2층의 대형 행사장과 공공 회의실로 이어집니다.

지붕이 덮인 넓은 공간들은 높은 천장을 통해 충분히 채광이 되어야 하고 쉽게 접근할 수 있어야 하는 반면, 부속실을 비롯해 다양한 사무실은 상대적으로 천장이 낮게 되어야 할 것이 분명합니다. 그러므로 그와 같은 자치 건물의 배치는 다음과 같이 제안할 수 있습니다. 도판 22-2와 22-3은 건물의 여러 층의 평면도입니다. 로비에는 거리로 향하는 거대한 출입구가 있습니다. 이를 통해 지방 의회 사무실들과 2층의 대형 홀로 이어지는 큰 계단에 접근할 수 있습니다. 사무실들이 위치한 양쪽 익부에는 중이층이 있으며 전용 계단들이 마련되어 있습니다. 중이층의 방들은 로비를 삼면에서 둘러싼 갤러리를 통해 서로 연결되고, 갤러리 자체에는 큰 계단을 통해 들어가게 됩니다. 2층에는 익부의 지붕층에 고용인들을 위한 방들이 있습니다. 중앙에는 현관이 딸린, 공공 회의를 위한 대형 홀이 자리하며 그 위로는 홀을 둘러싸고 갤러리와 연결되는 트리뷴이 있습니다. 큰 계단 위로는 종탑과 그곳으로 올라가는 작은 계단이 세워져 있습니다. 공공 회의나 행사 때에는 익부의 두 개의 계단을 통해 접대가 이루어집니다. 대

---

* 다음의 사례들이 유일하게 적합한 형태들로 제시된 것임을 주장하는 것이 아니라는 점을 이해하실 수 있을 것입니다. 문제는 **방법**입니다.

형 홀의 정면에는 넓은 발코니가 있습니다. 도판 23에서 건물의 입면과 단면을 볼 수 있습니다. 상식적으로 그처럼 거대한 홀에 회의실이나 사무실, 단순한 거실 등에 적합한 외관을 부여해서는 안 됩니다. 그런 경우 건축적 배열의 통일성이라는 것은 터무니없는 얘기입니다. 이런 사실을—본보기로 추앙되었지만 이 문제에 관해서는 모방의 대상이 되지 않은—고대인들은 항상 알고 있었습니다. 또한 그 방법을 체계적으로 부정당한 중세의 건축가들은 이 문제를 한층 더 정직하게 인식하고 있었습니다. 외부적 형태들은 구조에 따라 달라집니다. 사무실과 거주용 방들을 목적으로 짓는 건물의 경우에는 개인 주택에 적합한 것과 유사한 건축 방식이 도입되어야 하지만 공공 회의를 위해 짓는 경우는 보다 위엄 있는 성격을 가진, 그 밖에도 이 특수한 목적에 적합한 건축 방식이 필요할 것입니다. 이 경우 최대한의 편의 시설이 제공되어야 하고, 지주들이 빽빽하게 세워져서 거치적거려서는 안 되며 환기와 채광이 잘 이루어져야 하는 동시에 용이한 접근 수단이 마련되어야 합니다. 회의나 행사에 타원형 공간이 가장 적합한 것은 아니라는 점을 지적해야 합니다. 너비에 비해 길이가 훨씬 긴, 대부분의 우리 성들의 큰 홀들과 같은 공간은 법원과 연회장에 적당하지만 무도회와 콘서트, 공공 회의에는 사각형이 더 맞습니다. 튈르리 궁의 살드마레쇼(Salle des Maréchaux)만큼 이런 목적에 잘 부합하는 큰 방은 별로 없는데, 이 홀이 사각형입니다. 그러나 면적이 넓어야 합니다. 여기서 우리의 시청 2층 홀은 측면이 14.7m입니다.[3] 현관으로 들어가게 되어 있지만 현관과 홀 사이의 칸막이는 바닥에서 겨우 4m 위에 있으며 목조로만 이루어져

---

3) 영어본에는 이 부분의 수치가 50평방피트로 되어 있으나 수치로 볼 때 단순히 50피트를 오기한 듯하다. 이 홀의 정확한 크기는 뒤에 곧 제시되는 바와 같이 폭 14.7m에 길이 18.5m이다.

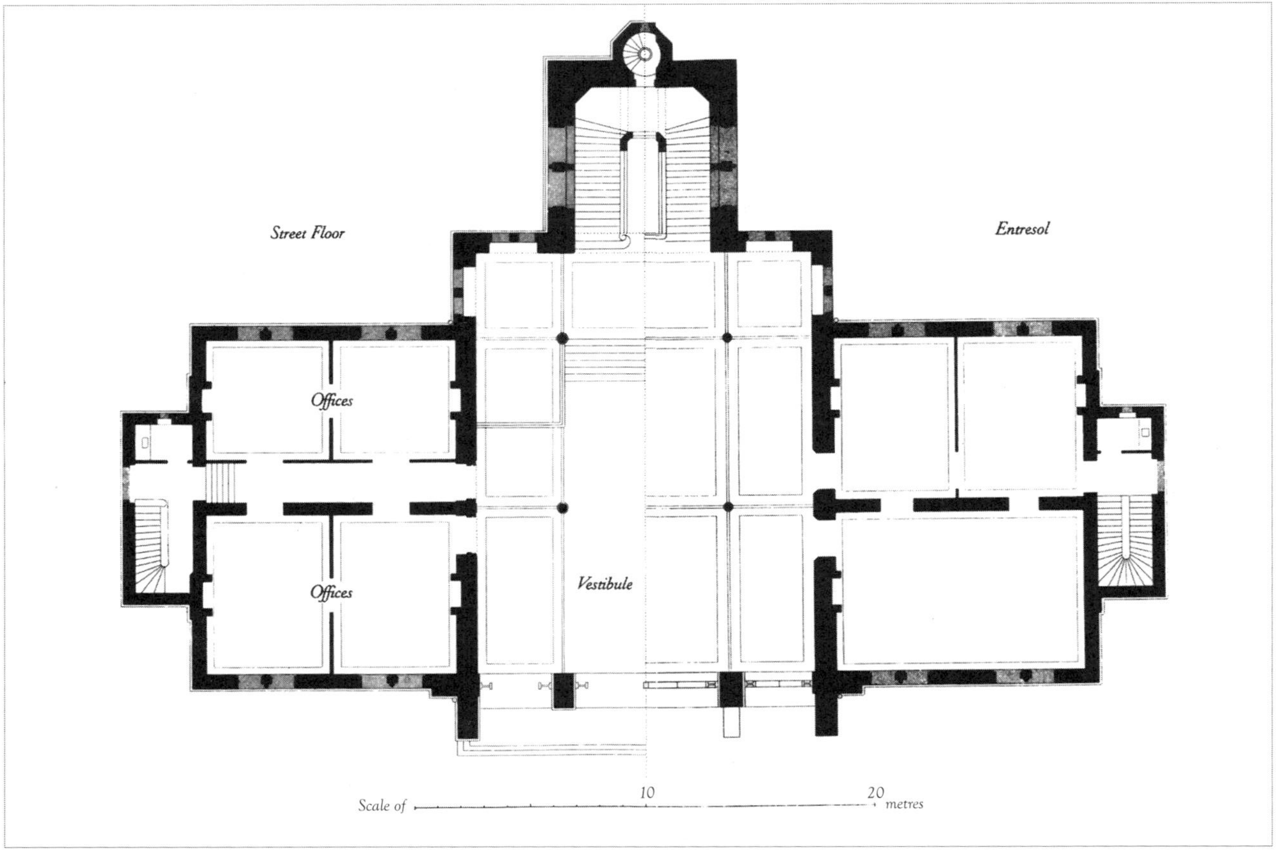

*Entresol*

*Street Floor*

*Vestibule*

*Offices*

*Offices*

Scale of

10

20

metres

**도판 22-2** 시청 평면도(지상층과 중이층)

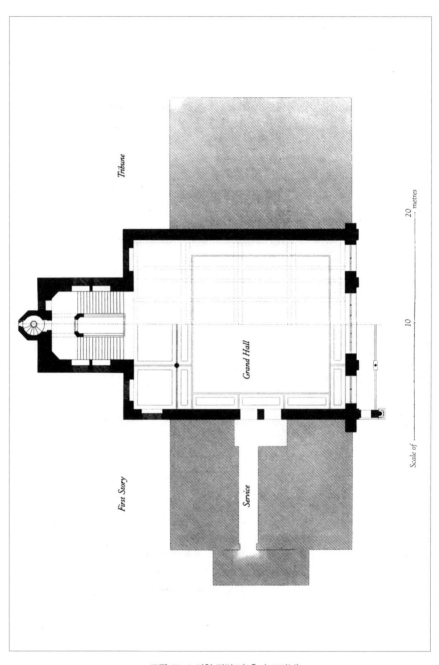

**도판 22-3** 시청 평면도(2층과 트리뷴)

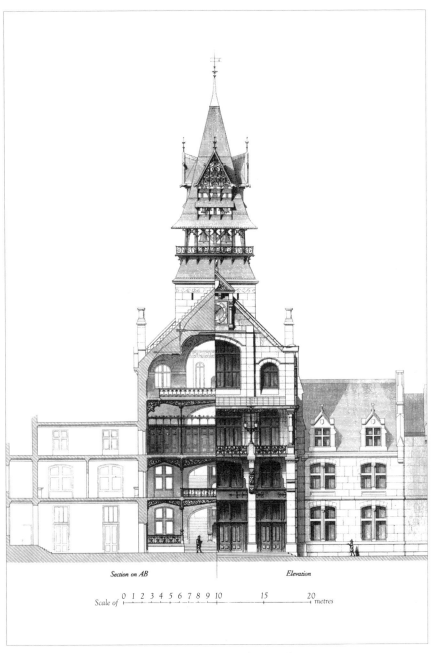

Section on AB      Elevation

Scale of  0 1 2 3 4 5 6 7 8 9 10  15   20 metres

**도판 23** 시청의 단면과 입면(철과 조적)

있어 홀의 통풍을 좀 더 원활하게 합니다. 커튼은 필요할 경우 위쪽에서의 소통을 막기 위해 칠 수 있습니다. 1층에는 내부 계단의 오른편과 왼편에, 따라서 준비실 바닥보다 높이, 두 개의 열린 공간이 있어 행사나 유사한 회합의 방문자들을 위한 휴대품 보관소로 쓰이게 됩니다. 현관의 천장을 형성하는, 오케스트라에 매우 적합한 트리뷴 외에, 발코니들이 홀을 둘러쌉니다. 발코니를 통해 대중이 회의 중에 일어나는 일을 볼 수 있습니다. 또한 이곳을 통해 샹들리에를, 즉 그것을 들어 올리기 위해 천장과 바깥쪽 지붕 사이에 위쪽으로 놓이는 윈치를 관리할 수도 있습니다. 종탑 아래로 열린 현관은 통풍이 잘될 것이고, 통풍을 조절할 수 있을 것입니다. 이런 종류의 홀들에 마련된 갤러리들은 채광 때문에 생기는 열기로 인해 말 그대로 오븐처럼 된다는 것을 모두가 알고 있습니다. 벽에 창을 낼 경우, 청중의 요청으로 창문을 연다면 공기의 흐름이 너무 거칠어서 청중이 그곳에 머물 수 없게 될 것입니다. 종탑은 넓은 굴뚝과 같은 효과를 산출하며, 바람의 양을 조절해 공기가 흐르는 속도를 변화시킬 수 있습니다.

시청 앞 광장에, 옥외에 군중을 운집시키는 일은 적지 않습니다. 우리의 고대 도시 저택들에는 언제나 이런 목적에 어울리는 발코니가 마련되었고, 종종 지붕까지 덮인 발코니가 지어졌습니다. 그런 발코니가 이러한 종류의 건물 설계에 포함되어야 합니다. 따라서 저는 그 부분을 2m 정도의 폭으로, 또한 상당히 길게 그렸습니다. 나아가 발코니에는 지붕을 덮어야 합니다. 공무원들이 대중 앞에서 말하거나 성명서를 읽을 때 우산을 쓸 수는 없으니까요. 그런 사소한 것이 위엄을 손상시킵니다. 특히 프랑스의 대중은 채신없는 장신구를 꼬투리 잡아 의전을 조롱하는 경향이 있는 것으로 악명이 높습니다. 어쩌면 우리의 매우 창의적인 건축가 중 일부는 건물을 설계할 때 태양을, 즉 지평선에서 45도 각도로 비추는 고전적인 태

**도판 24** 시청 정면의 투시도(철과 조적)

양 광선을 고려하지만 비나 바람이나 열기와 같은 하찮은 문제들에 신경 쓸 만큼 자신을 낮추지는 않는 이들이어서, 우리의 프로그램을 본다면 우리가 고귀한 예술에서 쓸모없는 세부 사항을 건드리고 있다며 질책할지도 모르겠습니다. 그러나 저는 이 발코니에 지붕을 씌워야 할 뿐 아니라 양쪽 끝을 닫아서 잠시 그곳에 머물고 싶어 하는 사람들에게 비바람을 피할 수 있고 조용한 피난처를 제공해야 한다는 점을 덧붙이는 것이 가치 있는 일이라고 생각합니다. 중세에 우리의 지붕 있는 발코니들은 그렇게 지어졌습니다.

도판 24는 정면 주요부의 기본 배치 투시도를 보여 줍니다. 여기서 발코니는 양 끝이 닫혀 있고 유리가 끼워진 차양이 윗부분을 덮게 되어 있습니다.

프로그램의 기본 배치를 살펴보았으니 이제 우리가 철에 중요하고 독립적인 역할을 맡기는 것이 바람직하리라고 생각한 구조를 살펴봅시다.

앞서 지적한 것처럼 철이 우리의 현대 건물에서 불완전한 조적조를 안전하게 유지하는 역할만을 해야 한다면, 혹은 기생적인 포장 아래 그 존재를 숨겨야 할 운명이라면 우리는 그것을 루이 14세 시대와 같은 방식으로 사용되도록 내버려 두면 될 것입니다. 즉 정체불명의 고전에서 빌려 온 형태를 취하고 혼성의 장식을 과도하게 덧붙이면서 말이죠. 그러나 철이 금지되는(*proscribed*) 대신 권장된다면(*prescribed*) 우리는 그 속성에 부합하고 제조에 적합한 형태를 찾으려고 노력할 것입니다. 우리는 그것을 감추는 것이 아니라 그러한 형태들을 발견할 때까지 그것들을 찾아야 합니다. 비록 첫 번째 시도는 예술적으로 불완전하겠지만 건축가들은 겉모습만 화려한 파사드를 설계할 시간에 이런 노력에 전념하는 편이 더 좋습니다.

요는 폭 14.7m, 길이 18.5m에 달하는 바닥을 지지하는 것이 문제입니다. 그런 목적으로 네 개의 주철 원주들이 (도판 22-2의 1층 평면도 참조) 출입구를 세 개의 베이로 분할하게 됩니다—그중 두 개는 7.35m, 한 개는 3.8m 입니다. T자 쇠 장선들이 7.35m의 경간에 쓰일 수 있습니다. 그러나 원주 위에 놓인 횡단 거더들이 철제 장선들을 받쳐야 합니다. 이 거더들의 경간 이 7.35m에 불과하므로, 고정된 철판-L자 쇠로, 혹은 장선들과 그것들이 지지해야 하는 하중을 충분히 떠받칠 수 있는 철제 트러스 체계로 쉽게 만 들어집니다. 철판-L자 쇠 거더는 건물의 실내에서 보기 좋은 외관은 아니 라는 것을 인정해야 합니다. 목재 빔 모양으로 만들어진 철제 박스 거더는 다 좋지만 매우 무겁고 비용이 많이 들며 철의 본성에 들어맞는 외관을 보 여 주지 않습니다. 또 이렇게 할 경우 매우 넓게 펼쳐진 주두가 필요합니 다. 그러므로 여기에는 다른 체계가 도입되어야 할 것으로 보입니다. 이에 따라 제안된 체계의 세부를 그림 1에서 보십시오.* 중간 길이의 주철 원주 들은 아주 긴 것들보다 쉽게 마련됩니다. 지면으로부터 2층 갤러리 아랫면 까지 올라간 두 개의 원주는 그러므로 두 부분으로 이루어집니다. 하나는 8m, 또 하나는 7m로 A에서 네 개의 볼트로 조여집니다(주두 a의 평면도를 참조). 다른 두 개의 앞쪽 원주들도 8m의 아랫부분과 1.35m의 접합 부분 이 같은 방식으로 결합되어 있습니다. B에서 우리는 바닥 장선들을 지지 하는 횡단 트러스 c와 종단의 가새-트러스(bracing-truss) g를 떠받치는 원 주들의 일부 횡단면을 볼 수 있습니다.

장선들을 지지하는 횡단 트러스들은 단일 T자 쇠의 상부 바 D(그 단면은 d에 나타납니다)와 하부 바 E(그 단면은 e에서 볼 수 있습니다)로 이루어집니 다. 이 바들은 접합부에서 수직 띠 H에 의해 원주와 결합되면서 브래킷을

---

* 이 세부는 큰 상층 홀의 바닥 아래 놓인 원주들(도판 23 참조)과 거더들이나 트러스들의 결 합을 제시합니다.

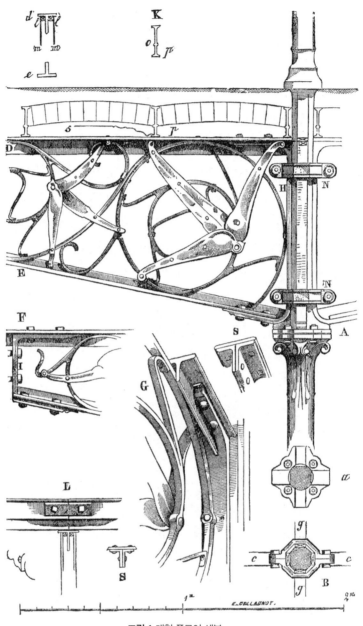

**그림 1** 대형 플로어 세부

형성합니다. 그것은 세부 G에서 보듯 T자 쇠 D의 수직 테두리가 지나갈 수 있도록 상부의 접합부에서 구부러집니다. 유사하게 두 개의 반-트러스(half-truss)의 접합부에서 (세부 F) 직각으로 구부러진 띠들이 아래쪽 T자 쇠들을 받습니다. 그것[아래쪽 T자 쇠]은 이 띠들의 안쪽 면에 맞닿아 있고, 구부러진 위쪽 T자 쇠만이 베어링 전체 길이에 걸쳐 하나로 이루어져 있습니다. I에서 하나를 볼 수 있는 두 개의 띠들은 볼트들로 묶여 있습니다. 이 트러스들을 단단하게 만들기 위해서 (I의 단면 d에서 보듯) 0.03, 0.02m짜리 철제 나선형 장식 한 쌍이 상·하부 두 개의 T자 쇠의 플랜지에 고정되어 있습니다. 그리고 전체 체계는 철판으로 된 나뭇잎 장식 m으로 이 나선형 장식을 바깥쪽 면에 고정시킴으로써 보다 강화됩니다.[*]

종단의 가새-트러스는 그렇게 튼튼하지 않아도 괜찮습니다. T자 쇠 대신 평철이면 충분하고, 철판 장식이 달린 한 개의 소용돌이 장식이 두 면에 있으면 됩니다. 이 트러스들은 원주에 고정되어 있는데, 볼트를 쓰면 그 구멍이 지주의 주철을 약화시키기 때문에 칼라 N(단면 B도 참조)을 사용합니다. 상부 T자 쇠 D의 평평한 면 위에는 끝에서 끝까지 장선들이 짝지어진 철판들로 연결된 채 놓여 있습니다(L 참조). 이 장선들(단면 K)은 추가로 플랜지 o가 있는 이중 T자 쇠로 되어 있으며 속빈 벽돌로 만들어진 아치를 위한 기공석으로 의도된 것입니다. 그러므로 아래쪽 플랜지 위에는 채워지지 않은 공간 p가 남아 있고, 그 안에 성형 석고나 테라코타판 혹은 철판 s, 심지어 목판까지도 끼워 넣을 수 있습니다. 이 판들과 아치 사이의 빈 공간은 이 철제 바닥의 공진(resonance)을 확인하는 데 크게 도움이 될

---

[*] 우리는 이런 원리에 의해 트러스 거더들이 휘어지지 않으면서 상대적으로 무겁게 만들어진 것을 보았습니다. 단일한 T자 쇠가 충분히 튼튼하지 않거나 테두리 폭을 충분히 제공하지 않을 경우, 단면 S에서 보듯 L자 쇠를 함께 고정시켜 철판으로 덮을 수 있습니다.

것입니다. 속빈 벽돌이나 성긴 석고 타일로 바닥이 채워진다면 공진이 좋지 않을 테지요.

그렇게 구성된 트러스 거더가 철제 박스 거더만큼 무겁지 않을 것은 분명합니다. L자 쇠와 철판이 부착된 일반적인 싱글 플레이트 거더들보다는 조금 무겁겠지만, 보다 장식적인 외관을 가지며 원주에 좀 더 쉽게 고정시킬 수 있습니다. 건축가가 우리가 여기서 한 것처럼 1층 평면도를 마련해 이런 공간들을 제시한다면, 그렇게 해서 오늘날 우리의 대규모 철공업이 가진 기계적 수단들을 가지고 하나나 두 개의 소용돌이 장식과 철판 장식만을 요구한다면, 이 트러스들은 값싸게 만들어질 수 있고 앵글이 부착된 단순한 플레이트 거더보다 비용이 별로 더 들지 않을 것입니다.

도판 23을 검토해 보면 갤러리들이 동일한 노출 거더 체계를 통해 지지되는 것을 보게 됩니다. 그러나 여기서는 하중이 대단치 않기 때문에 트러스들이 좀 더 가볍고 얇을 수 있으며 T자 쇠들의 한 면, 즉 홀 쪽을 향한 면에만 소용돌이 장식을 붙일 수 있습니다.

이 짧은 설명을 통해 철조가 여기서 조적조에 대해 독립적이라는 것이 드러납니다. 또한 철조는 어느 부분에서도 감추어져 있지 않고, 그 효과가 어떤 것이든(왜냐하면 이것은 취미의 문제이고 누구나 자신이 적합하다고 생각하는 형태를 도입할 자유가 있으므로) 실내 장식의 일부를 형성한다는 것이 드러납니다. 철조에 채색을 하거나 도금을 한다고 하면 우리는 그 효과가 지극히 풍부하리라는 것을 쉽게 상상할 수 있습니다. 특유의 형태가 가늘다는 점을 두고 반론이 제기될 수 있습니다. 이런 빈약한 면은 사실 철조가 경쟁적인 위치에 놓일 때―그것이 과거에 그랬던 것처럼 석조와 뒤섞여 있을 때 매우 불쾌한 느낌을 줍니다. 철이 석조에 적합한 건축 형태들과 경쟁하는 위치에 놓이지 않으면 그런 효과는 산출되지 않습니다. 그러나 이 실내에는 네 개의 벽만이 있고 석조로 된 장식이 없습니다. 이 벽들은 회화와 징두리판으로 장식되어야 합니다. 그리고 회화와 소목장의 작업은 둘 다 철조에 부합하는 장식의 규모에 어울립니다.

반대로 파사드에서는 철조에 분명하고 독립적인 역할을 남겨 놓으면서도 석재와 철재를 결합하려고 노력해 왔습니다. 철조는 구조 안에 들어가는 것이 아니라 단순히 얹히거나 홈에 끼워집니다. 발코니의 유리를 끼운 차양은 파사드에서, 창살을 이루는 T자 쇠를 받치고 있는 주철 물받이로 마무리됩니다. 물끊기와 오버랩이 수반된 이 물받이는 독립적으로 떨어져 있습니다. 이제 그 구조에 대해 살펴보겠습니다.

도판 24는 건물 파사드의 일부 투시도를 보여 줍니다. 여기서 우리는 철조 발코니와 창문 아래 피어들 사이의 호형 곡선들이 석조에 그러한 효과를 위해 남겨진 돌출부 위에 단순히 놓여 있는 것을 봅니다. 곡선들은 앵글과 가새가 수반된 두 개의 철판으로 이루어지며, 철판들이 사이 공간을 채웁니다. 발코니로 말하자면 바닥 장선들이 앵글플레이트와 볼트로 외부에 브레스트서머를 형성하는 이중 T자 쇠에 고정됩니다. 석재 페데스탈은 마찬가지로 석재인 브래킷으로 떠받쳐집니다. 이 페데스탈에는 난간이 심어지고, 유리를 끼운 차양을 받치는 주철 원주들이 그 위에 놓입니다. 그러나 발코니 위쪽의 차양이 효과적이려면 발코니 자체보다 더 튀어나와야 합니다. 따라서 이 주철 원주들은 주철 브래킷을 받도록 설계되고, 거기에 물받이의 경간을 지지하는 트러스들이 고정됩니다. 이 트러스들은 원주들이 있는 면이 아니라 그로부터 조금 떨어진 곳에 놓임으로써 전체적으로 발코니가 비바람을 피할 수 있게 해 줍니다. 물받이의 양 끝은 로지아의 양 측면을 닫으면서 석재 돌출부의 정면에 자리합니다.

그림 2에서 이 두 원주들의 주두 부분을 볼 수 있으며, 물받이와 유리창

을 받치는 주철과 연철 부속들이 어떻게 고정되는지 이해할 수 있습니다. A는 수직 지주를 ab 방향으로 자른 단면입니다. 원주의 주두에는 코벨들을 형성하는 네 개의 돌출부가 있어 주철 브래킷 B, 반-트러스 C, 측면 늑재들의 두 말단부를 받칩니다. 이 측면 늑재들 위에는 창살을 받는 이중 T자 쇠 D가 놓입니다. 주철 브래킷 B의 e 부분에는 이 이중 T자 쇠 D의 밀림을 방지하기 위한 돌출부가 있습니다. E의 파인 홈에는 물받이를 받치는 트러스들을 지지하고 전체 구조를 고정시키는 볼트를 위해 구멍들을 냈습니다. 이 브래킷들의 바깥쪽 끝 부분은 세부 G의 g에서 보이는 방식으로 마무리됩니다. 그렇게 해서 물받이의 접합부를(h′ 참조) 고정시키는 연철 지주들을 받게 됩니다. 트러스 C는 위쪽 끝에서 스테이플에 단단히 고정되거나, 아니면 석조에 끼워 넣어집니다(세부 K 참조). 결국 철조는 석조와 독립적입니다. 전자는 후자에 거의 영향을 주지 않고 올리거나 내려질 수 있습니다.

건물에 주철 물받이를 사용하는 것은 매우 바람직합니다. 그러나 그것을 마련하고 연결하는 방법은 심사숙고할 필요가 있습니다. 단순히 주철 물받이를 끝에서 끝까지 고정시키고 퍼티나 납으로 붙이는 것은 방편일 뿐, 효과적인 방법이 아닙니다. 주철 물받이는 [건물에서] 떨어져 있어야 하고, 퍼티도 납도 그 목적을 달성하는 데 필요하지 않습니다. 여기 주어진 사례에서 유리 지붕의 물받이는 다섯 조각으로 이루어져 있고, 셋은 전면에, 둘은 양 끝에 놓입니다. 이 중 가장 길게 분할된 부분은 중앙에 놓이는 것으로 7.5m 길이이며 별문제 없습니다. 물받이의 두 측면은 둘레가 모두 같은 높이이지만 바닥은 경사져 있고, 접합부에는 세부 I의 r과 세부 H의 r′에서 보듯 물끊기가 있습니다. 수직의 측면을 따라서 물받이의 이 긴 부분이—마치 하관(down spout)처럼—테두리에 연결됩니다. 아래쪽 부분인

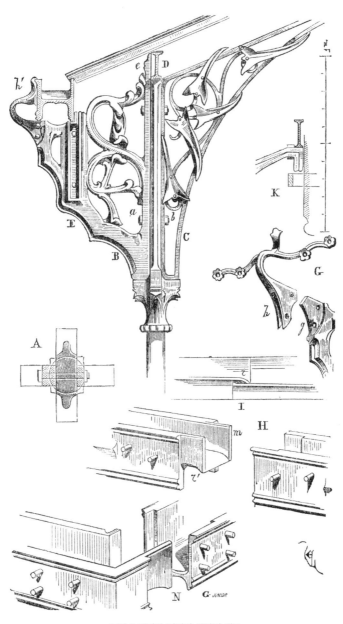

**그림 2** 유리가 끼워진 차양의 세부

I의 바닥은 가장자리가 약간 솟아 있기 때문에 물이 이음새 사이로 흘러나갈 수 없습니다. 물받이의 모서리 접합은 N에서 보는 것처럼 이루어집니다. 물받이들을 전면에서 접속하는 수단으로 우리는 연철 체결부를 제시했습니다. 모서리에는 평철이면 충분합니다(도판 24의 투시도 참조). 그러나 볼트 구멍들은 이 물받이들의 측면에 만들어지면 안 됩니다. 세부 H에 설명된 것처럼 나사형 쐐기를 주조해 연철 조임쇠들과 앵글 플레이트를 고정시킬 너트들을 받습니다.*

말씀드렸다시피 건축 형태로서가 아니라 단순히 한 가지 방법을 제시하기 위해 든 이 사례들을 이 이상 살펴볼 필요는 없어 보입니다. 우리 건축가들이 보다 나은 설계와 좀 더 아름다운 형태들을 위해 고민한다면 그들도 충분히 창안할 능력이 있습니다. 그러나 그들은 닳아빠진 유형들, 값비싸고 불편한 상투적인 표현들을 버리기로 굳게 마음먹고, 구체적인 상황이 요구하는 것을 고려하겠다는 단호한 결심을 해야 합니다. 이에 못지않게 우리 시대가 제공하는 재료들과 실용적 기기들을 이용하겠다는 결심도 해야 합니다. 루이 14세 치세에 의사이자 건축가였던 페로가 **위대한 세기**라 불리는 시대에 기원한 건축의 **주범들**을 설계하도록 위임받았으리라는 것, 당시에는 그럼으로써 새로운 원리들이 발견되고 새로운 시대가 시작되리라고 굳건히 믿었으리라는 것은 충분히 있을 수 있는 일입니다. 그러나 오늘날 우리가 건축 예술에서 혁명을 일으키고자 한다면 이는 원주에 어떤 모듈을 부여함으로써 될 일이 아닙니다. 건축에서의 혁명은 고전적 공식들과 파벌들의 편견을 고수하는 대신 상식으로 되돌아감으로써만

---

* 이렇게 금속을 주조해 연철 부속들을 주철에 고정시키는 방법은 영국에서 크게 유행하고 있지만 프랑스에서는 아직 거의 도입되지 않았습니다. 그러나 이것은 탁월한 계획입니다.

일어날 수 있습니다.

철학에서와 마찬가지로 예술에서―이 둘은 연합하고 있습니다―절충주의조차도 한물갔습니다. 우리는 더 이상 모든 관점을 환영하는 것이 아니라 실험적 방법과 논리적 연역의 과정을 통해서 도출된 합리적인 관점만을 받아들이는 것이 좋다고 생각합니다. 창고와 공장, 농가 건물들을 지을 때 우리는 절대적으로 이런 방식으로 진행해야 합니다. 공공건물을 지을 때는 왜 우리의 방법을 바꾸어야 합니까? 건축가는 무슨 권리로 대중에게 그들의 관습들이나 요구들에 부합하지 않는 건축 형태를, 그것도 막대한 비용을 지불하게 하면서 강요합니까? 미래에 우리는 결과물에 비해 과도한 비용을 들여 재원을 낭비했다는 이유로 몹시 책망받게 되지 않겠습니까? 건축가 대중이 언제나 이런 문제들에 무관심한 채로 있으리라고 생각한다면, '고급 예술'이 그 뒤로 편안히 몸을 숨긴 가식적인 교의들에 언제까지나 무지하고 그것을 존경하리라고 생각한다면 그것은 착각입니다. 대중은 다른 것들에 대해서 그러하듯 이 문제들에 대해 탐구하기 시작할 것입니다. 그리고 대중의 판단은 그들이 기만당한 정도에 비례하여 혹독할 것입니다. 소수의 변덕에서 비롯한 이런 쓸모없는 건축의 비용에 대해 대중은 이미 주목하고 있지 않습니까? 판자와 천으로 가리개를 해 놓아도 그들은 건물의 전체 설계가 공사하는 사이에 별 이유도 없이 바뀌어 어떤 형태를 다른 것이 대신하게 된 것을 알고 있지 않습니까? 이제 저는 모든 합리적 건축에 반드시 필요한 조건들의 결과를 처음 형태들에서 잘 고려했더라면 그러한 변경이 필요했겠는지 묻고자 합니다. 전자의 외관이 만족스럽지 않다는 것을 인정한다고 해도 건축가는 그것을 고수할 만한 훌륭한 이유를 갖고 있었던 것이 아닐까요? 그러나 예술에서 어떤 형태가 단순한 환상이나 변덕에서 발생한 것이라면, 그런데 그 형태가 멋지지 않거나, 너무 화려하다거나 너무 빈약하다는 주장이 제기된다면 무엇을 근거로 그것을 계속 유지해 나가겠습니까? 그렇기 때문에 우리의 불합리하고 변덕스러운 건축은 무식한 사람이든 취미가 고상한 사람이든 무조건 첫 번째 고객에게 휘둘리는 것입니다. 누구라도 순간의 환상에 따라 이런저런 변경을 요구할 수 있습니다! 본질적인 원리들이나 해당하는 요건들에 대한 엄격한 검토, 사용 가능한 물리적 수단 등에 더 이상 근거하지 않는 그것은 예술이 획득한 특권들을 주장할 수 없고, 그저 **사치품**의 범주로 전락합니다. 그때 그때의 유행에 따라 사들이거나 처분하는, 관습적인 가치밖에는 없는 장식품이 되는 것입니다.

대중이 처음으로 공공 건축에 철이 중심적인 구축 수단으로 도입된 모습에 주목하게 되면 그들은 그것을 기차역이나 시장, 공장 등의 재료가 사용된 구조들과 결부시키려고 하는 경향이 있습니다. 그러나 우리 중 많은 이들이 애써 시도해 온 것처럼 이 재료를 감춤으로써 그렇게 발생한 비판을 배제할 수 있는 것일까요? 저는 그렇지 않다고 생각합니다. 그것은 오히려 이 재료의 진정한 기능을 완전히 드러냄으로써 가능합니다. 지금까지는 이런 방향으로 소극적인 시도들만이 이루어져 온 것이 분명합니다. 이것은 주어진 새로운 수단들에는 적합하지 않은, 특정한 유서 깊은 건축 형태들에서 떠날 용기가 우리에게 부족하다는 것을 보여 줄 뿐입니다.

철은 매우 유용한 속성들을 가지고 있으며, 우리는 이러한 속성들을 감출 것이 아니라 이용하고 드러내는 것을 목적으로 삼아야 할 것입니다. 실용적인 건축가라면 거대한 건물을 세울 때 골조를 완전히 철로 만들고 그 골조에—그것을 보존하면서—석재 외장을 입힌다는 발상을 부자연스럽지 않게 할 수 있을 것입니다.* 철을 통해 궁륭 천장의 추력이 거의 전적으로 해소될 수 있게 되었으며, 가는 지주에도 상당한 힘이 실리게 되었습니다. 그러나 무엇보다 중요한 것은 철이 독립적으로 남겨져야 한다는 것입니다. 대형 건물에서 철과 조적조를 결합시킬 수는 없습니다. 철은 저항력, 탄성, 팽창의 지점에서 특수한 속성들을 가지며, 그것은 바로 조적조의 본성과 반대되는 것들입니다. 지주로 사용된 주철은 단단하고 비압축성이지만 층들로 이루어진 조적조는 언제나 접합부를 채운 모르타르가 건조됨에 따라 조금씩 내려앉게 마련입니다. 따라서 주철 원주 뒤쪽에 세워진 벽은 조금 내려앉겠지만 원주는 휘어지지 않습니다. 그러므로 원주에 의해 지지되는 것은 동시에 벽 위에 놓이면 안 됩니다. 두 개의 지주의 높이가 나중에 가서 달라지고, 그래서 결과적으로 지지되는 부분은 그것이 무엇이든 어긋나게 되기 때문입니다. 따라서 단단한 지주는 외부에, 조적조는 내부에 놓여야 한다는 결론을 내리게 됩니다. 그렇게 되면 조적조가 내려앉아도 압력을 건물 중심으로 향하게 만드는 데 그칠 것이니까요. 그러나 주철 원주들을 건물 내부의 벽에 맞대어 세우고 철제 트러스를, 예컨대 원주들과 벽 위에 놓는다면 건물의 부분적이고 전체적인 붕괴를 야기할 수 있는 커다란 위험을 안게 되는 것입니다. 그러므로 철조를 조적조 외피로 씌우는 일을 하게 될 경우 그 외피는 그야말로 포장재로서만 고려되어야 할 뿐, 그 자체 이외에 다른 것을 지지하거나 다른 것에 지지되어서는 안 됩니다. 두 가지 체계를 혼합하기 위한 시도를 할 때마다 붕괴나 침

---

* 이런 발상은 확실히 파리의 새로운 생오귀스탱 교회 구축을 지배하고 있습니다. 다만 그 모든 결과를 받아들여 작업을 완성해 내는 것이 부족했을 뿐입니다. 이 건물의 건축가가 구조의 유사한 원리를 예시하고 있는 일부 중세 건물에서 제시된 방법들을 이용했다면 그는 그 효과들을 훨씬 더 만족스럽게 실현해 냈을 것입니다. 그 편이 도입된 수단에 보다 잘 부합했을 테니까요. 그는 또한 건축 비용도 어느 정도 줄일 수 있었을 것입니다. 이런 고려는 결코 경멸의 대상이 될 만한 것이 아닙니다. 하지만 어느 경우든 이 건물은 한 발짝 진보를 보여 줍니다. 머뭇거리는 걸음인 것도 사실이지만 우리 예술의 현재 상황에서는 독립으로 되돌아가는 한 가지 징후로 인정될 만합니다.

하의 차이로 인한 피해가 나타났습니다. 특히 이 경우 우리 프랑스 중세의 위대한 건물들을 면밀히 검토해 봄으로써 유용한 선례를 발견하게 될 것입니다. 이런 건물들에서 골조(다시 말해 피어, 아치, 궁륭 천장, 버팀벽, 부벽)는 외피로부터 독립적이기 때문입니다. 그러나 가장 맹목적인 편견을 통해서 우리는 충분히 검증된 원리들을 이용하기보다 실수를 저지릅니다. 그리고 우리의 건축가들의 말을 빌리면 **퇴보하지** 않기 위해서 그들은 일련의 실험적 탐구를 통해 얻어진 지식을 스스로 포기합니다. 그 지식이야말로 그들이 철 구조에 그 진정한 기능을 부여할 수 있도록 자연스럽게 이끌어 줄 터인데 말입니다. 철조의 발전에 그토록 유리한 이 선례들을 이용하지 않겠다는 결단은 너무나 확고해서 건축보다 덜 진지하거나 비용이 덜 들어가는 어떤 것이 문제였다면 흥미롭기까지 했을 것입니다.

고딕식 궁륭 천장이라 불리는 체계 가운데 마치 철 구조를 예견해 설계한 듯한 것이 하나 있습니다. 14세기 말에 영국에서 도입된 이른바 **부채꼴 궁륭**이 그것입니다. 그것은 단일한 지주 혹은 축으로부터 방사형으로 퍼져 나가는 동일한 곡선의 일련의 아치 늑재들로 나타납니다. 곡선으로 이루어진 오목한 원뿔 형태의 이 부채꼴 궁륭은 트럼펫의 벨처럼 유사하고 대등한 뼈대들로 이루어져 있으며 그 사이를 채워 넣기 쉬운 패널이나 소피트로 메꾸게 됩니다. 저는 다른 곳에서* 철골 구조에 너무도 쉽게 도입할 수 있는 이런 종류의 궁륭 천장에 대해 간략하게 기술한 바 있습니다.

오늘날 대형 압연철 생산에 기계류가 그처럼 광범위하게 사용되는 마당에 피해야 할 것은 패턴의 가짓수를 늘리는 것입니다. 그렇게 되면 작업장의 가동을 빈번히 바꾸어야 하니까요. 대장장이는 50가지 부속을 동일한

---

* *Dictionnaire*의 Voûte 항목 참조.

패턴으로 제작해야 할 경우 부속들 각각에 특수한 패턴이 들어가는 때보다 더 쉽고 빠르게 작업할 수 있습니다. 그리고 설치에 이르러서는 작업이 들어맞지 않거나 실수를 범하게 될 확률이 낮아집니다.

최근에 지어진 건물 가운데 철을 궁륭 천장의 수단으로 도입하려고 시도한 것들 일부에서 철제 늑재들을 노출시킨 경우가 있습니다. 그것들은 조적조 아래에 놓여 그것을 지지하는 홍예 틀입니다. 따라서 이 늑재들을 장식하고 그것들을 동심원의 곡선들로 만들 필요가 있습니다. 그 사이의 공간은 상당히 풍부한 소용돌이 장식으로 채워지며, 이는 곡선들을 강력하게 연결하고 장식에 기여합니다. 그러나 이 늑재의 소용돌이 장식이 아무리 잘 설계되어도 그것은 아래쪽에서 거의 보이지 않습니다. 그것이 두 개의 곡선으로 이루어진 면에 있고 그들 중 하나가 보는 이의 시야를 가리게 되기 때문입니다.* 이 장식된 늑재들을 비스듬히 보면 궁륭 천장의 견고한 조적조 소피트 아래 지나치게 빈약한 외관이 드러납니다. 나아가 이런 종류의 철골은 복잡한 작업이 필요하기 때문에 비용이 많이 들어갑니다. 늑재를 그 사이에 패널들만 놓으면 되는 골조로 생각하는 것이 좀 더 합리적입니다. 그렇게 다루어진 철심은 궁륭 천장 위에 있게 되고 안쪽 곡선 외에 아무것도 드러내지 않게 되므로 더 이상 그것을 장식할 필요가 없습니다.

그림 3이 철제 트러스라고 합시다. 이 트러스 위에 궁륭 또는 패널 B를 놓는다고 하면 트러스의 a, b 모든 부분이 건물 내부에서 노출될 것이고, 그러므로 장식을 해야 하는 것이 명백합니다. 그러나 궁륭이나 패널을 C에

---

* 그러므로 파리 생오귀스탱 교회 돔의 곡선 늑재들 사이에 끼워져 있는 소용돌이 장식들은 보이지 않습니다.

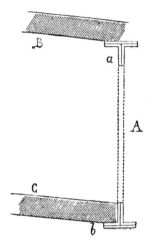

**그림 3** 철제 궁륭 천장의 늑재들

놓는다면 트러스 A를 장식할 필요가 없을 것이고, 따라서 가장 경제적인 방식으로 형성될 수 있습니다. 나아가 궁륭의 견고한 표면 아래로 특정한 높이에서는 너무 빈약하게 보이는 L자 쇠의 골조는 보이지 않게 됩니다. 이런 경우 T자 쇠 보강을 수반하는 얇은 철판 트러스라면 충분하며, 눈에 보이는 부분은 손쉽고 저렴하게, 하지만 매우 적절하게 장식될 것입니다.

오늘날 도입된 철 구조 체계에 따르면 넓은 공간에 지붕을 씌워야 할 때 종축의 가새들이나 중도리들로 연결된 평행한 트러스들을 도입해야 합니다. 이 평행 트러스들은—그것이 지지해야 하는 부분의 하중은 차치하고라도—그 자체를 지탱하기 위해 상대적으로 강도가 있어야 하고, 그래야만 어느 방향으로도 뒤틀리거나 기울어지지 않습니다. 그러나 철 구조의 도입은 자연스럽게 한 구역을 덮는 데 그물망(network) 체계를 사용하는 방식으로 귀결되는 듯합니다. 타원형으로 그물망을 이룬 철의 강도는 누구나 잘 알고 있습니다. 그런 그물망 철조의 하중이 다른 어떤 방식으로든 분산된다면 강도는 줄어들 것입니다. 우리는 오래된 관습을 쉽게 버리지 못합니다. 즉 지붕재를 목재에서 철로 바꾸고자 할 때 목재를 사용하던 방식, 즉 베이와 서까래틀을 철재에도 적용하려고 드는 것입니다. 그러나 목재 루핑이나 궁륭 천장에서 중세의 건축가들은 17세기 건축가들에 비해 뚜렷이 우월함을 드러냅니다. 그들은 보다 넓은 면적으로 하중을 분산시켰습니다. 철을 지붕에 사용하기 시작했을 때 우리의 건축가들은 도움이 될지 모르는데도 중세의 건물에서 특정한 요소들이 발견되지 않는다는 점을 검토할 생각조차 하지 않았습니다. 그것을 '퇴보'라고 여겼던 그들은 '퇴보'하지 않기 위해서 제정 로마에서 유행했던 방법들이나 심지어 17세기의 의사-로마 스타일을 고수하는 것이 최상의 선택이라 여겼습니다. 17세기의 건축이야말로 극히 병들어 있었는데 말이죠. 서까래 틀로 중도리, 서까래, 전체 지붕의 하중을 감당하는 무거운 형태를 창안했던 것이 바로 17세기 사람들이었습니다. 그렇게 해서 우리는 철을 가지고서 목재로 하는 데 익숙했던 작업을 했습니다. 즉 루핑이나 궁륭 천장에 일련의 평행한 서까래 틀이나 트러스들을 설치했으며, 그것들이 제 위치를 유지하기 위해서는 과도한 무게가 거기에 부여되어야만 했습니다. 그러나 결국 이 트러스들은 시간이 조금 지나면 전부 무너져 카드로 지은 집처럼 차례로 떨어져 내렸습니다.

그물망 체계는 영국에서 주철을 재료로 시도되었습니다. 그러나 주철은 탄성이 없으므로 이런 노력들이 성공을 거두지는 못했습니다. 반면 연철이나 판철은 이 체계에 감탄할 만큼 부합하게 됩니다. 우리가 오늘날 트러스나 거더에 사용하는 판철을 강화시키고 수직으로 고정시키기 위해서는 거기에 무거운 앵글 플레이트를 고정시키고 튼튼하게 가새를 대야 합니다. 철 구조의 하중은 그물망 체계를 도입할 때 평행 트러스 체계의 경우보다 훨씬 줄어들 수 있습니다. 앞서 말씀드린 것처럼 영국에서 14세기와 15세기의 일정 기간 동안 유행한 이른바 부채꼴 궁륭이 이 체계의 요소들을 제공합니다. 이를 설명해 보겠습니다.

내부 폭이 20m를 넘는 넓은 홀 위쪽으로 궁륭을 올려야 한다고 합시다. 그리고 이 홀은 조적조 벽들로 둘러싸여야 합니다. 건물의 전체 골조에 철을 쓰게 되며 조적조는 겉 포장에 불과한 것으로 여겨집니다.

앞의 강의에서 저는 조적조 궁륭이 철재 지주나 트러스 위로 어떻게 지

지될 수 있는지 설명했습니다. 지금은 경우가 다릅니다. 우리는 궁륭 자체
를 철로 혹은 마찬가지로 철재인 지주 위에 놓인 철골로 구축해야 하고,
실내의 철 구조는 포장재로부터 완전히 독립되어 있어야만 합니다. 이것은
절대 준수해야 하는 원칙으로서, 이를 무시한 최근의 몇몇 시도에서 그것
이 심각한 위험을 내포하는 일임이 입증되었습니다.

　도판 25는 궁륭의 베이 중 하나의 1/4에 해당하는 부분의 평면을 보여
줍니다. 전체 체계는 독립 원주 A(B에서 홀 천장의 전체 평면을 참조)에 놓이
고, 벽들은 단순히 주철 지주인 A의 도움을 받지 않고, 그렇다고 이 지주
에 도움을 주지도 않으면서 스스로 서 있을 수 있을 정도의 강도만을 가진
외피로서 기능합니다. 원주들 사이에 자리한 홀의 폭은 20m입니다. 트러
스 ab를 모델로 다른 방사형 트러스 ac, ad, ae, af가 모두 만들어집니다.
단면은 트러스의 수직 입면을 보여 줍니다. 트러스들은 각기 수직 부재인
b, c, d, e, f에 접해 있습니다. 이 수직 부재들의 형태와 기능을 이제 설명
하겠습니다. 선분 fg, bg는 f에서 g, b에서 g로 약간 상승하는 융기선입니
다. 단면 C에는 대각선으로 형성된 dg를 볼 수 있으며, 이것 역시 중앙의
수직부 g에 접합니다. 이 트러스들, 즉 ab, ac, ad, ae, af는 서로 등가하
고 유사합니다. 트러스의 나머지 부분들인 ki, kl[4] 등은 단순히 주요한 방
사형 트러스들의 일부입니다. 이 반(半) 트러스들은 밑둥 부분이 h와 k에서
인접한 버팀대들인 hm, hn, kn, ko 등에 의해 고정되어 있습니다. 이 부분
들은 동심원형의 가새들에 의해 표면적이 2.8m² 이하인 패널들로 분할됩
니다. 그러므로 ab, fa의 표면은 곡선으로 된 오목한 원뿔의 1/4에 해당하
고, b, g, f의 표면은 g에서 가볍게 솟아오른 천장이 됩니다. 트러스 af는

4) hl의 오기인 것으로 보인다.

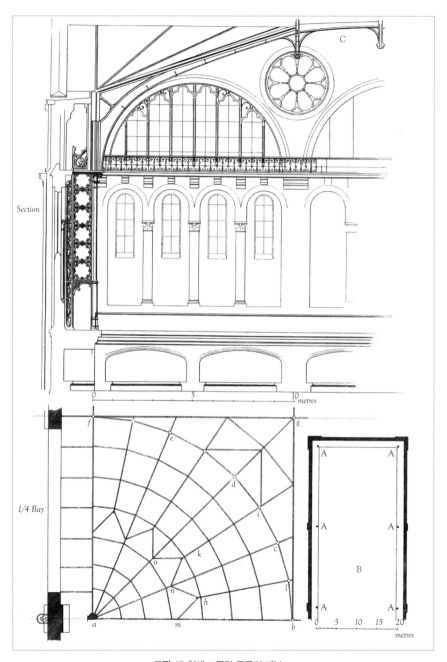

Section

C

0    5    10 metres

1/4 Bay

f    e    g
    d
        i
    k    c
  o
    n    l
  m    h
a    m    b

A    A

A    A

B

A    A

0  5  10  15  20 metres

**도판 25** 철제 그물망 궁륭의 세부

**도판 26** 천문 궁륭을 올린 홀이 훤히 트인 투시도

늑재 역할을 하지만 그것은 벽으로부터 1.5m 떨어져 있고, 다만 고정된 가새들로만 벽에 연결되어 움직임이 자유롭습니다. 주철 원주를 수직으로 유지하고 트러스들이 가하는 추력에 저항하기 위해서 우리는 벽에 의존할 필요가 없습니다. 주철 소재의 노출 버팀벽이 그 목적에 소용됩니다(단면 참조). 따라서 그럴 때 전체 골조는 벽으로 둘러싸인 건물 이전이나 이후에 세워질 수 있습니다. 이제 궁륭을 닫고 그물망을 채우기에 이르렀습니다. 트러스 위에 소피트를 놓는 대신 우리는 그것들이 이 판-트러스의 아래쪽 앵글 플레이트 플랜지에 놓일 것이라고 생각합니다. 그렇게 해서 건물 안쪽으로부터 보이게 되는 것은 트러스의 경계선, 앵글 플레이트의 플랜지와 그 소피트의 두께 아래쪽뿐이게 됩니다. 앵글 플레이트의 플랜지와 소피트는 공방에서 소석고나 철판, 격자형 테라코타 등으로 제작해 원하는 만큼 화려한 장식적 외관을 보여 줄 수 있습니다. 이 소피트들은 단순한 패널이므로 쉽게 고정되고, 사전에 준비되게 될 것입니다. 도판 26에서 이 홀의 실내 투시도를 볼 수 있습니다.

이 체계가 매우 간단한 수단들의 도움으로 실현될 수 있다는 것을 보여 주기 위해서는 사용된 방법에 대해 좀 더 세부적으로 제시하고 설명할 필요가 있습니다.

그림 4의 A는 원주와, 트러스들이 고정되는 수직 기공석의 절단면의 1/25 축도입니다. 원주의 측면을 따라서 두 개의 플랜지가 하나의 홈을 이루면서 올라가 버팀벽을 구성하는 주철 패널들을 받게 됩니다. 주철 수직 부재가 벽에 부착되어 있고, 그 단면이 B에 그려져 있습니다. 역시 홈이 파인 이 수직 부재는 이 구멍 난 패널들의 다른 편 모서리를 받습니다. 이 수직 부재 B는 하나나 두 조각이 될 수 있으며, 아래쪽 통로의 개구부 위로 지나가는 인방 높이에서 만납니다(도판 25. 단면 참조). 그것은 위쪽 끝

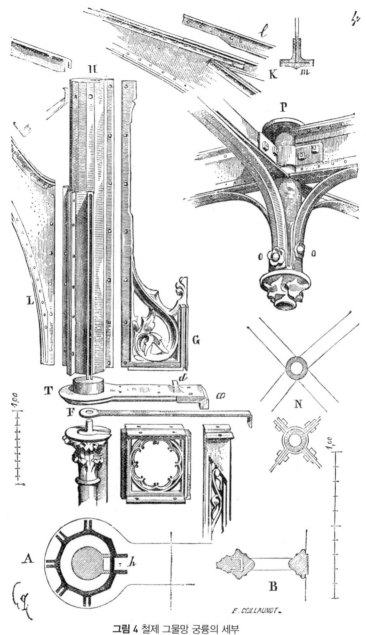

E. COLLAUMOT.

**그림 4** 철제 그물망 궁륭의 세부

부분이 주두 아바쿠스의 말단 부분에 의해 고정됩니다. a에 그려진 이 부분의 투시 단면에서 이를 볼 수 있습니다(그림 4). 원주는 하나나 두 조각이 될 수 있으며, 마찬가지로 위에서 말한 인방 높이에서 만납니다. 주두는 주신과 그 테두리와 함께 주조됩니다. 주철 아바쿠스는 분리된 조각이며, 굽(heel) a가 달려 홈이 파인 수직 부재에 조여지며, 작은 돌출부 d는 주철 맞댐편(abutting piece) G의 밑둥을 멈추는 역할을 합니다. 연철 가새 F는 원주를 벽에 고정시킵니다. 그러나 가새는 움직일 수 있기 때문에 벽의 침하가 어떤 식으로든 원주나 다른 주철 부분에 영향을 미치지는 않습니다. 맞댐편 G는 기공석 H를 고정하는 수직의 주철 홈 h에 끼워집니다. A에서 수평 단면을 볼 수 있는 이 기공석은 또한 다섯 개의 홈들을 지지하고 있어, 다섯 개의 방사형 트러스들을 받습니다. L에서 이 트러스의 하단 부분을 볼 수 있습니다. 판철로 된 이 트러스들은 앞서 말한 것처럼 앵글로 강화되어 있으며, 곡선이 급격하게 휘어지는 지점에, I에서 별도로 볼 수 있는 것처럼 지붕을 떠받치기 위한 T자 쇠 K가 설치됩니다. 트러스들, 그것들의 끝 부분을 연결하는 가새들, 천장의 중심 뼈대를 이루는 사선의 부속들은 모두 원통형 주철 왕대공 P에서 결합됩니다. P는 조명을 위한 전선이나 도관이 지나가도록 안이 비어 있으며, 앵글 플레이트로 고정되어 있습니다. 나아가 트러스와 가새가 왕대공에서 일정한 거리를 유지하도록 하는 아래쪽 덮개판 m은 곡선으로 구부러져 있으며, 이 왕대공의 아래쪽 끝 윗부분인 o에 볼트로 고정되어 있습니다. N은 이 체결부를 가로지르는 왕대공의 1/25 축도입니다. G의 부속들에는 측면 홈들이 있어 상층 갤러리의 철제 난간을 받칩니다(단면 참조).

지붕 덮개는 소피트를 궁륭 늑재의 아래쪽 플랜지 위에 놓음으로써 궁륭 위에 직접 얹힐 수 있고, 그렇게 해서 소피트와 덮개를 이루는 금속판 사이로 공기가 자유롭게 드나들 수 있습니다. 지붕의 원뿔 형태는 사실 금속 덮개에 잘 부합합니다. 각각의 베이에는 기와나 석조 박공이 있습니다. 평면을 이루는 가운데 부분들만이 특수한 지붕을 요구합니다. 그림 5는 이런 지붕의 모습을 보여 줍니다.

얼마 안되는 이 세부들이면 조적조에 독립적이면서도 그와 결합된 이런 철조 체계를 예시하는 데는 충분합니다. 그것은 우리 건축가들이 진지하게 고려해 볼 만한 가치가 있어 보이는 체계입니다. 그럼에도 불구하고 다시 한 번 강조하자면, 이런 삽화들은 따라야 할 모델로서가 아니라 단순히

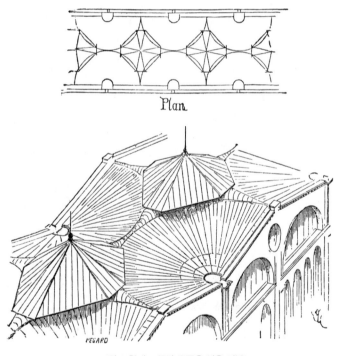

**그림 5** 철제 그물망 궁륭을 덮은 지붕

원리들과 그것들이 적용될 수 있는 방법의 사례로서 의도된 것입니다. 특정한 건축 형태들이 특정한 시기 또는 스타일에 속한다는 이유로 그것을 반대하고, 단지 고전적이라는 평판 때문에 새로운 재료를 사용하는 데 명백히 모순되는 다른 형태를 도입하기보다는, 철제 구조에 가장 잘 적응한 선례들로 돌아가―우리가 이 경우 15세기 영국식 궁륭에 대해 그렇게 한 것처럼―그들이 제안한 수단들을 이용하는 것이 더욱 분별 있어 보입니다. 우리는 고전 혹은 이른바 고전적 교의들이 대중이 우리에게 요구할 권리가 있는 건축과 완전히 동떨어진 것임을 분명히 말할 수 있습니다.

앞의 그림에 묘사된 부채꼴 궁륭을 구성하는 철제 그물망 구조는, 그것이 유래한 영국식 궁륭과 마찬가지로 특수한 이점을 갖는데, 궁륭이 그 지주들로부터 멀어질수록 그물망이 가늘어진다는 사실이 그것입니다. 결과적으로 이 골조는 그것이 가장 큰 하중을 지지해야 하는 지점에서 가장 큰 저항력을 갖게 됩니다. 이를테면 얼마 전까지도 시공 과정에서 원형 평면의 평평한 궁륭들을 일부 볼 수 있었습니다. 그것은 등가한 단면의 방사형 철 구조로 이루어져 있으며 **모두**가 중앙의 고리를 향해 수렴하므로, 지주로부터 가장 멀리 떨어진 이 중앙 부분이 상대적으로 가장 무겁게 됩니다. 그러한 궁륭이 그 자체의 하중 이외에 많은 사람들의 무게와 같은 추가적인 하중을 지지하도록 의도된다면 가장 약한 부분, 즉 지주들로부터 가장 멀리 떨어진 곳의 표면적 $1m^2$에 주어지는 압력은 그 주변부의 동일한 표면적에 비해 열 배가 될 것입니다. 그런 경우에 철제 구조에 저렇듯 잘 적응된 그물망 체계를 도입하면 어떻습니까?

그림으로 이를 설명해 봅시다. 높이를 낮추기 위해 매우 평평한 볼트를 띄운 원형 홀이 있습니다. 그것은 상당한 하중을, 즉 밀집한 청중의 무게를 지지하도록 되어 있습니다. 그림 6에서 직경 25m의 홀 테두리 부분에

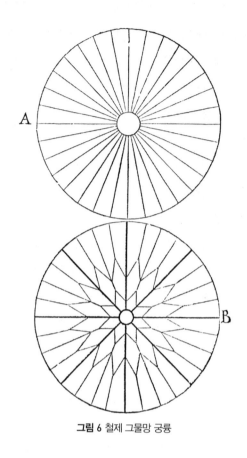

**그림 6** 철제 그물망 궁륭

서 중심까지 유사한 단면을 가진 일련의 거더들을, 모두 중앙의 작은 원으로 수렴하도록 놓는다면(A 참조), 우리가 이 거더들의 무게를 그 끝 부분 가까이에서 줄일 수 있다고 해도, 중앙의 원을 중심으로 생겨나는 금속의 하중은 테두리 쪽에서는 분산된 것에 비해 훨씬 클 것이 분명합니다. 궁륭이 지지해야 하는 것 외에 이 하중을 떠받치기 위해서 테두리 쪽 거더를 엄청나게 강화할—그 하중을 크게 늘리고, 따라서 그 비용도 늘려야 할 필요가 있습니다. 벽의 강도 역시 이에 비례해서 커져야 합니다. 그러나 우리가 B에 그려진 것처럼 주요 거더 가운데 여덟 개가 중앙의 원형에서 만나게 하고 이 여덟 개의 거더들 사이에 보다 가벼운 거더들과 버팀대 가새들을 놓으면 A만큼의 강도를 보장하면서 금속의 하중은—특히 중앙 부분에서—훨씬 줄일 수 있고, 결국 지지력은 훨씬 커지게 되는 것입니다.

그렇게 우리는 철제 구조에 중세의 건축가들이 석조 궁륭에서 그토록 신중하게 이용했던 그물망 체계를 적용하게 될 것입니다. 저는 우리가 '고전적'인지 아닌지는 모르겠습니다만 그것이 합리적인 선택이라는 점과 공공의 재산 혹은 우리의 고객의 재산을 헛되이 낭비하지는 않을 것이라는 것은 분명합니다. 저는 심지어 그물 모양의 골조 B가 골조 A만큼이나 장식에도 적절하다고 생각하게 되었습니다. 우리가 그 구조를 드러내기로 결심한다면, 그래서 오늘날 유행하는 것처럼 구조를 감추게 될 소석고 매스로 철조를 덮어씌우지 않는다면 그렇다는 말입니다. 철이 대규모 건축에서 그 구조를 드러낸 채로 사용된다면, 어떤 방법을 도입하는 것이 합리적일 것으로 보인다는 이야기를 계속할 필요는 없을 듯합니다. 이 이상의 사례들을 제시하는 것은 이 저작의 한계를 벗어나는 일입니다. 시공 수업이 이 강의의 목적은 아니니까요. 원리들에 대해 설명했으니 그 적용에 관해서는 그것을 연구하는 데 전념하는 이들에게 맡기도록 하겠습니다. 물론 거대한 구조에 철을 사용하는 이런 합리적인 방법들을 도입하려면 우리는 특정한 선입견들을 떨치고 오직 이성만을 따라야 할 것입니다. 동시에 우리에게 값진 힌트들을 제공할 수 있는, 선례들을 통해 제안된 방법들을 조심스럽게 분석하고, 생각 없이 복제되어서 우리 시대의 산업이 제공한 새로운 재료들에 결코 어울리지 않는 건축 형태들을 거리낌 없이 배제해야 합니다. 건축의 미래는 이처럼 합리적인 방법들을 지체 없이 도입하는 데 달려 있다고 우리는 확신합니다.

　이 주제를 언급할 때면 우리는 우리가 건축에서 상상력과 영감을 파괴하려는 것이나 다름없다는 이야기를 여러 번 들어 왔습니다. 건축적 개념에서 그처럼 중요한 기능[상상력과 영감]을 이성에 부여함으로써 우리가 성스러운 불꽃을 꺼뜨리고 있으며, 우리가 지식을, 분석의 습관을, 계산과 방법을 학생들에게 강제적으로 획득하도록 함으로써 취미와 미에 대한 본능적 감상 등을 희생시킨다는 따위의 이야기입니다. 이런 식의 주장은—이렇게 말해도 괜찮다면—아이들 머리를 감겨 주지 않는 시골 사람들이 그 텁수룩한 머리에서 자라는 해충들이 아이들 건강에 좋다고 말하는 것과 너무나 비슷합니다. 사람들이 이성과 과학, 그리고 이것들이 제공하는 수단들로 되돌아가려는 모든 이들을 통렬하게 비난하는 것이 처음은 아닙니다. 화약이 처음으로 전쟁에 쓰였을 때 사람들은 용기라는 미덕이 세상에서 사라졌다고 떠들어대지 않았습니까? 인쇄술이 발명되었을 때는 그것이 지식을 대중화하여 진정한 과학을 절멸시킬 것이라고 하지 않았던가요? 철도 기관차가 처음으로 출발했을 때 부정적인 예견이 아닌 것이 있었습니까! 인간의 정신은 본성적으로 불활성이며, 때로 하나의 진실을 인식하기 위해 어떤 노력이 요청될 때 필요한 노력을 기울이기보다는 진실에 맞서 싸웁니다. 이를테면 건축가들 대부분이 자신들의 건축에서 중세의 건축가들이 특정한 경우에 도입한 숙성된 방법들을 빌려다 쓴 것으로 보이지 않기 위해 안간힘을 쓰는 것을 보면 저는 실소하지 않을 수 없습니다. 그들은 이런 방법들에 접근하고 그것들을 기꺼이 이용할 것이며, 그렇게 해서 쓸데없는 문제와 비용을 피하게 됩니다. 그러나 편견이—아마도 아카데미 데 보자르의 견책을 받게 되지나 않을까 하는 두려움과 같은 것이—그들을 구속하고, 결국 우리는 그들이 하나의 단순한 관념—진정 합

286

리적인 과정—을 망가뜨리고 망설임과 양심의 가책에 대한 침묵으로 진실을 회피하는 것을 보게 됩니다. 학창 시절을 떠올리게 하는, 그리고 어쨌든 개성의 큰 독립성을 보여 주지 않는 이런 유치한 선입관들이 이성과 계산, 방법에 호소하는 것보다 상상력과 영감의 발전에 해로운 것은 아니지 않느냐고 물을 수 있습니다. 그러나 오히려 가장 완전한 독립성을 선언한 이들이야말로 언제나 이성, 지식, 판단이 상당한 수준에 도달한 사람들이었습니다. 상상력이란—혹은 영감이라고 해도 되겠지요—본질적으로 그 본성상 독립적이고, 성격의 독립성이야말로 그것이 발현되는 데 절대적으로 필수적인 요건이기 때문입니다.

14강

## 건축 교육에 관하여

　문명사에는 저마다 그 몇몇 영역에서—이런 표현을 해도 좋다면—'고양이의 목에 방울 달기'와 같은 시도가 이루어질 필요를 느끼는 결정적 시기들이 있습니다. 우리도 바로 그런 시기에 근접해 가고 있다는 것은 분명합니다. 다만 그러한 가운데 서로 누군가 나서서 이 일을 먼저 하기를 기다리고 있는 것이죠. 헤쳐 나가야 할 길이 있는—생존을 위해 힘 있는 후원자를 찾아야 하고 종종 고통스러운 종류의 요구를 받아들여야만 하는 (이것이 현실적 상태이고, 건축에 종사하는 청년들은 보통 백만장자들이 아니니까요) 건축가들이 확립된 신념을 가지고 있다 해도 그들이 지배적인 관념들을 따를 수 없을 때 그러한 신념들을 과시하기를 거리낄 것이라는 점은 잘 이해할 수 있습니다. 아울러 우리는 시간의 흐름과 더불어 가장 한결같

은 정신의 소유자도 처음에는 유보적으로 받아들였던 강요에 익숙해진다
는 것도 이해합니다. 그들의 굴종은 그것이 설령 겉으로만 한 것일지라도
어쨌든 그들에게 특정한 이익을 가져다주고, 결국은 독립한 후에도 그들
은 자신들에게 강요하던 사람들 편에 서는 것이 더 편리하고 이익이 된다
는 것을 깨닫게 되는 것이지요.[1]

1) 이 뒤로 이어지는 부분과 그 다음 몇 단락이 영어본에 누락되어 있다. "모든 집단적 전제주
 의, 즉 모든 집단의 역사가 그러합니다. 그것은 신정주의들과 더불어 시작되며, **국가의 보호**
 아래 몸을 숨긴 … 무책임한 단체들과 더불어 보잘것없이 끝납니다. 또한 교단, 수도회, 아
 카데미 등의 이름으로 불리는 이 단체들에게 권력을 부여하는 것이 그들의 완벽한 신앙심이
 라는 점은 이론의 여지가 없고 교훈적이기도 한 사실입니다. **집단성**(*collectivité*)은 그 추악함
 에도 불구하고, 하나의 관념이나 공통의 이해를 통해 연결된 개인들의 이런 응집체에서 충성
 을 얻어 냅니다. 그리고 사람들은 전제 군주 아래서 6개월도 견디지 못하지만, 자신에게 면
 책을 베풀어 준다면 수 세기 동안 한 단체를 지지하게 되는 것입니다.
  무수한 적들을, 혹은 그가 적이라고 생각하는 이들을 냉혹하게 말살하는 전제 군주는 어느
 날 회한에 사로잡혀 악몽을 꿀 수 있습니다. 그런 일이 일어나기도 합니다. 그러나 집단은
 그러한 양심의 회귀에 접근할 수 없습니다. 그리고 저는 도미니크회가 랑그도크와 다른 곳에
 서 헤아릴 수 없이 많은 이교도들을 화형에 처했다는 것을 믿어 의심치 않습니다. 하나씩 하
 나씩 잡혀간 그들은 가장 훌륭한 이들, 가장 성실한 이들이었고, 또한 인류의 최고선을 위해
 행동하고 있음을 완전히 확신할 수 있는 이들이었습니다.
  단체가 진정성과 무사 무욕을 통해서만 살아가고 권위를 획득할 수 있다고 믿는 것은 커다
 란 편견이며, 종교 재판관을 위선자로 표상하는 것은 인간의 마음을 잘 모르는 일입니다. 우
 리는 체스의 수를 조합하듯 사람들의 모임이 체포와 형벌을 조합한다고 생각합니다. 그들은
 야수들처럼 쫓겨, 수 세기 동안 지속해 온 집단들의 품이 아니라 강도들의 은신처에서 만난
 것일 수 있습니다. 그 집단들이 세상 속에서 지속되거나 우월성을 획득할 수 있는 것은 오로
 지 그들이 기치를 세우기 위한 하나의 관념을 갖고 있기 때문입니다. 그 관념이 정의롭고, 선
 하고, 유익할 필요는 없지만, 단체가 그것을 성실하고 충성스럽게 고수하는 것은 불가결합
 니다. 점성술사가 다른 점성술가를 보고 웃을 수 없는지[역자] 키케로가 카토를 인용하여 쓴
 구절이다. *de Devinatione* II, 51] 어떤지는 저는 모르겠습니다. 말은 실제적이기보다는 정
 신적인 것이지만, 저는 종교 재판관들이 우리가 그들에게 상정하는 그토록 작은 위원회 안
 에서 그들의 시간과 지성을 바치는 과업의 엄중함에 대해 완벽하게 납득하고 있었다고 확신
 합니다. 그러므로 우리는 단체들에 대해 그들이 무엇이라거나 무엇을 한다는 점에 대해서가
 아니라 그들이 단체로서 존재한다는 사실 자체에 대해서 비난해야 합니다.

대중에게 호소력을 갖는 작가, 대중에게 읽히는 책을 쓰는 작가나 그림을 그리는 화가, 조각을 만드는 조각가는 두각을 나타내기 위해 사실상 어

그러나 단체(corps)와 연합(association)은 구별하는 것이 좋습니다. 일반적으로 인간은 고립된 채 살기 위해서, 그리고 위대하고 영구적인 것을 생산하기 위해서 태어난 것이 아닙니다. 인간들이 서로 연합해야 하는 것은 분명합니다. 연합은 본질적으로 자유롭고 유동적입니다. 끊임없이 구성되고 해체되며, 따라서 외부와 그 시대의 영향을 받습니다. 연합은 다만 스스로를 의지하고, 어떤 교의의 영향으로 움직이는 것이 아니라 그것이 도입하는 다양한 힘들을 사용합니다. 그것은 행위와 생산의 비옥한 한 요소로서, 우리는 그것을 자연이 우리 주변 도처에서 산출하는 구성과 해체 작업에 비교할 수 있습니다. 반대로 수도회는 그런 식이 아니라 높은 지성의 영감 아래 불변의 것으로 여겨지는 교의와 방법을 비의의 길을 통해 퍼뜨림으로써 충원했습니다. 연합은 상황에 따라 변화할 수 있는 어떤 목적을 위해 자신들의 충만한 능력 속에서 활동하는 지성들의 공통의 노력입니다. 수도회는 예견된 결과를 위한 하나의 교의에 지성들이 종속된 것입니다.

연합이 성장하기 위해 요청된 것은 자유뿐이며, 그 증거로 연합들은 법이 그들에게 관여하지 않는 나라에서만 자라납니다. 협회(congrégation)가 제일 처음 요청하는 것은 국가의 지원입니다. 그것이 단지 눈앞의 물질적 힘으로만 여기는 그 권력의 주인이 될 수 있다면—또 언제나 그런 목적을 지향합니다만—다른 경우에 속권(bras séculier)이라 불렸으며 그런 국가의 지원은 하나의 우월한 관념에 종속되게 될 것입니다. 협회들이 이런저런 방식으로 그런 물질적 보호를 발견하는 곳에서만 성장했고 지금도 그렇다는 것이 그 증거입니다. 그들은 국가의 물질적 지원을 당연한 것으로 여기고 그것을 확인할 수 있는 어떤 표식을 원합니다.

건축 교육에 관해 이야기해야 할 자리에서 너무 멀거나 너무 거창한 이야기를 했다면 독자 여러분께 양해를 부탁드립니다. 그러나 저는 이것이 필요하다고 생각합니다. 우리는 우리 자신이 살고 있는 터에 대해 알아야만 합니다.

물질적 질서와 마찬가지로 지적 질서에서도 동일한 요소들과 동일한 원인들의 결합은 언제나 동일한 결과를 산출합니다. 그 결과들은 매우 쇠약하고 매우 왜소한 것일 수 있습니다만 근본적으로는 동일한 것입니다. 저는 확실히, 좀 전에 제가 거론한 것처럼 아카데미 데 보자르와 중세의 그 무시무시한 수도회들을 비교하는 것이 흡사 아르킬의 석회암 퇴적층을 주라기층에 비교하는 것과 같은 식이 되지 않도록 주의할 것입니다. 그러나 사태를 철학적 관점에서 본다면, 수단들과 결과들은 각각의 경우 이 양자 사이의 비례 관계가 크게 다를지언정, 시대와 관습들을 고려할 때 동일한 것들입니다.

제가 아카데미 프랑세즈를 비롯해 학사원을 구성하는 다른 부류들이 아니라 아카데미 데 보자르에 대해 이야기하는 것은, 바로 이 아카데미 데 보자르(특히 건축 분과)야말로 완전히 예외적인 상황에 있기 때문입니다." (*Entretiens* vol. 2, pp. 146-147)

떤 후원자도 필요로 하지 않습니다. 재능만 있다면 그들은 언젠가 인기를 얻게 됩니다. 건축가의 경우는 다릅니다. 그의 작품이 만들어지기 위해서는 잉크와 종이, 캔버스와 물감, 흙 몇 덩이만으로는 안 됩니다. 이것은 증명할 필요도 없는 사실로, 건축가가 능력이 있다고 해도 그 능력을 입증할 수 있는 유일한 길인 우호적인 환경의 조성이라는 것은 좀처럼 주어지지 않습니다. 또한 이러한 환경의 조성이, 우리가 뒤에서 이야기해야 할 아카데미 데 보자르와 같은 단체의 의지에 좌우되는 것이라면 그 집단과 의견과 관념을 공유할 기회를 갖지 못한 사람에게는 결코 주어질 수 없음이 명백합니다. 그러나 어떻게 예술가들로 이루어진 한 단체가 서기 1868년 현재에 그들이 가진 것으로 상정되는 권력을 가질 수 있는지 반론을 제기할 수 있을 것입니다. 우리의 평가가 얼마간 과장된 것임에 틀림없습니다. 그것은 행정 단체입니까? 아니죠. 그것이 예술 교육을 통제합니까? 아닙니다. 그것이 국가나 대도시들의 세입을 마음대로 사용합니까? 아닙니다. 그렇다면 무엇을 근거로 그 단체의 권력을 평가하는 것입니까?

단순히 그것이 **국가**의 보호를 누리는 단체라는 사실에 근거하는 것입니다. **국가** 자체가 한 지적 수도회의 공인된 수호자인 만큼 그러한 위치를 맡는 가운데 그 수도회의 힘이 되고 집행자가 됩니다. 누구도 부정할 수 없는 명석함을 가진 일부 지적인 인사들은 **교회**와 **국가**의 단절을 요구하고 있으며, 그들은 그러한 요구를 위해 강력한 논거를 제기할 수 있습니다. **아카데미**와 **국가**의 분리를 위해서도 최소한 그만큼 강력한 근거들을 제시할 수 있습니다. 이런 이유 중 저는 단 한 가지만을 논할 것입니다. 요컨대 다른 경우였다면 무책임한 것이었을 텐데도 국가와 연합되어 있는 교의들의 고착된 체계를 인식하는 모든 이가, 국가라는 이름의 비인칭적 힘을 반드시 이용해 그러한 체계의 승리를 수호하려 들 것이라는 사실입니다.

루이 14세가 순수 예술 아카데미[아카데미 데 보자르]를 건립한 것은 완벽한 논리적 일관성을 갖는 일입니다. 루이 14세 치하의 국가는 모든 탐구 분야에서 교의들을 천명하거나, 그런 모습을 과시하게 만들어졌으니까요. 그때는 국교가 존재했습니다. 국가 예술, 국가 철학, 국가의 지도 체계도 마땅히 있어야 했습니다. 옥좌와 제단을 결합하는 끈이 조밀하게 직조된 상태에서 지성이나 양심의 영역에 속한 것과 행정권 사이에 어떠한 불일치나 다툼도 있을 수 없다는 것이 논리적으로 일관된 것이었습니다. 그리고 바로 그 시대에 "가톨릭교도가 아니면 나라를 떠나라"는 지시가 모두에게 떨어졌으며, 한층 더 큰 근거에 따라 다음과 같은 명령이 내려질 수 있었습니다. "우리가 그대들이 생각하기 바라는 대로 생각하라, 그렇지 않으면 독립성이 더 이상 유행이 아니라는 사실을 체포 영장으로 증명해 주겠다." 그러므로 루이 14세의 정부가 아카데미 데 보자르를 설립한 것은 그들의 관점에서 정당했습니다. 그들은 공식 건축이라는 것을 인정했으니까요. 그 증거로 왕국을 통틀어 세워진 모든 공공건물은 총감독 르브룅의 검토를 거쳤습니다. 덧붙여 저는 아카데미 데 보자르가 이 조직의 필수적인 요소였다고까지 말할 수 있습니다. 국가가 승인한 원리들을 정하고 보존하며, 이를 중심으로 그것을 따르고 발전시킬 정상적인 주체들을 규합할 수 있는 단체를 구성해야 합니다. 순수 예술 아카데미는 결과적으로 그 양성소를 만들게 되며, 그것이 에콜 드 롬(École de Rome)이었습니다. 다시 한 번 말하지만, 첫 번째 가정—즉 지성의 영역에 대한 국가의 개입을 인정하는 이상 이 완벽하게 논리적인 연쇄에 흠 잡을 것은 없습니다.

그렇게 해서 루이 14세의 정부가 창조해 낸 조직은 부인할 수 없는 장엄함을 선보였으며, 그것이 동시대인들뿐 아니라 후대의 많은 지성인들에게도 얼마나 눈부신 것이었을지 우리는 쉽게 이해할 수 있습니다. 사유와 행위의 이러한 통합을 획득한 것, 왕 자신이 자신의 제국의 한시적 군주이면서 스스로 그 대신관(pontifex maximus)까지 되려고 하지 않고서도 전체 국민의 도덕적·물리적 요소들을 그토록 견고하게 결속시킨 것, 국가의 수호에 종속되어 있되 구성원들을 각기 스스로 모집했다는 점에서 **독립적**이었던 협회들의 그늘 아래 미술과 문학, 과학이 발전하도록 만든 것에 대해 우리는 존경심을 품지 않을 수 없습니다. 교회 역시 갈리아주의, 즉 국가주의적이었으므로 아카데미들은 국가의 관습과 경향, 일반적 취지에 완벽하게 부합하는 절차들에서 통일성을 유지했습니다.

그러나 우리의 이 세계에서 논리적 모순은 처벌을 면할 수 없습니다. 휘황찬란한 전체는 가장 하찮은 형태라도 변형되지 말아야 한다는 조건 아래서만 그 통일성을 유지할 수 있습니다. 단 하나의 톱니바퀴만 잘못 놓여도 이 화려한 기계 장치 전체가 무너집니다. 지난 세기 말의 역사를 기술하는 것은 지금 여기서 할 일이 아닙니다. 혁명은 그러한 톱니바퀴 중 하나만 제거한 것이 아니라, 전체를 무너뜨렸습니다. 그 이래로 파편들을 모아 재조립하려는 시도가 이루어져 왔습니다만 이 편린들은 우리를 당황시킬 뿐입니다. 그것들이—분명 최소한—18세기에 보여 주었던 조화로운 전체를 형성하는 대신에, 낡은 기계의 그 기어 장치는 심하게 삐걱거리고 잘못된 방향으로 움직입니다. 그러면서 모두에게, 하지만 특히 그것이 원래의 목적에 따라 다시 한 번 작동하기를 소망했던 사람들에게 어려움과 심지어 위험을 부단히 초래하는 것입니다.

국가는 사제도 예술가도 아니지만 어떤 신앙이나 예술을 수호하는 임무를 맡게 되면 곧 전자나 후자에 그 힘을 행사하지 않을 수 없습니다.

그러나 국가는 궁극적으로 자신이 베푸는 수호가 오용되고 있음을 발견합니다. 그렇게 되면 국가는 교의나 예술의 문제들에, 그 활동을 규정하고 책임을 감시할 작정으로 개입하기 시작합니다. 하지만 그것은 넘치거나 모자랍니다. 국가는 그러한 문제에 대해 무지하며, 성궤에 손을 대지 않으려고 아무리 신경을 쓴다고 해도 압제적이라는 비난을 받게 됩니다. 따라서 국가는 언제나 진퇴양난의 딜레마에 빠져 있습니다. 압제자로 여겨지거나, 아니면 결정들을 시행하면서도 스스로 그 청렴성에 대해 판단할 만한 권위는 없는 역할을 받아들여야 하는 것입니다. 이 문제에 관해서는 순수 예술 교육에서 국가가 주도했던 개혁에 관해 정확하게 이런 경우를 살펴보지 않았습니까?

국가는—예술 교육을 통제하는 법적 힘은 없지만 사실상 교육을 장악하고 있는—아카데미 데 보자르가 문제의 연구들을 위험에 빠뜨리고 있는 것을 보았다고 생각했습니다. 그래서 그 연구에 대한 책임 있는 **수호자**로서 국가는 이러한 교육 체계를 혁신하기—세부적인 일부 사항들을 (보기에는 미미하지만) 수정하기 시작합니다. 우리는 학사원의 구성체들이 일제히 쏟아 낸 격한 충고의 말들을 기억할 수 있습니다. 예술의 공화국은 위험에 처한 것으로 선언되고, 성명서, 항의서, 진정서들이 행정부에 눈처럼 쌓입니다. 행정부는 최초의 불꽃을 사수했지만, 머지않아 그들이 이 불공평한 경쟁에서 졌음을 인정하게 되고, 아마도 자신들이 적절히 평가하지 않았던 것 같다고 고백한 이해(利害)들에 대한 존중과 화해의 모양새 아래 영예롭게 물러나는 것만을 목표로 하게 됩니다. 하지만 그럼에도 불구하고 아카데미 데 보자르는 자신들의 관할권임을 주장한 영역을 그런 식으로 침해했던 행정 당국에 대해 못마땅하고 미심쩍은 태도를 지속하고 있다는 것을 우리는 볼 수 있습니다. 당장은 두 권력, 하나는 수호자이고 다른 쪽은 법적으로 보호받는 입장인 두 권력이 공식적으로 화해를 했습니다. 그러나 이 화해란 것은 수호자가 피보호자의 소망을 나날이 명백하게 따르는 것을 대가로만 보장되어 왔습니다. 피보호자는 너무나 확연히 주인이 되어 그 지위를—이러한 단체가 언제나 그러하듯—반작용을 불러일으킬 만큼 지독하게 남용합니다. 그 반작용이 그들의 행정에서의 개혁 정책이라는 형태를 띤다면 상황은 언제나 원상 복귀됩니다. 행정 당국의 수호 아래 놓인 그 단체들을 개혁하는 유일한 방법은 말하자면 이 보호를 그들로부터 거두어들이는 것—다시 말해 그것들을 통제를 통해 시대의 관념들로 교화시키려고 하는 대신 그냥 내버려 두는 것입니다. 아카데미 데 보자르가 루이 14세의 시대처럼 국가의 보호 아래 있지 않게 된다면, 스스로 운영되도록 내버려 둔다면 그것은 몇 가지 공헌을 하게 될지도 모릅니다. 그러나 어쨌든 정부나 피치자들을 당황시키지는 않으리라는 것, 예술, 특히 건축이 보다 변화에 유리하게 되리라는 것은 분명합니다.

이러한 진실들은 많은 사람들이 보기에 너무도 간단해서, 그들은 이것이 어째서 실천에 옮겨지지 않는지 의문을 갖곤 합니다. 어째서입니까? 그 모든 사태 속에서 가장 배려되지 않는 것이 바로 예술 자체이기 때문입니다. 개인적인 고려가 득세하고 있습니다. 그런데 다른 것도 다 그렇지만 예술에서 개인적 고려가 원리들보다 앞서게 되면 어떤 값진 혹은 지속성 있는 결과도 실현될 수 없습니다.

게다가 아카데미 데 보자르는 이제 새로운 위상을 자임합니다. 그것은 더 이상 예술에서 확고한 교의를 인식하지 않습니다. 그것은 원리—정통적인 믿음—가 아니라 단지 어떤 이해에 있어 지배권을 수립하고자 합니다. 참이든 거짓이든 교의의 선전이 아니라 자신의 위치를 유지하고 아카데미 출신이 아닌 사람들, 그렇게 되기를 바라지 않거나 아카데미의 패권을 인정하려 하지 않는 이들을 배제하는 데 모든 노력이 기울여집니다. 이런 관점에서 아카데미 데 보자르는, 자신들의 존재를 영속화하는 것을 목적으로 하지만 결국 소멸이 임박한 몸[단체]에 기생하는 벌레들에게 물어 뜯기게 되는 협회들의 전통에서 출발하고 있습니다.

길드와 협회가―그 기원은 보시다시피 매우 민주적입니다―그들의 몇몇 산업을 당대 지식의 수준으로 키우는 것보다 한물간 특권들을 유지하는 데 전념했을 때, 그들이 독점적이 되고, 경쟁자들을 능가하는 대신 쫓아내고자 했을 때, 그들은 사형 선고를 받게 됩니다. 신앙에 대한 심문이 으레 이단의 부자들에게서 그들의 재산을 박탈하기 위한 것임이 명백해졌을 때, 그 권능은 수명이 다한 것입니다.

1847년에 선언문을 공포한 이래 아카데미 데 보자르 건축 분과의 역사는, 그것이 [역사로서] 쓰일 때가 오면, 즉 그로 인해 치른 대가에 대해 우리가 판단할 수 있게 되고, 그 졸업생 대부분의 실수나 사치스러운 환상을 감추거나 옹호하는 일을 정부 위원회에 떠넘긴 채 점차 그 무책임한 패권을 획득해 온 과정을 증명할 수 있게 되었을 때 여러 가지를 설명해 줄 것입니다. 그렇게 될 때까지 우리는 중세에 가장 견고하게 확립되어 있던 유사한 종류의 단체들에 비견될 수 있을 만한 한 조직과 대중 사이에 놓인 베일의 한 끝자락을 들어 올릴 필요가 있다고 생각합니다.

아카데미 데 보자르의 건축 분과는 여덟 명으로 이루어져 있습니다. 많은 수는 아닙니다. 회화 분과가 열넷, 조각 분과가 여덟 명으로, 총 서른 명이 됩니다. 건축가들이 종종 조각과 회화 작업의 의뢰를 가져다줄 수 있는 만큼 이 서른 명의 구성원 사이에는 매우 자연스럽게 하나의 이익 공동체가 형성됩니다. 에콜 드 롬 졸업생들 사이에 만연한 연대감은 저 기관의 공석에 누군가를 지명해야 하는 즈음에 활발해지며, 따라서 이 서른 명의 구성원 가운데 여덟 명의 건축가, 아홉 명의 화가, 일곱 명의 조각가―확실히 대다수가 그 학교 출신이라는 점은 놀라운 사실이 아닙니다.

아카데미 데 보자르가 국가의 보호를 받지 않는 독립적인 연합이라고 한다면 이를 두고 흠잡을 일도 없을 것이 분명합니다. 그 아카데미의 구성원들이 이곳저곳에서 재능 있는 사람들을 찾아내느라 애를 쓰기보다 자신들에게 친숙한 서클에서 누군가 선택하기를 선호하는 것은 매우 자연스러운 일입니다. 특히 그들의 동료들이 경쟁이 센 시험을 통과해 로마 대상의 지원을 받은 매우 유능한 사람들이라는 점에서 그들은 정당화됩니다. 그러나 국가가 그들의 수호자임을, 결과적으로 변화하지 않고 변화할 수도 없는 그룹 내에서 구성원을 충당하는 한 단체의 수동적 도구를 자임하고 있다는 점을 결코 잊어서는 안 됩니다. 사실 누군가가 학사원에 들어갈 수 있는 것은 그가 로마에 있었기 때문이며, 그는 그곳에 입학 허가를 받고, (무엇보다) 그 기관이 제시한 과정을 마쳤다는 조건을 충족시킨 후에야 비로소 기회를 얻어 그곳을 떠날 수 있는 것입니다.

이 … 유리한 서클을 돌파하려는 시도들은 종종 있어 왔지만 보호받고 특권을 누리는, 결과적으로 무책임한 단체는 이탈의 시도들을 손쉽게 좌절시켰습니다. 행정 조직의 자유주의적 성향에 의존하여 스스로를 해방시키고자 했을 수 있는 소수의 청년들은 쓴맛을 보고 그러한 해방이 무엇을 수반하는지 배웠습니다. 그들은 파벌에 의해 규정된 낡은 길을 걷지 않는 한 자신 앞의 모든 문이 닫혀 있다는 것을 알게 됩니다. 노골적으로 적대적인 느낌을 받지 않는다고 해도 조용한 음모에 대처해야 합니다. 그들은 자신이 그 조직의 관점에서 외적 관용성을 발견했다고 여겼었으며, 그에 대해 최상의 기대와 겸손한 노력을 바쳤던 그 행정 조직에 투항할까요? 그들은 모든 종류의 약속과 주목을 받습니다. 심지어 문제의 조직에 대한 그들의 독립적인 태도에 대해 찬사를 받기도 합니다. 그러나 그들이 종종 정당하게 얻고자 하는 의뢰들은 보다 빈틈없는 사람들, 행정부의 자유로운 노력들에 반하여 단체의 특권을 수호함으로써 자신의 평판을 **용감하게** 내던지는 사람들에게 돌아갑니다. 그러한 것들이 행정부가 학사원과 논쟁할 때 불편부당성의 표식이 찍힌 측정치라고 생각하는 행동들입니다. 상황이 그러하므로, 그리고 과거 어느 때보다 지금이 특히 더 그렇지만 우리는 하나의 무책임한 단체가 행정부에 대해 미칠 수 있는 폭넓은 영향을 충분히 이해할 수 있습니다.

 사실 그런 문제들에 대해 판단할 능력이 없는 행정부가 (행정부를 존속시키는 것이 국가인 한) 국가 자체가 그러한 판단을 내릴 최고의 능력을 가진 것으로 여기는 단체의 의견에 반하여 무엇을 내놓을 수 있습니까? 예술에 대한 안목을 주장할 수 없는 행정부가 공공건물의 건축을, 이를테면 바로 **엘리트** 예술가들로부터 구성원들을 충당하는 것으로 여겨지는 단체에서 배제당한 사람에게 맡기는 것을 어떻게 기대할 수 있겠습니까? 행정부에게 좀 더 쉽고 덜 타협적인 길은 책임을 떠맡고 있지 않은 그 단체의 의견 뒤로 피신하는 것일 터입니다. 하지만 그들은 결코 대중에게 그런 행동을 이끈 동기들을 설명하지 않으며, 그러한 설명을 제공하지 않기 위해 매우 신경을 씁니다. 예술에 대한 전문성을 갖지 않은 행정부에서 매우 있을 법한 이런 거리낌들과 소심함에 비추어 볼 때 문제의 파벌이 그에 앞서 모든 것을 떠맡게 되리라는 것을 우리는 이해할 수 있습니다. 결국 정부 위원회는 곧 자신들이 그 단체의 우두머리들에게 완전히 휘둘리고 있으며, 모든 직책에 입후보하고 있는 그 지지자들에 둘러싸여 있다는 것을 알게 됩니다. 모든 정부 사업에서 문제의 단체의 영향력이 증대하고 권위가 강력해지는 것을 보면서 이들 지지자의 수는 점점 늘어나고, 그들은 점차 더 그 단체의 영향에 순응하게 됩니다. 그리고 당국자들이 계속해서 이미 끝난 모든 사안에 대해 동일한 의견이 제시되는 것을 듣다 보면─그 의견에 공감하지 않는 사람은 위원회에서 배제하는 것을 그들이 용납했기 때문이지만—그들은 자신들이 듣는 견해들을 진심으로 믿게 됩니다. 어떤 우발적인 상황에서 예상치 못한 방식으로 진실을 깨닫기 전까지는 말이죠. 그렇게 되면 행정부가 책임 없는 단체에 떠맡길 수 있다고 생각했던 책임이 온전히 자신들에게 되돌아오게 되고, 국가가 보호한 단체는 학사원의 원개 아래로 퇴각해 버립니다. 제가 개인들보다는 기관을 고발하고자 한다는 점을 분명히 이해해 주시기 바랍니다. 그 기관은 국가와 연계해 있으면서 국가를 망신시키고 예술에 나약함의 원천을 제공합니다. 한편 그 기관은 시대의 경향과 우리의 사회적 조건의 요구들에 부응하지 않기 때문에 예술가들에게 형편없는 지위를 부여합니다. 저는 화가들과 조각가들에 관한 문제들을 논할 생각은 없습니다. 학사원이 그들 분과에서 예술을 진흥시키는지 아닌지, 혹은 그들의 사적 이해에 이득이 되는지 어떤지는 그들이 판결할 일입니다. 이 논의는 오직 조금 전에 설명한 것처럼 대중과 공공 업무에서 특수한 상황에 있는 건축가들의 위상에 관한 것입니다. 과장하지 않더라도 종종 매우 중대한 이해를 기탁받은 사람들이 자신의 의견과 관념을—이 의견과 관념이 국가가 수호하는 단체의 기호에 맞지 않을 경우—버리거나, 아니면 그러한 관념과 의견을 고수할 경우 모종의 배척을 받아야 한다는 것은 채신없는 양자택일입니다. 너무 개성이 강한 시도는 이루어지지 말아야 하고, 확고함과 일관성은 보기 드문 미덕이 되었습니다. 나아가 대부분의 사람들에게 생계에 관한 고려는 매우 큰 영향을 미칩니다. 또한 협회들은 더 이상 자신들과 의견을 달리하는 사람들을 투옥하거나 화형시킬 수는 없지만 여전히 고립과 침묵, 온갖 종류의 곤란과 장애, 정중한 악의의 표현, 실망 등을 가지고 끈질긴 고문을 가할 수 있습니다. 아직도 그런 식으로 힘을 과시하는 일이 너무 많다고 우리는 생각합니다. 이것이 예술에 이득이 될 수 있다면, 그 속에서 예술이, 예술가가 독립을 통해서 혹은 안전 속에서 잃어버린 존엄과 힘을 얻을 수 있다면 불평하지 말아야 할 것입니다. 우리는 진심으로 "예술이 소멸하느니 예술가가 사라지게 하라"고 외쳐야겠지요. 그러나 실제로는 예술가 없이 예술은 있을 수 없습니다. 사실 독립적이고 개성적인 예술가들이 없다면 아무런 예술도 없는 것입니다. 직업 예술가들을 타락시키면 예술 자체가 필연적으로 타락하고 맙니다.

이런 통탄할 만한 상황에 대한 대책은 하나뿐입니다. 즉 아카데미 데 보자르(적어도 그 건축 분과)를 독립된 협회로 보고 국가와의 연계를 끊어 내는 것입니다. 언제가 되었든 이렇게 될 것입니다. 원리의 문제가 개인적인 문제들보다 우선시되게 되면, 17세기의 낡은 기계 장치 중 아무것도 유지할 수 없다는 것을 알게 되면 그런 시기가 도래할 것입니다—그리고 그러한 관점의 변화가 일어나는 때는 민족사에서 특정한 위기가 다가오는 때입니다.

그때가 오고 나서야 건축 수업은 자유롭게 되어 성장할 것입니다. 하지만 어떻게? 이것이 이제부터 우리가 검토할 문제입니다.

아카데미 데 보자르의 건축 분과 입장에서 프랑스의 훌륭한 건축이 1671년—이 분과가 설립된 시기부터 등장한다고 주장하는 것은 매우 당연합니다. 그러나 이런 주장은 일반 대중들 사이에 공유되는 것이 아니며, 많은 지식인들은 이 시기 이전에도 프랑스에 가치 있는 건물들이 세워졌다고 생각합니다. 설령 이런 주장에 오류가 있다고 해도, 그것은 충심 어린 주장이며, 그런 이유만으로 그것은, 지난 75년간 도입된 여러 개의 헌법들마다 그 첫 머리에 양심과 의견의 자유를 놓았던 이 나라에서 존중받을 권리를 가집니다.

하지만 이 건축 아카데미는 애초부터 그것이 최근에, 특히 왕정복고 이후로 상정한 성격을 가지고 있지 않았습니다. 제가 이제부터 인용하려고 하는 저자에 대해서 그가 아카데미에 무조건적 적대감을 가지고 있다고 비난할 사람은 없을 것이 분명합니다.* "해묵은 군주제를 종식시킨 혁명 이전에 프랑스에서 예술 전통 제일의 보고(寶庫)는, 전해지는 것처럼 르브룅이 세운 것이 아니라 마자랭이 1648년에 건립한 회화와 조각 아카데미, 그리고 1671년에 콜베르가 세운 건축 아카데미였습니다. 건립 당시 이 두 기관들은 그 명칭만 두고 생각할 때, 그리고 그 명칭들을 오늘날 지배적인 관념들에 따라 해석했을 때 기대하게 되는 미학적 성격은 결코 갖고 있지 않았습니다. 길드와 협회의 체제는 이전에 프랑스에서 모든 예술계 직업을 지배했습니다. 화가와 조각가 장인들의 협회에 속하지 않은 사람은, 그 구성원으로 이름을 올리고서 스승 아래서 견습 3년, 도제 3년의 도합 6년을 보내지 않은 이상 누구도 회화나 조각을 수행할 수 없었습니다. 그리고 이 기간이 끝날 때 스스로 완성을 맡은 작품을 만들어 내야 합니다. 특권화된 서클의 외부인은 장인들의 연합체가 그것을 발견할 수 있는 곳에서라면 어디든 자신의 작품을 몰수당할 것을 각오하지 않는 한 누구도 팔레트나 정을 자발적으로든 공공연하게든 잡는 것이 허용되지 않았습니다. 왕이나 군주들, 막강한 귀족들로부터 직접 의뢰를 받은 예술가들만이 그 단체의 질투 어린 감시를 피할 수 있었습니다. 마자랭과 콜베르가 문제의 아카데미들을 건립한 것은 예술가들을 길드의 압제로부터 해방시키기 위해서였습니다. 사실 장인의 직으로부터 면제되고, 제약 없이 자신의 예술을 실행할 수 있는 것은 아카데미 구성원들의 특권이었습니다.

---

* *Réponse à la lettre de M. Ingres, par M. Ch. Giraud, de l'Institut.* Paris, 1864, p. 2 참조.

그러나 이 새로운 특권을 부여하면서 마자랭과 콜베르는 두 개의 분과 예술 아카데미들을 두 개의 공공 기관으로 만들지 않았습니다. 이 마지막 관념은 설립자들의 의도에는 없는 것입니다. 그들은 두 개의 새로운 사적 단체들을 수립했습니다. 다른 단체들[길드]이 거래와 결부되어 있었던 것에 비해 이 단체들은 고상했으며 자유로운 위상을 가지고 있었다는 점을 인정합니다만, 근본적으로는 동일한 성격을 드러내고 있습니다. 아카데미에 혹은 길드에 속하지 않는 사람은 누구든 회화나 조각, 건축 예술을 행할 수 없었으니까요. 그러므로 각 분과 예술 아카데미들은 상사(商社)들을 모델로 조직되었습니다. 이것은 당시에 모든 종류의 연합의 통상적이고 필수적인 유형이었습니다. 따라서 아카데미들의 통치 체제는 일종의 연합체로 남겨졌습니다. 아카데미 회원 명부의 맨 처음에 이름이 새겨진 열두 명이 원로회의 최고 회의를 구성했습니다. 나머지 구성원들은 인원수가 제한되어 있지 않고 경영에 참가하지 않았습니다. 하지만 그들은 각자의 예술을 자유롭게 행할 영예 또는 특권을 공유했습니다. [작업실의] 집세, 모델, 심지어 상금으로 들어가는 경비까지도 일반적으로 저마다 이 비용에 대한 자기 몫을 제공한 아카데미 회원들의 기부금으로 지불되었습니다. 국가는 간혹 지급하는 미미한 보조금 외에는 결코 어떤 도움도 주지 않았습니다. 후일에는 왕이 그들에게 주재지를 제공했습니다. 그들의 몇 가지 직업적 활동을 자유롭게 하는 것 외에도 교습이 아카데미들의 또 다른 특권을 형성했습니다. 그러나 원로회는 교수들을 지명하고 교과목을 통제하며 학교 체제의 조건들을 결정하는 배타적 권리를 가지고 있었습니다. 이러한 제도는 낡은 상사들의 마지막 흔적이 없어진 1798년까지 지속되었습니다 … 혁명의 폭풍이 지나가고 나자 조제프 마리 비엥(Josephe Marie Vien)은 에콜 데 보자르라는 새로운, 그리고 보다 적절한 명칭 아래 구 아카데미들의 재설립을 추진하는 데 성공했습니다. 그의 영향력은 심지어 옛 아카데미들의 옛 특권들을 복권시켜 줄 수 있었습니다. 그러나 그것이 유지된 기간은 짧았으며, 1806년 1월 11일의 칙령에 따라 교수들의 임명권은 황제에게 돌아가고, 그들의 임금은 국가 재원에서 지불하게 되었습니다 …"

아카데미 데 보자르의 역사를 그 건립으로부터 1806년까지 정리한 이 부분은 고려해 볼 만한 몇 가지 일반적 견해를 제시하고 있습니다.

민주적이지만 자유주의적인 것과는 거리가 멀었던 중세의 단체들은 루이 14세의 장관들이 수립한 정부하에서는 존속할 수 없었습니다. 그때 그 장관들이 추구한 방침들은 어떤 것들이었습니까? 그들은 하나의 특권화된 단체에 옛 길드의 의사-공화주의적 특권들을 남겨 둠으로써 그것을 자신들과 나란히 혹은 자신들 이상으로 키웠습니다.

루이 14세의 정부는 하나의 특권을 과거에 수립된 특권들 위에 접목했습니다. 그리고 그 단체가 아카데미로 불리든 길드로 불리든 그 효과는 우선 본질적으로 동일하거나 거의 동일했습니다. 그러나 국가가 옛 길드에 영향력을 행사하는 것보다 자체적으로 건립된 아카데미를 재빨리 하나의 말 잘 듣는 도구—국가만을 위한 도구—로 만드는 것이 훨씬 더 쉬웠으리라는 것은 짐작할 만한 일입니다. 여기서 루이 14세의 정부는 일관성을 보였습니다. 즉 예술에 관한 문제를 봉건 제도를 다루던 것과 동일한 방식으로 진행시켰던 것입니다. 그들은 보다 유효한 동시에 자신들에게 보다 종속적인 새로운 특권의 체계를, 절대 권력의 길을 가로막을 수 있었던 과거의 특권 체계 위로 제시했습니다.

그렇기는 하지만 왕권의 수호를 받은 이 상급 단체는 옛 길드의 공화주의적 형태들을 보존했습니다. 그러나 그 옛 길드에 연루된 악폐들을 비난할 수 있으려면 그들은 어떠한 외적 권위에 대해서도 타협하지 않고, 도시

내에 존재하면서 나름의 삶을 살고, 지배적인 의견을 참고해야 했으며 그 의견의 변화에 영향을 받아야 했을 것입니다. 이것은 왕립 단체에서는 불가능한 일이었습니다. 자신들이 누리는 예외적 특권들 뒤로 몸을 숨긴 그들은 이내 필연적으로 고립되어, 길드의 과두제로서는 결코 불가능했던 막강함을 가진 일종의 귀족제를 형성하게 되었습니다. 사실 "이 아카데미들은 그 말의 현대적 의미에서 교육하는 단체이자 직업적 단체이고, 또한 **관학적** 단체이기도 했습니다. 마치 이탈리아에 존재했던 같은 종류의—마자랭이 관념과 계획을 차용해 온—아카데미들과 그 영향이 실제로 17세기 말 이래로 이탈리아 미술에 너무도 큰 재앙으로 작용했던 것처럼 말입니다. 이탈리아 미술의 몰락은 상당 부분 그들 때문입니다 … **관학적** 직업 단체는 곳곳에서, 이후로 악명을 날리게 되는, 늘 그렇게 우아하고 좋은 취미를 가진 것은 아닌 일종의 스타일의 원천이 됩니다.

당시에 아카데미 최상의 영예는 교수직에 있었습니다. 그리고 원로회가 자신들이 더할 나위 없이 잘하고 있다고 굳게 믿고 있었던 만큼 그들은 항상 자신들 중 한 사람을 그 자리에 임명했습니다. 그들이 보기에 아카데미인과 교수는 양자를 상호 분리할 수 없는 만큼 … 호환 가능한 명칭이었습니다."[*]

1806년 1월 11일의, 아카데미 데 보자르를 재편하는 칙령은 그 권위를 온건한 수준으로 제한할 것을 주장했습니다. 교수들은 황제에 의해 선별되었고, 비용은 국가가 담당했습니다. 이런 조처는 일종의 협약으로, 여러 시기에, 특히 1863년에 규제법이 뒤따랐습니다. 그러나 우리는 규제법이라는 것이 단체들에게 어떤 것인지 알고 있습니다. 그들은 적어도 그 정

---

[*] *Réponse à la lettre de M. Ingres, par M. Ch. Giraud, de l'Institut*. Paris, 1864, p.4.

신을 회피함으로써, 우리 시대의 관념들에 들어맞지 않는 기관들의 유물인 그 단체가 현재 모든 제약에도 불구하고 순수 예술을 가르치는 일과, 국가와 대도시들의 지출을 조정하는 위원회의 대다수에 대한 통제권을 가질 수 있게 되기만을 바라면서 그 협약을 받아들입니다. 결과적으로 그것은 예술가들의 운명을, 보다 특수하게는 이 위원회가 통제하는 일들 외에 달리 재능을 선보일 만한 영역이 거의 없는 건축가들의 운명을 결정하게 되는 것입니다.

중세 길드들의 집중된 대표자일 뿐인 아카데미 데 보자르가 어째서 그 시기에 속한 모든 것에 대해 그토록 전적인 경멸과 심지어 혐오를 드러내는지 의아해 할 수 있습니다. 단체들이란 자신들의 기원을 부인하고 그들의 존엄은 오로지 자신들로부터 유래하는 것이라고 주장하는 버릇이 있다는 것을 고려하지 않는다면 말이죠. 그러나 이것으로는 그들이 보인 배은 망덕함에 대한 변명이 되지 않습니다. 에콜 데 보자르를 공공 기관으로 만드는 일에 착수하면서 국가는 아카데미와 거의 싸우다시피 했습니다. 국가는 제시한 목적을 실현하지 못했고, 국가와 아카데미가 연관되어 있는 한 그에 도달할 수 없었습니다. 아카데미의 단체는 **순수 예술** 교육에 국가가 개입하는 것을 흡사 신학교에서 내려진 지침을 국가가 간섭하는 것을 주교회가 바라보듯 엄청난 특권의 침해로 여겼습니다.

하지만 공공 기금을 도입하는 것은 국가의 책임인 만큼 이에 대해 어느 정도 합리적인 반론을 제기할 수 있습니다. 최소한 건축가의 입장에서는 공공건물의 건축에 그 기금을 쓰도록 의뢰를 받게 되는 건축가들에게 지침의 질과 성격을 보장해 주는 것이 공정합니다. 이것은 단순히 경제성만의 문제가 아니라 안전의 문제이기도 합니다. 그 건물이 훌륭한 것일 때 국가에 돌아가는 영예나 잘못 설계되고 보기 흉할 때 받게 되는 굴욕은 논외로 하고라도 말이죠.

"전혀"라고 문제의 단체는 답합니다. 여기에도 이유가 없는 것은 아닙니다. "예술에서 우리 시대에 그것이 도달할 수 있는 최고 수준을 유지하고자 나를 조직한 것은 당신, 국가이다. 그렇게 내게 주어진 위치 덕분에, 그리고 당신의 보호 덕분에 나는 오늘날 모든 예술가 중 가장 뛰어난 이들로 구성원들을 모집한다. 엘리트 집단으로서 내가 공백이 생기는 즉시 그것을 채울 사람들을 선택하는 이상 이 선별이 탁월한 것이라고 확신한다. 그러므로 당신이 나에게서 내가 스스로 모집한 능력 있는 예술가들을 양성하는 수단을 박탈한다면—내가 원하는 대로 그들을 만들어 낼 수 없게 된다면, 혹은 그들을 그렇게[내 마음대로] 만들어 낸다고 해도 당신이 그들을 무조건적으로 탁월하다고 받아들이지 않는다면 [나를] 창조하고 수호하는 것이 당신인 만큼 그것은 당신이 탁월함을 인정한 내 조직을 부정하는 일이 될 것이다.

당신, 국가는 그런 문제에 대한 판관이 아니다. 당신은 건축가가 어떻게 훈련되어야 하는지 알 수 없다. 당신이 할 수 있는 최선은 예술을 높은 수준으로 유지하는 목적 자체를 위해서 당신이 도입하고 존속시킨—이 사실을 잊지 말아야 한다—나에게 그 일을 전적으로 맡기는 것이다. 그러면서 내가 거의 알지 못하기 때문에 위험한 것으로 선언하는 특정한 연구들, 혹은 내가 승인하기에 적절하지 않다고 생각하는 새로운 것들 속에서 예술이 길을 잃지 않도록 해야 한다."

확실히 대중에게는 앞에서 언급한 입장을 취할 만한 훌륭한 이유가 있습니다. 그러나 아카데미가 바로 위에서 우리가 추정한 것과 같은 답을 하는 것도 정당화될 것입니다.

이러한 모순되는 입장들 때문에 각각의 진실은 우리가 그것을 바라보는 관점에 따라 달리 주장될 수 있습니다. 서로의 의견을 조금도 수정하지 않은 채 영원히 계속될 이 대립하는 주장들을 위해 국가는 언젠가 누구도 반론을 제기할 수 없는 단순하고 조화로운 해법을 찾을 수 있을 것입니다. 이런 의견이 될 것입니다. "당신들의 조직의 기원이 1671년으로 거슬러 올라간다는 점을 기꺼이 인정하며, 아카데미는 이를 자랑스럽게 여길 수 있다. 그러나 1671년 이래로 프랑스에서는 지극히 심각한 중요성을 갖는 몇 가지 사건이 벌어졌다. 그 이후로 많은 다른 기관이 만들어지거나 변화되어 왔다. 많은 전통이 잊히거나 말살되었다. 이전 정부가 수여했던 특권들은 철폐되었다. 이것이 현존하는 당국들이 인식할 것을 강요받는 사실들이다. 나는 당신이 최상의 자유를 가지고 있다는 데 반대하지 않는다. 어떤 개인이나 협회, 조합, 단체도 제약하고 싶지 않기 때문이다. 그러나 지난 세기의 혁명이 특권과 독점을 철폐했다는 것, 프랑스에서 평등의 원리들이 우리의 도덕적·사회적 실존에 스며들게 되었다는 점을 당신은 알아야 한다. 따라서 내가 제공하는 보호가 나 자신을 결박하고 위태롭게 하는 보증서인 만큼 나는 당신들을 보호하거나 지지할 수 없다. 그리고 보다 중요한 것은 그것이 자유 경쟁 원리에 위배된다는 사실이다. 내가 당신을 배타적으로 보호하거나 지지하면, 그 보호가 당신으로 하여금 내 소망들에 따르도록 하든지—게다가 당신은 이것이 독단적이라고 반대한다—아니면 내가 당신에게 나의 보호 뒤에 숨은 채로 다른 이들의 자유를 압도하는 절대적 자유를 주어야만 한다. 나는 이런 딜레마를 분명하게 인식하고 있으며, 더 이상 거기에 사로잡히지 않을 생각이다. 다른 이들과 공정하게 경쟁하고, 당신이 적절하다고 생각한다면 당신의 기관을 그대로 유지하라. 하지만 이제부터 나는 그 보호자나 책임 있는 우두머리가 아닐 것이다. 학파를 가질지 말지 결정하라. 자비로운 기부자들이 당신에게 그럴 만한 수단을 제공한다면 당신이 연구하는 예술의 이론을 만들고 실천하며 상장을 수여하고 전시회를 열라. 읽고 듣고자 하는 사람들을 위해 강연을 열고 책을 출판하라. 나는 개입해서 당신을 저지하지 않을 것이다. 당신이 거리에서 소란을 피우거나 도로를 막지 않고, 도덕적으로 비난받을 만한 것을 전시하거나 출판하지 않는 한 원하는 것을 할 수 있다. 그러나 내일 하나나 둘, 셋 혹은 스무 개의 순수 예술 아카데미들이 이 나라에 자리를 잡는다고 해도 당신은 내가 그들에게 동일한 자유를 허용하지 못하도록 반대해서는 안 된다. 1868년부터 국가는 더 이상 특권이나 특권화된 단체들을 허용할 수 없기 때문에 그들에게는 법적 권리가 있다. 당신이 유능한 사람들을 배출한다면 나는 고맙게 생각할 것이고, 기회가 닿을 경우 그들을 고용할 것이다. 그러나 다른 기관들이 보다 유능한 사람들을 제공한다면 내가 다른 곳에서 사람을 선택하는 것을 받아들여야 한다. 당신이 녹색 비단으로 수를 놓은 드레스를 입는다면 나는 그에 대해 요만큼도 반대하지 않을 것이다. 그러나 다른 아카데미들이 빨강이나 노랑 자수가 놓인 옷을 입지 못하도록 하지도 않을 것이다. 이런 것은 하찮은 부분이지만 내가 이 이야기를 하는 것은 당신이 앞으로의 우리 관계를 이끌어 가게 될 정신을 완전히 이해할 수 있도록 하기 위해서이다. 모두에게 평등과 평등한 보호가 부여되겠지만 보조금이나 기부금, 임금은 없다. 나는 순수 예술을 언제까지나 미성년인 채로 용인할 수는 없다. 그들은 성년이 되었고, 어떻게 해 나가야 하는지 알아야 한다. 나는 그들이 언제나 친족 회의의 도움을 필요로 한다고는 생각할 수 없다. 그러나 내가 수동적인 태도를 일관하면서 나의 기능을 양립시키지 못한 채로 있겠다는 것은 아니다. 나는 무상으로 순수 예술 학교를 열 것이다. 거기에는 본보기들이 있는 박물관과 좋은 도서관이 수반된다. 이 학교는 콜레주 드 프랑스와 같은 공립이 될 것이고, 나는 교수들을 지명할 권리를 가질 것이다. 그것은 공공 경연의 결과에 따르거나, 예술가들의 투표로 뽑힌 일정한 수의 후보자들로부터 지명될 것이다.

물론 나는 이 강좌들에서 그저 기본적인 지식을 가르치도록 하지는 않을 것이다. 그것은 특수한 학교들의 영역이고, 나는 학교장의 일을 맡으려는 것이 아니다. 나는 다만 보다 상급의 교육에만 관심을 기울일 것이다. 더구나 연구 과정은 시험이나 상을 주는 방식이 아닐 것이다. 상장과 성적도 마찬가지로 특수 학교들에서 맡을 부분이다. 내가 치사하게 순수 예술에 대한 지출에—커다란 한 나라의 기준에 비추어 솔직히 하찮은 액수일 뿐인 지출에 인색하게 굴고 싶어 한다고 생각하지 말라. 그런 것은 내 생각이 아니다. 다만 내가 처리해야 하는 재원이 빠듯하다는 점을 고려하면 공공의 재화를 가장 이롭게 써야만 한다. 나는 과장 없이 말해서 오늘날 아무런 유용성도 없는 기관인 에콜 드 롬을 철폐할 것이다. 이 학교는 파리에서 로마까지 석 달 걸려 여행을 해야 갈 수 있던 때, 유럽 어느 곳으로의 여행도 어려운 문제였던 때, 나의 선임 정부들이 이 기관을 영원의 도시에서 프랑스의 영향력을 유지하기 위한 편리한 구실로 여겼던 때는 효과적이었을 것이다. 오늘날 이러한 정치적 동기들은 낡은 것이 되어 버렸다. 여행은 전 세계 어느 곳이라도 그렇지만, 특히 유럽 내에서는 용이하다. 예술가들, 특히 건축가들은 어디서든 배울 것을 찾을 수 있다. 또 오늘날 그토록 필요한 에너지와 주도력을 잃어버리게 만드는 로마에서 그들에게 어떤 시설을 제공하는 것, 그들을 빌라 메디치의 손쉬운 삶에 길들이는 것—청년들에게 파벌 정신을 고취하여 이전 세대의 낡은 전통들을 서로 전하게 하는 것—은 현명하지도, 시대정신에 상응하지도 않는다. 에콜 드 롬을 폐지하는 경우 나는 재무부에 거기에 드는 돈을 반환하라고 제안하지는 않을 것이라는 점을 말해야 할 것이다. 나는 그것을 다음과 같이 쓸 것을 제안한다. 당신의 독점이 사라지면 몇 개의 예술 학교, 아니 개인 스튜디오들까지도 즉각 프랑스에 만들어질 것이다. 그런 가운데 자유로운 경쟁에 자극받아 학생들에게 최단 기간에 최상의 지도를 제공하려는 노력이 이루어질 것이다. 이런 개인적 사업들과 그 결과들에 관해 조사하지 않는 것은 내 이해에 반하는 일일 것이 분명하다. 그러므로 나는 그러한 사립 학교들이나 스튜디오들에 해마다 그들 학생 중 한 명을 보내 대회에 참여시키도록 초청할 것이다(나는 지금 건축가들에 관해서만 이야기하고 있다). 두세 등급을 포함하는 대회 주제에 관한 요강은 정부 사업과 관련된 건축가들이 마련한 그런 몇 가지 요강 가운데 추첨으로 선택하게 된다. 시험 결과는 심사 위원들에게 제출되며, 심사 위원들은 물론 자신의 학생들을 내보낸 선생들을 제외한 상태에서 경쟁자들에 의해 선택된 이들로 구성된다. 수상작들에는 그것이 선택된 이유가 제시되고, 이를 인쇄하여 설계와 함께 전시하게 된다. 우리는 하나나 그 이상의 상들이 해마다 수여되는 것을 보게 될 것이다. 우승자는 (한 명만 있다고 하면) 그가 적절하다고 생각하는 한, 첫 해나 세 번째 해에 그가 적절하다고 생각하는 곳으로 여행을 할 기회를 얻는다. 첫 번째 해가 끝날 때 그는 현존하는 고대나 현대의 기념비적 건축물에 대한 연구를, 비판적이고 분석적인 체험기와 더불어 제출해야만 한다. 이 연구는 선별된 심사 위원단에 제출되어 이듬해의 경쟁에 내보낼지 결정된다. 작품이 승인된다면 우승자는 두 번째 해의 보수를 얻게 되며, 이때는 정부 의뢰의 주문을 받게 된다. 이 결과물도 앞에서와 같은 방식으로 심사를 받게 된다. 그가 경쟁력이 있다고 여겨지면 세 번째 해를 추가할 특권이 허용된다. 세 번째 해가 끝날 때는 공공건물이 아니라 특정 국가 또는 시기에 속하는 구조물들의 **조화**에 관한 연구를 제출해야 한다.

이 연구는 분석적이고 상세해야 하며, 완전히 개진되어야 한다. 이 시험들—내가 전혀 관여하지 않고, 그들 편에서 어떤 주장도 하지 않은 채 그들의 능력에 관한 사실만을 규명한—이후에 나는 이 수상자들에게 증명서를 부여한다. 그렇게 검증된 이들을 공공사업에 고용하는 것은 확실히 나의 관심사가 될 것이다. 그러나 되풀이하여 말하지만 그렇게 할 것이냐 말 것이냐에 있어 나는 전적으로 자유롭다."

국가가 이런 선언을 하게 된다면, 이내 이점들이 나타나게 될 것입니다. 첫째, 순수 예술을 우리의 사회 조직이 근거하고 있는 원리들에 조화시키는 데 일관성을 갖고 우리의 실천적 행정을 이끌어낼 수 있습니다. 둘째, 난처한 상황들을 피할 수 있습니다. 이것이 부차적 중요성만을 가지는 문제라는 것은 인정하지만 그렇다고 해서 무의미한 것은 아닙니다. 셋째, 국가는 책임 없는 단체를 위해 책임을 지는 보증인 역할을 면하게 됩니다. 넷째, 그것은 일련의 실용적 연구의 발전을 고무하게 되며, 지금처럼 평범한 많은 사람들이 국가의 후원을 받을 권리를 가진 척하지 않게 될 것입니다. 왜냐하면 국가가 그들을 교육시키고, 지도하고, 연금을 주며, 그들이 거쳐야 할 몇 단계를 지시하기 때문입니다. 다섯째로 그것은 예술가들, 특히 건축가들에게 주도권을 되돌려 줄 것입니다. 예술가의 주도권은 모든 자유로운 경력에 필요 불가결하며, 그것만이 실용적 결과들을 만들어낼 수 있지만 현재는 관학적 영향 아래 조심스럽게 억압되고 있습니다. 여섯째, 그것은 특권화된 단체에만 국한되는 사적 질문들에 앞서 사회가 정말로 관련된 보편적 질문들에 우선권을 줄 것이며 … 이것은 큰 혜택이 될 것입니다.

그런 급격한 변화들에 반하여 등장한 논거들에 대해 침묵하고 넘어가서는 안 될 것입니다. 이러한 논거들은 본질적으로 다음과 같은 것으로, 저는 이것이 어느 정도 중요성을 가진다는 점을 인정합니다. "국가가 건축 교육을 민영 단체에 맡겨 버리면 그 교육은 눈에 띄게 퇴보할 것이다. 이런 학교와 스튜디오들에서 극도로 이상한 교의들이 나오게 될 것이다. 그런 수업의 최고 교의가 되어야 할 것으로 여겨지는 양식(良識)과 바른 이성은 예외적인 경우가 아니고서는 발견되지 않을 것이다. 유럽은 우리의 아카데미와 순수 예술 학교를 시기하며, 문명의 주도국을 자처하는 국가들은 지난 60년 동안 당신들이 파괴하려고 하는 우리의 이 제도들을 모방하려는 노력을 계속해 왔다. 아카데미의 영향이―당신들은 그 결과를 과장하지만―더 이상 존재하지 않는다면 우리는 우리 건축 작품들에서 우리에게 남아 있는 취미, 감정, 통일성, 장엄함을 모두 상실하게 될 것이다. 건축가들은 더 이상 예술가가 아니고 아마도 기술과 재간은 좋은 건설자일 수는 있겠지만, 아카데미의 영향으로 온갖 유행의 파도 속에서 유지되어 온 미에 대한 뛰어난 평가를 결여하게 될 것이다.

지상의 다른 모든 것과 같이 오용에서 자유롭지는 않지만 그다지 심각하게 오용되는 것도 아닌 한 기관을 파괴함으로써 당신들은 예술에 대한 연구를 유행의 흐름에 떠넘겨 버리려고 하고, 값진 전통들을 희생시키는 한편 당신들이 허용하는 학교들을 위해서는 모든 교육에 필수적인 통제권을 갖지 않겠다고 한다. 그러한 통제권은 때로 교육의 진보적인 경향을 훼손하는 것처럼 보이기도 하지만 교육이 예상치 못한 변화에 휘말려 길을 잃지 않게 해 준다. 그런 예기치 못한 변화야말로 당신들 자신이 누구보다 먼저 통탄하게 될 사태이다. 처음부터 뛰어난 사람들로만 구성되는, 그럴 수밖에 없는 한 단체에 순수하게 도덕적인 영향을 허용하는 것은 위험하지 않다. 그리고 아카데미 데 보자르의 영향은 오직 그것만을 특징으로 해 왔으며, 그럴 수밖에 없다. 아카데미 데 보자르가 예술 교육과 공공사업에서 획득해 온 중요성은 오로지 그 교의들의 가치에 따른 것이다. 혹은 교의라는 말이 시대정신에 맞지 않는다고 생각한다면, 그 단체를 구성하는 각각의 구성원이 만들어 낸 작품들의 진정한 훌륭함에 따른 것이다. 재능과 훌륭함이 탁월함의 후광으로 그들을 감싸는 것을 막을 수는 없다. 그리고 그런 것[재능과 훌륭함]이 가장 합법적이고 효과적인 영향들 사이에서 방출된다는 사실은 부인할 수 없을 것이다. 더구나 아카데미 데 보자르는 예술 학교의 설립을 금지할 만한 권력을 갖고 있지 않다. 그런 힘이 있다고 해도 그들이 그것을 행사하지 않으리라고 믿을 만한 근거는 충분하다. 그들의 이해는 오히려 건축 학교의 개교에 유리하게 작용할 것인데, 이 학교들이 언젠가 에콜 데 보자르의 분교들이 될 것이 확실하기 때문이다. 그러므로 우리는 아카데미 데 보자르의 위상을 억누르거나 축소하는 데서 야기될—더 심한 표현을 자제하자면—불편들이 국가의 보호를 철회하는 데서 발생하리라고 여겨지는, 매우 의심스러운 이득으로 상쇄되는 것과는 거리가 멀 것으로 생각한다. 에콜 드 롬으로 말하자면 그 칙령이 1863년에 통과된 후로 우승자들이 장학금의 혜택을 누리는 기간은 5년에서 3년으로 줄어들고 이 3년 가운데 상당 기간을 학생들이 해외에서 보낼 수 있었다. 그러므로 당신들이 개선된 방식으로 제안하는 것과 현재 도입되고 있는 것 사이에 별 차이가 없는 반면 학생들은 빌라 메디치에서의 체류로 동료애를 키우고, 그들의 재능과 향후 진로를 발전시키는 데 최상의 결과를 만들어 낼 수 있는 예술적 환경을 제공받게 된다. 고립은 누구에게도 좋지 않다. 사실 그것은 청년들에게 분명히 나쁘고, 특히 활발한 연구의 전통이 이 공동생활에 영향을 미친다면 동료 학생들의 비판과 격려야말로 취미와 지성을 연마하는 데 가장 큰 영향을 주게 될 것이다. 요컨대 우리는 아카데미와 에콜 데 보자르의 건축 분과들에서 시대정신에 모순되거나 결함으로 나타나는 점을 서서히 개선할 시간을 주어야 한다. 갑작스러운 변화는 경솔한 일일 것이다."

동일한 논지를 다양한 형태로 재생산하면서 계속해서 주장되고 글로 쓰여 왔기 때문에 모두가 읽고 들어 본 그런 항의들에 대해서는 이렇게 답할 수 있을 것입니다. 어떤 기관이 정치적 특성을 갖지 않은 채 그 존속을 위해 국가의 특수한 수호를 요구한다면 그것은 그 기관이 스스로 존속해 갈 만한 고유한 가치를 갖고 있지 않기 때문이고, 결과적으로 대중에 의해 불필요한 것으로 여겨지기 때문임에 틀림없습니다. 우리는 아카데미와 에콜 데 보자르의 건축 분과에 대한 억압을 요구하는 것이 아닙니다. 다만 우리는 국가가 자신의 책임으로 전자를 보호하고 후자를 지도하기를 그만둘 것을 요청하는 것뿐입니다. 사실 우리는 그러한 아카데미와 학교의 관점에서 국가의 지원을 거두어들인다는 것은 그들로부터 그 단체가 행사하던 영향력을 박탈하는 것을 의미한다는 점을 알고 있습니다. 그러나 우리가 예술 자체를 위하여 없애고자 하는 것은 바로 그러한, 해로운 것으로 여겨지는 영향력에서 비롯됩니다. 시간이 지나면 자유로운 연합들을 개선하거나 수정할 수 있을 것입니다. 그것은 국가의 책임 뒤에서 자신들은 무책임하게 숨어 있는 단체들에 어떠한 새로운 요소도 가져다주지 않습니다. 자유는 지속적인 진보에 핵심적입니다. 그러나 보호받는 단체는 단체의 수호자보다 자유로울 수 없습니다. 이 경우 국가와 단체는 하나의 사슬의 양 끝에 붙어 있습니다. 그런데 국가가 특별히 그 단체에 관한 세부 사항들에 전념할 수 없는 만큼, 이런 세부들이 유일한 안건인 이 단체는 사슬을 자기 쪽으로 끌어당깁니다. 그러므로 사슬을 끊는 것만이 양측의 독립성을 보장하는 유일한 방법입니다. 우리가 보기에 건축 교육과 실무에 해로운 영향을 행사하는 아카데미 데 보자르는 완전히 독립하여 다른 단체들과 대등한 입장에서 다투어야 할 때 비로소 유용한 연합이 될 것입니다. 그것은 언제나 나름의 유서 깊은 연합을 갖겠지만[나름의 전통을 갖겠지만] 더 이상 그저 평범할 뿐인 이런 편한 길을 가지는 못할 것입니다. 언제나 아카데미 데 보자르의 회원이라는 명칭에 따르는 이익보다는 자신의 독립성을 선호해 오면서 이 문제에 대하여 개인적 이해가 좌우되지 않은 우리는 그 기관의 정신을 수정하는 결과를 가질지 모르는 그런 일련의 사건들을 조심스럽게 지켜봐 왔습니다. 지난 30년간 건축 분과의 사람들은 완전히 일신되었음을 관찰할 수 있습니다. 이 분과 구성원들 다수가 우리 건축가 중 **엘리트**들 사이에서 선별되었을 뿐 아니라, 소속 이전에 가장 폭넓고 자유로운 경향을 개인적으로 표방해 온 이들로 구성되어 있습니다. 이들 탁월한 개인 중에는 **혁명적**이라고까지 통할 수 있는, 즉 아카데미가 승인한 강의 체계와 공공사업에 도입된 과정을 매우 과격하게 수정하려는 경향이 있는 사람들마저 포함되어 있습니다. 그러나 주어진 상황이 어쩔 수 없는 만큼 이 자유롭고 계몽된 정신들이 일단 협회에 가입하고 나면 그 성격을 수정할 수 없고, 오히려 그 단체의 법칙인 통일성의 절대적 수준에 그들의 의견이나 개인적 성향을 맞출 것을 강요당하게 됩니다. 사실 이런 자유롭고 계몽된 다수는 소수가 강제한 멍에를 쓰고 있습니다. 탁월한 천재들로 이루어지지 않은 그 소수는 단체의 정신을 유지하는 것 외에 다른 목적이 없고, 학교 구성원들은 물론 고위 행정 단체에 연줄을 가지고 있으며 그렇게 해서 국가의 보호 덕분에 얻을 수 있었던 권력을 보존할 수 있기 때문입니다.

따라서 아카데미 데 보자르(건축 분과)는 실제로 기관 외부에 있고, 그러므로 우리는 그것을 협회라고 부릅니다. 그에 앞서 활발하게 영향력을 행사하는 평범한 사람들로 이루어진 파벌이 깨어났습니다. 그들의 힘은 모두 국가가 베푸는 보호로부터 생깁니다. 그 보호를 철회하면 독립성을 되찾은 그 기관의 수업은 자유로운 과정으로 진입할 것이고 지금처럼 진보의 발목을 잡는 대신 유용하게 될 것입니다

그러므로 우리는 국가가 아카데미 데 보자르의 수호자이면서 건축 교육의 수장 위치에 남아 있는 한 세월이 흐른다고 뭔가 달라지리라고 기대해서는 안 됩니다. 오히려 그 단체 자체의 성격과 그것이 주도하는 연구의 성격에서 점점 더 두드러지는 퇴보를 예상하지 않을 수 없습니다. 현재의 사회 상태에서, 종교 단체가 프랑스의 교육을 독점하고 있다면 문학적이고 철학적이며 과학적인 연구들이 제기되기를 기대할 수 있겠습니까? 혹은 그런 기관들과의 경쟁 속에서 우리에게 대학과 사립 학교, 콜레주 드 프랑스가 없다면? 그러나 건축 교육에 관한 모든 것, 그리고 개별 건축가들의 운명은 한낮의 빛으로부터 몸을 감추고 있는, 그리고 '학사원' 뒤에 숨은 채 행동하는 영향력 있는 자들에게 종속된 단체의 손 안에 있습니다.

단체들이 더 이상 천재들에 의해 주도되지 않는 때—그저 이해(利害)를 만족시키는 것 이상은 바라보지 않고, 원리들의 승리를 수호하고자 하는 야망을 갖지 않는 범용함의 법칙에 종속되는 때가 반드시 옵니다. 사태가 여기에 이르면 속아서 그런 환경에 처한 재능 있는 자들과 심지어 천재조차도 거기에 생명을 불어넣을 어떤 요소도 부여할 수 없으며, 거만한 범용한 자들의 압제에 제일 먼저 복종하고 마는 것입니다.

에콜 드 롬이 규정한 과정에 관하여 냉정하고 불편부당한 관찰자들은 다음과 같은 사실을 지적하지 않을 수 없었습니다. 공동체에서의 삶과 연구가 청년들에게 매우 적합한 것일 수 있지만 그것은 열매가 익어 가는 것을 보는 제2의 청춘기가 되었을 때 우월한 재능을 가진 이들에게 무엇보다 해로운 것이 됩니다. 예술이나 문학에서 조금이라도 성공적인 경력을 일구

어 낸 이들에게 그들 자신의 기억에 대해 의문을 갖고, 그들이 초기에 연구하던 때와 그들의 연구가 실현되기 시작한 때 사이의 시기들을 떠올려 보도록 합시다. 엄청난 불확실성과 불안! … 그럴 때 불분명한 모색으로 가득하던 정신은 그러한 불확실성과 불안을 어디서 혹은 어떻게 채워야 할지 알지 못합니다. 정신이 아직 이해하지 못한 요소들을 분류할 수 있으려면 차분한 반성이 필요합니다. 그것은 말하자면 '개간' 과정을 거쳐야 하는 것입니다. 정신은 방법이 필요하다고 느끼지만 그것이 어떤 방법인지는 아직 모릅니다. 진정한 재능이 개화하는 것은 동요하는 이런 위기 속에서입니다. 그러나 바로 그렇기 때문에 그런 재능을 가진 이들은 홀로 남겨져야 합니다. 그들의 눈앞에 이미 닦아 놓은 길을 제시하면 안 됩니다. 그렇게 하면 필시 그들은 그 길을 따라가 버리게 될 테니까요. 스물다섯이나 먹고도 자신이 천재라고 믿는 사람은 바보일 뿐입니다. 이 나이에 진정한 미덕은 (자신을 천재로 여기는 일이 아니라) 오히려 불안하고 동요하며 자신 없는 상태입니다. 왜냐하면 자기 앞에 놓인 고된 작업을 일별하고 거기에 무엇을 적용할지 알지 못한 상태로 자신의 힘을 느끼기 때문입니다. 우리가 예술·문학계에서 고려해야 할 유일한 대상인 그런 본성들은 예술이나 문학의 신학교에서는 개화하지 않습니다. 오히려 그런 분위기 속에서 그것들은 시들어 갑니다. 그런 회의와 불안을 안은 환경, 그리고 과업의 길이와 어려움들을 예견하여 움츠러드는 겸손함으로부터 그들은 곧 쉽고 한가한 연구의 그럴싸한 제안에 넘어가는 것을 스스로 허락하게 됩니다. 그들은 협업의 이점을 신용하는 경향을 갖고, 어쩌면 다른 누구보다도 이런 회의와 망설임에 주어진 보호에 대해 고마움을 느낄 것입니다. 그리고 그들이 보기 드문 개성의 에너지를 타고나지 않은 이상 그들은 개인의 책임을 방기하는 경향이 있습니다. 처음에는 장래성 있어 보이던 에콜 드 롬의 학생 중 얼마나 많은 이들이 점점 더 패기 없는 작품들을 만들어 내게 됩니까! 반면 이 체제는 그저 범용할 뿐인 이들에게는 감탄스러울 만큼 적합합니다. 그것은 그들에게 안정, 확신, 자만 등을 제공합니다. 그것들은 종종 … 그 자체로 … 성공의 한 요소이지만 예술에 관심 있는 대중의 입장에서는 통탄스러우리만치 실망스러운 것들입니다. 그러므로 로마에 있는 프랑스 건축 신학교가 우리의 도시들을 채우고 있는 그 가당찮고 사치스러운 상스러움의 근원이라고 우리는 판단합니다. 그 학교 출신 가운데 드문 뛰어난 예술가들은—확실히 그중 일부는 우리가 거명할 수 있는 이들입니다—하나의 계층을 형성하되 영향력을 갖지 않으며—아마도 존경받을 것이고 분명 개성을 존중할 만하지만, 우리 예술의 미래를 위태롭게 하고 있는 그 공인된 범재들의 지배를 어쩔 수 없이 침묵한 채로 개탄할 뿐입니다. 이러한 예술가 부류의 진심은 이 문제에서 우리들과 같으리라고 확신합니다. 그러나 그들 자신이 협회의 구성원인 만큼 그들은 그 단체의 압제를 불평하지 않고 따라야 한다고 생각하는 것입니다.

그러므로 국가가 이런 하찮은 문제들을 조사할 수는 없다고 해도, 그로 인해 발생한 피해로 고통받는 것이 국가이므로 유일하게 가능한 처방을 시행하도록 합시다. 국가로 하여금 보호의 체제 대신 완전한 자유와 무제한 경쟁을 도입하게끔 합시다. 그 변화로 인한 이득을 가장 처음 보게 되는 것은 국가 자신일 것입니다. 모두에게 자유를 줌으로써 국가는 그 자신의 자유를 되찾게 될 것이고, 더 이상 자신의 이해에 반하여, 더욱이 현재의 사회 상태로는 더 이상 관용할 수 없는 독점을 눈감아 줄 필요도 없어질 테니까요.

에콜 데 보자르의 현재 조직으로는 어떠한 참된 경쟁도 가능하지 않습니다. 무상 교육, 로마 대상을 정점으로 하는 일련의 상들과 빌라 메디치로부터 되돌아올 때 일종의 권리처럼 주어지는 채용, 상황을 장악한 아카데미 데 보자르에 수뇌부를 둔 파벌의 지원은 젊은이들에게 거부할 수 없는 유혹입니다. 그러나 오늘날 자유 경쟁의 자극이 없는 어떠한 지적 작업도 곧 퇴보한다는 것, 그리고 모든 독점은 생산에서의 열등함을 낳는다는 것은 분명합니다. 그러므로 국가의 보호가 학생들을 단 하나의 사립 학교로 끌어들이는 이상, 그리고 환경의 영향으로 그 학교 자체가 특권화된 단체에 종속되어 있는 이상 건축 교육이 무상이라는 것은 우리를 조롱하는 일입니다. 국가의 재원이 어떤 단체와 특수한 조직을 유지하기 위해서가 아니라, 소속과 무관하게 검증된 능력에 의해 사용되도록 합시다. 이것이 합리적으로 요구할 수 있는 전부이며, 예술 교육을 향상시키는 유일한 수단입니다.

문제의 단체가 건축가들이 염원하는 모든 자리 주변에 펼쳐 놓은 그물망들은 그 사이에 건축의 **자유 사상가들**을 끌어들이지 못할 만큼 촘촘하지는 않습니다. 사실 이 자유 사상가들이 순종적인 이들을 위해 세심하게 보존된 자리들에 도달하지는 못하지만 그들은 때때로 자신들의 능력을 드러낼 기회를 발견합니다. 보다 중요한 건축 사업들의 대부분이 오늘날 일관성 없는 요소들의 너무도 이상하고 값비싼 조합으로 만들어지는 반면, 좀 더 소박한 성격의 작업들이 종종 지식과 추론 능력, 재료의 가치와 본성에 대한 정확한 이해의 표식을 간직하고 있다는 것은 흥미로운 일입니다. 허세 부린 건물들에서도 후자의 특징들이 나타난다면 반가운 일이겠지만 말이죠. 문제의 설계를 만들어 낸 이들이 기관의 수상자들이 아니라는 것은 사실입니다. 그들은 에콜 데 보자르의 시련을 통과한 사람들이 아니며, 그들의 이름은 거의 알려지지 않았고, 결코 공공 건축 위원회의 구성원이 되지 못할 것입니다. 이 조직은 당초의 취지에 반하여 아카데미 데 보자르의 한 지부로 전락해 버렸습니다. 그들은 결코 아카데미 프랑세즈의 돔 아래 자리를 얻지 못하겠지만, 보다 큰 특권을 부여받은 동료 건축가들이 저지른 석재의 남용을 바라보는 지각 있는 사람들에게 얼마간 위안이 되는 작품들을 남겨 놓고 있습니다. 그들의 겸손한 재능은 실용적 수단을 연구하면서 그것을 완성하고, 가장 경제적이고 가장 훌륭하게 이용하고자 노력합니다. 건축과 관련하여 특정한 산업적 기기들을 활용하는 것은 그들입니다. 그들이 자신들의 환상을 만족시키는 대신 몸을 낮추어 고객들의 이해와 이성을 고려하기 때문입니다. 그렇다면 어디서 이 건축가들은 이런 방법들을—이런, 종종 노련한 경험을 얻은 것일까요? 에콜 데 보자르에서? 분명 그렇지 않습니다. 그들이 자신의 지성을 가지고 꼼꼼하게 신경 쓰면서 선입견 없이 개인적인 연구를 한 덕분이지요. 그러므로 그 학교 밖에서는 어떤 교육도 가능하지 않다든지 그 특권화된 학교가 문을 닫는 것은 퇴행이라든지 하는 것은 맞는 얘기가 아닙니다. 특권화된 기관을 폐지함으로써 건축 교육을 정말로 자유롭게 만듭시다. 그렇게 하면 우리는 즉각 그 지적이고 양심적인 사람들이 그들의 겸손한 지식과 실용적 경험을 가지고서 결실이 있고 편견과 파벌에서 자유로우며 노예처럼 전철을 따라가지 않는 교육의 주도권을 잡는 것을 보게 될 것입니다. 우리는 이런 교육이, 구성원들에게 편안한 자리를 제공하게 될 보상만을 바라는 통제되고 배타적인 단체를 형성하는 대신 공익사업을 위해 개인적 능력만으로 자격을 갖춘 사람들을 훈련시키는 것을 보게 될 것입니다. 그 사람들은 또한 독립적이고 조심스러울 것인데 그들이 실수를 저지른다면 막강하고 무책임한 단체의 영향력으로 보호받을 수 없기 때문입니다.

20년 전에 에콜 데 보자르의 외부에, 그리고 그와 나란히 존재했던 것이 이른바 아틀리에들이었습니다. 스승의 지도 아래 작업하는 젊은이들의 모임이었죠. 이 아틀리에에서야말로 제대로 건축을 배울 수 있었습니다. 건축 예술에 대한 연구에 앞서 알아야 할 기본적인 분야들을 어디서나 가르쳤습니다. 아틀리에들은 서로 경쟁하면서, 그리고 종종 서로 반대되는 원리들을 내세우는 스승들에게 지도받기도 하면서, 탁월한 재능과 독립적인 개성을 낳은 지적 활동을 성숙시켰습니다. 학사원에 종속되어 있던 학교 전체는 당시에 이런 자유로운 경향들에 맞서고 이런 정신들을 아카데미의 영향 아래 생기 없는 수준으로 깎아 내리려고 애쓰고 있었습니다. 그러나 그것이 언제나 성공을 거두지는 못했습니다. 이 아틀리에들은 명목상 여전히 존재하지만 그들을 이끌던 정신으로 말하자면 이미 사라져 버렸습니다. 1863년의 칙령에도 불구하고 아카데미의 평준화 장치는 그들을 무시한 채 높은 곳은 깎고 패인 곳은 메웠습니다. 아틀리에에서 우리는 고립된 학생들뿐 아니라 판에 박힌 전철을 따르는 데 반발하고 젊은 신선함을 입증하며 설명되지 않는 전통에 더 이상 만족하지 않고 시험과 추론을 통해 그들 정신이 깨닫게 된 법칙을 따르겠다고 결심한 학생들 전부를 보았었습니다. 결국 지성의 관점에서 우리는 진보가 아니라 퇴행해 온 것입니다. 다른 모든 분야에서 그렇듯 단 하나의 단체가 자의적으로 기회를 주거나 빼앗게 될 때 언제나 교육에서 퇴행이 일어나는 법이니까요. 우리 학생들의 지성을 살찌우고 그들이 단호하게 경기장에 들어가 손해를 감수하면서까지 기꺼이 싸울 용기를 준 그 원리들과 관념들의 뒤를 지위에 대한 게걸스러운 탐욕이 따랐습니다. 건축 사업의 운영을 맡은 다양한 위원회에서 우리는 그 자리 수를 늘려 특권화된 협회의 지지를 받는 사람들을 위한 요구들을 충족시키는 것을 보아 왔습니다. 공공 건축과 파리 시의 건축에 관련된 **사무소**들 대부분이 필요한 수의 곱절이나 되는 직원들을 고용하고 있습니다. 여기서도 사람들이 원리들보다 우선시되는 것입니다. 그리고 작업에 최적인 사람을 구하기보다는 협회의 후배들에게 그들 경력의 모든 단계에서 일자리를 마련해 주려는 열망이 훨씬 큽니다. 이 많은 관리자들이 적은 급료만을 받는 것도 사실이지만 그들의 노동은 대단한 것이 못 되고 그들의 수가 늘어나면 각각의 관리자에게 물어야 할 도덕적 책임이 분산되는 경향이 있습니다. 그들에게 주어지는 급료의 총액은 그 일에 비례하는 단체에 주어진다면 보다 만족스러운 결과를 산출하고 적합성을 좀 더 보장할 수 있을 것입니다. 그러나 이 문제를 생각하려는 것이 아닙니다. 요컨대 협회의 요구는 만족되어야 하고, 그것이 완전히 충족될수록 협회의 수는 늘어나고 그 영향력도 확장됩니다. 건축의 실용적 적용에 관련된 모든 문제에 대해 대중이 지속적으로 견지해 온 깊은 무지함만이 사태를 오늘날 우리가 목도하고 있는 지경에 이르게 할 수 있었습니다. 그러므로 저는 여기서 대중들에게 호소합니다. 대중의 의견만이 제가 지적한 남용들에 맞설 수 있을 것입니다. 그리고 그들을 위해 시작된 건축 사업의 올바르고 현명한 방향이 자신들의 이해에 극히 밀접하게 관련되어 있다는 사실을 명확히 인식하는 즉시 그들은 그 문제에 맞서게 될 것입니다.

아카데미가 국가나 행정 위원회로부터 분리되어 있다고 가정하면, 즉 완전한 자유가 있다고 가정하면 더 이상 자리들을 제공할 필요가 없어집니다. 그 자리 중 절반은 아카데미가 자신의 권력을 공고하게 하느라 모집한 쓸모없는 것들입니다. 이 수많은 직원들의 임명과 감독이라는 책임을 왜 정부 위원회가 져야 하는지 물을 수 있습니다. 어째서 그들이, 책임 건축가로부터 현장 직원에 이르기까지 건축가들의 위계로 고민해야 합니까? 법적으로 이 사람들은 책임이 없으며, 건축가만이 작업 시공에 대해 책임을 집니다. 그렇다면 어째서 그에게 책임에 따라붙는 특권인 자유를 주지 않는 것입니까? 행정부는 건축가에게 의뢰를 합니다. 동시에 행정부는 그에게 일할 사람들의 구성을 맡깁니다. 저는 행정부가 그들의 인선과 심지어 인원을 결정하는 것에 관해 자문을 구하는 것을 인정합니다. 비록 이것이 언제나 이루어지는 일은 아니고, 그렇게 해야 한다는 의무가 있는 것도 아니지만 말이죠. 건축가가 (법적 책임을 지고 있는데) 행정부가 그로 하여금 자신이 필요로 하는 사람들의 능력과 숫자를 선택할 수 있게 해 주지 않는 이유가 무엇입니까? 혹은 그가 적절하다고 생각할 경우 그런 직원들을 완전히 단념하고 모든 건축 작업을 스스로 하도록 내버려 두어서는 안 됩니까? 간혹 이런 경우가 있는 것을 관찰할 수 있습니다. 저는 건축가가 홀로 작업하면서 설계와 시공의 세부, 장부를 스스로 챙기고 아침에 현장에 나갔다가 인부들이 떠난 후에야 되돌아오고, 그러는 동안 그의 직원들은 사적인 용무나 보면서 아무것도 하지 않는 경우들에 대해 이야기할 수 있습니다. 그리고 우리는 오늘날의 상황에서 이런 일이 벌어지는 이유를 쉽게 이해할 수 있습니다. 우선 안내인 역할을 하는 것, 또 우리에게 직접적으로 의존하지 않는 고용인들의 부재나 결점들을 확인하는 것은 불쾌한 일입니다. 그런 고용인들의 보수는 종종 충분치 않습니다—사실상 그들이 받는 돈으로는 자신과 가족을 부양할 수 없죠. 몇 가지 징후와 항의들을 겪은 후에 건축가는 아무것도 말하지 않고 책임자로서 모든 것을 자신이 하기로 결정합니다. 저는 누구라고 거명할 수 있는 건축가들이 고용된 직원들이 한가하게 노닥거릴 때 작업 일지를 들고 현장에 나가는 것을 보아 왔습니다. 또 누군가가 부유해서 성실한 직원들을 충분히 쓸 수 있다고 해도 그들이 어디서 왔는지, 지식이 얼마나 되는지, 적성과 취미는 어떤 것인지 등을 또 걱정해야 합니다. 너무나 자주 그런 고용인들은 실제 건축에 대한 극히 기본적인 개념도 갖고 있지 않습니다. 건축 학교가 학생들의 정신에 일구어 놓은 착각으로 가득한 채 그 기관을 졸업한 그들은 우리 예술의 실천적 측면을 혐오스럽게 생각합니다. 그들은 자신들이 스스로의 장점에 걸맞지 않은 일에 묶여 있다고 상상합니다. 그들은 상을 받지 않았습니까? 그들은 (적어도 도면상으로는) 동료들의 경탄을 자아내고 로마 대상을 가져다주었던 찬란한 건물들을 세우지 않았습니까? 그들은 우월한 개념들로 대중을 눈부시게 하는 것이 자신들의 소명이라고 느끼지 않나요? 이 젊은이들이 굴착을 감독하고, 콘크리트의 조성을 지시하고, 재료를 고르며, 조적공들이 설계에 따라 작업하고 있는 데 만족해야만 합니까? 군대에서 대위에게 잔업을 하고 병영을 쓸도록 하는 것이나 마찬가지인 것입니다! 그렇다면 이 직원들이 우리를 도울 마음이 있고, 현장에서 역할을 하고자 한다고도 가정해 봅시다. 그들이 우리의 방법을 따를지, 우리가 지침으로 삼는 원리들을 받아들일지, 우리의 학생과 조수로서 행동할 것인지 하는 문제가 여전히 있습니다. 대부분의 경우 그들은 우리와 일면식도 없습니다. 혹은 그들이 우리의 사무소를 찾아왔을 때 우리와는 정반대의 관념들과 방법들로 무장하고 있을 수도 있습니다. 그들에게 할 일을 주어 보면 곧 우리는 그들이 그 일에 착수하는 방식을 알게 되고 그들의 관념에 양보하든지, 아니면 그들을 새롭게 지도하든지 하게 될 것입니다. 그렇게 되면 열의 아홉 번은 그들의 도움을 받지 않고 일할 수 있거나, 아니면 온갖 것에 대해 비난하려 하고 뭔가 잘못되면 좋아라 하는 사람을 현장을 두게 되는 것입니다. 행정 위원회가 너무 골머리를 앓게 하지 맙시다. 그들로 하여금 적당한 곳에 적당한 방식으로 일할 사람들을 선별하는 일을 건축가들에게 일임하도록 합시다. 그렇게 하면 우리는 특권화된 학교 없이도 훌륭한 교육을 하게 될 것입니다. 사실 모든 건설 현장은 최상의 학교가 될 것입니다. 우수한 건축가 치고 건물의 건축을 맡았을 때 현장에서 제자들의 아틀리에를 구축하고 그들로 하여금 능력과 숙련도에 따라 시공에 임하게 하며, 건축가 자신에게 유용하면서 제자들에게 이익이 되는 방식으로 작업하도록 만들려고 하지 않는 이는 없으니까요. 민간 건축 회사는 이런 식으로 운영되며, 그리하여 그들이 관련된 현장에서 진정 유능하고 유용한 인재들이 나타나곤 합니다. 그렇기 때문에 공공 건축과는 대조적으로 우리의 사적 주거들은 보통 잘 계획되고 경제적으로 세워지며 솜씨 좋게 구축되는 것입니다.

우리는 토목국과 같은 조직이 엘리트 조직으로, 그리고 (특별한 능력 때문에 드물게 예외적인 경우를 제외하고는) 평생 감독관직에 머무르는 감독관들로 구성되는 것을 이해할 수 있습니다. 엔지니어 입장에서는 자신의 작업의 감독관이 피터든 폴이든 별로 문제될 것이 없습니다. 그는 인정된 능력을 감독할 뿐입니다. 만일에 그가 그렇게 하지 않는다면 변화가 이루어지겠지만 토목국의 감독관은 엔지니어의 등급이 올라가기를 기대하는 사람이 아닙니다. 그는 현장에서 그가 보낸 시간을 보다 높은 역할을 소망하도록 해 주는 필수적인 단계로 여기지 않습니다. 그는 어떤 저의도 없이 정직하고 솔직하게 작업을 수행합니다. 그는 에콜에서의 성공에 중독되어 있지 않으며 자신이 현장에서 보낸 시간을 그의 염원이 재촉하는 예술을 추구하는 데 낭비라고 생각하지 않습니다. 저는 그런 조직—더욱이 현대의 관습과 조화되지 않는 조직—이 실제 건축에 도입되어야 한다고 주장하는 것이 결코 아닙니다. 그러나 행정부가 건축 작업의 지시와 관련해 도입한 타협점은 하나의 논리적 원리로부터 연역된 것이 아닌 모든 계획에 불편이 따른다는 것을 드러냅니다. 그것은 토목과에서 도입한 체계의 이점도 자유의 이점도 누리지 못하는 것입니다. 그러나 앞서 말한 것처럼 이 모든 문제에서 가장 등한시되고 있는 것은 예술과 공공의 이익입니다. 주된 목적은 아카데미 데 보자르가 그 영향력을 영속시킬 수 있도록 하는 것, 그리고 이를 위해서 이 단체에 소속된 이들에게 지위를 보장하는 것입니다. 우리의 행정위원회는 그 학사원의 건축 분과에 의한 잠식에 대해 다만 점차적으로, 그리고 아마도 무의식적으로 절대적 경의를 갖게 되었습니다. 고급 관리들이 그러한 잠식 현상을 알아채고 아카데미에 대한 높아 가는 의존에서 해방되려고 했던 때가, 그것도 그다지 오래지 않은 과거에 있었습니다. 그런 시절은 지나가 버렸습니다. 오늘날 그 고급 관리들은 다른 걱정거리를 가지고 있습니다. 그것은 아마도 좀 더 심각한 종류의 문제인 듯해서 위에서 언급한 이해에 대비하는 일은 하급 관리들에게 맡겨졌습니다. 이 하급 관리들이 전능한 협회와 결탁하게 되었다는 것은 덧붙여 말할 필요도 없습니다. 점차 비대해지는, 영향력에 대한 [협회의] 모색에 타협하는 것이 관리들 자신에게는 이득일 뿐이고, 거기에 저항해 보았자 명예를 얻는 것도 돈을 모을 수 있는 것도 아니었으니까요.

성숙하고 건강한 기질을 가진 사람들은 결코 한 단체를 따르라는 유혹에 빠지지 않습니다. 또한 파벌의 이해에 휘말리는 것에 저항하는 당당한 불편부당성을 일정 정도 가지고 있지 않은 사람은 국가의 고위직에 도달할 수 없으며, 혹은 어쨌든 그런 지위를 유지할 수 없다는 점을 인정해야 합니다. 그러나 오늘날 고위직에 오른 사람들은 보다 심각한 문제들에 사로잡혀 있어 그들의 행정의 모든 사소한 세부 사항에서 불편부당성을 행사할 여력이 없습니다. 그들은 이런 세부 사항들을 부하들에게 맡기고, 이 부하들이 온갖 곳에 연줄을 대고 국가의 보호마저 받는 단체의 지속적인 영향에 저항할 의지도 힘도 없다는 것은 분명합니다. 심지어 (현재의 상황에서는) 장관이라 할지라도 그의 행정을 둘러싸고 있는 아카데미의 그물망 조직을 뚫고 나갈 만한 권위는 거의 갖고 있지 않습니다. 그런 일을 시도한다면 그는 곧 무수히 많은 적대자들을 만들게 될 것이고, 그가 거느리고 있는 장관직 수행원들이 그의 앞길을 막아설 것입니다. 아카데미라는 형제회는 이런 사실에 대해 잘 알고 있으며, 그들의 모든 노력은 특히 최근 몇 년간 이런 고려를 매우 꾸준하고 일관되게 염두에 두고 이루어져 왔습니다. 그러므로 그 주문을 깨는 효과적이고도 단순한 방법이 딱 한 가지 있습니다. 그것은 국가와 아카데미 형제회를 완전히 분리시키는 것─건축 교육의 자유, 그리고 정부 쪽에서 학교장 역할을 포기한다고 하는 결단입니다. 이는 사실상 보호 체계를 자유 경쟁으로 대체하는 것이며, 모든 곳에서 모든 것에 대한 국가의 지도를 건축가의 책임으로 대체하는 것입니다. 나아가 이 책임은 법에 의해 그에게 부과되는 것입니다. 그럴 때, 오직 그럴 때만 국가가 이 문제에 대해 고민해야 할 어떤 의무도 없는 진정 완전한 교육 체계가 나타날 것입니다. 마치 에콜 센트랄 파리에서 형성되었던 교육 체계와 같이 말이죠.* 건축 교육에서 국가의 감독을 위해 대학 교육을 논의에 끌어들이는 것은 불합리한 일일 것입니다. 저는 우리의 대학 체계가 프랑스 청년들의 지적 발달에 유리한지 불리한지에 대해 논하지 않을 것입니다. 다만 저는 두 종류의 교육에 어떤 유사점도 없다는 사실만을 주장합니다. 공립 학교들에서의 교육에서 통일된 체계를 유지하는 것이 국가의 의무라는 점은 합리적으로 주장할 수 있을 것입니다. 이곳에서 우리는 어린이들을 그들의 가정으로부터 데려와 시민으로 만들어 냅니다. 그들이 자신들에게 열린 다양한 경력으로 들어서도록 준비를 시키고, 그러면서 우리의 사회적 상태의 근본 원리인 평등의 체제에 그들을 종속시킵니다. 그러나 그들이 이 모든 어린이, 맹아 상태의 시민들로 이루어진 혹

---

* 에콜 센트랄 파리는 오늘날 국가의 통제하에 있으며, 많은 사람들이 이것을 통탄하고 있습니다. 그러나 우리는 그것이 원래 개인적 노력에 의해 건립되고 영향력을 얻는 것을 목격한 바 있습니다.

은 이루어졌어야 하는 이 지적 김나지움을 떠났을 때 국가는 그 의무를 수행한 것입니다. 또한 우리는 국가가 공립 학교들 외에도 생시르[육군사관학교]나, 토목, 법학, 의학을 위한 특수한 학교들을 유지하는 이유를 알 수 있습니다. 생시르는 군대의 요람이고, 토목 학교는 엔지니어들을 위한 훈련 기관으로서 이 학교들은 정규적인 조직화된 단체를 형성하기 때문입니다. 또한 국가는 시민의 건강을 지키는 것을 그 임무로 여기기 때문이며, 법은 불변의 것이고, 치안 판사들은 국가의 한 기능을 맡기 때문입니다. 그러나 우리는 이런 추론을 건축에 대해서도 계속해 나갈 수는 없습니다. 이 예술은 사회의 관습에서 발생하는 모든 변화에 종속되고, 종속되어야 합니다. 법학 교수가 국가의 보호 아래 법을 가르쳐야 하는 것은 더없이 합리적인 일입니다. 법을 만들고 그 시행을 주재하는 것이 국가이니까요. 그러나 건축학 교수가 특수한 건축 형태를 국가의 보호 아래 가르쳐야 한다는 것은 거의 터무니없는 얘기입니다. 사사로운 한 개인으로서 저는 법을 만들 수 없습니다. 그러나 제가 어떤 건축 형태를 창안할 수는 있습니다. 그리고 그것이 바람직한 형태라면 국가가 개입해서 제가 그것을 가르치거나 적용하지 못하도록 막을 이유가 있습니까? 국가는 공립 학교에서 문학과 역사, 과학을 승인된 방법에 따라 가르칩니다. 그것은 모두 매우 좋습니다. 그러나 국가가 소설이나 희극, 역사서의 저술을 가르치지는 않습니다. 국가가 문학 학교를 열려고 한다면 우리는 르아브르에서 마르세유까지 [프랑스 전역에서] 조롱하는 외침을 듣게 될 것입니다. 국가가 젊은 이들에게 정해진 시간 안에 소설이나 희극을 쓰게 한다면, 그들을 독방에 넣어 놓고 영감을 쫓도록 한다면, 그들에게 상을 주고 그들이 타키투스와 키케로를 좀 더 잘 알도록 로마로 보내 주거나 옛 스페인 연극을 연구하도록 스페인에 보내 준다면 말이죠.

건축은 몇 가지 과학에 근거하는 예술입니다. 그리고 이 과학들—기하학, 수학, 화학, 기계학—을 곳곳에서 배웁니다. 그러나 예술이 문제가 되는 지점에서 국가는 더 이상 소설과 희극이 어떻게 만들어지는지를 묻는 것만큼이나 [건축의] 교육을 지도하는 것과 아무런 관계가 없게 됩니다. 이 단계에서 각각의 예술가, 각각의 저자는 자신의 길을 찾아야 합니다. 공식 건축이나 공식 문학 같은 것은 세상에 없습니다. 그리고 대중과 예술가 또는 작가 사이에는 어떤 권력도 선한 목적으로 끼어들 수 없습니다. 그런 개입이 루이 14세 치하에서 시도되었을 수 있지만 그것은 마를리 기계와 같은 범주로 다루어야 할 것입니다. 불행히도 우리는 여전히 수많은 마를리 기계를 가지고 있으며, 그것에 기름을 칠하는 것이 직업인, 이런 고용을 통해 생계를 유지하는 사람들이, 그 기계에 손을 대거나 증기 엔진이 그것을 대신하는 순간 세계가 멸망한다고 생각하는 것도 이해할 수는 있습니다.

분별 있는 많은 사람들이, 우리 시대가 나름의 건축을 갖지 못했다고 불평합니다. 우리는 매우 탁월한 사람들이 그런 불평을 하는 것을 들어 왔습니다.

그러나 국가를 점진적으로 도구로 만들어 온 단체를 국가 자신이 유지하고 보호하는 마당에 우리 시대에 프랑스가 어떻게 고유한 건축을 가질 수 있겠습니까? 더구나 그 단체는 무슨 수를 써서라도 자신들의 목적에 부합하는 특수한 예술 형태들을 유지합니다. 그것은 반대되는 것을 향한 모든 노력에도 불구하고 교육의 최고 감독관이자, 자신이 경작한 좁은 땅에 머물기를 고집하면서 그로부터 상당한 이익을 내는 단체인 것입니다. 건축가들이 차지한 불안정한 위치에서 어떻게 새로운 관념들이 전개될 수 있겠습니까? 그런 관념들은 간신히 종이 위에 그려질 수 있을 뿐인데, 어떻게 그것들을 석재로 구현하는 데 성공할 수 있겠습니까?

우리가 우리 시대의 특수한 예술을 가지려면 우리는 예술가의 독립성의 발전을 위해서, 그리고 그가 그 독립성을 지킬 수 있도록 노력해야 합니다. 토론이 자유로워야 한다는 것으로는 충분하지 않습니다. 그 토론에서 제안된 모든 방법이, 공중의 안전과 양립 가능한 한에서 그것을 추구하는 사람들을 곤란하게 만들지 않고, 나아가 그들이 일자리를 잃지 않고서도 시도될 수 있어야 합니다.

한때는 모두가 특정한 규정이나 칙령에 따라 옷을 입어야 했던 시절이 있었습니다. 시민은 어깨를 덮는 남작의 망토를 입어서는 안 되는 때가 있었죠. 시민이 귀족의 저택을 닮은 집을 지어서는 안 되는 때가 있었습니다. 오늘날은 누구나가 각자 원하는 대로 옷을 입고 집을 짓습니다—누구나 마음에 드는 곳에서 재단사나 건축가를 고릅니다. 그렇다면 어째서 국가가 건축과 같은 **실용적 예술**을 한 단체가 정해 놓은 한계 안에 묶어 놓는 결과를 초래하는 독점을 계속해서 독려하고 유지시켜야 합니까? 그것이 사태에 어떤 도움이 됩니까? 그 단체의 가장 헌신적인 추종자들이 국가에 강요하는 막대한 비용에 대한 불평이 우선입니다.

오늘날 국가는 교의들에 무관심할 수밖에 없으며 또 그래야만 합니다. 어떤 교의를 지지하고 다른 것을 내버린다면 얻을 것은 없고 잃기만 할 것입니다. 다른 많은 것에서와 마찬가지로 여기서도 국가는 주장된 다양한 의견의 축도일 뿐이며, 그 의무는 필요할 경우 새로운 것이 옛것의 자리를 대신하게 하는 방식으로 단순히 모두를 보호하는 것입니다. 국가가 자신이 선호했던 건축가들, 그들이 국가가 유지하는 학교 출신이라는 점에서 당연히 선호했던 건축가들로 인해 수반되는 막대한 비용에 대해 불평한다면, 대중이라고 해서 이 건축가들이 선호하는 듯한 스타일에 늘 만족하고 있는 것은 아닙니다. 그리고 그들을 위해 지어진 건축들에 대한 견책은 그것이 옳든 그르든 행정부 자신에게 돌아갑니다. 그리하여 건축 아카데미를 제외한 모두가 만족스럽지 못한 상황이 됩니다. 그런데 국가는 그 책임을 버릴 수도, 대중을 향해 그 비난은 건물을 만들어 낸 예술가에게 돌아가야 한다고 답할 수도 없습니다. 어떤 연극이 극장에서 야유를 받는다고 해서 정부를 탓할 사람은 없습니다. 그러나 국가가 극작가 학교를 운영한다면, 그 학교에서 국가의 보조금을 받는 우승자들을 배출한다면 상황은 다를 것입니다. 못마땅한 작품에 대한 야유 속에서 국가가 견책의 대상이 될 것입니다.

국가가 건축을 가르치느라 어려움을 겪는 일을 그만두게 합시다. 그러면 우리 시대와 그 요구들에 적합한 건전한 교육 체계가 생겨날 것입니다.

국가가 아카데미 데 보자르와 관계를 끊도록 하면 우리는 아테네에서, 로마에서, 비잔티움에서, 피렌체에서, 베니스에서, 또한 12세기에서 16세기까지 아카데미 데 보자르, 혹은 그 건축 분과가 만들어지기 이전 시기에 우리 자신이 그러했던 것처럼 프랑스의 19세기 건축을 지금 가질 수 있을 것입니다. 그러나 다시 한 번 말하지만 [아카데미 데 보자르의] 목적이 되는 중심 과제는 역사를 조회하고 그 가르침에 힘입는 것이 아닙니다. [그들은] 예술을, 혹은 그것을 자유롭게 실천하고 가르치고자 하는 소수의 사람들을 고려하지 않습니다. 다만 국가에 성공적으로 유착해 온 형제회를 보존하는 것을 생각할 뿐이죠. 그들은 마치 바위에서 자라는 이끼처럼 자신의 진정한 본성과 특질을 은폐하기에 이르러 있습니다.

15강

## 건물의 외부와 내부 장식에 대한 일반적 관찰

하나의 건축 개념은 그 장식을 포함할까요, 아니면 장식은 건축가의 사후적인 디자인일까요? 다시 말해서 장식은 건물에 포함되는 부분입니까, 아니면 건물의 형태가 결정되면 그 위에 씌우는 제법 화려한 의복에 불과합니까? 특유의 건축을 가진 다양한 문명에서 이 질문은 아마도 의식적으로 제기된 적이 한번도 없었을 것입니다. 그러나 그들은 이 질문이 제기되어 왔다는 듯이 작업을 진행했습니다. 그것은 우리의 경우에도 마찬가지입니다.

우리가 믿을 만한 역사적 자료를 가지고 있는 가장 오래된 건축은 이집트의 것입니다. 우선 이 건축의 장식은 우리가 현존하는 가장 오래된 기념비적 건축물들에서는 발견할 수 없었던 원시적 구축 방법들로부터 도출되었습니다. 따라서 우리는 가장 초기의 이집트 건물들이 식물계에서 제공된 재료들(목재와 갈대)로 지어졌다는 점을 의심할 수 없습니다. 그러나 나일 강변에는 석조 건물들만이 남아 있고, 이 석조 건물들의 장식은 상당 부분 목조 구조에 적합한 것들입니다. 그러한 구조의 변화는 얼마나 긴 시간을 두고 이루어졌을까요? 우리는 알지 못합니다. 적어도 아직은 발견하지 못했습니다. 그러나 연대는 지금 부차적 중요성만을 가집니다. 마치 지각의 지질학적 변화에서 관건이 되는 변화가 일어나는 데 얼마나 많은 세기가 걸렸는지 우리가 알지 못한다고 해도 지층의 연속이 드러나 보이는 것과 마찬가지입니다.

우리는 현존하는 가장 오래된 고대 이집트 건물들이 세워졌을 때 그 원시 목조 건물의 전통이 지워지지 않았었으리라고 확신할 수 있습니다. 그 전통이 조각과 회화에 묘사되어 있기 때문입니다. 그러나 식물성 재료의 그 구조들은 북방 종족들이 세운 것과 같은 목조 건물들이 아니었습니다. 상당한 길이와 경도를 가진 목재는 이집트에서 항상 부족했고, 나일 강에 접해 있는 언덕들은 결코 나무가 무성했던 적이 없습니다. 우리는 원시 건축가들이 도입했던 구축 체계가 갈대 구조물, 뼈대, 패널 구조―목조보다는 소목일에 속하는―, 흙벽돌, 즉 햇볕에 말린 진흙이라는 것을 쉽게 알수 있습니다.

이집트를 강가의 석회암에 구멍을 파내 거처로 삼은 원주민들이 점거하고 있었든 아니든, 아니면 누비아의 지하 무덤이 정복 민족들에게 찌는 듯한 기후에 따라 하기 좋은 본보기였든 아니든, 갈대와 가벼운 목재로 만들어진 원시적인 건물들은 확실히 벽과 천장 안쪽에 흙으로 내부의 중심을 마련했던 것 같습니다. 즉 인공적인 지하실을 형성하도록 지어졌던 것입니다. 목재로 지지부와 외장을 하고, 이긴 점토를 채워 넣고 지붕을 씌웠습니다. 아시리아에서도 이런 종류의 구축 전통이 대부분의 고대 이집트 유적들에 비해 상대적으로 후대의 건물들에서 발견됩니다. 그러나 이 문제에 대해서는 나중에 다시 이야기하기로 합시다.

이집트에는 갈대와 소목장에 적합한 플라타너스, 무화과나무, 몇몇 수지류 등 가벼운 목재들밖에 없지만 이런 재료들은 (이를테면) 직선의 단단하고 상대적으로 긴 지지대—버팀목—가 필요할 때 목골에 적합하지 않습니다. 이런 지지대로 이 재료들을 쓸 수 있는 유일한 방법은 갈대로 묶음을 만들어 받침돌 위에 세우는 것입니다. 강한 목재가 없었기 때문에 이 갈대 묶음은 서로 가까이 세워져 길이가 짧은 인방들을 받쳐야 했으며, 혹은 다른 갈대들을 가로로 놓기까지 했습니다—그것은 안을 이긴 점토로 채워 넣은 일종의 발과 같은 것입니다. 천장도 같은 방식으로 만들어졌습니다. 벽—수직으로 세워진 칸막이—의 경우, 불소성 벽돌로 아무런 문제 없이 지어졌습니다. 그렇기 때문에 후일에 석조 건물들이 이런 갈대와 진흙 구조를 대체하게 되었을 때, 원주와 인방의 장식은 식물계에서 그 형태를 빌려다 쓰게 된 반면, 벽들은 매끈하게 남아 있거나 그림과 음각으로 덮이게 됩니다. 이 음각들은 특히 이집트 고유의 것으로 원시적으로 도입되었던 구축 수단의 증거입니다. 사실 우리가 흙—피세(pisé)—으로 벽을 세울 때는 흙을 펴 바르기 위한 강력한 목재 코퍼가 있어야 합니다. 그렇게 해서 흙 작업이 다 말랐을 때 쉽사리 완전히 매끄럽게 만들 수 있는 두 개의 평평한 표면을 얻을 수 있습니다. 그러나 이 면들을 섬세한 조각이나 상형 문자로 장식하고자 한다면 그 부드러운 벽에 그와 같은 조각을 심거나, 그 조각[될 형태]들 주변의 표면을 깎아 내서 조각이 두드러져 보이게 만들 수는 없습니다. 반대로 부드러운 표면에 이 형태들을 그려 넣고 그 윤곽선을 파냄으로써 디자인을 만들어 내는 것이 자연스럽습니다. 그렇지만 어떤 건축 장식이 그것이 제안되었던 건축 방법이 다른 것으로 교체된 후에도 지속되어야 한다는 것은 이상한 일입니다. 이것은 전통의 영향이라고 설명할 수밖에 없습니다. 힌두 건물, 소아시아의 건물, 이오니아의 것으로 추정되는 건물 등에서도 동일한 현상을 관찰하게 됩니다. 형태들은 원시적 구축 방법에 의해 말하자면 신성화되어 왔습니다. 방법이 변화되었을 때 형태를 바꿀 필요가 있다거나 그것이 바람직하다고 여겨지지 않았습니다. 바위에 새겨진 이오니아의 기념비적 조형 중 일부는 원래 지주, 지붕, 울타리에 쓰였던 둥근 통나무를 모방한 것을 보게 됩니다. 아시아의 미술은—여기에 우리는 이집트 미술도 포함시킵니다—뛰어났지만 비판 정신과 논리적 방법이 결여되어 있었습니다. 예술의 다른 모든 표현에서와 같이 건축에서 처음으로 추론의 기초와 비판적 탐구를 진행했던 것은 동방의 그리스 인들이었습니다. 인간의 모든 창조에 있어, 그 목적과 사용된 물질적 수단과 조화를 이루는 적절한 표현을 부여하고자 하는 지적 힘에 전통이 종속되도록 만든 것도 그들이 처음이었습니다. 그리스 미술의 완전한 양식(良識)을 오늘날 심지어 그들로부터 영감을 얻은 체하는 사람들조차 지각하지 못하는 것은 어째서입니까? 우리가 여기서 발견하는 불일치는 그 결과가 그렇게 심각하지만 않았어도 웃어넘길 수 있는 것으로 보였을 것입니다. 저는 그 불일치에 대해 설명하려고 애쓰지 않을 것이고, 우리 가운데 오직 자신들만이 그 미술을 이해할 권리를 가지고 있다고 사칭하는 이들은 결코 이를 설명하지 않을 것입니다. 그들은 대중에게 자신들을 이끄는 동기들을 결코 알려 주려고 하지 않으니까요. 그럼에도 불구하고 고대 아시아 미술과 그리스 미술 사이에는 매우 분명한 경계선이 그어질 수 있습니다. 전자는 중단 없는 전통의 길을 따라가며, 각 세대가 전 세대에 도입되었던 형태들을 재생산합니다. 필연적으로 구축 방법이나 재료의 변화가 요구될 때 불변의 형태는 그 영향을 받지 않으며, 새로운 조건에도 불구하고 지속됩니다. 그리하여 목재로 지어진 건물이 없는 나라의 건축은 석재나 벽돌로 숲에서 거주한 이전 세대들이 도입했던 형태들을 끊임없이 재생산하게 됩니다. 반면 그리스의 예술은 그리스 철학과 마찬가지로 탐구와 비판의 방법에 의해 진행됩니다. 따라서 그리스의 재능은 진보하는 개척자의 그것입니다. 그들에게 잠시 멈추었다 가는 지점은 있어도 고정된 한계는 없습니다. 솜씨 좋고, 지적이며, 형상을 사랑하지만 정신을 보다 더 사랑하는 그 재능은 종교와 철학에서 신정주의와 고정된 교의에 반대하듯 예술에서는 위계적 인습주의를 거부합니다. 기독교가 그리스의 재능과 접속하지 않았다면 그것이 어떻게 발전했을지 누가 알겠습니까. 그리스의 재능은 기독교에 생명과 확산력을 주었습니다. 불변의 성직자적 독단이라는 한계 안에 즉각 가둠으로써가 아니라, 그것을 논하고 그것이 심층적이고도 빠르게 변모하도록 만듦으로써 그렇게 한 것입니다. 새로운 종교가 약속한 확산적이고 아마도 생산적인 전개를 저지하는 데는 모든, 통합하고 중심화하는 **제국**의 정신, 그리고 이슬람 야만족의 침략이 필요했습니다. **제국의** 힘이 개입하지 않았다면, 그리고 무함마드주의가 이집트와 소아시아로 확장하는 대신 그 정복지를 인도 쪽으로 택했다면 알렉산드리아학파는 서방을 조명하는 빛의 중심이 되었을 것이며, 10세기에 걸쳐 문명을 진척시켰을 것입니다. 그랬을 경우 아마도 우리는 긴 지적 억압으로 고통받지 않을 수 있었을 것입니다. 그러한 지적 억압은 중세에 유럽을 너무도 오랫동안 너무나 무겁게 짓눌렀으며, 그것이 낳은 통탄할 만한 결과는 아직도 우리에게 영향을 주고 있습니다. 그리스적 재능의 본질적 정신이 자취를 감춘 것은 5세기 이래로 서방 세계에 고통을 주었던 지적 압제가 오래도록 존속한 탓입니다. 우리는 그 광휘를 인정합니다. 그러나 대부분의 경우 우리는 그 밝은 빛이 우리를 인도하도록 할 수 없으며, 어두운 감방에서 오랫동안 살아 온 사람들이 태양 빛을 견딜 수 없는 것처럼 어떤 일에 착수하면 우리는 하는 수 없이 그늘을 찾게 됩니다.

한번도 교의적 신앙의 힘을 가졌던 적이 없는 특정한 거짓 전통들에 매달려 있는 우리 건축가들은 전혀 설명할 수 없는 변덕을 따를 뿐입니다. 건축가들은 의미 없는 형태들을 재생산하며, 설혹 처음으로 나타난 형태라 할지라도 추론이나 진지한 고려 없이 만들어진 것들일 뿐입니다. 그렇게 변질된 사투리를 더듬거리면서 우리는 그리스 인들에 대해 논하는 것입니다! 우리는 그리스에 건축을 공부하러 갑니다! 그러나 그리스 인들의 과감한 정신, 추론과 지식의 신중한 사용에서 그들이 보이는 정확성으로 우리 자신을 채우지 않는다면 무엇 하리!

다른 어떤 것보다 건축의 경우에 그리스적 재능이란 유럽의 어느 한구석에서만 발견되는 것이 아닙니다. 그것은 주두의 형태나 코니스의 윤곽에 한정되는 것이 아닙니다. 그리스적 재능은 인간의 으뜸가는 재능이며, 그 결과로 여전히 살아 있고, 영원히 살아남을 것입니다. 우리 중 누구라도 스스로 하고자 하면 그 재능의 불꽃을 발견할 수 있습니다. 또한 우리의 서방 중세 건물들 일부를 지은 건축가들은 그리스 형태의 썰렁한 모방자들보다 그리스적 재능의 본질을 구성하는 원리들을 완전하게 체득하고 있었습니다.

건물의 장식에는 다양한 원리가 도입되어 왔습니다. 그 최초의, 가장 오래된—장식가의 정신에 가장 자연스럽게 나타나는—원리는 건물에 사용된 소재와 재료들로부터 장식을 이끌어 내는 것입니다.

숲에 사는 사람은 자신이 베어 낸 나무로 건물을 세웁니다. 그리고 목재들과 그것들을 덮은 나뭇잎들의 결합이 최초의 가장 자연스러운 장식을 보여 줍니다. 그렇게 제시된 형태들에 익숙해진 채 훗날 그가 나무가 없는 지방으로 이주하였을 때, 우리는 그가 새로운 재료에 목조에서 도출된 형태들을 적용하리라는 것을 확신할 수 있습니다. 아시아의 상당 지역에 위치한 고대 유적들을 검토해 봄으로써 얻게 되는 것 이상의 증거는 필요하지 않습니다.* 장식의 두 번째 원리는 보다 완전한 상태의 문명에서 나타납니다. 그것은 건물의 몇몇 부분에서 반성 없이 전통을 고수한 데서 나온 형태가 아니라 (사용된 재료의 본성에서 연역된 외양들, 충족시켜야 할 요구들, 기후에 따른 필요성 등에 대한) 주의 깊은 고찰을 통해 만들어진 형태들을 부여하는 것입니다. 이집트를 포함해 대부분의 아시아 민족들은 고대에 장식의 첫 번째 방법만을 따랐습니다. 그리스 인들이 처음으로 두 번째 방법을 도입했습니다. 첫 번째 방법은 논리적 연역을 따르지 않지만 두 번째 것은 완전히 합리적입니다.

예컨대 일체식 원주에 갈대 묶음의 형태를 부여하는 것은 명백히 비논리적입니다. 그러나 이집트 인들은 초기부터 이런 방식을 취했습니다. 그림 1에서 보듯 석재로 갈대 묶음을 모방하고, 그것은 나아가 건물 자체에 그림으로 그려지거나 실제 형태로 새겨졌습니다.** 그들은 건축에서 여러 세기 동안 이런 종류의 장식을 지속했습니다. 그렇게 그들은 화강암이나 현무암 석관을 깎아 제작할 때 그 측면을 목공 작품처럼 만들었습니다. 이

---

* 2강 참조.
** 그림 1의 A에서 보는 것은 제4왕조 무렵의 새긴 그림입니다. 갈대 묶음은 거의 실제 형태로 묘사되어 있습니다. 이것은 원주의 원시적 배치의 선묘입니다. B는 석재 원주(제18왕조)이지만 갈대 묶음의 특징들을 전부 정확히 재현하고 있습니다. 이 원주와 그 주두의 장식은 식물의 성장으로 구성된 원시적 작업을 그저 옮겨 온 것일 뿐입니다. 평면도 C의 a는 원주의 기초 부분, b는 묶음 높이 부분, c는 주두가 부풀어 오르는 부분, d는 주두의 정상 부분입니다 (Prisse d'Avenne의 *l'Histoire de l'art égyptien* 참조).

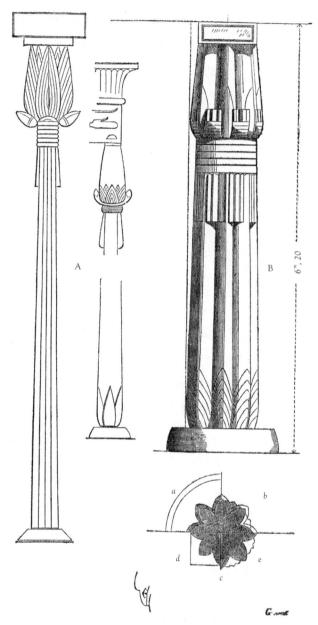

**그림 1** 이집트식 원주 형태의 기원

런 장식 방법은 종교적 [관념]연합에 의해 후광이 드리워지고 강력한 신정체제로 유지된 특정한 전통적 형태들을 보존하고자 하는 민족에게서 납득되었습니다. 그러나 그리스적 재능의 출현 이후로 우리 서방 문명에서 이것은 받아들여질 수 없었습니다. 사실 아시아의 이오니아 인들이 이런 형태들을 계속해서 전달해야 한다고 믿었던 반면, 도리스 인들은 같은 방식으로 일을 진행하지 않았습니다. 도리스 인들이 지은 가장 초기의 건물들에서조차 사용된 재료의 본성에 부합하는 형태가 적용된 것을 볼 수 있습니다. 저는 (이를테면) 도리스식 신전을 목조를 석조로 모방한 결과물로 보려는 강력한 경향이 있다는 것을 잘 알고 있습니다. 그러나 이것은 정확하다기보다는 독창적인 가설 중 하나로 볼 수 있습니다. 우리는 제2강에서 이미 이것을 증명했다고 생각하며,* 따라서 이 주제로 다시 되돌아가지는 않겠습니다. 특히 아무리 말해도 도리스식 그리스 신전이 원시 목조 오두막에서 기원했다고 하는, 오래도록 계속되어 온 주장의 반복을 막을 수는 없을 테니까요. 그러나 주두의 형태와 코니스의 몰딩들이 목재 가공에서 도출된 형태들과 어떠한 유사점도 갖지 않는다는 것만은 논쟁의 여지가 없습니다. 원시 이집트식 주두는 확실히 연꽃 혹은 연꽃봉오리들을 모방한 것입니다. 그러나 그리스의 도리스식 주두는 어떤 식물 형태의 모방도 아닙니다. 그리고 목조 작품에서 그런 형태를 발견하기는 매우 어려울 것입니다. 그 우아한 윤곽선은 석재 지주에 온당하게 속하는 형태를 보여줍니다. 이 점은 문외한에게도 명백한 사실입니다. 트리글리프에서도 보의 양 끝을 보도록 요구됩니다만, 그 양 끝은 건물의 네 면에서 볼 수 있는 것이 아닌 데다 이 목재의 끝 부분에 세로 홈이 파인다는 것을 어떻게 설명

---

* 1권 68쪽 이하("많은 저자들과 교수들은 …") 참조.

할 수 있습니까? 목재에 그 나뭇결 방향으로 홈을 파내는 것은 쉽지만 나뭇결을 거슬러서 파냈다면 그것은 쉬운 방법도 합리적인 방법도 아닙니다. 우리는 트리글리프들에서 충전재에 지나지 않는, 메토프 양쪽에 수직으로 걸린 석재들을 봅니다. 이것은 상식에 훨씬 부합하는 것으로 보입니다. 또한 그리스 인들은 원주에 수직으로 홈을 파냄으로써 수직 지지대로서 그것의 기능을 두드러지게 표현했으므로, 유사한 기능을 가진 아키트레이브의 수직 부재들에 홈을 내는 것도 자연스러운 일이었습니다. 여기서 목재는 트리글리프에 부여된 형태들의 기원과 아무런 상관이 없습니다. 그러나 이런, 다소 흔하고 시시한 문제들에 대해서는 더 이상 논하지는 않겠습니다.

　도리스의 그리스 인들이 세운 건물들에서 회화는 언제나 외부와 내부를 장식하는 수단으로 도입되었습니다. 고전기의 절정에서 그리스 인들은 대규모 건물에 색이 화려한 대리석을 사용하지 않았습니다. 그들은 그럴 경우 석재나 흰 대리석을 쓰되 단색조의 돌을 스투코로 꾸미거나 거기에 채색을 했습니다. 대리석을 쓸 때면 그들은 흰색을 골라 그 전체 표면에 색을 칠했습니다. 그러므로 색채는 장식의 가장 효과적인 수단이었습니다. 그것은 건축의 여러 부분을 서로 구별되게 하고, 구조의 몇몇 평면을 적절히 두드러져 보이게 하는 역할을 했습니다. 그러나—그리고 특히 여기서 그리스적 재능의 섬세함이 드러납니다만—특별히 그리스와 같은 기후에서는 태양 광선의 효과를 고려할 필요가 있으므로 그리스 미술가들은 아주 큰 규모인 경우는 결코 없는 건물에서 수직선이나 수평선에 상대적으로 보다 큰 중요성을 부여해야 한다고 느꼈습니다. 그러므로 몰딩은 전부 수평 형태인 부분에 만들어지며, 그럴 때 강력하게 두드러집니다. 그것들은 마치 진한 잉크 선으로 그린 것처럼 날카로운 그림자를 얻기 위해 보다 깊게 새겨졌습니다. 반면 수직 형태인 부분들은 비워 두거나 얕게 새긴 몰딩만을 장식했습니다. 그러나 원주들의 주신에는 얕은 줄무늬만을 파냈으며, 이는 원통-원뿔형 표면이 보다 두드러져 보이게 하는 것만을 목적으로 했습니다. 전성기의 도리스식 그리스 신전을 검토해 보면 우리는 단 한 개의 수직 몰딩도 발견할 수 없을 것입니다. 모든 몰딩은 수평이며 매우 날카롭게 깎여 있습니다. 이 체계의 결과로 표면들이 상이한 그림자들로 두드러지게 부각되고, 전체적으로는 건물이 매우 강조된 수평의 그림자들로 이루어진 띠를 돌린 듯한 효과가 있어서 눈을 쉬게 하고 다양한 색조들을 분명히 나누고 있습니다. 이 신전들에는 조각이 거의 없습니다. 메토프와 박공의 팀파눔에서만 조각을 볼 수 있습니다. 더구나 그것은 장식적 조각이 아니라 독립적인 주제들을 재현하고 있습니다. 진정한 의미에서의 장식은 대부분 회화로 이루어져 있습니다. 때때로 수평의 몰딩들에는 지극히 섬세하고 효과적인 방식으로 구슬 장식이 되어 있습니다.

조각 장식이 건물의 일부가 되는 것은 페리클레스 치세의 아티카에 이르러서입니다. 그리고 그 조각 장식은 평평하고 얇으며 섬세하고, 마치 그림에 음각을 주려고 한 듯한 모습입니다. 그러므로 최고의 그리스 건축의 장식은 대개 전적으로 수평의 몰딩으로 이루어져 있으며, 음영과 색조의 효과를 적절히 고려해 매우 솜씨 좋게 디자인한 것이라고 주장할 수 있습니다. 그 조화로운 배치에 대해서는 나중에 살펴볼 기회가 있을 것입니다.

그리스 인들이 그러한 충격적인 효과를 산출하는 존경스러운 냉철함을 항상 유지하지는 못했다 하더라도 그들은 어쨌든 그들의 모방자를 자임하는 이들이 빠져들게 되는 [장식적] 일탈에 말려드는 일은 결코 없었습니다. 그리고 로마 제국이 그들 사이에서 수립되었을 때조차도 그들은 여전히 제국의 건축을 위해서 당시에 도입된 구축 체계에 적합한 장식 스타일을 고안할 능력이 있었습니다. 장식 방법이 구조와 조화를 이루지 못하는 건축이 있다면 그것은 분명 제국의 건축이기 때문입니다. 또한 때로 이론의 여지가 없는 그 고유한 값어치에도 불구하고 이런 장식 방법은 그것을 탁월한 주제로 만들 수 있을 만큼 아름답고 합리적이지 않은 어떤 구조를 위조하는 결점을 가집니다. 카이사르 시기의—그리스 건축의 모방이 아니라 진정 로마적인 것이었던—건물들에서 도입된 장식은 건물을 작아 보이게 만드는 큰 결함을 가지고 있습니다. 그 건물의 실제 크기는 외장을 제거했을 때 비로소 드러나게 됩니다.

그리스 인들에게 모든 장식은 위조와는 매우 거리가 먼, 구조를 강조하는 것이었습니다. 나아가 그것은 언제나 건물의 크기에 맞추어집니다. 그것은 견고한 외관을 보존해야 할 [건물의 각] 부분들을 결코 따로 떼어 놓지 않습니다. 그리고 그 효과는 그 냉철함과 절제에 비례합니다. 로마의 건물에서 장식은 충분한 판단 없이 낭비되며 적합함과 명료함보다는 효과의 풍성함을 목적으로 합니다. 고전기 그리스 인들은 조각 장식을 매우 절제해서 쓰고 특수하게 결정된 장소에만 조각상들을 한정해서 사용하는 한편 건물의 표면은 전체적으로 채색을 했습니다. 채색을 통해서 필요할 경우 지지부를 두드러져 보이게 하는 반면, 떠받치는 것은 없이 다만 칸막이로서만 기능하는 부분들은 눈에 띄지 않게 만들었습니다. 반면 제국의 로마 인들은 가능하다면 모든 장식 수단—화강암, 벽옥, 반암, 대리석, 채색 스투코, 청동, 모자이크 등을 전부 사용하는 것을 주된 목적으로 삼았습니다. 그들은 이 모든 것을 안목 있게 처리하기보다는 사치스럽게 사용했습니다. 그들에게 매혹한다는 것은 눈부시게 한다는 것, 깜짝 놀라게 한다는 것을 의미했습니다. 또한 그들은 그리스적 재능의 섬세함을 인정하긴 했지만 약간만 인정했습니다. 게다가 그들에게 장식이 사용된 재료에 어울리는지 아닌지, 혹은 그 장식이 우리가 뚜렷이 구분했던 두 양식 중 첫 번째 것에 속하는지 두 번째 것에 속하는지, 두 가지에 동시에 속하는지 하는 것들은 논외의 문제였습니다. 화려한 것이기만 하면 어떤 종류의 장식이든 그들의 마음에 들었습니다.

그러나 장식에서 그리스의 **합리주의**와 로마의 **절충주의**의 결과들을 추적하기에 앞서 우리는 메디아와 아시리아 문명이 선보였던 예술의 특이한 단계를 짧게 살펴보아야 합니다. 이 예술이 그리스 미술에 영향을 미쳤다는 데는 이견의 여지가 없으며, 그 영향은 이집트 미술의 것으로 추정되는 것보다 훨씬 강력합니다.

메소포타미아는 전 영토에 벽돌을 만드는 데 요긴하게 사용되는 가소성 있는 흙이 있었으며, 매우 풍부한 역청 산지들도 있었습니다. 일부 산등성이에는 석회석, 석고, 심지어 부드러운 대리석까지 매장되어 있었죠. 화창한 기후 덕분에 유프라테스 강의 진흙으로 엄청난 양의 벽돌들을 야외에서 건조시켜 만들어 낼 수 있었습니다. 그러므로 이처럼 쉽게 얻을 수 있는 이런 재료들로 그들은 건물의 본체를 석재 지하 구조 위에 세웠습니다. 벽들은 구운 벽돌들로 외장을 했으며, 종종 법랑을 입히거나 석회를 발랐습니다. 이 벽들 위에는 마찬가지로 건조시킨 흙으로 만들고 테라스가 올라간 궁륭을 짓거나, 벽돌 소피트와 수지류 보로 만들어지고 석회를 바른, 테라스가 수반된 천장이 지어졌습니다. 때로는 역청을 이용해 이 굽지 않은 벽돌들을 결합시켰고, 이 재료는 자연스럽게 테라스 지붕 제작을 용이하게 만들어 주었습니다. 지하를 제외하면 석재는 문틀과 내장재로만 사용되었고, 그럴 경우 조각과 인각이 표면에 새겨졌습니다. 이러한 인각에 담긴 내용은 언제나 그 건물을 세우게 된 원인을 제공한 사람이 전쟁에서 거둔 상세한 무용담이었습니다.

여러 세기에 걸쳐 아시리아의 왕들은 이웃 나라들을 강탈하는 것 외에 거의 아무것도 하지 않았습니다. 정복된 나라들로부터 가축 떼와 보석들이 실려 왔을 뿐 아니라, 사르다나팔루스 3세의 인각에서 보듯* 철, 청동, 가공되거나 가공되지 않은 목재 등—사실상 모든 것이 들어왔습니다. 더욱이 그 전체 인구가 메소포타미아에서 노예 노동자의 수를 늘리게 되어 거대한 벽돌 매스들을 만들고 쌓는 데, 거대한 석재 덩이를 채굴하는 데, 그것들을 왕궁 건축을 위해 전력으로 운반하는 데 동원되었습니다. 나아가 이 야만적 정책은 세련된 문명 상태와 동시에 발생했습니다. 아시리아인들은 그렇게 이웃 국가들의 모든 생명력과 활기를 흡수했으며, 그들 제국의 엄청난 장관을 폐허와 황야라는 환경 속에 세웠습니다. 니니베의 권력이 메디아의 침략과, 오랜 피억압 민족 유민들의 노력 아래서 무너졌을 때, 그 영광은 더 이상 아무것도 남아 있지 않았고, 유프라테스와 티그리스 강가에서 아직도 볼 수 있는 벽돌 무더기들만이 전해질 뿐입니다. 지구상의 어디에도 군주 권력의 그 같은 남용의 예를 찾을 수 없으며, 그렇게 완전한 몰락의 예도 없습니다. 사실 그 몰락의 결과, 전대미문의 가장 끔찍한 폭정으로 고갈된 그 땅 위에 그 이후로 어떠한 새로운 문명도 세워지지 못했던 것입니다.

메소포타미아의 경계를 이루는 산들이 한때 멋진 숲으로 뒤덮여 있던 것은 확실합니다. 수집된 인각들에서 왕들이 궁전을 짓기 위해 엄청난 양의 삼나무를 베어 오도록 했다는 이야기가 종종 발견되기 때문입니다. 이 산들은 지금은 벌거숭이입니다. 모든 것으로 미루어볼 때 그것은 아시리

---

* Fresnel, Felix Thomas와 Jules Oppert가 쓴 *Expédit, scient, en Mésopotamie executée par ordre du gouvernement* de 1851 à 1854 (1853) 참조.

아의 파괴 이후로 계속 그런 상태인 것입니다. 아시리아의 군주들은 자신들이 소비하고 있던 식물 자원을 재생하는 데는 거의 관심이 없었습니다. 그들은 모든 것—사람, 사물, 동물, 숲 등을 취했습니다. 그러면서 대지는 그들의 후손들이 자신들과 마찬가지로 무모한 강탈을 계속하더라도 결코 고갈되지 않으리라고 생각했죠. 예술의 관점에서 그렇게 구성된 문명은 그에 상응하는 예외적인 종류, 크기, 성격의 건물들을 세웠으리라고 추정할 수 있습니다. 그러나 이 건물들의 유적에는 야만주의에 가까운 조건을 추정하도록 하는 점은 아무것도 없습니다. 반대로 그것들은 극단적으로 발전한 물질문명의 온갖 세련됨을 드러내 보입니다. 전체 배치에서 모든 것은 서로 조화를 이루고, 정렬되어 있으며 구성되고 예측되어 있습니다. 또한 시공에 수반된 작업의 순서와 규칙은 강력하면서 완전한 행정 조직을 드러냅니다. 수로들은 세세하게 신경 써서 통제되었습니다. 모든 방향에서 강의 주기적 범람을 확인하기 위해 세워진 제방들의 흔적이 발견되며, 평야에 물을 대기 위해 댐들이 설계되었습니다. 저 험악한 아시리아 군주들은 자신들의 제국 주변을 사막화시키면서도 쾌적한 정원과 파릇파릇한 초원 속에 사는 것을 즐겼기 때문입니다. 주변 국가들에서 결박해 데려온 사람들은 현대의 기기들로도 충분하지 않은 임무들에 투입되었습니다. 수많은 운하와 지류들로부터 가져온 점토질의 흙을 이 노동자들이 햇볕에 말리거나 불에 구워 엄청난 양의 벽돌들로 만들고, 이 재료들로 사실상의 언덕이나 고원을 올렸습니다. 그 위로 거대하고 높은 궁전들이 세워졌으며, 이를 둘러싼 성벽의 양편에는 총안이 있는 탑들이 세워졌습니다. 이 고원들에는 물을 배출하기 위한 도관이 통과하고 있었습니다.

여전히 지배적인 동방의 관습에 따라 이 궁전들은 대칭적인 방식으로 배열된 거주지들이라기보다는 도시에 가까웠습니다. 그것은 용도에 따라 설계된 건물군으로, 뜰이나 회랑을 둘러싼 여러 개의 방들이 수반되었습니다. 물은 안마당과 정원을 통과해 흘렀습니다. 이긴 점토로 만들고 시멘트나 역청을 바른 테라스가 건물에 씌워져 동방 지역의 더운 낮이 지난 후에 시원한 저녁 공기를 즐길 곳을 제공했습니다. 일건 벽돌로 쌓은 거대한 벽들은 매우 조심스럽게 만들어지고 젖은 점토나 역청의 얇은 층으로 결합되었으며 석회와 밝은 색 법랑 벽돌로 외장을 했습니다. 문에는 영국 박물관과 루브르에서 볼 수 있는 것과 같은, 날개 달린 사자나 인간의 머리가 달린 황소 등의 거대한 형상들이 조각되었습니다. 혹은 사자를 죽이는 인간의 모습이 틀 받이를 이루고, 법랑 벽돌로 된 아키볼트가 딸린 반원형의 불소성 벽돌이 궁륭들을 지지했습니다. 플라스(Victor Place, 1818-1875)는 코르사바드 성에서 궁륭이 있는 그러한 문 가운데 하나가 현존하는 것을 발견했습니다. 이 발견은 궁륭 천장이 상대적으로 최근에, 우리 시대로부터 6세기 이전 이상으로는 거의 올라가지 않는 시기에 발명되었다고 주장했던 고고학자들에게 적지 않은 충격을 주었습니다.

도판 27은 코르사바드 궁 남동문의 투시도로서, 플라스의 발견에서 얻은 자료에 따라 복원되었고 E. 토마[1]가 꼼꼼하게 그린 것입니다. 거대한 날개 달린 황소들로 이루어진 입구의 베이스먼트는 대리석으로, 각 형상은 일체식으로 만들어져 있습니다. 위로는 아치형 입구와 두 개의 탑을 이루는 일건 벽돌조의 매스들이 올라갑니다. 보존되어 있는 일부 유사한 부분들과, 헤로도토스의 기술에 의해 판단해도 좋다면 전체 건물에는 필시 색채가 들어간 회반죽을 칠했을 것입니다. 그 외에 색이 있는 법랑을 칠한

---

1) 플라스 팀의 발굴 과정은 모두 그의 수석 조수였던 펠릭스 토마(Félix Thomas, 1815-1875)의 드로잉과 동판화 등으로 남아 있다. E. Thomas는 F. Thomas의 오기로 보인다.

**도판 27** 코르사바드 궁의 남동쪽 전경

벽돌 프리즈와 아키볼트들이 있었고, 이것들은 장식들, 인간 형상들, 사냥 장면들, 전투 등을 재현하고 있었습니다.

탑의 외장면 장식 체계를 관찰해 볼 만합니다. 그것은 코르사바드 궁의 모든 부분에서 사용된 장식으로, 원통의 일부가 병렬되어 있는 것이 마치 오르간의 파이프들 같은, 혹은 좀 더 정확히 말하면 수직으로 조밀하게 서 있는 나무들 같은 모습입니다. 더 이상 도입되지 않게 되었던 구조 체계의 이런 예외적 전통에서 모든 장식이 완벽하게 합리적이며 건축 방식과 조화를 이루고 있었다는 점에 주목해야 합니다. 사실상 전체가 벽돌로 이루어진 [구조] 위에 법랑 벽돌들을 상감하거나 합판을 대어 미장면과 같은 높이로 만든 것입니다. 조각은 석회질 재료로 이루어진 부분들에 한정되었으며, 기초는 매우 낯설고 거대한 외양이 특징적인 베이스먼트를 이룹니다.[*] 또한 이 조각의 특징을 검토할 때 우리는 그것이 초기 도리스 기념비들과 얼마나 닮았는지 깨닫지 않을 수 없습니다.[**] 그러므로 헤로도토스, 크세노폰, 퀸투스 쿠르티우스, 디오도루스 시쿨루스 등이 공통되게 증언하는 바에 따르면, 법랑 벽돌의 상감과는 별개로 회반죽이 다양한 색채로, 특히 파랑, 노랑, 빨강으로 칠해졌다는 점에서 아시리아 건축에서 회화는 장식 체계의 주된 역할을 했습니다. 우리는 그처럼 거대한 수직의 채색면이 만들어 낸 효과를 상상할 수 있습니다. 매우 선명한 에나멜 덕분에 단조로움을 벗어난 벽면 전체가 섬세하게 깎아 내거나 화려하게 조각된 석조 베이스먼트 위에 놓여 있었던 것입니다. 깃대는 금동이 씌워지고 끝 부분이 커다란 둥근 방패 모양이나 종려나무 모양으로 마무리되어 도판 27에서 보

---

[*] Place와 Thomas의 저작 *Ninive et l'Assyrie* 참조.
[**] 팔레르모 박물관의 셀리눈툼 메토프들을 보십시오.

듯 이 입구들의 측면들에 고정되었습니다.*

동방은 지구상에서 사람들의 관습이 변화의 영향을 거의 받지 않는 지역입니다. 그렇기 때문에 14세기와 15세기에 페르시아에 세워진 건물들은 여전히 동일한 장식적 특징들을 보존하고 있습니다. 외부적으로 거대하고 수평적이기까지 한 표면들, 법랑 타일이나 압형으로 무늬를 찍은 스투코의 일부 프리즈, 원개가 얹힌 평지붕, 신선한 공기와 냉기를 유입하기 위한 상층 로지아, 상대적으로 화려하고 단단한 재료로 만들어진 지하 등이 그 특징들입니다.

확실히 도리스 인들은 이런 건축적 특징들을 모방하지 않았습니다. 그들의 관습에도, 그들이 사용할 수 있는 재료들에도 적합하지 않았으니까요. 그러나 그들은 건물 표면을 채색했으며, 크세노폰이 메소포타미아를 횡단했을 때 이미 폐허 속에 파묻혀 있던 조각들의 특징을 모방하는 데서 시작했습니다. 그러나 당시에 그리스 미술은 해방되었고, 더 이상 그 자신의 재능 이외에 다른 어떤 것으로부터 영감을 얻지 않게 되었습니다.

도리스 건물들의 장식 사례를 지금 제시하는 것은 불필요한 일일 것입니다. 너무 잘 알려져 있는 데다 그토록 자주 복제되고 거론되어 왔으니까요. 이 강의들에서도 그리스 건축의 장식에 대해서는 종종 논의한 바 있습니다—한결같이 수수한 특징을 갖는, 조각보다는 회화에 의존하는 장식입니다. 제정기 로마의 장식 역시 친숙하게 알려져 있습니다. 사치스럽고, 너무 자주 평범한 로마 장식의 주된 장점은 값비싼 재료를 많이 쓰고 장식적 수단을 취미에 준해서 적용하기보다는 아낌없이 낭비하는 데 있습니다.

---

* 루브르의 아시리아 박물관에는 이 외장에서 나온 금동 파편들이 있으며, 그 밖에 건물들이 그려진 수많은 저부조들이 있습니다.

그러나 그들의 건물 내부와 외부 장식 모두에서 (대개 그리스 인이었던) 예술가들이 사용된 재료의 풍성함에, 그리고 조각의 스타일에 장엄한 분위기를 부여하는 솜씨를 드러냈다는 점은 인정하지 않을 수 없습니다. 그런 분위기야말로 유사한 효과를 산출하려는 시도가 이루어지는 오늘날과 같은 때에 간과할 수 없는 것입니다.

제국의 건축 장식의 가장 큰 결점은 여백이 없다는 것입니다. 이 말이 어떤 의미인지 설명하겠습니다. 그리스 고전기 건축의 경우처럼 장식이 명확한 위치들에만 놓일 때, 즉 건축 부재들이 매우 조심스럽게 고려되고 비례가 계산되고 형태가 만들어져서 그 자체로 중심적인 장식이 될 때, 좀 더 분명히 말하자면 건축적 형태들의 구조가 장식을 이룰 때, 그 구조는 보다 큰 저항력을 선보이는 부분들, 보다 강도가 큰 부분들을 필요로 하게 됩니다. 그에 따라 조각된 장식은 강도와 저항력이 적은 부분들에 한정됩니다. 그러므로 도리스식 신전에서 돋을새김이나 조각에 적합한 부분들은 메토프, 프리즈, 박공의 팀파눔뿐임이 분명합니다. 나머지 부분들은 모두 실제 구조의 부재들로서, 그 기능을 충실히 표현하는 데서 발생한 장식적 형태를 취합니다. 그러나 떠받친다고 하는 기능을 완벽하게 나타내고 있는 도리스식 주두를—시각적으로 지지부라는 사실이 표현되고 있지 않은—코린토스식 주두로 대체한다면, 그것은 지지해야 할 하중 아래서 부서질 것처럼 보이게 되고, 우리는 지지되는 부분들이 보다 가벼워 보이게 만들지 않으면 안 되게 됩니다. 그럴 경우 프리즈를, 그리고 심지어 아키트레이브와 코니스를 화려하게 장식해야만 합니다. 그렇게 되면 결과적으로 장식적인 윗부분과 부드러운 원주 주신 사이에 조화가 결여되고 맙니다. 주신에 플루팅을 깊게 새겨야 하고, 또한 주신 자체는 주두의 화려함에 상응하여 받침 위에 놓여야만 합니다. 그러나 여기에 그치는 것이 아닙니다. 마찬가지 과정이 건물의 모든 부분에서 계속되어야만 합니다. 기능상 특수한 힘을 드러내는 형태를 유지해야만 하는 건축 부재들을 장식할 때 예술가는 곧 장식을 보편적인 것으로 만들게 됩니다. 특히 지지부로서의 기능이 그다지 드러나지 않는 매끈한 표면들의 경우에 그렇습니다. 그렇기 때문에 그리스 인들은 코린토스식 주두를 서서히 도입했으며, 처음에는 예컨대 뤼시크라테스의 코레고스 기념비와 같은 매우 작은 규모의 건물들에만 사용했습니다. 이오니아식 주두는 화려한 장식에도 불구하고 그것이 지지부라는 사실을 표현합니다—특히 그 초기 형태의 경우 그렇습니다. 그 소용돌이 부분은 원주 주신의 직경을 넘어서서 굴려지며, 아바쿠스 위에 얹힙니다. 그 소용돌이는 지지부를 감추지 않고 다만 우아하게 끝마무리하고 있습니다.

로마식 홀은, 구조의 다양함을 가정하지 않더라도 외부적으로나 내부적으로나 매우 상이한 방식으로 장식될 수 있었습니다. 그리고 실제로 그 건물 중 하나에서 장식을 완전히 벗겨 냈다고 하면 열 사람의 건축가가 있을 때 열 명이 저마다 다른 장식 방법을 생각할 수 있습니다. 장식이 그 구조에 의해 결정되는 그리스 건축의 경우는 이와 다릅니다. 여기서 다양성은 중요성이 덜한 세부나, 회화의 스타일에 관해서만 고려될 뿐입니다. 그리고 가장 미미한 성과만을 거둔 건축가들의 경우라 해도 이런 부수적인 부분들을 위해서조차 친숙한 구조에서 연역된 법칙들이 있습니다.

로마 판테온의 로툰다에서 내부 주범들, 대리석, 띠 몰딩이 모두 없어졌다고 생각해 봅시다. 덧붙여진 이 장식의 흔적이 전혀 남아 있지 않고, 거기 어떤 것들이 있었는지도 전혀 알려져 있지 않은 상태에서 몇 사람의 건축가들이 아무것도 없는 그 실내를 다시 장식하도록 의뢰받았다고 해 보죠. 이들이 저마다 상이한 디자인을 만들어 내리라는 것은 명백합니다. 그들 중 누군가 그 거대한 벽감들을 원주를 차폐물 삼아 막을 생각을 하는 이가 있을까요? 두세 개의 주범들을 원형 벽 높이로 겹쳐 놓게 될까요? 아니면 단 하나의 주범만 놓거나 전혀 놓지 않게 될까요? 사실 그 구조에는 장식이 어때야 할지를 지시하는 것이 전혀 없습니다. 그 장식이란 그저 화장 마감을 한 것뿐이지만 그럼에도 그것이 지극히 중요하다고 할 수 있을 만한 점은 보이지 않는 것입니다.

모든 건축가는 로마식 건물―그리스적 방법이 아니라 혼동 없이 진정 로마식으로 지어진 건물들의 삽화들을 가지고 있습니다. 저는 그러면 그에게 이 건물들의 장식을 구성하는 것들을 상상을 통해 억누르고 그 구조만을 고려할 것을 요청하겠습니다. 그리고 가능하다면 그 장식이 어떤 것이었는지에 대한 모든 지식을 잊은 채로 합리적인 방식으로 다시 장식하려고 노력해 볼 것을 요청하겠습니다. 우리는 그가 실제로 존재하는 장식과 매우 다른 어떤 것을 디자인할 것임을 확실히 예견할 수 있습니다. 그러나 이 문제를 더 확장하지는 않겠습니다. 이 강의들에서 이미 거론되었으니까요. 우리는 제국의 건축 장식에 대해 경탄할 수 있습니다. 그러나 그것은 오직 값비싼 재료들을 쌓아 올리고자 하는 욕망에서 기원할 수 있었으며, 그 효과가 아무리 충격적이거나 거대하다고 해도 사치스러움을 과시하고자 하는 것입니다. 혼합된 성격을 가진 일부 건물에서 확실히 예외적인 경우가 있기도 했습니다. 이를테면 바실리카에서 장식은 그 목적에 부합했으며 구조에 통합된 일부였습니다. 그러나 바실리카는 진정한 로마식 건물이 아니라, 그리스와 오리엔트에서 기원한 복합적인 건물인 것입니다.

로마 제국이 그 중심을 동방으로 가져가려는 경향을 보일수록 그리스적 재능은 제국의 권력이 정점에 도달하기 이전에 건축 예술에서 그것이 행사했던 영향력을 되찾았습니다. 그것은 또한 시대에―로마 인들이 만들어 낸 사회적 조건의 필요에 따랐음을 우리는 관찰할 수 있습니다. 그리스적 재능은 페리클레스가 살던 때 유행하던 형태들을 복제하거나 부활시키는 데 스스로를 한정하지 않았습니다. 그것은 로마의 구축 체계에서 도출된 이점들을 인지했으며, 그 구조의 장식가에 지나지 않는 입장을 오랫동안 감내한 끝에 그 구조를 장식의 양태와 조화롭게 만듦으로써 개선해 나갔습니다. 저는 아그리파의 판테온 장식이 시공 면에서 콘스탄티노플의 아야소피아 성당보다 훨씬 우월함을 인정합니다. 그러나 후자의 장식과 구조 사이에 판테온보다 훨씬 긴밀한 연관이 있다는 것은 간단한 검토만으로도 충분히 드러납니다. 아야소피아 성당에서 중첩된 장식을 발견하게 되긴 하지만 그것은 일종의 태피스트리를 형성할 뿐이며, 주범들은 유용하고 심지어 필수적인 목적에 종사하고 있습니다.

비잔틴 장식에 대한 이야기를 시작하기에 앞서 콘스탄티노플에서 멀지 않은 시리아의 그리스 인들이 장식 미술을 어떻게 생각했는지 알아보는 것이 좋겠습니다. 우리는 시리아 건축의 가장 단순한 사례 중 하나를—사실상 가장 흔한 유형을 살펴봄으로써 그리스적 재능의 본질적인 성격을 보다 명료하게 제시할 수 있을 것입니다. 그리스적 재능은 참된 원리들에서 멀어지지 않은 채로 새로운 조건들에 너무나 쉽게 적응합니다. 누구나 폼페이의 그리스-이탈리아 주택들을 보았으며, 혹은 어쨌든 상당히 정확히 그것들을 재현한 매체들을 통해 친숙하게 알고 있습니다. 그러므로 여기서 주택 건축의 이러한 사례들의 실용적 측면에, 혹은 사람들의 요구와 습관에 너무도 완벽하게 조화를 이루는 품위와 우아함에 특별히 주목할 필요는 없습니다. 화려하게 장식되었든 단순하든 폼페이의 주택들은 예술적 관점에서 대등한 가치를 가지며, 그들의 장식은 그러한 습관의 표현입니다. 나폴리 만의 해안에 여기저기 퍼져나간 도시들은 매력적인 환경 속에 지어진 것들로, 재료와 모든 종류의 재원이 풍부했으며 거주자들에게 그들의 건물에서 나타나는 편안하고 우아한 생활을 제공했습니다. 안타키아 주변, 페르시아와 아라비아 만과 콘스탄티노플 사이에 상업적 관계를 유지시켜 준 대상들이 오가던 경로에 흩어져 있던 소도시들은 성격이 달랐습니다. 여름에는 타는 듯하고 겨울에는 변덕스러운 기후를 가진 건조한 지역에 세워진 그 소도시들의 유일한 존재 이유는 대상(隊商)들이 지속적으로 지나가는 곳이라는 데 있었습니다. 문제의 지역에는 강이 없고, 격류조차 거의 없습니다. 목재는 없지만 석재는 천지에 널려 있죠. 그 많은 소도시들의 폐허는 여전히 남아 있고, 거주지들을 거의 손상 없이 볼 수 있습니다. 그들이 점유했던 지역의 상당 부분에 목재가 전혀 없었기 때문에 건물의 모든 부분, 심지어 문까지도 석재로 만들어져 있기 때문입니다. 바닥은 인방이나 아치를 가로질러 놓인 거대한 석판들로 이루어져 있습니다. 테라스가 딸린 지붕도 마찬가지 방식으로 만들어졌습니다. 그렇게 제한된 수단들을 가지고 만든 이 주거들이 단순한 혈거와 닮지 않을 수 없었으리라고 추측할 수도 있을 것입니다. 그러나 전혀 그렇지 않습니다. 그리스인은 여전히 자신의 원시적인 건물들에 어떻게 예술을 도입하면 될지 알고 있었고, 어떻게 하면 장식이 요구들을 표현하면서 구조의 양태에 완벽하게 부합하게 될지 알고 있었습니다.

도판 28은 중앙 시리아의 그런 작은 주거지 중 하나의 내부를 재현하고 있습니다.* 구조가 이보다 솔직하게 표현될 수 있을 것이며, 장식이 이보다 단순하고 참될 수 있겠습니까? 주요한 공간들은 1층과 2층에 자리 잡

---

* 라파디 지구에 위치한 이 집에는 510년 8월 13일 날짜가 새겨져 있습니다(le Comte Melchior de Vogüé, dessins de Duthoit, *la Syrie centrale* 참조).

도판 28 시리아 주택(그리스~비잔틴)

고 있으며, 두 열의 상대적으로 깊은 포르티코가 열려 있어 태양의 열기와 이 지역에서 매우 가혹한 겨울 폭풍에 대한 피신처로 잘 활용됩니다. 1층의 포르티코에는 몰딩이 전혀 없고, 아마도 몇 개의 그림으로 장식되어 있었을 것입니다. 그것은 세로로 놓인 단일한 석재들로 이루어져 있으며 그것이 홈에 끼워져 2층 바닥을 형성하는 슬래브들을 떠받치고 있습니다. 모든 장식은 이 층을 위해 절제됩니다. 그것은 집의 **로지아**—가족이 모이는 곳입니다. 포르티코를 둘러싸고 소용돌이꼴로 끝나는 넓은 몰딩 위로는 돌출 코니스가 있습니다. 이 코니스는 건물을 덮고 있는 슬래브들의 끝 부분으로 형성됩니다. 코니스에 파여 있는 홈통이 테라스의 물을 받고, 석루조에 의해 정원으로 떨어집니다. 다양한 형태의 주두를 가진 세 개의 원주가 이 상층 포르티코의 외관에 견고한 우아함을 부여하고, 튼튼한 난간이 이런 인상을 강화합니다. 난간의 패널 몰딩이 돌출하여 원주의 받침이 평평한 표면에 접하도록 만듭니다. 인방이 직각으로 이어져 놓인 곳에는 일체식으로 깎아 낸 돌출 코벨을 두어 인방의 하중을 받칩니다. 이런 것들이 사소한 문제라는 것을 저는 인정합니다. 그러나 건축에서는 이런 사소한 문제들이 거의 모든 것이나 다름없습니다. 그리고 우리가 그것들을 관찰하면서 경험하게 되는 만족감은, 용도도 의미도 알 수 없는 장식으로 뒤덮인 파사드를 바라볼 때 느끼는 즐거움보다 훨씬 큽니다. 더욱이 이 가식없는 주거에는 비례의 감각이 심오하게 드러나 있지 않습니까? 이것들은 인간의 신장과 적당한 관계에 있지 않나요? 집이 그 거주자들의 습관을 뚜렷하게 나타내고 있지 않습니까?

같은 나라 안에서 좀 더 기후가 좋은 다른 지역에는 목재들이 있었습니다. 그리고 여기서 우리는 다른 구축 체계를, 그리고 결과적으로 다른 장식 방법을 발견합니다. 하지만 그토록 상이하게 건물을 지은 이 부족들은 불과 수 킬로미터 거리에 살고 있는 이웃들이었습니다. 그리고 그들은 동시에 자신들의 마을을 건설하고 있었습니다. 그렇다면 그들이 오늘날 우리가 하는 것과 달리 일을 진행한 것은 어째서입니까? 우리들은 마을에서도 도시의 건물들을 모방하려고 하고, 재료의 본성, 기후, 몇 개의 지역에 따라 장식의 방식을 다양하게 만들려는 노력은커녕 나라의 이 끝에서 저 끝까지 합당한 이유도 없이 그저 당대에 유행하고 있을 뿐인 디자인들을 복제하고 있는데 말이죠. 어째서였습니까? 문제의 부족들이 상식에 근거한 그리스적 재능을 보존하고 있었기 때문입니다. 그리고 믿기 어려운 일이지만 우리는 그리스 인들의 이런 재능을 내세우면서 실제로는 그 핵심적 특성을 구성하는 것을 상실해 온 것입니다. 몇몇 훌륭한 사람들이 한때 자신들의 특수한 환상과 관심에 맞추어 이른바 그리스 스타일, 그리스 취미, 그리스 미술이라는 것을 스스로 형성했습니다. 그러고는 대중의 무관심을 틈타 그들은 그리스 미술의 유일한 해석자를 자임했고, 그들만의 작은 교회의 울타리 밖에는 혼돈과 야만주의만이 있을 뿐이라고 우리를 설득하는 데 성공했습니다! 그러나 그리스적 재능이 현신하여 우리에게 돌아올 수 있다면 거짓된 고전적 유파가 휘감고 있는 겉 껍질과, 자신의 이름을 빌려 저질러진 무의미한 것들을 보고 적지 않게 놀랄 것입니다.

비잔티움에서는 그리스적 정서가 미술에 그렇게 극단적인 영향을 미치도록 내버려 두기에는 로마 전통의 힘이 너무 강력했습니다만, 그럼에도 불구하고 그 영향은 크게 나타납니다. 처음으로 우리에게 떠오르는 것은 그것이 장식과 구조 사이에 결정적인 상호 관계를 수립했다는 것입니다. 콘스탄티노플의 아야소피아 성당에서 필연적인 목적에 기여하지 않는 건축적 부분을, 심지어 장식적인 부분을 하나라도 찾으려고 해 보아도 소용없습니다. 이 경우 건물을 무너뜨리지 않는 이상 로마에서 했던 것처럼 전체 주범들—원주들과 엔타블라처들—을 제거할 수 없을 것입니다. 아야 소피아 성당에서 원주들과 그 주두들은 그저 장식물이 아닙니다. 그것들은 실제로 구조를 지지하고 있습니다. 구조는 심지어 아치의 기공석과 궁륭을 떠받친다고 하는 목적에 적합한 새로운 형태를 취합니다. 실내 평면의 표면으로 말하자면 수직적 부분들에 대리석 슬래브들이 덮여 있고, 궁륭 천장에는 모자이크가 들어갑니다.

고전기 그리스 인들이 색이 있는 대리석이 아니라 흰 대리석이나 석재에 색을 입혀서 사용했다는 이야기를 앞서 했습니다. 그렇게 함으로써 그들은 건물 실내는 물론 외부에서 색채의 조화를 통제했습니다. 그리고 색채의 조화를 보장하기 위해 첫 번째로 요구되는 조건은 같은 재료 혹은 쉽게 섞일 수 있는 재료를 사용하는 것입니다. 적용된 색채는 제시된 표면들이 색조의 측면에서는 아니라고 해도 최소한 재료의 관점에서 촉감, 부드러움, 외관상의 단단함, 광채 등의 통일성을 보이게 된다는 이점을 갖습니다. 그러나 우리가 어떤 건물에 색이 있는 대리석이나 벽옥, 붉거나 녹색인 반암 등을 사용한다면 본래 색깔을 가진 재료들과 물감이 결코 어우러질 수 없을 것이고, 반사 효과와 놀라운 색조의 강렬함을 보여 줄 수 없을 것입니다.

어떤 채색 장식도 이 천연의 색채들과 조화를 이루지 않을 것입니다. 색깔이 있는 대리석은 외관상 그것과 유사한 대리석이나 색깔 있는 재료 혹은 금이나 청동과 같은 금속을 필요로 합니다. 제정기 로마 인들은 두 가지 방식의 채색 장식을 결합하는 데 망설이지 않았습니다. 천연의 색을 가진 재료들로 된 장식과 채색된 재료들로 된 장식들을 말이죠. 그러나 우리는 로마 인들을 미술에 대한 세련된 취미의 본보기로 삼아서는 안 됩니다. 로마의 건축이 비잔티움의 그리스 공동체들에 소개되자 이 공동체들은 곧 자신들의 본능적 취미가 그것을 압도하도록 했습니다. 장식물과 구조는 밀접하게 결합되어 있었습니다. 그리고 제국이 색깔 있는 대리석의 사용을 요구했기 때문에 전체 색채 체계는 이를테면 대리석이나, 유리 모자이크처럼 유사한 외관을 가진 재료들을 사용하도록 만들어졌습니다. 그러므로 벽은 조화로운 색조의 거대한 대리석 슬래브들로 덮였습니다. 원주들은 매우 강하고 따뜻한 색채의 대리석들, 반암과 벽옥으로 만들어졌으며, 주두와 받침은 흰색 대리석으로 만들어 지지대로서의 표현을 망가뜨리지 않는 섬세한 조각으로 뒤덮었습니다. 볼트와 곡면은 대리석 슬래브를 붙일 수 없었기 때문에 작은 색유리나 투명한 법랑 아래 빛나는 입방체들로 만든 모자이크를 아로새겼습니다. 그리하여 장식의 전체 외관은 유사한 색채 효과들을 갖는, 빛나고 단단해 보이는 재료들에 의해 제시되는 것이었습니다. 채색은 건물의 고립된 부분에 부차적으로만 사용되었으며, 전체적인 효과에 포함되지 않았습니다. 나아가 섬세한 무늬나 전체의 라인이 주는 안정감에 영향을 미칠 수 없는 매우 가는 트레이서리 외에는 조각은 없었습니다. 이것이 우리가 건물에 장엄함의 외관을 부여하고자 할 때 핵심적인 중요성을 갖는 원리입니다. 그렇게 해서 아야소피아 성당의 실내는 실제보다 훨씬 더 거대해 보이는 반면, 로마의 산피에트로 대성당은 그 장식을 구성하는 거대한 조각들과 몰딩들로 인해 상대적으로 작아 보이는 것입니다.

아야소피아의 건축 스타일이 많은 비판의 대상이 되고, 그 건물의 시공이 개념의 장엄함에도 불구하고 완벽하지 않지만, 그리고 제국의 전성기 건물들의 시공에 비교해 볼 때 심지어 많은 부분에서 부주의함과 예술의 쇠락을 보여 주지만, 그럼에도 불구하고 내부 장식의 올바른 개념이라는 관점에서 이 거대한 교회는 그 문제를 해결한 것으로 보입니다. 주제가 너무도 완벽하게 표현되어서 더하거나 뺄 것이 없습니다. 이것은 사용된 평면이 너무나 솔직하고 명료했으며, 지하로부터 궁륭에 이르기까지 너무도 엄격하게 추구되었기 때문입니다. 외부의 빛이 분산되는 방식이 그것을 완성함으로써─유사한 재료들로 만들어지고 유사한 성질의 색채들로 이루어진 이 표면들 전체 위로 반사되는 빛을 던짐으로써 그 효과를 더했습니다. 이때 빛은, 그것이 비춰지는 재료들의 유사성이 크기 때문에 일정한 강도를 유지합니다. 아야소피아 교회의 거대한 중앙 돔과 앱스의 궁륭들은 모두, 잘 알려진 것처럼 촘촘하게 인접해 나 있는 일련의 창문들로 인해 그 받침 부분이 뚫려 있고, 따라서 이 궁륭들은 특정한 지점들을 고정시킨, 바람에 부풀어 오른 돛처럼 보입니다. 이러한 방식의 구조가 산출하는 효과와는 별개로 궁륭 받침의 이러한 개구부들은 원개들의 내호 아래 공기층을 비추는 추가적인 이점이 있습니다. 그렇게 조명된 이 대기층으로 인해 관람자의 눈과 상층 모자이크들 사이에 빛나는 아지랑이가 가로놓이게 됩니다. 이러한 매개체가 없다면 상층의 모자이크는 딱딱하고 너무 밝게 보였겠지만, 실제로 그렇게 해서 그것들을 돋보이게 하고 부드러워 보이게 하는 투명한 색조를 얻게 됩니다. 여기서 다시 한 번, 건축 장식에서 빛의 효과를 연출하는 데 실패하는 법이 없는 그리스 인의 재능이 나타납니다.

오늘날 이러한 섬세함은 아마도 상상에나 나올 만한 것으로 여겨질 것입니다. 그리고 어떤 건축가가 지금 빛의 배치가 건물의 실내에 장엄함, 평온함, 쾌활함 등의 효과를 산출할 수 있다고 말한다면 그는 미친 사람 취급을 받을 가능성이 높습니다. 그가 원근법이 시공에서 산출하게 될 효과들을 고려한 설계를 제시했을 경우에도 그보다 나은 취급을 받기는 어려울 테지요. 이것은 장식 디자인에 이성을 적용하는 일일 것입니다. 그러나 특정한 유파는 이성의 그러한 적용을 가리켜 '불건전하다'는 의견을 가지고 있습니다.

그러나 건물의 외부와 내부 장식이 문제가 될 때 건축가는 빛과 원근법, 그에 따라 방위, 아울러 관찰자와의 거리 등을 고려해야 할 것으로 여겨질 것입니다—또 이전 시대의 매우 많은 건축가들도 이런 의견을 가지고 있었습니다. 그 두 가지—우리가 그 효과를 무시할 수 없는 조건들인 빛과 원근법을 지적으로 고려하고, 약간의 상식만 가진다면 우리는 막대한 비용을 절약하면서 확실하게 원하는 효과들을 산출할 수 있을 것입니다. 그러나 일반적으로 건축가는 종이 위에서 만족스러운 효과들을 연출하는 데 만족합니다. 그리고는 자신의 매력적인 설계가 허접스러운 결과만을 가져온다는 것에 매우 놀라지요. 계속해서 말합니다만 원근법과 빛이 건물에 미치는 정확한 효과를 미리 깨달으려고 노력하는 것으로 많은 비용을 절약할 수 있습니다. 나아가 그런 무용한 지출을 피할 수 있을수록 우리는 예술 작품의 가치를 높일 수 있습니다. 주로 고려해야 하는 것은 사물들을 적절한 위치에 자리하도록 하는 일입니다. 보는 사람이 싫증 낼 만큼 화려한 파사드의 장식은 적절한 위치를 찾아 몇몇 지점에만 한정해서 적용했더라면 보기 좋았을 것입니다. 이런 관점에서 동방인들은 우리보다 탁월합니다. 그들의 건물에서는 장식을 아무리 해도 결코 그것이 매스의 효과를 해치는 법이 없습니다. 그들의 장식에는 언제나 쉴 곳이 있습니다—나아가 그런 지점들은 구조의 지배 아래 있습니다. 눈을 피로하게 하기는커녕 이 장식은 돋보일 만한 곳에 적용되어 눈을 사로잡습니다. 우리는 동방의 장식 방법으로부터 너무 멀어져서 이 방법들이 현재 우리를 지배하고 있는 방법들과 어떻게 다른지 짚어 볼 필요가 있습니다.*

---

\* 동방의 건물들에 대해 논하면서 우리는 페르시아와 소아시아, 이집트 유파의 건물들에만 논의를 한정할 것입니다. 힌두 건축은 그 미적 특성을 다루려면 우리가 감당할 수 있는 한계를 넘어서는 관계로 여기서 배제합니다.

17세기 이래로 이탈리아와 프랑스에서 모두 현대 건축의 위기에 가장 적절치 못한 종류의 고전 건축에서 장식적 형태를 위한 요소들을 찾아왔습니다. 따라서 이를테면 황제들의 제정기에 도입한, 그리고 특정한 예외들이 있긴 하지만 건물을 구성하는 **주범들**을 우리는 대부분의 경우 중첩시켜서만 사용할 뿐입니다. 정면 혹은 표면을 눈에 거슬리도록 단조로운 수직선과 수평선으로 분할한다는 것은 이런 주범들의 결점 가운데 가장 사소한 점입니다. 그렇지 않아도 부적절한 것이었을 터인 이러한 주범들의 사용은 장식에서는 훨씬 더 심각한 약점을 가지고 있을 것입니다. 건축의 주범은 고유한 축도와 기준을 가지며, 건축가는 이를 무시할 수 없으므로, 예컨대 그가 어떤 대형 건물에 중첩된 주범들을 도입하게 되면 그는 커다란 축도에 맞추어져 있는 전체의 장식을 상대적으로 작은 주범들에 종속시켜야만 합니다. 그러므로 이 장식은 건물에 비례해 보잘것없고 왜소해 보이게 됩니다. 반면 건축가가 파사드에 거대한 주범을 적용한다면, 그 분할에 따라 개구부들을 내고, 여러 층에 창문을 만들며, 돌림띠를 지나가게 해야 한다면 그 주범의 장식 축도는 삽입된 형태들의 장식 축도와 모순될 것이고, 조화가 결여되게 될 것입니다. 우리는 최근에 튈르리 궁의 강변 쪽 한 모서리를 차지하는 파비용 드 플로르에서 이 체계가 초래한 난점들의 사례를 본 바 있습니다. 건축가는 이 거대한 건물에서 논쟁의 여지없는 능력을 선보였음에도 불구하고, 작은 주범들에 의해 제시된 장식을 전체 축도에 상응하도록 만드는 데 성공하지 못했으며, 다른 누구라고 해도 이를 성공시킬 수는 없었을 것입니다. 그리고 건축가 자신이 그 어려움이 해결 불가능하다는 것을 너무도 잘 알고 있었기 때문에 그는 작은 주범들과 건물 크기 사이의 조화가 결여된 점을 교정하기 위해 건물의 모서리들과 정면 중앙에 거대한 조각들을 올렸습니다. 그 조각들 자체는 건물 전체와는 비례가 맞지만 건물의 각 층에 대해서는 그렇지 않습니다. 이제부터 이야기할 상황을 살펴보면 정확히 무엇 때문에 어려움이 발생하는지 알 수 있을 것입니다. 강변을 향한 면에 그 유능한 건축가는 중앙 피어들 사이에 벽감들을 설치하고, 그 안에 조각상들을 놓았습니다. 조각이 놓인 이 벽감들은 그 층들의 장식과 비례 면에서 완벽하게 어우러집니다. 그러나 전체 건물의 크기에 맞춘 상층 팀파눔과 모서리 상단 장식이 노출되어 있으면 조각상들과 그 벽감들은 너무 보기 흉하고 크기의 균형이 맞지 않게 보여서 없애 버려야만 했습니다. 그 효과는 참을 수 없는 것이었습니다. 우리가 이 사례를 이야기하는 것은 그 밖에 다른 점에서는 신뢰할 만한 작업을 비판하기 위해서가 아니라 17세기 이래로 건축 장식에 도입된 체계에 내재해 있는 결함을 드러내기 위해서입니다. 그 결함의 유해한 결과들은 어떤 능력으로도 배제할 수 없습니다. 그리고 건축가가 재능이 없거나 꼼꼼함이 덜하거나 자신의 작업을 수정하려고 하지 않는 편일수록 사태는 심각해집니다! 잘못된 개념을 위시하여 그는 온갖 종류의 사치나 변덕이라는 잘못을 저지릅니다. 파사드를 뒤덮은 조각 장식은 어떤 것들은 평평하고 아라베스크와 매우 유사한 반면 다른 것들은 강렬하고 튀는 효과를 연출하고 있습니다. 그는 하면 할수록 더 많은 장식을 덧붙여야만 하게 되고, 모든 비어 있는 곳은 그의 영혼을 괴롭히는 것 같습니다. 석재로 가능한 수단이 다 떨어지고, 동시에 온갖 축도를 다 도입하거나 아니면 차라리 전체와 부분에 대한 관계 전반에서 모든 축도를 무시했고, 만족스러운 결과를 얻어 내지 못한 채, 그리고 본능적으로 자신의 모든 노력과 그 모든 세부의 집적이 일관성 없는 전체를 제시할 뿐임을 느끼면서 그는 다른 종류의 장식 수단들, 즉 대리석이나 금속의 광택을 사용하지만 궁극적으로 관념의 전적인 부재만을 드러내 보이고 맙니다. 진리를 말하는 그리스

속담처럼 자신의 작업을 아름답게 만들지 못하는 그는 그것을 사치스럽게 만들었습니다. 예술가가 건축 장식에서 올바른 관념들에 인도되지 않을 때 드러내는 이런 무력함은 현대에 국한된 것은 아닙니다. 제정기 로마인들은 유사한 일탈에 빠졌습니다. 그리고 건축의 장식이란 그저 변덕의 문제라고, 건전한 판단이나 상식이 지어 놓은 한계, 그리고 축도와 원근법적 효과들에 대한 섬세한 관찰에 구애받지 않은 상상력의 순수한 작업일 뿐이라고 생각하는 모든 이들은 오늘날에도 또한 앞으로도 그러한 일탈에 빠질 것입니다.

그러나 누가 봐도 가장 형편없는 작품들만을 가지고 비판을 위한 사례들을 골라내는 것은 바람직하지 않을 것입니다. 모든 건축 체계에서 걸작인 작품들을 비교해야 할 것입니다. 한쪽에는 탁월한 건물을 놓고, 다른 쪽에는 범작을 놓아서는 안 됩니다. 한쪽이 다른 쪽에 비해 상대적으로 열등하다는 것을 인정해도, 그 자체로 지독한 원리들 역시 적용하는 방식에서 능력이 드러날 수 있기 때문입니다. 혹은 이성에 따라 처방된 법칙들이 무시되고 망상의 독재만을 따라갔을 때조차 그것을 처리하는 데서 능력이 나타날 수 있습니다. 이를테면 17세기 이래로 고전적 예술의 기만적 적용의 영향 속에 세워진 건물들에도 장식의 관점에서 매우 탁월한 작품들이 있다는 것을 인정하지 않는다면 부당한 일일 것입니다. 그처럼 파리 콩코르드 광장의 갸르드 뫼블(Garde Meuble) 건물 파사드는 우리 시대의 건물 중에서 주범의 성공적인 적용을 보여 줍니다. 이 정면부와 측면부들의 연결부가 영리하게 다루어졌고, 오늘날 종종 볼 수 있는 것처럼 형태들을 그저 중첩시켜 보여 주지 않고 있다는 사실 외에도, 거대한 원주로 이루어진 포르티코는 상대적 비례가 탁월한 1층에 놓여 두 층에 지붕을 마련하는 거대한 로지아들을 형성한다는 그 목적을 표현하고 있습니다. 여기서 우리는 진정 건축적인 관념을 보게 되며, 그것은 지극히 쾌적한 음양의 대비를 맛볼 수 있는 기회를 제공함으로써, 그리고 포르티코와 같은 높이에 마련된 방들에 차양이 있는 멋진 테라스를 마련하는 동시에 그것을 대로에서 떨어뜨리는 완벽하게 타당하고 품위 있는 선택을 함으로써 장식적 효과에 일조하고 있습니다. 이러한 장식 스타일은 대리석이나 금박을 쓰지 않고도 그 효과를 완전히 연출해 냅니다. 그리고 호화로운 성격에도 불구하고 그것은 그 장소에 걸맞은 안정되고 품위 있는 분위기를 가지고 있습니다. 거대한 로지아는 이성이 이끄는 대로 건물 중앙에 열리고, 양 끝은 파빌리온으로 마무리됩니다. 이 파빌리온들은 직각 모서리를 형성하면서 중앙의 파사드와 양옆의 두 파사드를 자연스럽고 조화로운 방식으로 연결합니다. 열주는 그 세부가 궁의 전체 규모에 대해서도 비례가 맞을 만큼 규모가 크며, 전성기 건축가들의 방법과, 그리고 최고의 사례들에 따라 건축가는 현명하게 이 파사드에 조각을 배치하지 않았습니다. 그는 중앙 로지아에 장식의 섬세함을 집중시켰습니다. 그렇게 하면서 아치형으로 뚫려 있는 베이스먼트에 조각을 놓으려는 최소한의 접근도 조심스럽게 피했습니다. 그러므로 이 작업은—적어도 우리 의견으로는—그것이 건전한 추론과 완전한 고려, 건축가가 가장 사치스러운 건물을 지을 때조차 결코 버려서는 안 되는 냉정함의 흔적을 가지고 있다는 점에서 진정 아름답고 탁월합니다. 건축가가 100만 프랑을 더 들여서 양옆 파빌리온들의 외장과 아래쪽 포르티코를 장식적 조각이나 군상 또는 단일한 조각상들로 꾸몄다면, 그는 지금 그토록 강력하게 표현되어 있는 장엄함의 전체적 효과를 깎아 먹었을 것입니다.

건축 작업에서 아름다움의 조건 중 하나는 모든 사람에게 그것이 힘들이지 않고 자연스럽게 만들어진 듯한 인상을 남기는—즉 그 설계자가 고민하거나 애를 쓰고 머리를 짜내지 않은 것처럼 보이는 것입니다. 사실은 그런 고민이 없을 수 없더라도 말이죠. 특히 착상의 부족을 드러내는 방편들—꼼꼼한 노력을 담고 있으며 디자이너의 입장에서 자신의 정신을 만족시킬 수 없으면서도 행인들의 시선을 끌고 그들을 놀라게 하려는 요량으로 만들어진 **단편들**로부터 벗어나야만 합니다. 명료할 것, 힘들이지 않고 이해 가능할 것이야말로 건축가가 염두에 두어야 하는, 변함없는 목적입니다. 대중 연설가에게 가장 큰 찬사는 청자들이 이렇게 말해 주는 것입니다. "그거야말로 내가 생각했던 바로 그대로야. 그는 내 느낌을 정확히 표현했어." 유사하게 건축가의 작품을 볼 때 누구나 결합되어 있는 재료들이 오로지 보는 이의 기대를 반영하고 있다는—[작품에서] 실현된 그 개념이 해당하는 경우의 상황에 적합한 유일한 것이라는 인상을 체험해야 합니다.

한 건물을 아무리 호화롭게 장식할 수 있어도, 그 장식은 개념에 종속되어야 하며 그 표현을 약화시키거나 방해하거나 모호하게 만들지 않도록 해야 합니다. 그런 경우 장식이 화려할수록 관념은 보다 엄격하게 표현되어야 하고, 그것은 장식으로 잔뜩 치장한 경우보다 단순한 건물에서 쉽게 표현된다는 점을 인정합니다. 그러나 관념이 결여된 경우일수록 덧붙인 장식 아래 개념의 빈약함을 감추고 싶은 유혹이 강하다는 것은 분명합니다.

동방인들에게서 장식이 결코 지배적인 개념을 가리는 법이 없다는 점에서 그들이 건축 장식에 있어 우리보다 우월하다는 것을 지적한 바 있습니다. 오히려 그들에게서 장식은 언제나 개념을 표현하는 것을 강력하게 도와주고, 장식이야말로 개념의 자연스러운 발현입니다. 그들에게는 애초에 그러한 지배적 개념이 결여되는 일이 없다는 것에 주목해야 합니다. 할 말이 없는데 말하는 것은 아카데미들이 만들어 낸 혁신 중 하나이며, 그 치명적인 결과들은 최근의 건축에서 너무나 자주 눈에 띕니다. 특정한 유파에서 예술의 관념에 대해 부차적 중요성만을 인정한다는 것을 저는 알고 있습니다. 그러나 실제로는 예술의 관념이 지배적인 쪽이며, 적어도 종속적인 것은 아닙니다. 그 현현은 드물지 않게 자유를 맛보고, 양보하지 않으려고 합니다. 이런 특징은 자기 소멸을 최상의 탁월함으로 여기는 단체들에는 즐겁지 않은 것들입니다.

그러나 건축의 장식은 그것이 매우 명료하게 하나의 개념을 표현하는 한에서만 매력적입니다. 우리는 특정한 고전적 건물들에

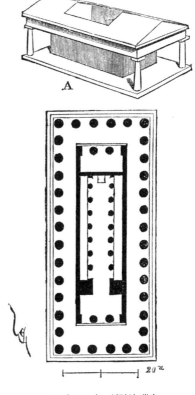

**그림 2** 그리스 신전의 개념

서 개념이 작업을 통해 어떻게 드러나는지 보아 왔습니다. 이를 계속해서 살펴보도록 합니다. 우리는 초기 그리스 신전을 예로 삼을 것입니다. 이를테면 그림 2에 그려진 파에스툼의 대신전이 있습니다. 건축가의 생각 또는 개념은 무엇입니까? 그것은 평면도에 명료하게 나타납니다. 여기서 신전은 하나의 상자, 즉 특정한 신성 또는 지역의 신성의 이미지와 그 이미지를 둘러싼 제물들을 담는 캅사(capsa)입니다. 이 상자 또는 칸막이를 둘러싸고 포르티코―회랑, 즉 지붕이 있지만 감실이나 둘러싸인 부분이 보

이도록 열려 있는 스크린이 세워집니다. 그렇다면 건물의 장식적인 부분은 무엇으로 이루어집니까? 여기서는 오로지 열린 스크린 자체뿐입니다. 그리스 인 건축가는 이 외부의 스크린을 자신의 건축 설계의 기초 작업으로 삼았고, 설계를 마무리하면서 그가 발견할 수 있었던 가장 조화로운 비례 체계와 형태를 찾고자 했습니다. 그림 A는 좀 더 명료하게 보기 위해 모서리 원주들만을 그려 본 것으로, 너무나 단순한 이 개념을 도해하고 있습니다—그것은 지붕이 있는 스크린으로 둘러싸인 상자입니다. 팀파눔이 조각으로 장식되어 있든 아니든, 페디먼트 모서리에 조각상이나 아크로테리온이 올려져 있든 아니든, 메토프가 저부조로 장식되어 있든 아니든—그런 장식들은 그 관념에도, 장식과 그 관념의 조화에도 결코 영향을 미치지 않습니다. 건축가가 일단 처음에 이러한 조화를 그토록 경탄스럽게 수립하는 데 성공하면 그는 완전히 자유롭게 자신의 독창적인 개념의 세부를 완성할 수 있습니다. 그리고 그것들을 완성시켜 나가면서 그는 오직 최초의 관념을 보다 낫고 보다 매력적인 방식으로 표현해 가는 것입니다. 그러나 하나의 관념을 그렇게 단순히 표현할 기회는 그리 자주 찾아오는 것이 아닙니다. 아니 오히려 우리의 현대 건물 대부분은 다양한 관념을 결합할 필요가 있습니다.

그렇지만 프로그램이 아무리 복잡해도 여전히 하나의 지배적 관념이 있다는 것은 분명합니다. 지어야 할 것이 궁전입니까? 그렇다면 중심 홀—회합의 중심이 있어야 할 것입니다. 교회인가요? 그렇다면 성소가 있어야 합니다. 공공 도서관이라면? 중앙의 열람실로부터 준비된 참고 도서들을 위한 모든 편의가 마련되어야 할 것입니다. 시장은? 들고 나는 출입구가 최대한 많이 필요할 것입니다. 이러한 핵심적 요구들은 거기에 들어맞는 건축 형태를 필요로 하며, 따라서 그런 형태들을 표현하는 데 도움이 되는 장식을 필요로 합니다.

　이제 매우 다른 종류의 건물을 예로 들어 봅시다. 그리스 신전에서는 하나의 신성―혹은 범신론적 관념에 따른 하나의 신성의 독점적인 형상―이 문제가 됩니다. 즉 특수한 숭배가 바쳐지는 어떤 부분 또는 속성이 문제인 것입니다. 감실은 닫혀 있으며, 사제나 입문자―신과 인간 사이의 중재자 외에는 아무도 들어갈 수 없습니다. 모스크는 이와 크게 다릅니다. 여기서 숭배되는 것은 최고 신의 상징이 아닙니다. 자신이 선호하는 닫힌

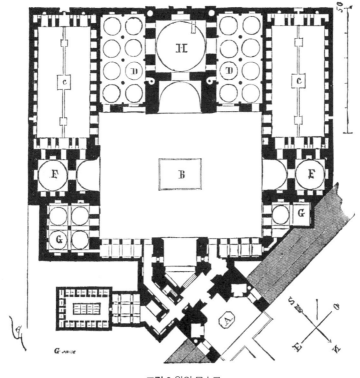

**그림 3** 왕의 모스크

성소 안에서 인간과 소통할 뿐인 시기심 많은 신이 아니죠. 무함마드교의
신은 편재합니다. 그는 하나의 이미지로 재현될 수 없습니다. 성소 안에서
만이 아니라 사막이나 바다에서도 그를 경배할 수 있습니다. 그러나 그에
게 다가가기 전에 탄원자는 자신을 정화하고 생각을 가다듬고 명상하며
자신을 그와 소통할 만한 상태로 만들어야 합니다. 그의 신은 관용과 영혼
의 청명함을 지시합니다. … 그렇다면 모스크란 무엇입니까? 거기에는 이
미지가 없으며, 제례가 없고, 외적인 과시가 없습니다. 모스크는 그저 벽
감이 있는 닫힌 공간으로서 각자가 고요한 명상 속에 자신의 생각을 가다
듬을 수 있게 해 주는 장소입니다. 또한 이 공간에 특수한 한 지점이 있으
나 이는 신의 현전을 나타내는 것이 아니라 그것을 보며 모든 무함마드교
도들이 자신의 기도를 모아야 하는 단일한 사유를 가리킵니다. 그러면 이
들 건물 가운데 하나를 검토해 봅시다. 그림 3은 이스파한의 샤 모스크
(Mesdjid-i-Shah) 평면도입니다. 중앙 출입구는 남북으로 난 거대한 상점
가의 갤러리 중 하나로 열려 있습니다. 그러나 모스크 자체는 모든 진정
한 신앙인이 메카를 향해 기도를 올릴 수 있도록 놓여야만 하므로—"그대
가 그 당당한 성소로 시선을 돌릴 때마다 그대의 얼굴이 하람 신전으로 향
하게 하라"* — 모스크의 축은 방향을 틀어 그 성스러운 정면이 지평선상
의 그 지점을 보도록 했습니다. A에는 첫 번째 수반이 있고 B에는 넓은 정
원 한가운데 세정을 위한 두 번째 수반이 있습니다. C에는 지붕을 제공하
는 벽감들로 둘러싸인 두 개의 측면 정원들에 다른 수반들이 있습니다. 모
든 신자가 계급의 구별 없이 원할 때마다 측면 정원이나 D, F, G의 홀들에
서 명상이나 기도를 할 수 있지만 신성성의 일치에 주목하게 하는 중심점

---

* Coran, chap. ii.

은 H에 있습니다. 그 배치만으로도 이 평면도는 중심 관념을 분명히 표현하는 장식 체계를 보여 줍니다. 어느 방향에서든 쉽게 접근할 수 있고, 홀로 기도하고 명상하기를 원하는 이들을 위한 별도의 장소들이 있으면서도 성스러운 부분의 중앙에 자리한 거대한 건물을 통해 신성성의 일치를 강조하고 있는 것입니다. 사실 이러한 파사드의 입면 또한 평면에서와 같은 진솔함을 그대로 가지고 있습니다. 높은 현관, 높고 넓은 아케이드가 첨두형 돔이 올려진 홀 H로 들어가는 입구를 마련합니다. 건물의 다른 모든 부분은 높이 면에서 이 중심 구조에 종속됩니다. 그림 4는 중앙 부분의 조망도입니다. 건물은 그 자체로 장식의 찬란한 기초 작업을 이루어 내고 있습니다.* 그것이 이 경우의 요건들을 정확하게 충족하고 있으며, 중심 관념을 명료하게 설명하고 있다는 점에서 그렇습니다. 그리스 신전의 요구들에는 놀랄 만큼 적합했지만 이 모스크의 목적에는 부합하지 않는 원주와 엔타블라처가 필요할까요? 거대한, 신앙인의 정신을 흐트러뜨리는 경향이 있는 돌출 조각이 있어야 할까요? 아니면 의미도 없이 몰딩이며 불필요한 부분들, 벽감들, 페디먼트들을 잔뜩 덧붙인 작은 형태들의 무더기가 되었어야 할까요? 아니죠. 법랑을 입힌 파양스 외장이 태피스트리와 같이 건물의 실내와 실외 모든 표면에 펼쳐질 것입니다. 조화로운 색조와 상대적으로 작고 경탄스럽게 분배되어 있는 디자인들만이 이 건물의 장식을 구성할 것입니다. 그것은 효과 면에서 출중하지만 외관의 완벽한 통일성을 간직하고 있어, 중심 라인들의 중요성을 온전히 보존하고 건물 전체가 그 단순한 장엄함과 평온함을 유지하도록 합니다. 현관 혹은 차라리 입구는 빛

---

* 이 모스크에 대한 세부 사항은 Coste, *Monuments modernes de la Perse* 참조. 샤 모스크는 1580년경에 지어졌습니다.

과 공기를 모스크의 중심부로 들이고 있으며, 이슬람교도에게 유일신성에 대한 관념을 상징합니다. 그 신성성의 성소는 우주이고, 그의 거처는 모든 곳이자 아무 곳도 아니며, 모든 신자는 저마다 아무런 매개 없이 그에게 기도를 올릴 수 있습니다. "우리가 얼굴을 들어 그를 바라보는 것보다 주를 더 기쁘게 하는 것은 바른 일을 하고, 오직 신만을 숭배했고 그의 친구라 불릴 만했던 아브라함의 신앙을 따르는 일이다! 신은 천국과 현세의 왕이시다. 그는 자신의 무한성 안에 우주를 품는다."* 두 개의 탑―두 개의 뾰족탑이 입구의 양옆에 놓입니다. 그 탑들의 정상에서 기도자들의 시간을 알립니다. 중앙 홀의 긴 쪽 측면에 메카의 방향을 가리키는 벽감이 위치하고, 그 홀을 덮고 있는 돔은 그 자체가 밝은 색채의 법랑 벽돌로 덮여 있어 청명한 하늘과 어우러집니다.

지금까지 우리는 목적과 요구들이 크게 상이하지만 그것들을 산출한 관념의 실행이 명료하게 표현된 두 종류의 건물들을 살펴보았습니다. 우리가 그리스 건축을 페르시아 건축보다 선호하는지, 혹은 그리스의 범신론을 무함마드교의 일신론보다 선호하는지의 여부는 우리의 목적과 별 상관이 없습니다. 그러나 이 두드러지게 다른 장식 형태들이 각기 그 목적에 완벽하게 부합한다는 것, 두 경우 모두 형태가 관념을 표현한다는 것, 우리가 건축의 병기고에서 어떤 특수한 관념을 표현하기 위한 어떤 형태를 가져다 쓸 수는 없다는 것을 부정할 수 없습니다. 나아가 우리는 장식이 어떤 건물이라도 적당히 꾸밀 수 있는 일반적인 치장이 아니라는 점도 지각하지 않을 수 없습니다. 장식은 평면도 자체에서 관조되며, 그 프로그램의 첫 번째 개념에서 형태를 갖춘다는 것, 구조가 합리적인 것이라면 그 구

---

* Coran, chap. iv.

그림 4 샤 모스크

조에서 이미 장식이 드러난다는 것, 그것이 의복으로서가 아니라 인간의 근육과 피부와 같이 건물에 딱 맞는 것이라는 점을 말입니다. 또한 우리가 어떤 방이나 홀의 벽들을 메다용, 문장, 회화 등으로 장식하듯 한 건물을 장식하는 방법은 상당히 최근의 방법입니다. 왜냐하면 고대 미술의 전성기나 중세에는 결코 그런 방식을 취하지 않았을 테니까요. 그리하여 사실상 이런 방법을 도입하는 이들은 고대의 최고 작품들을 헐뜯거나, 혹은 그들이 그 작품들의 탁월함을 인정하고 있을 경우 그들 자신을 헐뜯는 격이 되고 맙니다. 샤 모스크에서 사용된 종류의 장식, 태피스트리처럼 벽 전체를 씌우는 법랑 외장은 그 건물이 구운 벽돌로 지어진 것이고 그 장식이 그 건물에서 사용한 것과 같은 재료에 쓰이기 때문에, 벽돌로는 크게 돌출한 부분을 만들 수 없기 때문에 무엇보다 거기에 적합한 것입니다. 1층에만 불그스름한 대리석 외장이 붙었습니다.

이제 완전히 다른 체계를 가진 건물을 살펴봅시다. 베니스로 가서 석재로 지어진 오래된 궁전을 검토해 보도록 합시다. 취미의 관점에서 접근할 수도 있는 장식적 세부에 대해서는 신경 쓸 필요가 없습니다. 대신 전체 형태들을 살펴보죠. 산마르코 광장의 옛 공작궁 외부는 층층이 놓인 두 개의 포르티코로 이루어져 있습니다. 이 포르티코들은 높고 넓은 방들로 이루어진 실제 본체를 지지하고 있습니다. 이 경우에도 그리스 신전과 이스파한 모스크에서와 같이 해당하는 경우의 요구들이 진솔하게 받아들여지고 있습니다. 닫힌 부분인 상자가 포르티코들의 수직 부재에 의해 지지되며, 포르티코의 뒷부분에 부차적인 시설들이 놓입니다. 목조 건물—즉 가장 용이하고 경제적인 재료로 지은 건물—을 상정하는 프로그램의 철저한 해석을 그림 5에서 볼 수 있습니다. 그러나 의도는 지속성 있는 건물을 짓는 것, 단단한 재료를 사용하는 것, 그 재료의 속성에 반하지 않으면서 거

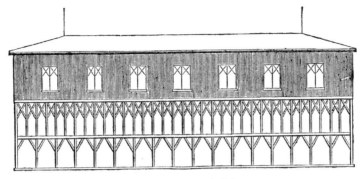

**그림 5** 베네치아 궁의 개념

대한 방이 있고 두 층의 천장 있는 주랑 위에 놓인 닫힌 주거의 외관을 만들어 내는 것에 있습니다.

베네치아의 건축가는 이 프로그램의 조건을 꼼꼼하게 충족시켰으며, 그의 작업은 그 모든 장식적 효과를 구조의 순수하고 강력한 표현에 기대 거두고 있습니다. 판화나 사진을 통해서든 실제 방문을 통해서든 이 건물은 대부분의 사람들에게 잘 알려져 있습니다. 자, 우리가 그 건축의 스타일에 감탄하든 아니면 냉담하든, 그 건물의 전체 설계는 매우 강력하고 지속적인 인상을—특별한 탁월함과 진정한 표현의 분명한 흔적을 산출하는 데 결코 실패하는 법이 없습니다. 장식의 세부는 그 장점과 단점이 무엇이든 산출된 인상과 아무런 관계가 없으며, 어떤 건축가도 그가 전체 관념을 꼼꼼하게 만든다면 스타일을 지배적인 취미에 맞추면서 뚜렷한 효과를 연출해 낼 수 있을 것입니다. 장식적 세부의 측면에서도 이와 같은 건물은 놀라운 특징을 몇 가지 보여 줍니다. 모서리들—섬세한 지점—을 솜씨 좋게 다룸으로써 건축가는 육중한 외관의 상자를 지지하는 버팀목 체계에 견고한 힘이 드러나도록 하는 데 성공했습니다. 도판 29는 그 모서리를 그린

Scale of |⊢⊢⊢⊢⊢⊢|————|————|————|————|————|————|————| 10 metres

**도판 29** 베네치아, 총독궁

것으로 설계의 탁월함을 보여 줍니다. 갤러리 위로 계속되는 벽의 무거운 외관을 가볍게 만들기 위해서 건축가는 그것을 두 가지 색—희고 붉은—의 재료로 만들어 일종의 거대한 모자이크와 같은 반복적 패턴을 형성하게 했습니다. 여기서 다시금 베네치아 건축가는 장식 미술의 대가들인 동방인들의 방식을 선례로 삼고 있습니다. 넓은 평면을, 어두운 그림자와 밝은 점들로 가득한 깊이 파인 부분들과 대비시키고 이 평면을 통일성을 깨지 않으면서 눈을 사로잡는 색채들로 덮는 것은 동방의 미술가들이 가장 자주, 적절하게 도입하는 장식 수단 중 하나입니다. 가장 단순한 성격의 작지만 분명한 비늘 문양, 흰색 재료와 섞어 쓴 벽돌은 세부로 덮인 형태들과 대비되는 색가를 제공하고, 요철을 주면서 언제나 평면에 유쾌한 효과를 주기에 충분합니다. 이 궁의 반대편에는 거의 유사한 프로그램을 가진 또 다른 건물이 서 있습니다(프로쿠라티에). 르네상스 취미가 그 모든 광채를 발하며 여기서 나타나고, 장식적 세부는 매력적입니다. 그러나 진솔함과 위엄의 흔적은 결여되어 있으며, 우리의 시선은 줄곧 옛 공작궁으로 되돌아갑니다. 그 외관은 그 실내의 지향을 너무도 잘 보여 주고, 그 장식 체계는 구조와 너무나 완벽한 조화를 이룹니다. 파사드를 바라보면서 우리는 아래쪽 포르티코가 궁륭으로 이루어진 것, 상층 포르티코가 목재 바닥—위쪽 방의 바닥—을 지지하고 있다는 것, 이 방들의 천장이 목재로 만들어졌다는 것을 볼 수 있지 않습니까? 상층에는 어떤 돌출 버팀벽이나 벽기둥도 없고, 그것은 다만 커다란 창문들이 나 있는 상자일 뿐입니다.

그러나 르네상스 시기 이전에 북부의 우리 서방 건축은 여전히 그 장식적 형태들에서 보다 진솔한 면모를 가지고 있었을 것입니다. 장식과 구조의 관계는 좀 더 조화롭고, 장식 자체는 보다 예술적입니다. 이 건물들에서 우리의 현대 건축들에 많이 쓰이는 기생적 장식들을 찾아볼 수 없는 것은 사실입니다. 그리고 우리가 오늘날 지배적인, 관용적이지 못한 유파의 판단을 받아들인다면 이것은 결핍으로 여겨져야 할 것입니다. 이 유파가 그런 의견을 솔직하게 선언하는 수고를 한다는 것은 아닙니다. 그들은 그런 식으로 움직이지 않습니다. 원리들을 논하지 않죠. 그저 동원할 수 있는 모든 수단을 가지고 원리들의 형성을 방해하는 데 만족할 뿐입니다. 원리들이란 골치 아픈 것이니까요―거기에는 의무가 수반되죠.

우리가 보기에 최고의 건축은 그 장식과 구조가 불가분의 관계에 있는 것입니다. 한 점의 조각―혹은 장식적 구성―이 아무리 훌륭하다고 해도, 그 조각 혹은 심지어 그 구성이 없어져도 건물에 핵심적인 어떤 것이 빠진 것으로 보이지 않는다면 그 장식물은 가치가 별로 없으며, 해롭기조차 합니다. 건축가가 건물에 덧붙인, 그런데 구조에 필연적인 것은 아닌 장식적 형태를 알아보는 데 대단한 지식이 필요한 것은 아닙니다. 예컨대 장식 패널들은 목조에 완벽하게 들어맞지만 석조 피어에 쓰인다면 완전히 잘못된 것입니다. 방 안에 걸린 그림처럼 평평한 벽면에 붙은 메다용은 명백히 구조의 요구에 따른 장식입니다. 거의가 정교하게 디자인된 상징들을 문이나 창 위에 올려놓고, 그 결과 코니스의 개구부가 흡사 신기한 물건들이 잔뜩 놓인 벽난로 위 선반처럼 보이게 만드는 것은 진정한 건축적 장식이라 볼 수 없습니다. 페디먼트 위에 놓인 형상들의 무리, 그리고 좀 더 편히 있으려고 거기서 빠져나온 것처럼 보이는 지붕 위의 형상들을 보면 지각 있는 사람들은 이 비어져 나온 형상들을 틀 안으로 밀어 넣어 정돈하고 싶다고 여기게 됩니다. 좌대 위에 놓인 흉상들이 들어가 있는 작은 원형 개구부들은 초상화를 놓은 갤러리에는 어울릴지 몰라도 외부 파사드에는 지극히 무의미합니다. 창틀 위에 놓인 원형이나 삼각형 페디먼트, 받치는 것도 없이 과도하게 돌출한 아치의 종석은 장식적 허사라고 해도 가혹한 표현은 아닐 것입니다. 예술적으로 어떤 이득도 없이 그런 것들에 들어가는 비용과는 별도로 너무 크게 유행 중인 이런 상투적 요소들에는 보다 더 심각한 책임이 있습니다—그것들은 보는 이들을 피로하고 역겹게 만들고, 점차 건축적 형태 전부를 혐오하도록 만드는 것입니다. 실제로 그가 이 무의미한 장식들을 혐오하게 되는 경우는 이런 정도까지이며, 심지어 과거나 현재의 디자인의 참된 대가들이 그들의 작품을 장식했던 것들에서조차 더 이상 즐거움을 찾지 않게 됩니다. 나쁜 고전적 비극들은 많은 사람들이 코르네유와 라신의 걸작 상연에 가는 것을 훼방해 왔습니다. 그러나 제 친구인 상도(Jules Sandeau, 1811-1883)가 입버릇처럼 하던 말로, "5막짜리 운문체 비극을 쓰지 않기는 너무도 쉬운 일"입니다. 우리가 구조적 형태에도 존경할 만한 전통에도 따르지 않는 건축적 장식의 지겨운 반복을 그만두는 것은 너무도 쉬운 일일 것입니다. 그 고전적 상징들, 건물 위의 그 닳아 빠진 휘장들에 무슨 의미가 있습니까? 가면도 리라도 사용되지 않는 [연극이 상연되는] 극장 벽에 그리스 가면과 리라를 치장하는 것이 무슨 의미가 있습니까? 르브룅이 샤스포 총으로 무장한 군인들이 문 앞을 지키는 궁전을 개축하는 데 로마식 트로피가 무슨 의미가 있습니까? 그러나 이 이상 이야기를 늘어놓을 필요는 없습니다. 이 낡은 상투적 요소들에 관심을 갖는 이는 조각가들 외에 거의 아무도 없고, 그것이 건축 작업에 어떤 실제적 가치를 부여하는 것도 아닙니다. 하지만 이런 통속적 중첩들을 삼가는 용기를 가진 건축가들은 너무도 적습니다. 그런 장식들은 무의미한 것은 물론 디자이너의 상상력을 전혀 보증하지 않을 뿐 아니라 대중의 시선을 끌지도 못합니다. 따라서 어떤 건축가가 이런 예속 상태에서 벗어날 수 있을 만큼 충분한 능력과 양식(良識)을 드러내 보일 때 우리는 진심을 다해 그에게 축하와 찬사를 보내지 않을 수 없고, 회의적이 되는 것이 무리도 아닌 대중에게 그를 주목할 것을 지극히 강력하게 추천하지 않을 수 없습니다.* 사용된 재료가 아무리 귀한 것이라도 오늘날 유행 중인 장식 방법은 언제나 값싸고 과시적인 건물들을 요란하게 치장하고 있는 석고 주형이나 붙인 장식들을 떠올리게 합니다. 단단한 석재를 깎아 만든 장식이라도 그것이 주형하거나 붙여 만든 것과 똑같이 보인다면 무슨 소용이 있겠습니까? 다음날에는 이웃의 술집 정면에 석고로 복제되어 버릴 거라면 값비싼 재료를 써서 장식을 하는 이점이 무엇입니까? 진정한 여유로움은 값싼 재료로 모방할 수 없는 우아함을 드러내는 단순함의 외견 아래 있습니다. 그것은 사교계에서 우리 프랑스 인들이 탁월함(distinction)이라 부르는 것에 상응합니다. 이는 양식, 신중함, 흔들림 없는 단순성으로 나타나는 태도(manner)이며, 부나 지위와는 별개로 어떤 사람들은 이를 타고납니다.

좋은 건축의 매력 중 하나는 외부 장식과 내부 장식의 긴밀한 관계에 있습니다. 외부 장식은 보는 이를 앞으로 실내에서 발견하게 될 것에 대해 준비시키고, 그것을 미리 보여 주어야 합니다. 깜짝쇼는 건축의 역할이 아닙니다. 그 밖에도 건축가는 외부 장식으로 자신이 수행할 수 있는 것 이상을 약속해서는 안 됩니다. 그가 파사드에 온갖 종류의 장식을 화려하게 덧붙여 놓았다면 내부에서 더 이상 무엇을 보여 주겠습니까? 이 점에서도 우리는 동방의 민족들로부터 배울 것이 있습니다. 외부적으로 그들의 건

---

\* 파리의 건물 중 소수의 몇몇은 실제로 이런 통속성을 벗어나 있습니다. 그중에서도 가장 주목할 만한 것 하나를 들자면 파리 최고 재판소의 신축 부분을 말할 수 있습니다. 그 장식은 구조에 통합되어 있고, 나아가 구조를 강조하며, 따라서 위엄이나 독창성에 부족함이 없습니다. 법원은 내부와 외부 모두 우리 시대를 기리게 될 건물들에 속합니다. 모든 것이 조화를 이루고 있습니다. 하나의 명료한 관념이 전체를 관통하면서 연결시킵니다. 그런 경우에 늘 그렇듯, 시공은 설계에 걸맞게, 조심스럽게 잘 이루어졌습니다. 모든 것이 자신의 예술과 대중을 존중하는 한 예술가를 증명하며, 이런 것은 우리 시대에 흔히 만나 보기 어려운 경우입니다.

물들은 상대적으로 큰 단순성을 가장하고 있지만, 내부를 관통해 감에 따라 점점 더 풍부하고 우아해집니다―그것은 이렇게 말해도 좋다면 일종의 합법한 교태와도 같아서, 반드시 마음을 끕니다. 그 장식들은 솜씨 좋게 이행하고 있습니다―보는 이의 시선을 점차적으로 상승해 가는 광휘로 이끌어 우리는 결코 되돌아가고 싶은 마음이 들지 않게 됩니다. 장식에서 가장 치명적인 것은 지나치게 요란한 서주―너무 많은 것을 기대하게 하는 약속입니다. 그것은 도입부가 거창한 시와 같은 순서를 밟아 비슷한 불행한 결과로 치닫습니다. 기대했던 것 이상을 제공하는 것이야말로 청자와 관람자의 주목을 끌고 유지하는 진정한 방법입니다. 동시에 그 도입부는 본론과 직접 조화를 이루어야 합니다―가장 흥미로운 지점을 준비하고 그리로 이끌어야 하는 것이죠. 이런 목적을 달성하는 최상의 수단은 진실하게 되는 것―장식을 해당하는 경우의 요구들에 맞추는 것입니다. 앞서 관찰한 것처럼 모든 건물에는 특별히 흥미로운 한 부분이 있습니다. 그리고 건물이 거리에서만 보도록 지어진 것이 아닌 이상 그 흥미로운 부분은 외부에 있어서는 안 됩니다. 따라서 우리는 흥미―장식적 효과―가 그 특별한 부분에 집중되도록 우리의 수단을 전개해야 합니다. 궁전에서 그것은 알현실이 될 것이고, 극장에서는 홀과 박스석이 될 것이고, 교회에서는 내진, 시청에서는 회의실, 재판소에서는 법정, 저택에서는 응접실이 될 것입니다. 그러므로 바깥에서 안으로의 진입이 점진적이어야 하고, 로비나 계단에는 사람들이 머물도록 하는 어떤 것도 있어서는 안 됩니다. 응접실들은 따분하고 단조롭지만 계단은 멋지다고 한다면 한 건물에 대해 건축적으로 좋은 평가가 아닙니다. 아마도 그 실내의 방들이 재미없어 보이는 것은 상당 부분 계단이 너무 많은 것을 예고하기 때문입니다.

우리의 현대 건물들 대부분에서 장식이 적어야 할 곳에서 쓸데없이 너무 많고, 풍성해야 할 곳에서 빈약하다는 것을 인정해야 합니다. 파사드는 장식이 과도하고, 충격적인 장식적 효과들이 로비와 계단 설계에서 추구됩니다. 그리고 이 모든 과시적 표현을 통해서 비교적 평범한 외관을 가진 방들로 사람들을 인도하게 됩니다. 방문객은 높은 원주들로 장식된 파사드를 보고 위풍당당한 주랑 아래를 지나 조각으로 장식된 돔들을 씌우고 마술적인 효과를 연출한 계단을 오릅니다. 그리고 이 강렬한 도입부를 거치면서 랑베르나 멘, 마자랭의 관사들 혹은 파르네제 궁에 못지않은 홀들을 기대하게 된 우리가 실제로 발견하는 것은 어떤 것들입니까? 전체 설계는 매우 평범하지만 금박을 입힌 화장 벽토, 엉터리 목조, 보잘것없는 종이 벽걸이 장식, 천박한 덮개 등을 주렁주렁 장식한 방들입니다. 외부를 덜 요란하게 만들고 내부에는 위엄과 진정한 풍부함을 더한다면 보다 합리적인—참된 장식의 원리들과 보다 조화를 이루는 외관을 갖게 될 것입니다.

그러나 우리의 도시 주택들 상층에 널리 퍼져 있는 젠체하는 고전적 주범들—목조 상점 입구에 놓인 벽기둥들에 대해 우리가 무엇을 말해야 할까요? 이 부적절한 장식이 얼마나 어처구니없는 것인지는 대중의 취향이 그토록 과도한 사치스러움을 거친 후에 보다 단순하고 양식 있는 것으로 바뀔 때 조만간 드러날 것입니다. 우리 건축의 성격과 시대의 풍습 사이에 조화가 복원되기에 이르렀을 때 말이죠. 17세기 대귀족의 저택보다 한낱 하숙집의 외관을 더 화려하게 꾸미는 것이 무슨 의미가 있습니까? 건물 안에서 끼어 사는 가족들은 요람이나 의자를 놓을 수조차 없을 만큼 좁은 방들에서 온갖 불편을 감내하고 있는데, 그 벽과 창틀을 장식하는 것이야말로 가장 터무니없는 허영이 아닙니까?

17세기와 18세기 공공건물에 도입된 건축 스타일에는 당대의 풍습과의 어떤 조화가 있습니다. 당시에 모두는—특히 귀족들은—외관상의 장엄함을 위해 생활의 안락을 희생했습니다. 외부에는 넓은 뜰과 웅장하게 장식된 파사드가, 내부에는 휘황한 현관과 고상한 계단, 넓은 살롱들이 있었지만 이러한 인상적인 과시는 안락함을 포기한 대가였습니다. 침실들은 전체적으로 작고 서로 가까우며 중이층에 지어졌고, 통로와 뒤쪽 계단은 좁고 가팔랐습니다. 하인들은 지붕 밑 초라한 다락방에 옹송그리고 모여 있었습니다. 접견실(state-rooms)을 제외하고는 안락과 편의란 없었습니다. 이것은 당대의 관습에 일치했으므로 아무도 불평하지 않았습니다. 그러나 **민주화된** 시대[佛. 사회]에서 소멸한, 그리고 별로 애석할 것 없는 귀족정과 그 영화를 모방하는 것은 피상적이고 외관에 제한된 일이라는 점에서 훨씬 더 터무니없는 일입니다. 시대의 풍습이 이 노쇠한 예술을 거스르며, 우리의 안락함의 습관들을 이런 외적 장엄함에 맞출 때 진실은 가장 이상한 방식으로 어긋나게 됩니다. 개인 주거에서는 여전히 필요에 의해 마련된 배치들과 거리에서 보이는 정면의 장식적 표현을 어느 정도 화해시킬 수 있습니다. 고전적 주범과 대칭적 장엄함에도 불구하고 상업적 계산에 따라 층이 나뉘고 창문이 배치됩니다. 그러나 공공건물에서는 경우가 다릅니다. 여기에는 상업적 계산이 개입하지 않습니다. 이윤을 회수한다는 문제가 없으며, 결국 우리는 바깥에서 드러나는 것과 완전히 모순되는 실내 배치를 감추는 강렬한 파사드를 가지게 됩니다. 행인들을 위한 설계와 건물 이용자를 위한 설계가 따로 노는 것입니다. 어떤 건축가가 이런 웅장한 저택의 평면도와 입면도를 한번이라도 그릴 기회를 갖게 된다면 그는 그 두 가지를 합치시켜야 하는 어려움을 겪게 될 것입니다. 그가 입면도에 그려 넣은 창문에 상응하는 것을 실내에서는 가질 수 없을 것입니다. 행인에게 사각 창문으로 보이는 것이 거주자에게는 아치형 창문으로 보일 것입니다. 사실상 그는 건물이 이중으로 포장됨을 발견하게 될 것입니다—하나는 외부에서 보이는 것, 다른 하나는 실내의 배치에 맞는 것이죠. 이런 값비싼 잡동사니에서 건축적 장식은 어떻게 됩니까? 구조와 마찬가지로 장식 또한 외부와 내부가 서로 아무런 관계가 없이 이중으로 이루어지게 됩니다. 이런 관찰에 대해서는 모두가 정당하다고 여기겠지만, 많은 이들이 이렇게 답합니다. "그것이 우리에게 무슨 문제가 되는가? 건물이 밖에서도 안에서도 아름답기만 하다면 두 가지 아름다움이 일치될 필요는 없어 보인다. 우리가 원하는 것은 찬란하고, 강렬하며, 대칭적이고, 행인들이 보기에 완벽한 동시에 안락하게 살 수 있는, 내부가 호화로운 장식물로 가득한 건물이다. 우리 자신은 일반 서민의 눈을 끌도록 세워진 파사드를 바라보는 데 열중하지 않는다. 우리는 이 파사드들 뒤편에 살며 별도의 취미와 호사를 누린다." 예술에 관심이 없는 사람들이 이렇게 말한다면 놀랄 것도 없습니다. 그러나 건축가가 그런 특이한 조건에 순응하면서도 스스로를 여전히 건축가로 여긴다는 것은 상상하기 어렵습니다. 건축가가 최고로 고려해야 할 한 가지가 있다면 그것은 자신의 건물의 모든 부분 사이의 완벽한 일치, 포장과 내용의 상응이기 때문입니다. 그것은 내부의 배치가 구조의 측면에서뿐 아니라 그것과 밀접하게 연합하고 있는 장식의 측면에서도 솔직하게 외부에서 표현되는 것을 말합니다. 우리는 루이 14세 시대에 한 의학 박사[클로드 페로]가 건축가를 자임하고, 루브르의 열주를 세우면서 그 강렬한 스크린 뒤로 무엇을 놓게 될지 스스로 알지 못한 채 그저 장식물로만 그것을 다룬 것을 관찰하게 됩니다. 사실 그는 [그 스크린 뒤편으로] 아무것도 놓지 않았고, 그의 후계자들은 조금이라도 쓸모 있는 어떤 것을 거기에 두면 좋을지를 두고 애석하게도 당황스러워했습니다. 위대한 세기의 건축에 대한 가장 열렬한 애호가들이 이 파사드에 대해 플라토닉한 감탄 이상의 것을 느꼈거나, 혹은 석재로 만들어진 이 장난감의 의미를 설명하려고 노력했으리라고 생각해서는 안 됩니다. 하지만 그런 종류의 변덕이 우리 시대에 어울립니까? 그것들은 조만간 이러저러한 건물들을 세운 목적을 묻게 될 대중들에게 받아들여질까요? 건물들이 멋져야 한다는 것은 다 좋습니다. 그러나 적어도 그것들이 합리적인 것이 되도록, 그저 외적 과시만을 위해 값싸게 설계되지는 않도록 합시다. 때때로 선량한 대중, 프랑스 미술의 영광을 고고하게 선포하는 특정한 건축 스타일을 오랫동안 받아들이고—아니, 좀 더 정확히 말하자면—감내해 온 대중이 언젠가 자신들은 이런 영광을 위해 낼 만한 돈이 없다고 말하게 될 수 있기 때문입니다. 우리의 젊은 건축가들은 이런 감정의 변화를 알아채는 편이 좋을 것입니다. 그리고 그런 반동을 불러일으키는 것이 틀림없이 이성에 기반한 취미가 아니라, 쓸데없이 자신을 뽐내는 과시적이고 눈에 띄는 부(富)라는 점을 알아야 합니다. 우리 시대에 어울리는 건축은 소수의—사회의 선택된 일부 아마추어들을 기쁘게 해 주기 위한 과시에 불과한 것이 아닙니다. 공공 건물의 경우 비용을 지불하는 것이 [세금을 내는] 모든 이들이므로 그것은 모두를 위한 예술이 되어야 합니다. 그러므로 그것은 어떤 파벌—어떤 대중(*a* public)이 아니라 모든 대중의(*the* public) 관습에 일치해야 합니다. 이제 로마 건축이나 루이 14세 시대 건축의 과시적인 장관에 대해 마땅한 감탄을—하고 싶은 대로—하되, 그것들을 복제하는 일은 그만둡시다. 우리 자신을 빈곤하게 하고, 훼손하고, 모욕하는 대신—이는 위대한 나라가 할 일이 아닙니다—부의 정당성 없는 남용보다는 취미와 사유와 양식을 선보임으로써 존경받도록 합시다. 우리 건물들의 장식이, 과장이나 비례의 부재와는 상반되는 우리 민족성의 훌륭한 성질들과 조화를 이루도록 하는 것은 고귀한 과제입니다. 자라나는 세대의 건축가들은 이를 해결하는 데 최선의 역량을 바쳐야 할 것입니다. 미래의 건축은 문제에 대한 세심한 숙고를 통해서만 태어날 수 있습니다. 이전 시대들과 건축의 이전 스타일에서 빌려 온 형태들을 소화도 못 시킨 채 뒤섞고 굴종적으로 모방하는 것으로는 안 될 일입니다.

반드시 염두에 두어야 할 전적으로 현대적인 영향력이 하나 있는데, 그것은 비판입니다. 편파적이고 시기에 찬 파괴적인 비판이 아니라—여기에 대해서는 관심을 가질 필요가 없습니다—세심한 탐구를 중시하고 이성에 근거를 둔, 시대정신에 관한 비판을 고려해야 합니다. 과학에서 선험적 추론에 근거한 가정과 체계를 버리고 경험과 관찰에 근거한 증거를 요구하는 이러한 탐구 정신은 특히 예술이 과학과 접속될 때 예술의 영역을 깊이 통찰하는 경향이 있습니다. 오늘날, 오직 오늘날에만 비물질적 영역은 물론 물질적 영역에서도 과거에 대한 연구에 새로운 비판적 방법이 적용되는 것을 볼 수 있었습니다. 이러한 방법은 아무리 독창적인 것이라 해도 추측에는 만족하지 않으며 인상이나 감정에 근거한 주장에도 만족하지 않습니다. 그것은 논리적으로 연역된 증거들을 요구합니다. 이러한 시대의 경향을 무시하는 것은 방법론에 대한 반대를 제기하는 것이 아니라, 그저 무지함을 입증할 뿐입니다. 그러나 과거에는 소멸된 문명의 건축적 유적들을 형태와 외관에 근거해 살펴볼 뿐 그 형태를 만들어 낸 원인은 고려하지 않는 것이 허락되었을지 몰라도 현대에는 이런 방법이 통용되지 않습니다. 역사의 경우도 마찬가지입니다. 과거 문명들이 도입했던 다양한 정부 형태를 리뷰하려는 작가가 어떤 문명에서는 신정제나 군주제가, 다른 경우에는 과두제나 민주제 공화국이 나타나게 된 원인을 연구하지 않는다면, 그는 기껏해야 연대기 작가일 뿐 역사가라 할 수 없을 것입니다. 시대정신의 경향으로부터 실천적 현대 정치학에서 과거에 대한 분석적 지식, 역사 철학이 필수적인 것이 되는 결과가 초래되었습니다. 왜냐하면 그것이 논의에서 끊임없이 내세워지기 때문입니다. 지난 세기에 이미 역사 연구에 비판적 방법이 도입되었습니다. 몽테스키외*는, 심지어 볼테르**조차 서술로는 만족하지 못했습니다. 그들은 비교하고, 평가하고, 추론하고자 했으며, 그것은 세심한 관찰에 근거한 것일 때 문명에 관한 공리―확정된 법칙―의 형태를 획득합니다. 동일한 현상이 다음으로 과학 연구에서 나타났습니다. 그러나 이런 관점에서 예술은 뒤져 있었으며, 소수의 설명되지 않은 교조적 체계들 외에 비평가들은 건축물에 대한 평가에서 개인적 호불호나 그들이 살고 있는 사회의 본능적 취미들 외에는 어느 것으로부터도 영향받지 않았습니다. 독일의 빙켈만(Johann Joachim Winckelmann, 1717-1768)은 고전 미술에 비판적 방법을 적용하고자 한 최초의 인물입니다. 그의 연구 범위는 매우 한정되어 있었지만 그의 노력의 결과는 경험주의적 절차에 타격을 주었습니다. 고대의 기념비들에서 외적 형태 이상의 것을 발견하고자 하는 욕망이 생겨났습니다. 그러나 우리 프랑스 건축가들은 비판적 방법을 쉽사리 받아들이게 되지 않았습니다. 자신들의 능력에 갇혀 직업적이지 않은 모든 것에 대한 무지가 재능의 본질적 성격이라는 믿음에 매달리는 사람들이 많았습니다. 젊은 시절의 제 동료 건축 학도들 가운데는 독서하지 않는다는 사실에 자만하는 이들이 있었습니다. 실제로 그들은 평면도를 작성하고 입면도에 채색하는 방법 외에 아무것도 몰랐고, 당시에 학교에서는 겨우 그 정도만 가르쳤습니다. 그러나 그때 이후로 상황은 조금 달라졌습니다.

---

\* *Grandeur et décadence des Romains, Esprit des lois.*
\*\* *Dictionnaire philosophique. Essai sur les mœurs.*

과거의 예술, 특히 건축에 대한 연구는 서재에 페로가 번역한 비트루비우스, 비뇰라, 팔라디오, 롱델레의 『구축』(*Construction*), 페리에와 퐁텐의 『로마의 궁전』(*Palais de Rome*) 등의 책들이 채워져 있는 건축가들의 무리에게 적지 않은 실망을 안겼습니다. 가장 적극적인 정신을 가진 이들은 좋든 무관심하든 출간된 모든 것을 서가에 채워 넣으려고 서둘렀습니다. 그결과 방법론 없이 마구잡이로 쌓인 이 모든 건축 형태의 사례는 흡사 단어의 뜻도 모르고 구문과 문법에 대해 전혀 알지 못하는 사람에게 엄청난 양의 단어들만을 알려 준 것과 같은 상황을 낳았습니다. 이에 따른 횡설수설에 대해서는 상상할 수 있을 것입니다. 좋은 건축의 **기초**에 대한 공경할 만한 보존가들은 온갖 곳에서 끌어모은, 그들이 '고고학'이라 명명한 것에 저주를 퍼붓는 기록들이 이와 같이 예술을 침공하는 광경을 경악하여 바라보았습니다. 그들이 완전히 틀렸던 것은 아닙니다. 그러나 통탄할 만한 것은 과거에 대한 연구가 지금으로서는 해로운 것이라는, 우리는 분석적 방법론을 과학의 경우처럼 건축에 적용할 수는 없다는 믿음이 계속되고 있는 현실입니다.

이 연구—배타적이거나 **선험적으로** 편견을 가지고 있지 않다는 점에서, 물론 형태에 머물지 않고 원인과 원리들을 탐구하고자 하는—는 곧 우리로 하여금 건축의 사례 가운데 독창적인 것과 다소간 성공적인 표절에 지나지 않는 것들을 구별할 수 있게 해 줄 것입니다. 또한 깨지지 않는 논리적 연역의 과정이 낳은 사례들을 구분하고, 특정한 문명들에 공통된 원리들을 감지하여 이런저런 예술 형식에 적용되는 법칙들이 아니라 불변의 근거를 마련할 수 있도록 해 줄 것입니다. 저는 이것이 30년 전에 유행한 체계, 특정한 형태들을 그것이 발생한 이유도 생각하지 않고서 적용하는 그런 체계보다 훨씬 큰일이라는 것을 인정합니다. 그러나 이것은 진정한 비평의 지휘를 받았기 때문에 (그리고 진지한 비평이 나타나는 것은 머잖은 장래의 일이므로) 도입되지 않으면 안 되는 절차입니다. 그렇게 되었을 때 건축의 본질적 조건에 대해 보다 잘 알게 된 비평가는 건축가에게 다음과 같은 질문을 하게 될 것입니다. "받침돌에 놓인 고전적 원주들이 어째서 건물의 2층에 놓입니까? 더욱이 이 원주들이 아무것도 지지하고 있지 않으면서 두 층에 걸쳐 나뉘어 있는 까닭은 무엇입니까? 이 창문들은 중간에 걸친 층 바닥으로 분할되는데 이렇게 높이 낸 이유가 무엇입니까? 이탈리아식 궁전의 작은 파사드를 모방한 이것은 왜 거대한 홀밖에 없는 커다란 건물에 붙어 있습니까? 버팀벽을 형성하면서 중첩된 원주들이 바깥쪽 추력이 없는 천장만 떠받치고 있는 두꺼운 벽에 붙어 있는 이유는 무엇입니까? 단번에 지어진 이 새 건물에 상이한 시기들과 다양한 요구들의 산물인 파사드가 복제되어 있는 것은 어째서입니까? 하나의 건물 파사드에 불과 수 미터 간격을 두고 두 개의 종탑과 두 개의 시계판이 붙어야 하는 이유가 무엇입니까? 대칭 때문이라고요? 그렇지만 이 대칭은 어디서 끝납니까? 그리고 어떤 식으로 예술을 구성합니까? 아무 데로도 이어져 있지 않아 아무도 다니지 않고, 다닐 수도 없는 곳에 포르티코를 만드는 이유가 뭡니까? 더구나 그것 때문에 1층과 중이층이 어두워지는데 말입니다. 중앙 부분에 채광이 안 되는데도 그렇게 두꺼운 건물을 짓는 것은 어째서입니까? 진지한 비평가가 많은 경우 건축가에게 할 수 있는 이런, 그리고 많은 유사한 질문들에 대해서 그 비평가가 배타적이거나 열광적인 고고학자라고 답하는 것으로 충분할까요? 청년 건축가들은 머지않은 미래에 자신들의 작품이 이런 비평가의 재판정에 세워지리라는 점을 현명하게 예견하는 편이 좋습니다. 그것은 배타적이거나 열광적인 고고학적 판정이 아니라, 단순히 사물들의 근거를 요구하는 자리인 것입니다. 그들은 현대의 방법론적 정신과 조화를 이루는 연구를 통해서, 그리고 외부의 형태가 결코 이성의 명령을 위반하지 않는 작품들과 우리가 살고 있는 시대의 요구들에 대한 정확하고 신중한 평가에 의해 그 자리의 판결에 대비하는 것이 현명할 것입니다.

# 찾아보기

지은이

:: 외젠 에마뉘엘 비올레르뒤크 Eugène Emmanuel Viollet-le-Duc, 1814-1879

1814년 파리에서 태어났다. 상류 부르주아 가정의 부유한 환경과 예술을 애호하는 분위기 속에 자라난 그는 아카데미 체제에 반발하여 에콜 데 보자르 진학을 포기한 특이한 이력을 가지고 있다. 대신에 르클레르, 뒤베 등 유명 건축가들의 개인 아틀리에에서 수학하고, 메리메 등과의 사적인 인맥을 통해 성장해 당대 건축계의 중추로 진입했다. 19세기 프랑스에서 일어난 고딕 복고주의를 주도한 대표적인 인물 중 한 명으로서 파리의 노트르담 대성당, 아미앵 대성당, 랭스 대성당 등을 비롯하여 당대에 이루어진 대규모 복원 사업에서 중심적인 역할을 했다. 1863년에는 그가 평생에 걸쳐 비판한 대상이던 에콜 데 보자르의 혁신이라는 과업을 맡아 교수로 위임되기도 했으나, 학생들의 반발에 부딪혀 이듬해에 사임하고 만다. 프러시아-프랑스 전쟁이 발발하자 장교로 참전했으며, 나폴레옹 3세의 실각 이후에는 코뮌에 의해 사형 선고를 받기도 했으나, 지방으로 도피해 있다가 코뮌이 붕괴한 후 파리로 복귀했다. 만년을 보내던 스위스의 로잔에서 1897년에 사망했다.

건축이론 및 건축사 관련 저작들을 다수 남기고 있으며, 대표작으로는 『11~16세기 프랑스 건축 이론 사전(*Dictionnaire raisonné de l'architecture française de XIe au XVIe siècle*)』(Paris: 1854-68)과 『건축 강의(*Entretiens sur l'architecture tombe 1·2*)』(Paris: 1863-72)를 꼽는다.

옮긴이

:: 정유경

성신여자대학교 미술사학과에서 서양미술사 전공으로 석·박사 학위를 받았다. 가천대학교, 성신여자대학교에 출강했으며, 저서로 『문명이 낳은 철학 철학이 바꾼 역사 2』(2015, 공저), 역서로 질 들뢰즈, 『경험주의와 주체성』(2012, 공역), 브라이언 마수미, 『가상과 사건』(근간) 등이 있다.

한국연구재단총서 학술명저번역 서양편 **581**

# 건축 강의 ❸

1판 1쇄 찍음 ┃ 2015년 9월 7일
1판 1쇄 펴냄 ┃ 2015년 9월 18일

지은이 ┃ 외젠 비올레르뒤크
옮긴이 ┃ 정유경
펴낸이 ┃ 김정호
펴낸곳 ┃ 아카넷

출판등록 2000년 1월 24일(제406-2000-000012호)
10881 경기도 파주시 회동길 445-3
전화 ┃ 031-955-9511(편집) · 031-955-9514(주문)
팩시밀리 ┃ 031-955-9519
책임편집 ┃ 이경열
www.acanet.co.kr

Printed in Seoul, Korea.

ISBN 978-89-5733-460-7  94920
ISBN 978-89-5733-214-6  (세트)

이 도서의 국립중앙도서관 출판시도서목록(CIP)은
서지정보유통지원시스템 홈페이지(http://seoji.nl.go.kr)와
국가자료공공목록시스템(http://www.nl.go.kr/kolisnet)에서 이용하실 수 있습니다.
(CIP 제어번호: CIP2015024090)